政治传播秩序论

荆学民　于淑婧 ◎著

On the Order of Political Communication

中国社会科学出版社

图书在版编目（CIP）数据

政治传播秩序论 / 荆学民，于淑婧著. -- 北京：中国社会科学出版社，2024.7. -- ISBN 978-7-5227-4095-9

Ⅰ. D0-05

中国国家版本馆 CIP 数据核字第 2024ED0762 号

出 版 人	赵剑英	
责任编辑	李　立	
责任校对	谢　静	
责任印制	李寡寡	

出　　版	中国社会科学出版社
社　　址	北京鼓楼西大街甲 158 号
邮　　编	100720
网　　址	http://www.csspw.cn
发 行 部	010-84083685
门 市 部	010-84029450
经　　销	新华书店及其他书店
印　　刷	北京明恒达印务有限公司
装　　订	廊坊市广阳区广增装订厂
版　　次	2024 年 7 月第 1 版
印　　次	2024 年 7 月第 1 次印刷
开　　本	710×1000　1/16
印　　张	21
字　　数	351 千字
定　　价	108.00 元

凡购买中国社会科学出版社图书，如有质量问题请与本社营销中心联系调换
电话：010-84083683
版权所有　侵权必究

目 录

前　言 …………………………………………………………… (1)

导论　何以研究自媒体时代政治传播秩序 ……………………… (1)
  一　研究自媒体时代政治传播秩序的时代背景 ……………… (1)
  二　研究自媒体时代政治传播秩序的理论基础 ……………… (4)
  三　研究自媒体时代政治传播秩序的中国意义 ……………… (10)

第一章　自媒体兴起的背景和发展历程 ………………………… (15)
  一　信息革命和信息社会 ……………………………………… (15)
  二　自媒体在互联网发展史中的定位 ………………………… (16)
  三　自媒体应用的变迁历程 …………………………………… (19)
  四　自媒体时代的到来 ………………………………………… (20)

第二章　政治传播秩序的研究范式 ……………………………… (23)
  一　自媒体时代重新理解政治传播 …………………………… (23)
  二　自媒体对政治传播的多维革新 …………………………… (26)
    （一）自媒体与政治传播受众 ……………………………… (26)
    （二）自媒体与政治传播过程 ……………………………… (28)
    （三）自媒体与政治传播效应 ……………………………… (28)
  三　政治传播秩序研究的学术源流 …………………………… (30)
    （一）何为秩序 ……………………………………………… (30)
    （二）政治秩序研究 ………………………………………… (31)
    （三）传播秩序研究 ………………………………………… (33)

四 "系统—结构—行动": 政治传播秩序的研究范式 …………… (35)
　　(一) "系统—结构—行动" 范式: 全程视野 ………………… (35)
　　(二) "系统—结构—行动" 范式: 静动结合 ………………… (37)
　　(三) "系统—结构—行动" 范式: 互动协同 ………………… (40)

第三章　政治传播秩序内涵解析 …………………………………… (44)
　一　政治传播秩序的定义 ……………………………………… (44)
　　(一) 政治秩序与传播秩序本质属性的耦合 …………………… (45)
　　(二) 传播秩序在功能层面与"政治"耦合 …………………… (47)
　　(三) 政治秩序在运行层面与"传播"耦合 …………………… (48)
　二　政治传播秩序的特质 ……………………………………… (50)
　　(一) 政治秩序赋予政治传播秩序以政治目的性 ……………… (50)
　　(二) 传播秩序赋予政治传播秩序以主体多元性 ……………… (51)
　　(三) 政治传播秩序总体遵循"政治统摄传播" ……………… (53)

第四章　政治传播秩序的运作机制 ………………………………… (56)
　一　政治传播秩序中的稳定关系 ……………………………… (56)
　　(一) 政治传播秩序中的行动者 ………………………………… (56)
　　(二) 政治传播秩序中行动者关系的稳定 ……………………… (58)
　二　政治传播秩序中的匹配功能 ……………………………… (59)
　　(一) 政治传播秩序中的结构要素 ……………………………… (60)
　　(二) 政治传播秩序中结构的功能匹配 ………………………… (60)
　三　政治传播秩序中的平稳过程 ……………………………… (62)
　　(一) 政治传播秩序的运行环节完整 …………………………… (62)
　　(二) "输入主导型"模式 ……………………………………… (63)
　　(三) "输出主导型"模式 ……………………………………… (66)

第五章　自媒体: 政治传播秩序的活跃性变量 …………………… (70)
　一　政治传播秩序的现代化变迁 ……………………………… (71)
　　(一) 政治秩序的现代化变迁 …………………………………… (71)
　　(二) 传播秩序的现代化变迁 …………………………………… (74)

二　政治传播秩序变迁的动因 …………………………………… (76)
　　（一）动因一：耦合关系发生改变 ……………………………… (76)
　　（二）动因二：媒介演进引发变量"堕距" ……………………… (78)
　　（三）动因三：行动者的能动重塑 ……………………………… (79)
三　自媒体：何以成为活跃性变量 …………………………………… (80)
　　（一）自媒体技术更新频度叠加 ………………………………… (81)
　　（二）行动者广泛使用自媒体 …………………………………… (82)
　　（三）自媒体深度渗透社会关系 ………………………………… (82)
　　（四）自媒体成为文化生产力 …………………………………… (84)
四　自媒体解构原有传播秩序 ………………………………………… (85)
　　（一）自媒体解构传播秩序中人与人的关系 …………………… (85)
　　（二）自媒体解构传播秩序中人与媒体的关系 ………………… (86)
　　（三）自媒体解构传播秩序中的信息时空场域 ………………… (87)
五　自媒体形成新传播秩序 …………………………………………… (88)
　　（一）以个体为中心的群体性传播主体 ………………………… (88)
　　（二）传播内容的多元化和碎片化 ……………………………… (93)
　　（三）多层传播渠道并存与一体化 ……………………………… (94)
　　（四）网络状能动型互播式传播模式 …………………………… (96)
六　自媒体激活政治传播秩序变革 …………………………………… (99)
　　（一）政治逻辑与媒介逻辑的权位重构 ………………………… (99)
　　（二）政治目标的多元主体的共生共建 ………………………… (102)
　　（三）全球比较中政治核心价值的博弈 ………………………… (103)

第六章　民主：政治传播秩序建构和运行的基石 ………………… (106)
一　民主与政治传播秩序的三重关系 ………………………………… (106)
　　（一）政治传播秩序生发于民主追求 …………………………… (107)
　　（二）政治传播秩序建基于民主制度 …………………………… (109)
　　（三）政治传播秩序规限于民主价值 …………………………… (111)
二　民主价值对政治传播秩序的规范 ………………………………… (112)
　　（一）共同体层面的规范 ………………………………………… (113)
　　（二）政治制度层面的规范 ……………………………………… (115)

（三）执政者层面的规范 …………………………………………（115）
　二　自媒体时代协商民主对政治传播秩序的特殊意义 …………（118）
　　（一）基于竞选民主的政治传播秩序及其困境 …………………（119）
　　（二）自媒体时代竞选民主的政治传播困境凸显 ………………（122）
　　（三）协商民主的兴起及其对政治传播秩序的规范 ……………（126）
　　（四）自媒体时代建构基于协商民主的政治传播秩序 …………（130）

第七章　自媒体时代中国政治传播秩序的现状 ……………………（145）
　一　秩序文化影响下的中国政治传播 ……………………………（145）
　　（一）秩序：中国政治传播的文化取向 …………………………（146）
　　（二）"宣传"在中国政治传播秩序中的核心地位 ……………（148）
　二　中国政治秩序与传播秩序的基本特点 ………………………（155）
　　（一）组织型的政治秩序 …………………………………………（155）
　　（二）单向型的传播秩序 …………………………………………（157）
　　（三）政治逻辑统摄传播逻辑 ……………………………………（158）
　三　中国政治传播秩序运行机制的特点 …………………………（160）
　　（一）政党/政府—民众—媒体的关系 …………………………（160）
　　（二）"输出主导型"的输入—输出特点 ………………………（166）
　　（三）运行模式适应于大众传播环境 ……………………………（171）
　四　自媒体时代中国政治传播秩序的运行困境 …………………（176）
　　（一）政治传播结构中传—受角色转换 …………………………（176）
　　（二）政治信息的立体对冲 ………………………………………（183）
　　（三）多维传播渠道的沟通不畅 …………………………………（191）
　　（四）"输入"自主性增强与效果弱化的反差 …………………（197）
　　（五）"输出"压力导致多重两难选择 …………………………（204）
　　（六）中国政治传播秩序中"宣传"的困境 ……………………（209）

第八章　自媒体时代中国政治传播秩序的调适 ……………………（214）
　一　以国家治理现代化为目标导向 ………………………………（215）
　　（一）国家治理现代化：中国政治传播秩序的新目标 …………（215）
　　（二）政治传播秩序导向国家治理的三个维度 …………………（216）

二 推进政治传播制度化 (218)
（一）政治传播职能的制度化 (219)
（二）自媒体政治传播者的组织化 (220)
（三）治理网络政治传播的法治化 (222)
（四）服务于制度建设和传播 (224)

三 优化双向对流的政治传播机制 (226)
（一）双向对流的加强 (226)
（二）互动交流机制的优化 (227)

四 加强政党领导及组织管理 (228)
（一）"三位一体"的机构改革 (229)
（二）领导制度的规范化 (242)
（三）部门职能的精细化 (243)
（四）关键领域的拓展 (244)

五 增强政治传播内容的资源复合 (246)
（一）意识形态重新语境化 (247)
（二）塑造制度权威 (248)
（三）新型政党制度的话语建构 (249)

六 政治信息收集专业化 (251)
（一）信息收集的技术化 (252)
（二）政治传播的专业化 (253)

七 政治传播渠道现代化 (256)
（一）制度性渠道的数字化 (256)
（二）媒介融合和全媒体建设 (258)
（三）多维扩散渠道协同联动 (260)

八 革新输出提高回应性 (260)
（一）输出方式和形式的创新 (260)
（二）党政回应性的提高 (263)

九 形成"同心圆复合"的交流模式 (266)

第九章 自媒体时代中国政治传播秩序的未来愿景 (270)
一 国家能力、法治与民主价值平衡 (270)

二　协商民主的战略地位巩固 …………………………………（275）
　三　政治传播秩序与协商民主的衔接协同 …………………（279）
　　（一）"多中心网络状沟通"新秩序 …………………………（281）
　　（二）运行稳健的协同机制 …………………………………（285）
　四　未来愿景的主要着力点 …………………………………（291）
　　（一）高度自觉的理性判断 …………………………………（291）
　　（二）重心放在政治秩序 ……………………………………（293）
　　（三）扩充"政治信息"的包容量 …………………………（294）
　　（四）激活媒体的政治能量 …………………………………（295）

结　语 ……………………………………………………………（297）

参考文献 …………………………………………………………（299）

前　　言

摆在读者面前的这本《政治传播秩序论》是我们关于"中国特色社会主义政治传播理论"研究的拓深之作。

2011年我们获批国家社科基金重大项目"中国特色社会主义政治传播理论与策略体系研究"之后，一直致力于"中国特色社会主义政治传播理论体系"的建构，以我的著作《政治传播活动论》为标志的基本理论框架搭建完成之后，2017年我们再次以"自媒体时代中国政治传播新秩序及转型研究"为题，获批国家社科基金重点项目。可以看出，这是我们对中国特色社会主义政治传播理论体系"跑马圈地"之后，进一步"深入腹地"，开拓到"政治传播秩序"这样的深度，进一步深入研究中国特色社会主义政治传播理论。

我的博士研究生于淑婧恰逢其时，顺势选择了这个课题的主题作为其博士学位论文的选题进行了系统的研究。其阶段性的研究成果均获得学术界的高度认可。后来，这个课题也以"优秀"等次结项。在此基础上，经过后期拓深拓展加工，我们师徒决定以合作的方式出版这部著作，当然，学生于淑婧出了大力气。

此书交付出版社的时候的名字还是《自媒体时代的政治传播秩序论》，后来觉得，所谓"自媒体时代"也只是一个"时代背景"或"传播技术发展氛围"，主体还是在论"政治传播秩序"，因此，就把书名改为现在的《政治传播秩序论》。

这部著作没有列入之前由我主编的"当代中国政治传播研究丛书"，这是因为，那套丛书已然很久了，基本出齐，新的著作需要新的品貌。但是，这并不意味着这部著作脱离了我们一直着力奋斗的"政治传播研究"

的轨道，相反，它属于我们关于政治传播研究的"七部曲"之一。这"七部曲"的规划是：(1)《政治传播活动论》（已出版），(2)《中国政治传播策论》（已出版），(3)《政治传播秩序论》，(4)《政治传播理论建构论》（已出版），(5)《政治传播学科论》（规划中），(6)《微观政治传播论》（规划中），(7)《国际政治传播论》（规划中）。

我们的关于政治传播研究的"七部曲"的"路线图"也是逐步自觉和清晰的，它代表着我对"政治传播研究"的"使命式"的构想和布局。其中，3部是我独著；其余4部可能是我与学生合著，或达到水准后由学生独著，这就是所谓"规划中"的意涵，但是，可以告诉读者朋友们，这"七部曲"的著作已经准备成熟，出版也只是时间问题。

这个"前言"，借《政治传播秩序论》出版之际，着意表明我对政治传播研究的心路历程。

最后，感谢中国社会科学出版社一直以来对我的学术支持；感谢魏长宝、冯春凤、朱华彬、李立诸位朋友对本书的辛勤付出！

荆学民
于华樾北京寓所
2024年3月30日

导　论

何以研究自媒体时代政治传播秩序

互联网的发展，有力地推动着人类社会经济、政治、文化的跃迁。互联网的功能可谓千条万项，但究其本质乃为传播技术和媒介的革命。从传播技术和媒介变迁这一特定角度出发，我们赞赏麦克卢汉（Marshall McLuhan）的观点："媒介是社会发展的基本动力"，"也是区分不同社会形态的标志"，每一种新媒介的产生和应用，宣告我们进入一个新的时代。[①] 在这个意义上，我们已经进入"互联网时代"。当下，基于互联网的"自媒体""融媒体""全媒体""社交媒体""智能媒体"等，[②] "让普罗大众拥有不一样的全新生活"[③]。全新的生活正在"百年未有之大变局"中多姿多态地展现在人类社会的诸多领域，其中处于"极度不确定"状态的人类的政治生活更为引人注目。在剧烈变动的政治生活中，自媒体作为一种"最活跃变量"正在改变着人类社会的政治交往方式，正在改变着人类社会既有的政治运行机制，正在改变着人类政治传播活动的秩序。基于此，我们有责任研究"自媒体时代政治传播秩序"。

一　研究自媒体时代政治传播秩序的时代背景

互联网时代，全球的政治秩序和传播秩序都面临着自媒体等新技术带来的冲击，伴随着依赖自媒体形成的新传播主体的崛起，互联网将全球各

[①] 参见［加］马歇尔·麦克卢汉《理解媒介：论人的延伸》，何道宽译，商务印书馆2000年版，第409—410、428页。
[②] 无论学界用什么概念来说明媒介的发展，基于互联网传播技术这一本质并无改变。
[③] 醒客（陈世鸿）：《重新理解媒介》，中信出版社2014年版，序言，第××页。

个地区和国家贯穿连接起来,全球政治的不确定因素加大,原有传播秩序也面临前所未有的挑战。

第一,自媒体等传播技术的发展和运用使政治面临着级数增长的政治表达,而现有的政治制度难以有效缓解该政治问题。自媒体激活了政治参与,驱动着民主化,掀起了如"政治浪潮"①般此起彼伏、又充满不确定的民众意见,给现代政治制度和政治系统的运行带来了巨大的冲击和挑战。亨廷顿(Samuel P. Huntington)有关政治秩序稳定性的公式(政治参与/政治制度化=政治不稳定)表明,当政治参与的速度超过政治制度化的水平时,政治将面临秩序危机和不稳定。②对政治进行系统分析的学者戴维·伊斯顿(David Easton)也指出,当政治系统的输出无法满足输入的要求时,政治系统也将面临压力。③各种实证研究都表明,互联网的使用促进了线上线下的政治参与和政治输入。④可见,自媒体政治表达给政治制度化提出了新的挑战,也给政治系统带来了巨大的输出压力。

第二,互联网环境下,观念的多元与极化被激活,伴随着自媒体的兴起,这一问题更加凸显。新媒体技术虽然促进了民众意见的表达,但随之而来的"过滤气泡",加强着"回应室效应";人工智能、大数据、算法等新技术创造了政治信息的"私人定制",将个人限制于"信息茧房"中。在新的传播环境中,诸多矛盾加剧了社会的异质性,降低了对话的可能,原有的共识正在受到挑战,新的共识却难以达成。这一切加剧了民众

---

① "政治浪潮"可以被定义为政治环境中的突然和重大变化,其特征在于以政治问题或事件为中心的公众注意力的大量增加。参见 Gadi Wolfsfeld, "Political Waves and Democratic Discourse: Terrorism Waves During the Oslo Peace Process", in W. Lance Bennett and Robert M. Entman, eds., *Mediated Politics: Communication in the Future of Democracy*, Cambridge: Cambridge University Press, 2000, pp. 226 – 227。

② 参见[美]塞缪尔·P. 亨廷顿《变化社会中的政治秩序》,王冠华等译,上海人民出版社 2008 年版,第 56 页。

③ 参见[美]戴维·伊斯顿《政治生活的系统分析》,王浦劬译,人民出版社 2012 年版,第 30 页。

④ 参见 Seungahn Nah, Aaron S. Veenstra and Dhavan V. Shah, "The Internet and Anti-war Activism: A Case Study of Information, Expression, and Action", *Journal of Computer-Mediated Communication*, Vol. 12, No. 1, 2006, pp. 230 – 247; Magdalena Wojcieszak, "Carrying Online Participation Offline—Mobilization by Radical Online Groups and Politically Dissimilar Offline Ties", *Journal of Communication*, Vol. 59, No. 3, 2009, pp. 564 – 586;陈云松《互联网使用是否扩大非制度化政治参与 基于 CGSS2006 的工具变量分析》,《社会》2013 年第 5 期。

意见的日益多元、极化、分裂甚至对立，公共领域越趋"媒体化""破碎""不和谐"甚至"断裂"。① 政治传播学者布鲁姆勒（Jay G. Blumler）和格瑞维奇（Michael Gurevitch）严厉告诫我们正在面临"公民交流的危机"②。

第三，从全球范围来看，自媒体不仅参与到社会、经济、政治的变革过程中，还重塑着政治传播的运行方式。当前的政治传播面临着全球化与逆全球化趋势的并行，现代化与后现代的复合交织。启蒙时代以来"崇尚精确、科学和理性"的政治遗产，面临冲击和挑战，政治的"不确定性"与"不可靠性"日益突出。政治传播正在形成两个"独立的思想和逻辑体系"，其中"支持感情、信仰，拒绝真相和科学"的逻辑日益突出；③ 新媒体和新技术，促进了政治领袖与民众的直接接触，通过调动情绪或感情，操纵和控制民众的意见变得越来越容易。民粹主义、假新闻、后真相所体现出的"情绪性"和"表演性"，正是源于自上而下和自下而上政治传播的合谋。④

第四，自媒体带来的传播革命倒逼着政治传播进行优化和转型，同时也从技术层面提供了新的政治传播可能，增加了人们对未来政治沟通新方式的想象。互联网的更新换代与普及使用，形成了新的信息和媒体环境，有学者将之总结为"高选择性的媒体环境"⑤ 和信息富裕的环境，这给传播秩序带来了极大冲击，同时也带来了"信源革命"，使普通民众得以"赋权"，从本质上改变了社会的互动模式，改变了人与人之间的社会交

---

① W. Lance Bennett and Barbara Pfetsch, "Rethinking Political Communication in a Time of Disrupted Public Spheres", *Journal of Communication*, Vol. 68, No. 2, 2018, pp. 243–253; Barbara Pfetsch, "Dissonant and Disconnected Public Spheres as Challenge for Political Communication Research", *Javnost-The Public*, Vol. 25, No. 1–2, 2018, pp. 59–65.

② Jay G. Blumler and Michael Gurevitch, *The Crisis of Public Communication*, New York: Psychology Press, 1995.

③ Jack M. Mcleod, "When Democracy Failed: Can Political Communication Research Contribute to Civil Recovery?", *Political Communication*, Vol. 35, No. 4, 2018, pp. 657–661.

④ 参见荆学民、丁淑婧《互联网时代政治传播输入的变革与挑战》，《现代传播》2019年第1期。

⑤ Peter Van Aelst, et al., "Political Communication in a High-Choice Media Environment: A Challenge for Democracy?", *Annals of the International Communication Association*, Vol. 41, No. 1, 2017, pp. 3–27.

往方式。现在很多国家已经开始采取行动，尝试借助新的媒体技术手段，更新政治传播方式。分众化传播、精准传播、以用户为中心等，成为政治传播的新理念。不仅如此，新技术还引发了人们关注未来政治传播，并展开民主政治的未来想象。"网络民主""电子民主""数字民主"等概念纷纷出炉。然而，正如英国学者贝莱曼（Bellamy Christine）和泰勒（Taylor John）指出的："对于二十一世纪的政府来说，由网络而引发的主要问题不是探讨网络技术能否推动民主，而在于现存的政治制度能否找到一种同信息通信技术联系的新形式，借以更新它的合法性，并在新的民主政治中适得其所。"① 又如中国学者所论："变互联网这一最大变量为最大增量，是对当代执政党人的重大考量。"②

第五，全球各个国家所遇到的挑战是一样的，但中国更有特殊性和急迫性。中国的政治传播秩序，处于国际政治和传播双重变革的环境之中，同时，中国政治传播本身也处于不断调适的演变过程中，以适应中国政治的发展，回应政治现代化和全球化给中国政治和传播提出的问题。党的十九大报告指出，"中国进入到了一个新时代"，"协商民主是实现党的领导的重要方式，是我国社会主义民主政治的特有形式和独特优势"。中国政治的未来方向，在很大程度上将决定中国政治传播的秩序特质，反之，中国政治传播如何吸纳自媒体等新技术的潜能、与中国特色协商民主的理念和实践相协同，也关乎中国政治的发展和稳定。因而，研究自媒体时代的政治传播秩序，对在自媒体时代建构基于中国特色社会主义协商民主的中国政治传播新秩序，具有重大现实意义。

二 研究自媒体时代政治传播秩序的理论基础

研究自媒体时代政治传播秩序，不仅源于复杂的时代背景，还建立在一定的理论基础之上。

第一，人类社会生活对秩序的依赖，使政治具有寻找和维护秩序的本

---

① Bellamy Christine and Taylor John, *Governing in the Information Age*, Berkshire: Open University Press, 1998, p. 118.

② 黄旦：《媒介变革视野中的近代中国知识转型》，《中国社会科学》2019年第1期。

质需求。首先，从理论上讲，对于秩序的关注，来源于人们对混乱无序动荡和社会的担忧，因为如果没有秩序和稳定，人类生活会陷入霍布斯（Thomas Hobbes）所说的恐惧、相互掠夺、相互侵害的"自然状态"。作为一种政治原则，秩序是与个人安全相联系的。它既包括身体安全，即不用担忧被恐吓又能免于暴力侵犯；也包括心理安全，即只有在有条不紊与熟悉的环境中，才能形成的舒适感和稳定感。正是基于此，"秩序"获得了政治理论家们无条件的赞成。至今为止，还没有一个人为"无序"辩护。[①] 人类社会对秩序有着天然的追求，而政治则是人类社会维护秩序的特有机制，因而，政治的本质内蕴着建构和维持秩序的"天职"。政治的根本目的，是以实现社会生活"协调"的名义或形式，建构一个能够为大多数人接受的社会制度和秩序。

其次，现代政治发展的民主化，使政治秩序的合法建构问题凸显出来。从人类政治秩序变迁的历史来看，"民主"可谓政治秩序中"最不坏的"制度形式，它在原则、价值和信念层面，几乎获得了一致的同意和赞许。[②] 而民主政治的要义，是在现代社会中处理矛盾、冲突、维护秩序的一种政治方式。民主理论家达尔（Robert A. Dahl）曾列举了民主相对于非民主形式的十大优势，其中首要的便是"避免暴政"。[③] 研究现代政治秩序的著名学者福山（Francis Fukuyama），也将"民主"列在为政治秩序开出的菜单中的重要位置。还有，像阿尔都塞（Louis Althusser）相对于"镇压性质的国家机器"所提出的"意识形态的国家机器"理论，葛兰西（Antonio Gramsci）提出的"文化领导权"理论，都表明，政治民主化和文明化，需要现代政治采用有规则的话语、说服、文化、软性的秩序建构方式，即"政治是选择调停而非暴力和强制的秩序问题解决之道"[④]。

---

① 参见［英］安德鲁·海伍德《政治学核心概念》，吴勇译，中国人民大学出版社2014年版，第18页。
② 参见［美］乔·萨托利《民主新论》，冯克利、阎克文译，东方出版社1998年版，第3—4页。
③ ［美］罗伯特·A.达尔：《论民主》，李风华译，中国人民大学出版社2012年版，第40页。
④ ［英］安德鲁·海伍德：《政治学的思维方式》，张立鹏译，中国人民大学出版社2014年版，第12页。

最后，对于处于现代政治语境中的政治传播来说，研究政治传播秩序是政治民主化和文明化的必然。一方面，一种有序的政治传播是现代政治秩序的应有之义，政治传播在某种层面上应有助于政治秩序的建构。诚如学者所言，"政治沟通的健全与否及其沟通能力的强弱直接关系到政治生活的民主化程度，关系到政治生活的运行是否健全，关系到决策的科学化和社会的安定团结"①。另一方面，政治传播秩序本身，需要受到民主的规范并实现与民主的相互促进。比如对于中国，"协商民主"是中国民主的重要理念，中国政治将其作为推进和完善中国民主的重要战略途径，这意味着中国政治传播秩序与中国特色社会主义协商民主，二者之间需要理念匹配、机制衔接、协同共进。

第二，传播对秩序的调节和生产作用。纵观传播研究的思想史，"传播生成社会"，构成了贯穿其中的一条思想渊源和理论轴心。首先，"传播生成社会"，意味着传播本身的秩序对于社会有序运行的关键作用。从传播对社会建构与政治秩序建构的关键作用来看，学者们已经注意到在产生和调节社会冲突以及实现社会秩序中的传播问题，意识到传播秩序本身对于政治稳定与秩序的重要作用。② 传播学早在芝加哥学派崛起时，就开始将传播看作重建社会秩序和共同体的途径。③ 媒介环境学派的鼻祖伊尼斯也认为，社会秩序结构，依赖于在特定历史时段所拥有的媒体技术以及由这一技术所决定的传播的时间偏向或空间偏向。④

其次，政治学学者也很早关注到传播对政治有序运行的重要性。多伊奇（Karl Wolfgang Deutsch）将政治系统中的"传播"，看作政治的全部，将其形象地比喻为"政府的神经"。阿尔蒙德（Gabriel Abraham Almond）尽管不同意将政治传播看作政治的全部，但他也不否认传播在政治中的重要作用，他在《发展中地区的政治》一书中，将政治传播比作政治系统

---

① 俞可平：《政治沟通与民主政治建设》，《社会主义研究》1988 年第 2 期。

② 参见 Lynda Lee Kaid, ed., *Handbook of Political Communication Research*, London: Lawrence Erlbaum Associates, Inc. 2004, p. XV.

③ 参见［美］E. M. 罗杰斯《传播学史：一种传记式的方法》，殷晓蓉译，上海译文出版社 2002 年版，第 169—170 页。

④ 参见［美］斯坦利·巴兰、丹尼斯·戴维斯《大众传播理论：基础、争鸣与未来》，曹书乐译，清华大学出版社 2014 年版，第 235 页。

中的"毛细血管"。而政治传播学者丹·尼谋（Dan Nimmo）把政治传播直接定义为"关注产生和调节社会冲突以及实现社会秩序（或无序）的沟通"①。

最后，在政治与社会日益媒介化的时代，政治传播的自主性增强，政治传播在社会秩序和政治秩序的建构与维持中扮演的角色更加凸显。所谓自主性（Autonomy），是指行为主体按自己意愿行事的动机、能力或特性。阿尔蒙德就十分看重政治沟通体系中的自主性程度。他认为，一个自主的沟通结构，就是一个在社会中既不受自主领导人的左右，也不受特殊利益者控制的交流结构。② 政治传播的自主性，受到环境的影响。有些政治传播系统具有较弱的自主性，在适应性和反作用方面容易受到权力、资本或其他因素的影响；有的政治传播系统则具有较大自主性，对环境的适应能力较强，能够对环境产生较大反作用。

在自媒体时代，政治传播的自主性得到提高。自媒体和社交媒体等新媒体促使"社会互动方式"发生了巨变，政治越趋"媒介化"③，媒体与政治也越来越相互依赖，二者甚至被定义为"共生"关系④。原有限定于政治家和媒体机构的政治传播，突破限制，成了名副其实的政治系统的"神经"和"毛细血管"，深入社会的各个角落，鉴于此，有学者从"公共传播（public communication）"⑤ 的视角理解政治传播的问题。可见，政治传播也越来越成为多数人共同塑造的活动，其对政治秩序的建构和维持也越来越具有自主影响力。政治传播本身是否存在秩序，会影响政治秩序的持续和健康。可以说，政治传播秩序成为政治秩序不可忽视的方面。

---

① Dan Nimmo, "Political Communication Theory And Research: An Overview", *Annals of the International Communication Association*, Vol. 1, No. 1, 1977, pp. 441–452.

② 参见［美］加布里埃尔·A·阿尔蒙德、小 G·宾厄姆·鲍威尔《比较政治学：体系、过程和政策》，曹沛霖等译，上海译文出版社1987年版，第175页。

③ Frank Esser and Jesper Strömbäck, eds., *Mediatization of Politics: Understanding the Transformation of Western Democracies*, Springer, 2014; Gianpietro Mazzoleni and Winfried Schulz, "'Mediatization' of Politics: A Challenge for Democracy?", *Political communication*, Vol. 16, No. 3, 1999, pp. 247–261.

④ Gunn Enli, "New Media and Politics", *Annals of the International Communication Association*, Vol. 41, No. 3–4, 2017, p. 41.

⑤ Jay G. Blumler and Michael Gurevitch, *The Crisis of Public Communication*, New York: Psychology Press, 1995.

第三，媒介环境学派对媒介的重视，一定程度提供了从自媒体时代研究政治传播秩序的理论依据。首先，媒介环境学派的代表人物麦克卢汉和波兹曼（Neil Postman）研究指出，媒介是复杂的讯息系统，一旦社会的主导媒介发生变化，符号系统就会发生根本性的变化。媒介构成了一个感知—符号环境。我们身处媒介符号结构之中，并参与到媒介中达到交流的目的，进而构建和影响着我们与他人、与世界的关系。[1]伊尼斯（Harold Adams Innis）也指出，不同媒介有其不同的技术和文化"偏向"，会产生不同的传播形态和方式[2]，进而规制了传播内容的组织和呈现，规定了接收和体验的方式，重组了人们之间以及人们与现实的关系。[3]

其次，媒介环境学派按照媒介技术将媒介发展史分为口语、文字、印刷术、电子媒介四个时代，自媒体是电子媒介时代的延续，与以往的电子媒介如电报、广播、电视等不同，自媒体基于互联网技术。互联网不是一种流派，不是一种媒介，而是一种由各种设施、平台、消息流和使用模式构成的多样化的组合[4]，即查德威克（Andrew Chadwick）所言的"混合媒体系统"[5]。互联网本身不仅担当政治传播的中介，也构成了一个政治信息交流互动的新平台和新空间。互联网在政治传播中的角色已经从媒体"附加体"转变为重要组成部分[6]。这意味着，基于互联网发展最新阶段的自媒体的政治传播，必然呈现出新的秩序。

在此，需要特别解释的是，媒介环境学派往往与"技术决定论"相

---

[1] 参见［美］林文刚《媒介环境学：思想沿革与多维视野》，何道宽译，北京大学出版社2007年版，第27—30页。

[2] 以波斯特的说法，不同媒介具有不同符号交换结构形态的"信息方式"。参见［美］马克·波斯特《信息方式：后结构主义与社会语境》，范静哗译，商务印书馆2000年版，第13页。

[3] 参见 Krotz Friedrich, "Mediatization: A Concept with Which to Grasp Media and Societal Change", in Knut Lundby ed., *Mediatization: Concept, Changes, Consequences*, Peter Lang, 2009, pp. 21–40。

[4] 参见 Jay G. Blumler, "The Crisis of Public Communication, 1995–2017", *Javnost-The Public*, Vol. 25, No. 1–2, 2018, pp. 83–92。

[5] Andrew Chadwick, *The Hybrid Media System: Politics and Power*, Oxford University Press, 2017.

[6] 参见 Petros Iosifidis and Mark Wheeler, "Modern Political Communication and Web 2.0 in Representative Democracies", *Javnost-The public*, Vol. 25, No. 1–2, 2018, pp. 110–118。

挂钩。因而，其理论往往被贴上"技术决定论"的标签。但实际上，媒介环境学派并不主张从"技术决定论"的角度解析媒介对于文化、社会的影响，而是主张将"软决定论"和"硬决定论"看作一个连续体，并在二者之间采用"文化/技术共生论"的路径看待媒介的作用。[①] 研究网络社会的卡斯特曾指出，"技术决定论"的困境，在于问错了问题，因为技术就是社会，若无技术工具，社会也无法被了解或再现。虽然就技术本身而言，它并未决定历史演变与社会变迁，但技术却体现了社会自我转化的能力，以及社会在总是充满冲突的过程里决定运用其技术潜能的方式。[②] 因而，技术与社会的互动借助网络化逻辑的扩散，改变了社会、经济、政治的方方面面，建构着新的社会形态。对于互联网这一技术，查德威克进一步提出了"政治背景中的政治化的技术"，来调和"技术决定论"与"社会决定论"。他认为，互联网具有技术的天生政治性，但是它的政治性是政治环境所决定的。[③] 之后，詹姆斯·柯兰（James Curran）等也在《互联网的误读》中，通过否认互联网具有促进民主的功效，指出互联网的内在本质既非民主也非专制，而是极大地依赖于部署这一技术的语境。从来就没有什么技术的前定主义，一切都是路径依赖。[④]

本书的研究汲取了媒介环境学派的理论资源，但没有将问题直接命名为"自媒体对政治传播秩序的影响"，也没有直接命名为"网络上的政治传播秩序"，而是将政治传播置于自媒体时代或者更确切地说是"自媒体环境"中，这正是我们的研究在厘清技术和社会之间的辩证关系之后，汲取媒介环境学派营养所形成的媒介哲学理念。在此基点上，本书的研究聚焦于，人们运用自媒体是如何进行政治传播，并产生了何种政治传播秩序等问题上。

传播学学者贝雷尔森（Bernard Berelson）曾发出"传播研究看来将

[①] 参见［美］林文刚《媒介环境学：思想沿革与多维视野》，何道宽译，北京大学出版社2007年版，第32页。

[②] 参见［美］曼纽尔·卡斯特《网络社会的崛起》，夏铸九等译，社会科学文献出版社2001年版，第6页。

[③] 参见［英］安德鲁·查德威克《互联网政治学：国家、公民与新传播技术》，任孟山译，华夏出版社2010年版，第24页。

[④] 参见［英］詹姆斯·柯兰等《互联网的误读》，何道宽译，中国人民大学出版社2014年版，第12—17页。

要死亡"的感慨,针对这种感慨,卡茨(Elihu Katz)指出:正在死亡的是大众传播的说服研究领域,而研究人们用媒介做了什么,是解救媒介研究的另一条康庄大道。这符合施拉姆(Wilbur Schramm)等对传播本质的经典界定:"我们要明确了解的一点是:人类传播是人做的某种事。它本身是没有生命的。它本身没有什么不可思议的,除非是传播关系中的人使之成为不可思议。讯息本身并无含义,除非是人使之有含义。因此,我们研究传播时,我们也研究人——研究人与人的关系以及与他们所属的集团、组织和社会的关系;研究他们怎样相互影响;受影响;告知他人和被他人告知,教别人和受别人教;娱乐别人和受到娱乐。要了解人类传播,我们必须了解人是怎样相互建立起联系的。"① 正因如此,媒介环境学派的保罗·莱文森(Paul Levinson)提出"人性化趋势理论",指出了媒介背后人的重要性——"人是积极驾驭媒介的工具"。②

三 研究自媒体时代政治传播秩序的中国意义

自媒体时代,中国政治传播处于更为复杂的大环境中,我们越来越需要稳定而有效的政治传播秩序,以便有序有效并将尽可能多的人纳入政治沟通的轨道,达成共识,促进政治的不确定性向确定性的转变。这不是仅依赖自媒体等新技术这一传播条件所能达到的,而是需要结合政治和传播因素塑造新的政治传播秩序。因而,研究自媒体时代政治传播秩序,对于中国政治传播的未来具有更为重要和特殊的意义。

第一,"政治传播秩序"是政治传播研究在中国情境下的理论改造,在具有一般性的学术价值的基础上,它为政治传播提供了新理念,也为研究中国政治传播提供了新视角。

首先,秩序和稳定可谓中国政治发展的"底线"。伴随着新时代改革进入深水区,全球政治、经济和社会大环境的不确定性增加,技术的迭代

---

① [美]威尔伯·施拉姆、威廉·波特:《传播学概论》,陈亮等译,新华出版社1984年版,第4页。
② [美]保罗·莱文森:《人类历程回放:媒介进化论》,邬建中译,西南师范大学出版社2017年版,第40—41页。

更新、信息的急速传播，秩序和稳定成为中国政治发展过程中要牢牢把握的底线。中国政治传播的转型，不仅是一个传播技术和手段的问题，而是关乎政治秩序和政治稳定的问题。政治传播秩序这一概念，含括中国政治文化追求秩序和稳定的特质，有利于促进政治传播研究与中国本土的政治发展理念相匹配。对于寻求"稳中求进"发展之路的中国来说，思考政治传播秩序问题，为推进中国政治发展和政治秩序转向"动态稳定"① 提供了新的视角。

其次，将政治传播和秩序在中国的特殊现实关联抽象为"政治传播秩序"理论，具有超越仅仅解释中国本土问题的普遍性理论价值。因为，有机地将传播、政治和秩序问题进行综合研究，不仅对中国政治传播发展具有理论意义，也为处于大变革时代的全球政治传播提供了关怀秩序理念的理论路径，为思考政治秩序问题增加了"传播"这一新视角。政治传播秩序，强调动态、多元主体、表达、对话和有序。一种有秩序的政治传播，意味着通过形成有规则的、常规的政治传播机制，保障人们拥有充分的利益表达、意见传播和冲突协调的渠道和选择，通过包容多元行动者的政治传播活动，使各方在开放、自由的环境中，有序地进行对话、协商，达成共识，或者退而求其次，生成理解、包容和共存的基本底线。

最后，"政治传播秩序"概念的提出，并不是创造了一个新的观念。其理论价值在于建构了一个"敏感性概念"（sensitizing concepts）②。"一个新词的形成是对一个新的、特别的、与现存科学客体无任何本质上的相似的研究客体的结晶。"③ 政治传播秩序作为一个敏感性概念，将现实经

---

① 学者俞可平将稳定分为"静态稳定"和"动态稳定"，并指出静态稳定的特点是以"堵"为主，而动态稳定的特点则是以"疏"为主。参见俞可平《民主是个好东西——俞可平访谈录》，社会科学文献出版社 2006 年版，第 214 页。我们这里使用"动态稳定"，在于将政治传播秩序稳定同静态稳定做出区别，政治传播本身的动态性也表明，其在稳定这一价值追求中指的是一种"动态稳定"，而不是"静态稳定"。

② "敏感性概念"是指"使用者在处理某一经验案例时能够提供参照与指导"。它与"限定型概念"（definitive concepts）相对，后者指能够精确地指代一类对象的共同点，但其仅能帮助学者对现象进行区分与定位，对于经验实例及其上下文，它们可能会导致循环论证。参见 Herbert Blumer, "What is Wrong with Social Theory?", *American Sociological Review*, Vol. 19, No. 1, 1954, pp. 3–10。

③ ［法］雷吉斯·德布雷：《普通媒介学教程》，陈卫星、王杨译，清华大学出版社 2014 年版，第 2 页。

验中关乎政治、传播和秩序的问题，融合为一个统一的理论问题——"政治传播秩序"。它增加了政治传播这一观照秩序问题的新视角，搭建了政治传播与更深层次的政治秩序和传播秩序问题联系在一起的理论桥梁。

第二，研究自媒体时代中国政治传播秩序问题，为"第四时代"[①] 的政治传播研究，提供了中国素材和中国理论。中外政治传播研究者对互联网、新媒体政治传播等问题的共同关注，为中外政治传播研究的互动搭建了桥梁。从政治传播研究发展史来看，20 世纪国外政治传播研究主要聚焦于大众传媒和政治竞选。[②] 这种狭义的政治传播研究视角，往往将中国政治传播视为"意识形态宣传"，因为中国政治传播处于非竞争性选举和媒体缺乏自主性的总体环境下，中国政治传播从而被排除在主流政治传播研究之外。这带来的后果是，政治传播的西方研究，无法与中国相关研究实现对话和互动。但是，随着互联网等新媒体的出现，中西方在互联网、新媒体和政治传播这一议题上，具有了更多研究重合和共同的关注点，这增加了二者展开对话和学术互动的可能。因而，实时跟进中国政治传播的发展，考察自媒体时代中国政治传播实践的独特特点，可以为"第四时代"的政治传播研究提供中国经验。为推进全球政治传播的学术进步提供中国理论。

第三，在应然层面，建构自媒体时代基于协商民主的中国政治传播新秩序，具有一定的理论规范意义。首先，现代政治是民主政治，民主在原则、价值和信念层面几乎获得了一致的同意和赞许。[③] 党的十九大报告指

---

① Jay G. Blumler, "The Fourth Age of Political Communication", *Politiques de Communication*, Vol. 1, 2016, pp. 19 – 30.

② 比如：1975 年，学者斯蒂文·查菲（Chaffee S. H.）第一次总结分析了政治传播的基本研究问题和研究方法，并认为"政治选举"是政治传播研究的核心问题。丹·尼谋（Nimmo）将政治传播视为正式政府组织与公民投票行为之间的中介环节。布莱恩·麦克奈尔（Brian Mc Nair）则认为政治传播是"关于政治的有目的的传播活动"。其中包括关于党派人士、政治活动家以及非党派人士针对党派人士、政治活动家的一切政治活动的新闻报道、时事评论文章以及通过其他媒介形式展开的政治讨论。具体参见 Dan Nimmo and Keith R. Sanders, eds, *Handbook of Political Communication*, Sage Publications, Incorporated, 1981, p. 12；[美] 布赖恩·麦克奈尔《政治传播学引论（第 2 版）》，殷祺译，新华出版社 2005 年版，第 4 页。

③ 参见 [美] 乔·萨托利《民主新论》，冯克利、阎克文译，东方出版社 1998 年版，第 3—4 页。

出:"协商民主是实现党的领导的重要途径,不仅是我国社会主义民主政治的特别形式,也体现了我国社会主义民主政治的独特优势"。"政治沟通(传播)与民主治理息息相关,推进政治沟通的现代化,从某种意义上说,也就是推动民主政治的进步,推进国家治理的现代化。"① 因而,汲取新媒体技术的正面功能,找到政治传播理论与协商民主理论的衔接点,有助于在理论层面推动媒体技术、政治传播和民主三者交叉问题的理论研究进展。

其次,中国特色社会主义协商民主,是中国特色社会主义对人类政治文明的重大贡献。从世界政治秩序面临的总体困境来看,以西方式民主作为预设的秩序,在民粹主义与"政治衰败(衰朽)"② 中显得不再有吸引力,中西"秩序"之争成为必须关注的理论话题。这些摆在我们面前的现实问题,意味着我们要重新反思政治理论假设,重新想象政治进程方向。要从政治传播层面提供解释中国政治的新视角。建立在"协商民主"这一基石上的中国政治传播新秩序,对于进一步巩固中国特色社会主义政治根基、凝聚整个社会政治共识、激活社会政治热情,对于向全世界传播中国特色政治文明,具有重大的意义。

最后,以新的中国经验现实为考察对象,促进中国政治传播与协商民主的衔接和协同,对自媒体时代基于协商民主的中国政治传播新秩序予以设想。在此基础上,对中国特色政治传播的战略转型予以探索,有助于为中国政治传播跳出"宣传"的话语束缚,提供规范性理论和应然性方向。它有助于将基于中国经验的政治传播理论编织到原有西方占主导地位的政治传播理论谱系之中。

政治传播学者伯内特(W. Lance Bennett)和恩特曼(Robert M. Entman)曾在 21 世纪之初,发出这样的感叹:"也许这个星球上不断增长的人对人或点对点通信能力的巨大讽刺之处在于:它们的潜力并没有被系统地用于协调、集体协商和决策。没有证据表明,人类信息的嘈杂交换是通过平等的公民获取或解决政治分歧的机制来寻求政治秩序。许多政府似乎

---

① 俞可平:《政治传播、政治沟通与民主治理》,《现代传播》2015 年第 9 期。
② [美] 弗朗西斯·福山:《政治秩序的起源:从前人类时代到法国大革命》,毛俊杰译,广西师范大学出版社 2012 年版,第 8 页。

也难以在选举之外创建新的沟通渠道,将各种审议与公众重大决策联系起来。"[1] 这个感慨,固然有些悲观,但也颇具警示意义,这种警示直接对准人类的政治传播活动扑面而来。我们理论研究者有责任对自媒体时代政治传播秩序这一话题展开深入研究,以使人类社会在媒体技术发展和传播形态革新的动变不居的时代,行稳致远,达致美好。

---

[1] W. Lance Bennett and Robert M. Entman, eds., *Mediated Politics: Communication in the Future of Democracy*, New York: Cambridge University Press, 2000, p. 16.

第一章

自媒体兴起的背景和发展历程

自媒体的兴起是互联网这一信息技术发展到一定阶段的产物,是信息社会中具有革命性意义的一部分。对于媒介变革,学者萨弗(Paul Saffo)曾提出"30年法则"理论,即认为新思想完全渗入一种文化所需要的时间数量约为三十年。三十年法则,一般经历三个阶段:"第一个十年:许许多多的兴奋,许许多多的迷惑,但是渗透得并不广泛。第二个十年:许许多多的潮涨潮落。产品向社会的渗透开始。第三个十年:哦,又有什么了不起?只不过是一项标准技术,人人都拥有了它。"[1]

自互联网开始发展的30余年后,[2] 经历了若干软硬件技术变迁,自媒体成为基于互联网形成的媒体的最新形式,自媒体本身也随着技术和理念的进步处于不断演进的变迁过程中,但无论基于何种技术和形式,移动媒介和自媒体应用的普及,几乎实现了人人对网络的拥有和使用。人类社会在互联网时代呈现出更多自媒体的特性,并于2000年后开始逐渐进入到自媒体时代。政治传播作为一种人类活动也进入了自媒体时代。

一 信息革命和信息社会

经历了农业社会和工业社会后,人类社会进入信息社会中。信息社会中,信息成为比物质和能源更为重要的资源。而更重要的是,信息技术的

---

[1] [美]罗杰·菲德勒:《媒介形态变化:认识新媒介》,明安香译,华夏出版社2000年版,第7页。

[2] 这个时间节点是从1989年万维网的出现算起。

变革推动了政治、经济、文化以及社会结构等各个层面的变革。自媒体参与社会传播，是一场"革命"。正如习近平总书记所强调的，"从社会发展史看，人类经历了农业革命、工业革命，正在经历信息革命"①。

阿尔温·托夫勒（Alvin Toffler）曾在他的著作《第三次浪潮》中分析了继工业革命带来的第二次浪潮之后的第三次浪潮，也就是信息革命带来的冲击。对于传播，他指出，多样化的传播工具、非群体化的传播是信息时代的一个重要特征，这种传播特征还将决定我们思想的非群体化以及瞬息万变的文化，最重要的是还将改变社会的组织结构。他指出，"随着第三次浪潮文明的冲入，第二次浪潮文明的法则在被系统地逐个解剖，比如标准化、同步化、集中化、好大狂、专业化、集权化等"，而第三次浪潮所带来的是"分权化"。②

对于信息社会的发展，国内学者熊澄宇认为可以分为四个阶段：信息社会1.0是信息技术应用阶段，即以信息基础设施建设为主的阶段；信息社会2.0是信息产业发展阶段，主要体现为信息技术产业（包括软、硬件）的形成；信息社会3.0是信息社会的经济推进期，信息技术在社会经济各个领域广泛应用；信息社会4.0是信息社会的构建期，在这个阶段，人类社会现有的政治、经济、文化等各个领域将产生质的飞跃，社会结构将重组，人类社会可能或也将产生巨大改观。③ 自媒体的兴起和使用，可以说正是信息社会4.0阶段推进的表现。

二 自媒体在互联网发展史中的定位

1949年，世界出现第一台电子计算机，但由于价格较贵，数量极少，早期仅仅用于科学计算。最早的互联网雏形是1969年在美国诞生的阿帕网（ARPA net），早期的互联网主要用于科研教育、军事国防；1989年，

---

① 习近平：《在网络安全和信息化工作座谈会上的讲话》，2016年4月26日，politics.people.com.cn/n1/2016/0426/c1024-28303544.html，2019年10月30日。

② 参见［美］阿尔温·托夫勒《第三次浪潮》，朱志焱等译，生活·读书·新知三联书店1984年版，第240—370页。

③ 参见熊澄宇《信息社会4.0：中国社会建构新对策》，湖南人民出版社2002年版，第5—9页。

欧洲粒子物理实验室的蒂姆·伯纳斯·李（Tim Berners-Lee）提出了万维网（WWW——World Wide Web）的技术构想。到了1991年，在联通 Internet 的计算机用户中，商业用户首次超过了学术界用户。互联网开始逐渐兴起，并随着万维网的普及，互联网从由技术人员主导和使用的技术开始进入"寻常百姓家"。尽管在20世纪80年代，中国已经开始研究网络技术，但真正到1994年，中国才全面接入互联网，在短短三年之内，中国的互联网用户的速度开始以翻番的速度增长。因而，学界往往将1987年到1993年视为中国互联网的研究试验阶段，1994—1996年为起步阶段，1997年到2002年为快速发展阶段，2003年至今为稳步发展和逐渐成熟阶段。① 自媒体的出现和发展是基于互联网这一发展史的。

对于互联网技术的发展，学者们往往将其分为三个技术阶段：Web1.0，Web2.0和Web3.0。"Web1.0"的本质是聚合、联合、搜索，其聚合的对象是巨量、芜杂的网络信息，或者说"微内容"，"Web1.0"只能够满足人对信息搜索、聚合的需求。到了2003年之后，开始进入"Web2.0"时期，"Web2.0"的本质特征是参与、展示和信息互动，它的出现填补了"Web1.0"参与、沟通、交流的匮乏与不足。如果说，"Web1.0"主要解决的是人对于信息的需求，那么，"Web2.0"主要解决的就是人与人之间沟通、交往、参与、互动的需求。"Web3.0"的本质是深度参与、生命体验以及体现网民参与的价值。② 自媒体正式出现于"Web2.0"的技术阶段，或者说正是自媒体等一系列新的媒介技术、储备形式的出现塑造了"Web2.0"的技术特色。目前来看，自媒体处于"Web2.0"和"Web3.0"的过渡混合阶段。

从概念范畴来看，自媒体属于基于互联网技术、数字技术发展起来的"新媒体"。因而，有学者说，"人类信息社会进入'自媒体'时代，才是

---

① 对于中国互联网的发展阶段有"三阶段说"和"四阶段说"，后者的前两个阶段与前者划分系统，只是将2007年后以2002年为节点划分开来，"三阶段说"则将2007年至今当作一个阶段。参见潘瑞芳等《新媒体新说》，中国广播电视出版社2013年版，第16—17页；陆地、高菲《新媒体的强制性传播研究》，人民出版社2010年版，第21页。

② 参见刘畅《"网人合一"：从Web1.0到Web3.0之路》，《河南社会科学》2008年第2期。

真正意义上的'新媒体'"。① 学界对"新媒体"这一概念没有统一的定义。有的认为新媒体是相对的概念，相对于大众媒体或者旧媒体、传统媒体，其是伴随媒体产生和发展在不断变化的，因而新媒体是一个"历史范畴"。当前的新媒体是在计算机信息技术基础上产生和影响的媒体形态。如联合国教科文组织下的定义是：新媒体就是网络媒体；也有学者强调新媒体的"信息网络化"特点，认为新媒体必须是"信息网络化的大众媒体"；还有学者从传播特征上强调新媒体与传统媒体的区别，认为"互动性（'交互性'）②是新媒体的本质特征"，如美国的《连线》（*Online*）杂志给新媒体的定义是"所有人面向所有人进行的传播"（Many to Many），这不同于人际媒体的"一对一"（One to One）和大众传媒的"一对多"（One to Many）。此外，新媒体还具有即时性、开放性、个性化、分众性、信息海量、低成本全球传播、检索便捷、融合性等特征。③ 显然，自媒体作为一种"新媒体"，具有新媒体的一般属性，但同时自媒体又不同于"新媒体"。新媒体强调了"新旧"时间和特性上的差异，"自媒体"则主要聚焦和强调带有"自"特性的新媒体。正如最先提出自媒体概念的丹·吉尔默（Dan Gillmor）指出的，"1.0"指传统媒体或旧媒体（old media），"2.0"指新媒体（new media），"3.0"指自媒体（we media）。可见，自媒体是一种新媒体，但其是新媒体的最新发展形式。

如上文所说，目前国内的学界和业界并没有对"自媒体"形成明确的概念界定。本研究选择在更为原始和规范的层面上使用"自媒体"这

---

① 参见栾轶玫《新媒体新论》，人民出版社2012年版，第9页。
② 学者们认为"交互性"这个概念有四方面的理解路径：第一种是从技术角度或者结构性视角看待交互性，认为交互潜能根植于不同媒介系统的硬软件之中；第二种是从人类能动性角度界定交互性，并且将人类参与和设计或使用的自由度看作界定的变量。第三种是交互性这个概念可以用于描述新媒介用户之间的交流，这种交流经由媒介得以实现，并孕育了人际沟通的新的可能。第四种看法是视交互性为一种政治概念，并认为它与政府治理与公民身份的广泛变迁密不可分。这里主要在第三种路径下理解"交互性"。四个路径可参见［英］尼古拉斯·盖恩、戴维·比尔《新媒介：关键概念》，刘君、周竞男译，复旦大学出版社2015年版，第92页。
③ 参见潘瑞芳等《新媒体新说》，中国广播电视出版社2013年版，第3页；匡文波：《新媒体舆论：模型、实证、热点及展望》，中国人民大学出版社2014年版，第4—9页；张国良主编：《新媒体与社会变革》，上海人民出版社2009年版，第100—101页；栾轶玫：《新媒体新论》，人民出版社2012年版，第5—9页。

一概念，以保持这一概念本身所内含的规范价值和意义。具体来看，自媒体不是某一类媒体，也不是某一种形态的媒体，而是某种公众更加充分地、平等地参与公共生活的模式，其兼具"个人性"的媒介特征，和"公共性"的社会效应特征。而自媒体并非一开始就是这样的，其是经历了一个发展过程后，逐渐显露出独特的技术特征和传播特点。

三 自媒体应用的变迁历程

自媒体的互联网早期形态是个人网站。随后随着新媒体的出现，博客成为早期自媒体的典型应用。博客是"一种表达个人思想和网络链接、内容按照时间顺序排列，并且不断更新的出版方式"。博客的核心技术诞生于1997年的美国，但直到2000年才真正开始流行。

对于中国，2005年，博客进入中国并开始在社会公众层面上得到认知。在博客之后发展起来的自媒体是微博客，也就是微博。微博是一个基于用户关系的信息分享、传播以及获取平台，用户可以通过WEB、WAP以及各种客户端组建个人社区，以140字左右的文字更新信息，并实现即时分享。与博客不同，微博的内容非常简短。推特（Twitter）是世界上最早也是最著名的微博平台，它于2006年诞生于美国。在中国，2007年以来，中国出现早期的原创微博网站。2009年，新浪、百度等大型门户网站进军微博市场。如新浪借助微博的强大媒体属性，将微博推向彼时中国头号互联网应用之一。2010年紧随其后的网易、搜狐和腾讯也纷纷推出微博，中国的微博市场才基本处于空前状态，因而2010年成为微博发展元年。与国外的微博相比，中国微博本土化之后，增加了视频分享、图片上传等多个功能，微博的媒体属性日益彰显，通过关注与被关注形成的庞大的用户群、数百字的碎片化传播形式和绑定移动端的多样化传播渠道，加速了信息的扩散和舆论的形成，而实名认证制又提升了微博信息的权威性和可靠性，使微博成为彼时时效性和影响极强的媒介。它是博客之后的又一典型的自媒体应用。2011年，腾讯公司又推出微信，一开始作为一个用于人际传播的个人通信工具。2012年，微信推出公众平台，随即引发大量机构和个人入驻，开设自己的账号。从某种意义上讲，被微博击败的博客，在微信公众平台上得以重生。在微信公众号中，有着大量的个人自媒体，并在这些自媒体基础上，形成了自媒体联盟。此外，像抖音等一些短视频类社交 APP 也在加入自媒体的行列。

可见，随着软硬件技术的更新，自媒体形式已经十分多样，其不再是独立的形式或者独立的媒体，很多应用都具有了自媒体的功能，一种能够发挥自媒体效用的功能开始融合到社会媒体（SNS）以及一些即时型通信工具（如 QQ、微信、Facebook）等之中。正如"自媒体"一词的提出者吉尔默所提出的"自媒体"的几大原则："读者比我知道得更多；与其说自媒体是威胁，不如说是机会；我们可以利用它创建讨论或对话，使大家共同受教；互动和沟通的技术，无论是电子邮件、博客、讨论区还是网站或者其他，都可以造就自媒体。"[①]

自媒体应用和技术经历的发展是自媒体一个不断自我赋新的过程。如果说，自媒体早期的"自"的属性还带有较为明显的精英特色，亦即那些大 V 和掌握文字的精英在应用自媒体方面更具优势，那么，随着图片、视频等自媒体新形式和新技术的发展与普及，自媒体的"普通民众"属性将更加明显，自媒体时代的"泛传播"也将愈加名副其实；此外，如果说，早期自媒体凸显出更明显的"自"属性，那么随着自媒体更深入地嵌入社会关系中，并反过来影响各个层面的社会关系，自媒体的"自"属性这一"主体"特性正在被拓展为了"关系"这一"主体间性"，其所带来的影响也开始从"主体"普遍渗透到"主体间性"之中。

四 自媒体时代的到来

自媒体（We media）一词首先出现于 2002 年丹·吉尔默（Dan Gillmor）对其"新闻媒体 3.0"概念的定义中，其中，"1.0"指报纸、杂志、电视、广播等传统媒体；"2.0"主要指人们常说的以网络为基础的新媒体（new media）或者跨媒体，这时的新闻传播方式并没有实质改变，仍是集中控制式的传播模式；"3.0"指的则是以博客为趋势的自媒体。[②]

[①] Shayne Bowman and Chris Willis, "We Media: How Audiences are Shaping the Future of News and Information", *The Media Center at the American Press Institute*, 2003, p. 1.

[②] 参见陆地、高菲《新媒体的强制性传播研究》，人民出版社 2010 年版，第 14 页。

对自媒体的定义，可以追溯到由美国新闻学会媒体中心在 2003 年 7 月发布的，谢恩·鲍曼（Shayne Bowman）和克里斯·威利斯（Chris Willis）两位联合提出的《我们即媒体：受众如何塑造新闻和信息的未来》（*We media：How audiences are shaping the future of news and information*）研究报告。这一报告运用了"自媒体"一词，但文中并没有对自媒体概念进行定义。

"自媒体"的含义是由担任该研究中心的联合主任戴尔·帕斯金（Dale Peskin）为报告撰写的序言中界说的，他指出：We Media 这份报告是为了理解"普通大众如何通过在全球范围实现知识连接的数字科技而获得赋权，从而能够以其自身的真相，提供并分享自己的新闻"[1]，"We Media"还有几个同义词，最频繁使用的是"participatory media"（参与性媒体）、"citizen journalism"（公民新闻）、"collaborative media"（协同媒体）等。

"自媒体"该对应何种媒体？学术界见仁见智。有观点认为，自媒体实际上是"大众传播"发展的新阶段，作为大众传播效果落地的新表现，仍然属于大众传播阶段；另有观点认为，它是从 1.0——传统媒体到 2.0——人们通常所说的新媒体的一种"跨媒体"称谓；[2] 还有观点根据参与、使用主体的不同，将"自媒体"与"他媒体"中立的"平台媒体"相对应。[3] 总之，从概念来看，国内学界还没有对"自媒体"的内涵形成共识。

我们在更为原始和规范的层面上使用"自媒体"这一概念。其一，自媒体不是某一类媒体，也不是某一种形态的媒体，而是某种公众更加充分平等地参与公共生活的模式，其指向的是"理性、平等、公平、公正的公共生活"[4]；它以博客、微博、微信、论坛/BBS 等网络社区、社交媒体、即时型通信工具为载体。其二，相对于商业和官方等媒体主体，以普

---

[1] Shayne Bowman and Chris Willis, "We Media：How Audiences are Shaping the Future of News and Information", *The Media Center at the American Press Institute*, 2003, p.1.
[2] 参见张彬《对"自媒体"的概念界定及思考》，《今传媒》2008 年第 8 期。
[3] 参见代玉梅《自媒体的传播学解读》，《传播与新闻研究》2011 年第 5 期。
[4] 於红梅：《从"We Media"到"自媒体"：对一个概念的知识考古》，《新闻记者》2017 年第 12 期。

通的公民为传播主体。其三，以一种非强制、非营利性的自主自发的方式进行传播。其四，它彰显"个人性"的媒介特征，却因"主体间性"而具有"公共性"的社会效应。

基于自媒体的"自媒体时代"这个称谓，则更具象征性和综合性。"时代"原本属于一个从经济、政治、文化等整体性特征，来提炼和描述历史时期的哲学范畴。我们使用"自媒体时代"一词，并不是要泾渭分明地将互联网时代划分为自媒体时代和前自媒体时代，而是着意强调基于互联网的自媒体这一媒体形式出现的重要意义，强调它对经济、政治、文化的重要作用。自媒体和"时代"的融合，将从时间、空间、传播多层面多维度为政治传播秩序的研究形塑学术方位。

"自媒体时代"该从何时算？自媒体作为一种新兴媒体尚处于演进之中，从最早的BBS、网络社区到博客、贴吧、微博、QQ，再到现在的微信朋友圈、公众号、社交网络、短视频应用等，呈现出从交流到自我展示，再到信息交互的演进过程。因而，很难找到一个确定的起点。另外，每个地区、每个国家的自媒体的发展程度也存在差异。如果我们将这一问题置于中国空间，设定以博客使用为标志，可以说，到2008年博客用户达一个亿，中国逐步进入自媒体时代。

第二章

政治传播秩序的研究范式

自媒体时代的政治传播秩序研究，建立在已有的媒体发展与政治传播关系研究的理论基础之上。这种研究本身也需要选择一定的学术范式或理论范式。学术界已经逐步展开自媒体时代的政治传播研究，这种研究的角度和视野，尽管主要基于一种宏观的模糊的自媒体与政治传播的关联，但有关政治传播理论、自媒体政治传播和秩序理论的研究，仍然可以为我们深入自媒体时代政治传播秩序这一更为聚焦的论域或论题提供理论营养。

一 自媒体时代重新理解政治传播

政治传播是政治与传播两个概念的融合，政治传播理论也是两个学科理论的融合。对于政治与传播二者的关系，学界研究认为可以分为四种关系（如图2-1所示）。第一种关系意味着：政治传播研究的是传播中的政治问题，属于政治的问题一定也是传播的问题，反之则不然；第二种关系意味着：政治传播研究的是政治中的传播的问题，政治的问题并不能完全从传播层面得以解读；第三种关系意味着：政治传播是研究政治与传播交叉的问题；第四种关系意味着：政治与传播是两个独立但相互作用的系统，政治传播是研究二者之间的互动关系。可以看出，在第一种关系中，传播中的政治没有考虑到政治的非传播性部分；第二种关系中，政治中的传播没有考虑到传播的私人性部分；第三种关系中，政治与传播的交叉，没有考虑到二者之间独立性之外的联系性；第四种关系中，没有考虑到政治与传播相互依赖的可能。

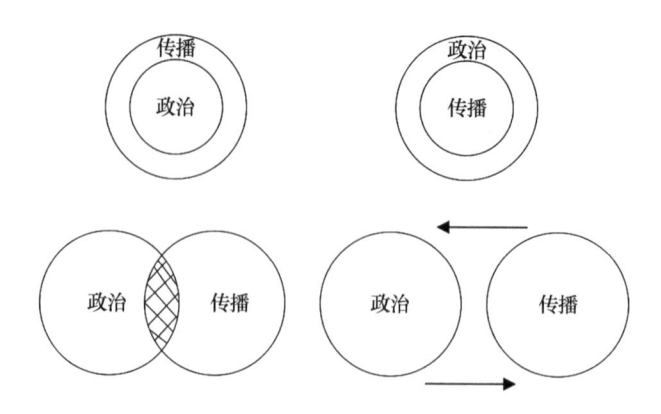

图 2-1　政治与传播之间的关系

那么，发展到自媒体时代，我们应该如何重新理解政治与传播的关系，如何深度融合政治与传播形成新的政治传播理念，这需要进入政治传播理论的发展历程中寻求可靠的答案。

政治传播的学者布鲁姆勒认为，有关政治传播的研究，应该追溯到亚里士多德对修辞的探讨。而近代意义上的政治传播，主要起源于两次世界大战期间学者对这一领域的关注。这个领域并不是一个以解释方式为特征的学科，而是一个由它所解释的现象引导研究的学科。它在理论公式、研究问题和探究方法等方面极为多样化、超越了各个学科边界的领域。"二战"之后，自然科学中的理论开始被运用于社会科学研究中。信息论、控制论和系统论等，被用来分析人类的政治传播活动。比如，控制论假定，"一个系统的控制主要在于这个系统内部。一个系统自身的行为结果提供了新的信息，系统就凭借这个新的信息修正它自己随后的行为"①。控制论为政治传播研究提供了"反馈"这一重要概念。信息论为政治传播提供了"信息"这一基石概念。系统论以系统为对象，强调一个整体中的各个部分之间的相互关系，从本质上说明其结构、功能、行为和动态，以把握系统整体，达到最优的目标。

1948 年，拉斯韦尔（Harold D. Lasswell）的《社会传播的结构与功能》一书，将信息论、控制论和系统论综合运用，提出了政治传播理论

---

① ［美］E. M. 罗杰斯：《传播学史：一种传记式的方法》，殷晓蓉译，上海译文出版社 2002 年版，第 429 页。

中具有"伟大地位"的 5W 模型。① 之后，多伊奇的《政府的神经：政治沟通与控制的模式》一书，伊斯顿的"政治系统分析三部曲"（《政治体系：政治学现状研究》（1953）、《政治结构分析》（1965）、《政治生活的系统分析》（1965））、阿尔蒙德等的《比较政治学：体系、过程和政策》等，均用全新的理论对政治传播进行了创新性的研究。

综合来看，建立在"三论"基础之上的政治传播研究，基本上是政治学领域的学者，主要研究的是政治中的传播问题。

到了 20 世纪 70 年代，围绕大众传媒的政治传播研究逐步取代政治传播的"三论"研究范式。1973 年，国际传播学会创立了"政治传播"分会，创办《政治传播》专业学术刊物。1975 年，学者查菲将"政治选举"确立为政治传播研究的中心。把修辞分析、态度转变、投票动机、政府与新闻媒体的关系、传媒技术变革、竞选技术风格、宣传分析等作为政治传播的重心。② 之后，又进一步扩充到总统竞选、政治民意调查、公众舆论、政治辩论和政治广告等领域。到 20 世纪 80 年代，围绕大众传媒的政治传播研究到达顶峰。这一时期的学者基本是传播学或者政治传播专业的学者。研究聚焦大众传媒和政治竞选。

互联网的出现和发展，极大地冲击了传统政治传播模式，改变着传统政治传播实践，挑战了传统的政治传播理论。20 世纪 90 年代，与网络相关的政治研究开始出现。进入 21 世纪，互联网政治传播研究领域广泛，主题鲜明丰富，路径方法多样。学者阿肯·冯（Archon Fung）、霍莱·吉尔曼曼（Hollie Russon Gilman）和詹妮弗·斯卡巴特（Jennifer Shkabatur）基于程式化的政治模型，构建了"互联网政治六种模型"，即信息通信技术推动了公共领域的壮大、催生了数字化的自组织团体、推动了数字直接民主、促进了基于真相的宣传、增强了选民动员的效果，以及提供了众包社会监测的新手段。

发展到自媒体时代，我们已经很难再用原有单一的目光和逻辑去看待

---

① 参见[美]拉斯韦尔《社会传播的结构与功能》，何道宽译，中国传媒大学出版社 2013 年版，第 35 页。
② 参见 Dan Nimmo and Keith R. Sanders, "Introduction: The Emergence of Political Communication as a Field", in Dan Nimmo and Keith R. Sanders, eds, *Handbook of Political Communication*, Sage Publications, Incorporated, 1981, pp. 11-36。

政治传播了。政治与传播不仅仅出现了很大范围的交叉，二者也越来越相互融合、相互依赖、相互影响、相互作用。因而，我们主张在自媒体时代，需要基于"政治与传播同一"、传播学与政治学"视界融合"的深度和高度理解政治传播。① 基于此，我们将政治传播定义为："政治共同体的政治信息的扩散、接受、认同、内化等有机系统的运行过程，是政治共同体内与政治共同体间的政治信息的流动过程。"② 这个定义在新时期的关于政治传播的研究中认同度最高最流行。

二　自媒体对政治传播的多维革新

随着自媒体的迅猛发展和崛起，处于自媒体时代，不仅需要重新理解政治传播，也需要全面深入地理解自媒体对政治传播产生的多维、多层的影响，对此，学术界从受众、过程、效应等角度开展了自媒体时代的政治传播研究，对继续深入展开自媒体时代政治传播秩序研究奠定了基础。

自媒体对政治传播的影响属于互联网对政治行为影响的研究范畴。这方面的研究路径有两种：一是技术决定主义，二是社会决定论。③ 尽管路径不同，但这些研究均认同，政治传播的新特点，主要来源于自媒体时代政治传播的转型，研究方法偏向运用"新""旧"比较的方法，研究视角，侧重于从媒介的角度来思考自媒体对政治传播的影响。

（一）自媒体与政治传播受众

学者保罗·莱文森研究指出：网络传播改变了受众的被动地位，他们

---

① 这种视角认为政治传播是政治共同体的政治信息的扩散、接受、认同、内化等有机系统的运行过程，是政治共同体内与政治共同体间的政治信息的流动过程。参见荆学民等《中国政治传播研究的学术路径与现实维度》，《中国社会科学》2014 年第 2 期；荆学民等《政治与传播的视界融合：政治传播研究五个基本理论问题辨析》，《现代传播》2009 年第 4 期。

② 荆学民：《政治传播活动论》，中国社会科学出版社 2014 年版，第 26 页。

③ 技术决定论是指"技术发展是内生动力的唯一结果而不是被其他因素所影响，塑造社会来适应技术模式"；社会决定论是指"技术是中立工具，非技术动力——如社会阶层、政治权力，甚至是个人性格——对它们的设计与控制具有独立影响"；政治背景中的政治化的技术认为"技术具有政治属性，同时在政治背景中发挥其功用"。（参见［英］安德鲁·查德威克《互联网政治学：国家、公民与新传播技术》，任孟山译，华夏出版社 2010 年版，第 22—24 页）。

能够"积极地驾驭媒介、发号施令、创造内容"①,自媒体改变了受众在政治传播中的原有角色。相关成果可以分为以下三种。

第一,"角色说"。自媒体时代,原有受众的角色发生了改变。受众从消费者(consumers),变成了"产消合一者"(pro-sumers),亦即消费者和生产者的混合体;② 从受众(Audience)变为了"用户"(user)、成了传播者,从政治信息的阅读接受式的反馈者,变为了政治信息的播发评论式的创作者。自媒体将传统媒体时代数量有限的、潜在的信源及沉默的受众,变成了积极的、无限量的传播主体。

第二,"赋权说"。郑永年等从"权力"的角度认为原有的普通民众在技术的协助下被"技术赋权"。③ 有研究将这种权力称为"微观权力"。自媒体带来了控制权的再分配,形成了"媒体的民主化"(a democratization of media)。④ 研究者认为在自媒体时代,公民媒介权力得以扩张,但这一变化并未改变原有的媒介权力格局,即政治、经济力量仍然在媒介权力结构中占据主导地位。⑤ 也有学者对自媒体权力表达审慎,认为网络使权力间的杠杆向受众权力倾斜,新权力关系为民主政治提供了个人表达和公共探讨的平台,然而,公共领域与民主并不等同,在网络之中的协商和对话也并不一定能带来更好的决策,这种众生喧哗场景甚至隐含着受众权力的极权倾向。

第三,"参与说"。"参与式新闻"这一术语,描述了自媒体时代公民的传播参与行为的新特点。公民或公民群体在收集、报告、分析和传播新闻和信息过程中发挥的积极作用。这种参与的目的,是提供民主所需的独

---

① [美]保罗·莱文森:《数字麦克卢汉:信息化新纪元指南》,何道宽译,社会科学文献出版社2001年版,第23页。
② 参见 Bill Kovach and Tom Rosenstiel, *The Elements of Journalism: What Newspeople Should Know and the Public Should Expect*, Three Rivers Press (CA), 2014, p.24。
③ 郑永年:《技术赋权:中国的互联网、国家与社会》,邱道隆译,东方出版社2014年版。
④ 参见 Shayne Bowman and Chris Willis, "We Media: How Audiences are Shaping the Future of News and Information", *The Media Center at the American Press Institute*, 2003, p.12。
⑤ 参见纪澍琴、马帅、张兆军《自媒体时代的媒介权力结构变迁:以 Papi 酱事件为例》,《新闻研究导刊》2016年第6期。

立、可靠、准确、广泛和相关的信息。[1] 此外，学者也从"围观""发声"等角度，研究自媒体对普通民众参与可能性的提高。

（二）自媒体与政治传播过程

自媒体改变了原有的政治传播过程。第一，从传播模式看，自媒体时代"自下而上"（Bottom-up）"互播式"（intercast）的信息传播模式，改变了过去"自上而下"（Top-down）"广播式的"（broadcast）"传—推"（transmit-push）式的信息传播模式，这是谢恩·鲍曼和克里斯·威利斯两位学者的研究结论。[2] 从传播向互播转变，是自媒体时代的显著特征，自媒体改变了传统媒体"庙堂式""教堂式"的单向传播，将传媒场域变为众声争鸣的"江湖"和"集市"。[3] "自媒体"开创的信源革命，开启了媒介的"民众化转向"，带来了"传播个人主义"的崛起，形成了去中心化的多向度传播。学者认为，自媒体时代的传播模式由原有的"点对面"的大众传播，变为了一种"个人门户＋人际媒介"的传播模式。

第二，从传播关系看，自媒体集大众传播、人际传播的特性于一体，实现了传者与受者身份合一，传播者与受传者的身份可以随时互换。

第三，从传播效果看，研究者认为，传播主体平民化个性化，传播内容多样化碎片化，传播交互性强速度快，传播手段操作简单、门槛低，传播途径圈子化扩散化，具有时空压缩功能和增殖力等，是自媒体政治传播效果的特征。

（三）自媒体与政治传播效应

第一，自媒体对政治传播的积极效应。2003年，《哥伦比亚新闻评论》发表了吉尔默题为"自媒体时代的到来"的文章，宣告了自媒体时

---

[1] 参见 Shayne Bowman and Chris Willis, "We Media: How Audiences are Shaping the Future of News and Information", *The Media Center at the American Press Institute*, 2003, p. 9。

[2] 参见 Shayne Bowman and Chris Willis, "We Media: How Audiences are Shaping the Future of News and Information", *The Media Center at the American Press Institute*, 2003, p. 10。

[3] 参见彭兰《再论新媒体基因》，《新闻与写作》2014年第2期；申金霞《自媒体时代的公民新闻》，中国广播电视出版社2013年版，第134页。

代到来。① 2008 年，中国的博客用户超过 1 个亿，回应了吉尔默这个论断。研究者认为，"网络问政"这一新的政治形式，表达了在网络环境下政治信息在电子空间领域双向互动传播的实现，被视为网络时代中国政治传播新范式。传播过程的交互性，传播空间的脱域化，传播主体的开放性，传播权力的分散化，被认为是自媒体时代政治沟通的新形态。自媒体作为政治沟通新平台，有效协调了政府与公众之间的距离，削弱并分享了传统"喉舌媒体"的媒介权力，拉近了精英与平民、管理者与被管理者之间的距离，降低了"横向传播"与"网络结社"的成本，为公民的集体行动提供了更多的现实可能。自媒体拆除了民意与"官意"之间的围墙，为决策层知晓民意提供了平台，也为政府高层监督基层政府提供了民意参考，政治传播失灵现象大为减少。以上研究结论，主要趋向于正面解读自媒体的政治传播效果，肯定了自媒体对政治传播运行的积极作用，将自媒体看作政治传播的推进器。

第二，自媒体对政治传播的负面效应。自媒体是一把双刃剑，对政治传播既有积极效应，也有消极效应。研究者认为，政治流言泛滥，政治传播主体权威受到挑战，政治传播监管难度加大等问题，都属于消极效应。自媒体时代的信息环境是"高选择性"的，这对政治信息的需求和供给产生了极大的影响，出现了政治信息供应下降、新闻质量下降、媒体集中度增加、分裂极化加剧、相对主义增加、政治知识不平等加剧、政治信任下降等问题。② 这使我们从过去那种"具有广泛包容性和完善功能的公共领域"的政治时代，迈入一个"破碎的公共领域"的时代。③

学界对于自媒体这一问题的研究成果十分丰富。但是，这些研究比较笼统与分散，很难用一个主题和相应逻辑来归纳抽象。尚需要我们将自媒体与政治传播有机融合为一个整体，选择一个可以通贯政治传播活动的主

---

① 参见 Dan Gillmor, "Here Comes 'We Media'", *Columbia Journalism Review*, Vol. 41, No. 5, 2003, p. 20。

② 参见 Peter Van Aelst, et al., "Political Communication in a High-Choice Media Environment: A Challenge for Democracy?", *Annals of the International Communication Association*, Vol. 41, No. 1, 2017, pp. 3 - 27; Peter Dahlgren, "Media, Knowledge and Trust: The Deepening Epistemic Crisis of Democracy", *Javnost-The Public*, Vol. 25, No. 1 - 2, 2018, p. 20 - 27。

③ 参见 W. Lance Bennett and Barbara Pfetsch, "Rethinking Political Communication in a Time of Disrupted Public Spheres", *Journal of Communication*, Vol. 68, No. 2, 2018, pp. 243 - 253。

轴进行研究，这个主轴就是政治传播秩序。

三 政治传播秩序研究的学术源流

作为政治传播活动主轴的政治传播秩序，需要分别从政治传播和秩序两个学理路径予以诠释。事实上，学术界从不同的角度，在不同的阶段已经对政治传播和秩序进行了相关研究，本书充分吸纳这些精华，并在此基础上深入研究。

（一）何为秩序

秩序是人类社会政治生活的必需品。秩序本身是与无序相对的，秩序指的就是有序。在日常语言中，秩序指的是规范而有条不紊的格局。在社会生活中，秩序描述的是规范、稳定、可靠和可预见的行为模式，"在生活政治的核心，存在着对可靠性的根深蒂固的、难以磨灭的渴望"[1]。相反，社会无序则意味着混乱、随意而暴烈的行为，就其本性而言，它不稳定、变动不居。[2]

有关秩序的定义非常丰富。"秩，常也；秩序，常度也，指人或事物所在的位置，含有整齐守规则之意。"[3] 美国法学家博登海默（Edgar Bodenheimer）认为，"秩序"意指在自然进程和社会进程中都存在着某种程序的一致性、连续性和确定性。[4] 社会学家马克斯·韦伯（Max Weber）则认为：如果社会行为平均地或近似地以可以表述的"准则"为指南，我们便把社会关系的意向内容称为"秩序"。[5] 韦伯关注的主要问题是秩序的有效性。国内有学者将"秩序"理解为事物基本矛盾运动"规律"

---

[1] ［英］齐格蒙·鲍曼：《寻找政治》，洪涛等译，上海人民出版社2006年版，第14页。
[2] 参见［英］安德鲁·海伍德《政治学核心概念》，吴勇译，中国人民大学出版社2014年版，第36页；［英］安德鲁·海伍德《政治的常识》，李智译，中国人民大学出版社2014年版，第155—156页。
[3] 《辞海》（修订稿）（词语分册·下），上海人民出版社1977年版，第1872页。
[4] 参见［美］E. 博登海默《法理学—法哲学及其方法》，邓正来译，华夏出版社1987年版，第207页。
[5] 参见［德］马克斯·韦伯《社会学的基本概念》，胡景北译，上海人民出版社2005年版，第46页。

或"趋势"的体现,将秩序视为"道"或"道"的开显与呈现。① 哈耶克(Friedrich Hayek)对秩序的界说是"一种事物的状态,在这种状态中,各种各样的要素之间的关系极为紧密,以至于我们可以根据对整体中某个特殊部分要素的认识,去形成对其余部分的正确预期,或者至少是有机会被证明为正确的预期"②。

综合来看,秩序这一概念较为抽象,是一个跨学科和多学科的范畴。这些定义基本都从事物位置、规律、连续、有规则等来理解秩序,既强调秩序的静态要素,也注重秩序的动态结构。我们在此把"秩序"界定为:事物的一种状态,在这种状态中,事物构成要素的属性及时空位置具有确定性和稳定性,构成要素动态运行具有次序性和连续性。

(二)政治秩序研究

就"政治传播秩序"这一概念而言,此前尚没有发现学界有学者使用。但是,拆分而论,"政治秩序"理论源远流长,"传播秩序"理论方兴未艾。

政治秩序研究,核心涉及的是何种政治秩序是好的,又该如何建构政治秩序。西方从柏拉图(Plato)的"正义"的"哲学王秩序",到洛克(John Locke)、孟德斯鸠(Charles-Louis de Secondat)以自由为最高价值的分权秩序,再到卢梭(Jean-Jacques Rousseau)以公意为基础的人民主权秩序,中国从孔孟以"仁"为核心的礼制秩序,到法家的"法"制秩序,等等,中西方古往今来的政治思想家都在规范层面思考什么样的秩序是好的。

而对于如何律构秩序,早期政治学者们主要从自然状态出发,思考如何从自然社会走向有秩序的文明社会。对此,存在着不同的秩序观,导致了人们不同的秩序建构路径。无政府主义者主张,秩序是经由个人和群体的自愿自下而上形成,同自然和谐、均衡平稳相关联。比如,托克维尔

---

① 这里的道是事物的生成、存在和发展之道,也是事物秩序不断地解构与建构之道。参见张曙光《论秩序与社会历史秩序》,《人民论坛·学术前沿》2015年4月上。

② [英]弗里德利希·冯·哈耶克:《自由秩序原理》(上),邓正来译,生活·读书·新知三联书店1997年版,代译序,第28—29页。

(Alexis de Tocqueville)通过对美国民主的考察,提出了构造政治秩序的一种传统,即依靠结社和自下而上,来实现人民的统治而非君主的统治。① 哈耶克相对于"人造秩序",提出"自生自发的秩序",认为"人造秩序"是一种"建构的秩序","旨在建构一种乌托邦"。他主张"自生自发秩序",指出:"任何人都不可能把握指导社会行动的全部知识,从而也就需要一种并不依赖于个别人士判断的、能够协调种种个别努力的非人格机制(the impersonal mechanism)。""自生自发秩序是在那些追求自己的目的的个人之间自发自生的",它是"人之行动而非人之设计的结果,亦即无数个人独立的决策和行动的非意图的结果"。②

与无政府主义相对,保守主义认为,秩序同控制、法纪和服从等密不可分。霍布斯在《利维坦》一书中强调,为了走出自然状态,可以通过签订契约实现权利相互转让,而为了保证契约本身的执行,就需要依靠作为国家主权的利维坦。③ 在他看来,只有绝对政府才是维持秩序的唯一手段。在这个意义上,秩序代表着某种社会控制形式,它在某种程度上是"自上而下"的。社会秩序之所以不得不强加,是因为它不会自然地生成。霍布斯的主权理论构成了政治秩序中"权力逻辑",又被称为统治秩序。④

现代政治对"政治秩序"的研究,走出了以"自然状态"为逻辑出发点的约束,大踏步转向行为主义和制度主义。影响极大的学者当数亨廷顿和福山。亨廷顿思想中的政治秩序,取决于政府对公民政治需求的满足程度,或者说,取决于国家的政治制度与社会的经济发展之间的相关关系。当社会动员和政治参与的速度偏高,政治组织化和制度化的速度偏

---

① 参见[法]托克维尔《托克维尔文集·第1卷:论美国的民主》(上),董果良译,商务印书馆2013年版,第235—243页。
② 参见[英]弗里德利希·冯·哈耶克《自由秩序原理》(上),邓正来译,生活·读书·新知三联书店1997年版,代议序,第12—13、17、29页。
③ 参见[英]霍布斯《利维坦》,刘胜军、胡婷婷译,江西教育出版社2014年版,第115—122页。
④ 参见[英]安德鲁·海伍德《政治学核心概念》,吴勇译,中国人民大学出版社2014年版,第36页;[英]安德鲁·海伍德《政治的常识》,李智译,中国人民大学出版社2014年版,第155—156页。

低，其结果只能是政治不稳定和无秩序。① 亨廷顿的政治秩序理论，直指国家政治的一致性、整体性、合法性、组织性、高效性、科层性，其核心特征是国家的政治稳定。② 福山的政治秩序理论，侧重国家、法治和负责任的政府三者之间的稳定平衡。③ 亨廷顿和福山，均强调政治秩序源于国家与社会之间关系的平衡，既思考了如何建构政治秩序，也思考了好政治秩序的规范方案。

近些年来，学界也开始关注理论层面的政治秩序问题。有学者按照第一条路径，将政治秩序划分为"组织化秩序""协商性秩序""制度型秩序"④。也有学者直接提出了三种建构政治秩序的方案：卡尔·施米特（Carl Schmitt）的"主权决断论"——以政治领域统领其他领域，以政治决断确保民主制度的同质性，从而抑制多元化对政治统一体的侵蚀；约翰·罗尔斯（John Rawls）的"重叠共识论"——在理性多元论的基础上通过制度设计实现重叠共识，以正义理念统辖政治秩序，从而促成"多元"与"一元"的调和；尚塔尔·墨菲（Chantal Mouffe）的"多元竞争论"——通过政治共同体内部的紧张和冲突来实现民主价值，借助多元抗争实现均衡、妥协基础上的政治共识⑤。遗憾的是，这些研究还未能从政治秩序向"政治传播秩序"延伸。

（三）传播秩序研究

传播学关注传播秩序问题较晚。政治传播学者丹·尼谋认为，尽管从业里士多德（Aristotle）开始，人们就开始关注公共话语、协商等对维持城邦政治的作用，但是关注传播产生和调节社会冲突以及实现社会秩序或

---

① 参见［美］塞缪尔·P. 亨廷顿《变化社会中的政治秩序》，王冠华等译，上海人民出版社 2008 年版，第 5 页。
② 参见俞可平《权利政治与公意政治：当代西方政治哲学评析》，社会科学文献出版社 2000 年版，第 338 页。
③ 参见［美］弗朗西斯·福山《政治秩序的起源：从前人类时代到法国大革命》，毛俊杰译，广西师范大学出版社 2012 年版，第 16 页。
④ 汪仕凯：《政治发展中的秩序类型：一个比较分析》，《比较政治学研究》2013 年第 5 辑。
⑤ 参见庞金友、汤彬《多元化时代如何构建政治秩序——基于当代西方政治哲学的比较分析》，《教学与研究》2018 年第 7 期。

无序等问题,则是相对近期的事情。

　　传播学对传播秩序的研究聚焦于多种话题。第一,传播时空话题。基于伊尼斯的"媒介偏向"理论及马克思和恩格斯的"传播时空观",从新媒介改变了传播时空视角考察传播秩序。认为网络媒介的即时性、连接性使传播超越了地域和时间限制,实现了真正意义上的时空自由。这种新的媒介时空从受众、物理时空、群众交往甚至"新媒介城市"等方面对传播秩序产生了极大影响。① 第二,传播方式话题。从自媒体将传统媒体的自上而下、广播式的、传—推式"传播"转变为自下而上"互播"的传播方式来观照传播秩序问题。提出诸如"传者方面传统媒体让位于自媒体","传播内容生产'用户化'","媒介秩序发生重构","媒介话语权变迁与秩序重建"等论断。② 第三,国际传播秩序或全球传播秩序话题。这个话题在"传播秩序"研究中占据主体地位,主要侧重发达国家、发展中国家如何借助新媒体重构国际传播新秩序,涉及新闻传播、地缘政治、文化帝国主义等方面的内容。第四,互联网对传播秩序冲击话题。包括:互联网对传播的"技术赋权",传播形式的"跨平台",公共领域的"媒体化",高选择性媒体环境等。传播学已经从总体上思考互联网传播秩序的冲击和重构。

　　不过遗憾的是,传播学一直将"传播秩序"当作不证自明的概念而使用,很少对传播秩序本身内部的运行及外部演变逻辑的前提性进行学术追问。从学理上讲,就是把"传播秩序"本身当作一个"限定性的概念",而不是"敏感性的概念"来使用。学者赫伯特·布鲁默(Herbert Blumer)曾研究指出,"限定型概念"(definitive concept),仅仅是帮助学者对现象进行区分与定位,而"敏感性概念",才能为"使用者提供处理

---

① 参见[加]哈罗德·伊尼斯《传播的偏向》,何道宽译,中国传媒大学出版社2012年版,第27页;[加]哈罗德·伊尼斯《帝国与传播》,何道宽译,中国人民大学出版社2003年版,麦克卢汉序言,第5页;俞吾金《马克思主义时空观新论》,《哲学研究》1996年第3期;何镇飚、王润《新媒体时空观与社会变化:时空思想史的视角》,《国际新闻界》2014年第5期。

② 参见崔立伟《自媒体视域下媒介话语权的变迁与秩序重建》,《新闻知识》2016年第11期;朱海松《网络的破碎化传播:传播的不确定性与复杂适应性》,中国市场出版社2010年版;周晓虹《自媒体时代:从传播到互播的转变》,《新闻界》2011年第4期;Shayne Bowman and Chris Willis, "We Media: How Audiences are Shaping the Future of News and Information", *The Media Center at the American Press Institute*, 2003, p.1。

某一经验案例的参照与指导"。[①] 所以，传播学对传播秩序的研究，比较着力于媒介发展带来传播形式变化，难以深入传播秩序变化背后的更深层的社会政治动因。

我们对政治传播秩序的研究，将从"政治与传播同一"的学术基点出发，从政治学与传播学"视界融合"的学科视野观照，沿着将政治、传播、秩序深度融合的路径，秉持"政治统摄传播"的理念，努力达致关于政治传播秩序规范性、普遍性理论呈现的目标。

四 "系统—结构—行动"：政治传播秩序的研究范式

社会科学的各个学科都对"秩序"有其特殊的规定和理解，政治传播秩序本身也需要从政治学、传播学、社会学乃至哲学等学科视野来综合考量，但是，当我们需要把自媒体政治传播秩序作为一个独立对象考量的时候，从学理上还是需要选择一种能够一以贯之的学科范式。政治传播是一种人类的活动，政治传播秩序也是在动态的政治传播活动中体现出来，因此，我们的研究选择了"系统—结构—行动"这一理论范式。

"系统—结构—行动"是以政治系统论为基础，融合结构—功能主义路径和行动主义路径的整合理论分析框架。其主要含义是：把政治看作处于一个不断变化环境中的有机系统，该系统由固定要素构成固定结构，并在静态结构中，注重行动者的能动性。"系统—结构—行动"为理解政治传播秩序提供了最为匹配和最具解释力的理论研究范式。该范式既注重秩序的静态维度，也考察秩序的动态维度，既聚焦秩序的微观层面和部分，也贯通秩序的中观和微观，联系部分与整体。

（一）"系统—结构—行动"范式：全程视野

政治系统论为理解和解析政治传播秩序提供了全程视野，注重从整体的、动态的、过程的维度考察政治传播秩序。

[①] Herbert Blumer, "What is Wrong with Social Theory?", *American Sociological Review*, Vol. 19, No. 1, 1954, pp. 3–10.

第一，戴维·伊斯顿、卡尔·多伊奇和阿尔蒙德等政治学学者很早就从系统论视角解析了人类的政治生活。将政治的本质定位于"自动导向于目标达成的协调活动"，认为政治的本质在于信息的获取、处理、存储、利用。[1] 他们将政治生活看作一个开放和适应性的行为系统，将政治系统的运行过程分为输入、转换、输出、反馈四个子过程。[2] 政治传播学者布鲁姆勒和格瑞维奇也很早主张从广义的角度和政治系统论视角理解政治传播，并在1977年明确提出了"政治传播系统"这一概念。[3] 这里的"系统是指各部分之间的某种相互依存以及体系同环境之间的界限"[4]。政治传播"借鉴系统这组输入—输出关系的概念，将其组成元素绑定在相互依赖的网络中，这种模型具有理论和实证效用"[5]，而政治系统视角的运用将丰富政治传播研究。

第二，在布鲁姆勒和格瑞维奇来看，试图将政治传播现象置于系统框架中可以带来三方面好处：其一是它以更广泛的分析视角将各种证据联系了起来。其二是避免过分强调政治传播系统的任何一个要素。其三是这一系统可以衡量和比较宏观层面的系统因素，有助于促进跨国调查。他们进一步解释"政治传播系统"的概念，可以被看作"试图在不抛弃任何更明确界定的探究线的情况下对该领域的分散状态作出反应"。[6] 无独有偶，政治传播学者艾瑟（Frank Esser）和芬奇（Barbara Pfetsch）也主张运用阿尔蒙德提出的系统论中的"输入—输出"模型，认为"它为政治学和

---

[1] 参见俞可平《权利政治与公意政治：当代西方政治哲学评析》，社会科学文献出版社2000年版，第57页。

[2] 戴维·伊斯顿将政治系统的运行划分为输入、输出、反馈三个环节，阿尔蒙德在此基础上又加入了转换这一环节。参见［美］戴维·伊斯顿《政治生活的系统分析》，王浦劬译，人民出版社2012年版，第25—26页；［美］加布里埃尔·A·阿尔蒙德、小G·宾厄姆·鲍威尔《比较政治学：体系、过程和政策》，曹沛霖等译，上海译文出版社1987年版，第10页。

[3] 参见 Michael Gurevitch and Jay G. Blumler, "Linkages between the Mass Media and Politics: A Model for the Analysis of Political Communications Systems", in James Curran, ed., *Mass Communication and Society*, London: Edward Arnold, 1977, pp. 270 – 290。

[4] ［美］加布里埃尔·A·阿尔蒙德、小G·宾厄姆·鲍威尔：《比较政治学：体系、过程和政策》，曹沛霖等译，上海译文出版社1987年版，第6页。

[5] Jay G. Blumber and Michael Gurevitch, *The Crisis of Public Communication*, New York: Psychology Press, 1995, pp. 23 – 24.

[6] Jay G. Blumler and Michael Gurevitch, *The Crisis of Public Communication*, New York: Psychology Press, 1995, pp. 1 – 5, 100.

传播学提供了一个基本概念,可以应用于不同的政治系统,并有助于弥合两个学科之间的差距……该模型也有利于将微观层面上的经验材料整合到政治传播系统的宏观文本中"①。

当然,也有学者批评政治系统论是"保守的"。② 这里需要解释的是,基于政治系统论分析政治传播秩序,并非将"秩序"看作一成不变的。政治传播秩序是一个动态的平衡过程,其作为一种状态既可以转型也可以优化,可以从有序到无序,也可以从无序到新的秩序。这意味着,政治传播秩序这一命题本身就隐含着秩序系统随着环境变化而变化的适应性,其仅仅是没有追求激进,而并非致力于"保守"。

第三,在政治系统论下理解"政治传播"和"政治传播秩序",具有三个方面的含义。首先是把政治传播看作在一个政治共同体内政治信息围绕政治系统传播运行的子系统,这一子系统贯穿于政治系统的整体运行之中。其次是将政治传播运行过程分为输入、转换、输出、反馈四个子过程。但与政治系统的输入—输出不同,其内容并不包括物质性或实体性的资源,而是可称为"政治信息"的符号、话语、仪式等非物质性的事物。因而,其输入、转换、输出、反馈的内容是政治信息。最后,政治系统论的研究者还指出,政治系统的目标是"设法在稳定和变化的世界上持续下去",为此政治系统需要实现输入—输出平衡。从本质来看,这意味着,贯穿于政治系统之中的政治传播,只有满足政治信息的输入、转换、输出、反馈四个子过程协调、连续的运行,才能维持和保障政治系统的稳定与持续。③ 而这正是从秩序层面对政治传播的规范。

(二)"系统—结构—行动"范式:静动结合

结构—行动范式,是结构—功能主义和行动主义路径的一种整合范式。前者为理解政治传播秩序提供了静态维度和连接部分与整体的路径,

---

① Frank Esser and Barbara Pfetsch, *Comparing Political Communication: Theories, Cases, and Challenges*, Cambridge University Press, 2004, pp. 386–387.

② 参见俞可平《权利政治与公意政治:当代西方政治哲学评析》,社会科学文献出版社2000年版,第23页。

③ 参见[美]戴维·伊斯顿《政治生活的系统分析》,王浦劬译,人民出版社2012年版,第25—30页。

后者则关注在静态结构中"行动者"的能动性。二者的结合为政治传播秩序提供了静动结合的方法路径。

首先，对于结构—功能主义来说，其中的"结构主义"可以追溯到20世纪初语言学中的索绪尔（Ferdinand de Saussure），作为一种方法，[1]结构主义与"功能"的结合，始于社会学家帕森斯（Talcott Parsons）。帕森斯认为，结构与功能有必然的联系。结构主义并非将结构看作静态的、割裂的，而认为结构与整体存在着有机的联系，发挥着特定的功能。这种分析方式，在宏大叙事和微观经验方面寻得一种"中层理论"[2] 建构的可能路径。正如列维·斯特劳斯（Claude Levi-Strauss）指出的：结构是插在基础和上层建筑之间的一个图式系统。借助于此，物质和形式成为既具经验性又有可理解性的存在。当然，对于结构—功能主义的批判有很多，但正如反结构—功能主义的过程学派的先锋之一贝利（F. G. Bailey）所指出的："没有静止的结构分析留下的那些固定点，我们就没有办法描写正在发生的变化。"[3] 我们的研究，正是在这个意义上使用结构—功能主义从理论层面解析政治传播秩序。

政治传播学者布鲁姆勒和格瑞维奇，十分强调政治系统中的结构和功能，并主张从结构—功能主义来系统地理解政治传播危机的根源。布鲁姆勒指出，这一路径"将政治传播本身视为一种制度，将政治和媒体力量交织在一起，并预测其自身特有的影响、制约因素和问题"[4]。结构—功能主义，试图把结构和功能联系起来进行系统分析，其核心是研究政治传播的各种实际功能以及履行这些功能的结构。这种方法的一个基本假设

---

[1] 参见［瑞士］皮亚杰《结构主义》，倪连生、王琳译，商务印书馆2006年版，第68—74页；［英］约翰·斯特罗克编《结构主义以来：从列维·斯特劳斯到德里达》，渠东等译，辽宁教育出版社1998年版，第2—3页。

[2] 中层理论概念是罗伯特·墨顿提出的，主要是指介于日常研究中低层次的而又必须的操作假设与无所不包的系统化的统一理论之间的那类理论，亦即介于抽象综合理论同具体经验性命题两者之间的一种理论。参见［美］罗伯特·K. 默顿《社会理论与社会结构》，唐少杰、齐心译，译林出版社2008年版，第50—51页。

[3] ［英］特德·C. 卢埃林：《政治人类学导论》，朱伦译，中央民族大学出版社2009年版，第101页。

[4] Jay G. Blumler and Michael Gurevitch, *The Crisis of Public Communication*, New York: Psychology Press, 1995, p. 1.

是，政治传播过程的主要特征，可能被视为形成一个系统，使得其中一个组成部分的变化与其他组成部分的行为变化相关联。①

对于结构—功能主义这一方法，阿普特（Davide E. Apter）认为其分析步骤分为三个阶段：第一阶段要求划分体系内部单位的边界，第二阶段专注于意义的问题，第三阶段则是从经验中推导出结论。②

其次，对于行动主义，理论家认为在社会变迁中它发挥了和结构同等重要的作用，甚至认为，行动者不是简单的结构承载者，而是结构的创造者。为弥补结构—功能主义的不足，学者们强调结构主义与行动主义的整合，认为，任何关于个体行动与社会结构的事实，都不能单方面地对社会变迁做出终结性的解释，因为仅仅依靠结构或行动者两种截然不同的方法论路径，容易带来理论的不一致和解释的异常。因为，结构与行动之间存在相互影响和塑造的事实，结构既塑造人们的行动，行动反过来也塑造结构。因而，在问题分析时应将二者整合在一起。实际上，结构和行动者之间的界限往往是模糊的。

最后，传播学四大奠基人之一的美国政治学学者拉斯韦尔，很早就从结构和功能层面研究社会传播的问题，并将传播中的两个主要行动者，谁（Who）和对谁（To whom），看作传播的重要结构。拉斯韦尔最早提出的传播的"5W"模式指出：传播存在"谁（Who）→说什么（Says What）→通过什么渠道（In Which Channel）→对谁（To whom）→取得什么效果（With what effects）"五个要素。显然，这五个要素在传播中分别扮演着不同的角色，并且其功能不能随意改变，位置不能任意置换。这一模式，内置着传播各要素的基本位置、基本功能和基本关系，规制着传播运行的逻辑顺序。但拉斯韦尔并没有对5W模式进行特别详细的说明，而是转而研究传播的功能。他指出，"我们感兴趣的不是切分传播行为，而是将其视为与整个社会过程相关的一个整体……我们的传播分析涉及其具体功能"。他认为传播扮演着"守望环境""协调社会各部分以回应环境"

---

① 参见 Michael Gurevitch and Jay G. Blumler, "Linkages between the Mass Media and Politics: A Model for the Analysis of Political Communications Systems", in James Curran, ed., *Mass Communication and Society*, London: Edward Arnold, 1977, pp. 270–290。

② 参见［美］戴维·E. 阿普特《现代化政治》，陈尧译，上海人民出版社2011年版，第13—14页。

"使社会遗产代代相传"的功能。①

拉斯韦尔对传播功能的考察，建立在将传播视为一种有机系统的理念之上。传播的关键，在于通过使社会各部分协调运行，来实现人类社会与外部环境之间交换的平衡。这从传播功能方面，揭示了在人类社会与外部环境之间传播有序运行的必要性，因为，只有一个有秩序的传播，才能够真正发挥平衡功能。结合5W模式，传播的秩序从内部方面意味着传播的5W要素在功能、位置、关系、运行等方面需要相互契合。因此，可以说拉斯韦尔的传播思想中，不仅本身蕴含着从秩序层面对传播的规范性思考，也揭示了传播秩序的意涵。政治传播作为传播研究的下位概念，其属于广义社会传播的一部分。因而，政治传播秩序，同样适用于拉斯韦尔5W模式的结构—功能主义分析路径。

当然，这里对结构以及功能的强调，并不是认为结构就等于秩序，而是要强调通过考察功能结构认知秩序的实体性的一面。秩序与结构之间的关系是相互决定、相互塑造的。一个结构体系合理的政治传播运行是稳定的，与其相应的政治传播秩序也是稳固的。

（三）"系统—结构—行动"范式：互动协同

以政治系统论为基础，融合结构—功能主义路径和行动主义路径，亦即在"系统—结构—行动"这一理论范式下，政治传播秩序体现出互动协同的本质内蕴。

第一，政治传播秩序，不是来自某个特定的人、特定的群体或其他特定机构，而是来自政治机构、媒体机构和受众的相互作用。对这一范畴的理解，应深刻把握"整体大于各部分的总和的假设"这一理念。政治传播系统，本身就内含着对关键传播者的相互依赖性和互惠性的强调。诚如学者所论，政治传播秩序，赋予处于困境、不稳定和不确定环境中现代政治传播过程中的可预测性和熟悉性。官员、舆论领袖和记者可以形成一些基本规则和行为，并依靠这些规则和行为来观察对手；而大众则可以了解

---

① 参见［美］拉斯韦尔《社会传播的结构与功能》，何道宽译，中国传媒大学出版社2013年版，第35页。

政治传播内容并据此做出相应回应。①

第二，政治传播秩序，不是仅从静态或动态维度审视问题，而是静态与动态之间的相互协调。发挥某种功能的结构与系统中各个运行过程的结合，就是要将政治传播的静态要素同动态运行结合起来，既关注静态要素的功能发挥及静态要素之间的关系互动，又注重政治传播运行背后的政治结构实体。一则，政治传播运作离不开一定的政治结构，一定的功能活动都是以一定的结构为基础的，二则，动态研究也不意味着只关注那些变动的事物，而是通过对各种复杂变量和个案的分析，总结出一些有规律性和普遍性的理论模式。这意味着，任何政治传播秩序，是静态层面与动态层面的统一。对政治传播秩序的理解，不能脱离政治传播的静态结构去考察其动态的运作，也不能脱离其动态运行仅仅聚焦结构要素的静止状态。政治传播秩序的问题，不仅需要关注静态结构的稳定关系，而且需要将政治传播行动者置于整个政治传播的动态运作之中。

第三，政治传播秩序的问题，不是来源于外部因素（exogenous influences）而是主要受制于内在变量（endogenous variables）。我们所要研究的政治传播秩序，是存在于政治共同体内，而不是政治共同体之间的，也就是说，不以国家和国家之间的政治传播秩序为基点，研究对象不是"国际传播秩序"，而是聚焦于一个国家内的政治传播秩序。当然，在互联网时代，国际的传播，已经很难不对国内传播造成影响。在学理上，我们把国内政治传播秩序所处的国际政治传播看作前者所处的外部环境。这一视角主要从一种"内生因素"而不是"外因"的角度来寻找政治传播秩序存在的问题。因为，"秩序并非一种从外部强加给社会的压力，而是一种从内部建立起来的平衡。"②

综上来看，自媒体时代的到来，为政治传播研究提出了挑战，也为政治传播研究提出了新要求。秩序范式，关注了自媒体时代政治传播的核心

---

① 参见 Jay G. Blumler and Michael Gurevitch, *The Crisis of Public Communication*, New York: Psychology Press, 1995, pp.6, 24。

② ［英］弗里德利希·冯·哈耶克：《自由秩序原理》（上），邓正来译，生活·读书·新知三联书店1997年版，第183页。

问题,为把脉当下政治传播的关键问题,以及建构未来新的政治传播,提供了新思路。然而,考察自媒体时代的政治传播秩序,还有以下三个难题需要考虑。

第一,自媒体在目前的传播中占据主导地位,但是在不同的政治系统中,不同的媒介和媒体形式在整个政治传播秩序的传播中所占的比重是不同的,因而,自媒体传播逻辑及其对政治传播秩序的影响也会有差异。这就使考察自媒体时代的传播和政治传播时需要思考:基于特定媒介基础之上的传播和政治传播是将占有独霸地位,还是其只不过是在向更为成熟的传播或政治传播过渡时的一种当前的、短暂的状况。对于这一问题,本研究认为这需要把握和聚焦自媒体时代传播和政治传播秩序的结构性问题,因为结构性的问题将具有一定的持久性和根本性。在这个意义上,系统—结构—行动范式有利于回答该问题。

第二,在确定自媒体如何改变政治传播秩序方面遇到了困难,因为这是一个缓慢的过程,与其他类型的社会变革一起发生,自媒体的具体贡献无法用任何确定性来解释。很难将媒体变革的影响与政治、社会、经济、观念等的广泛变化区分开来,对此也存在很大的争议空间,因而,难以确定特定效应和结果的真正原因。对此,正如前文所说,我们的研究并不计划致力于研究自媒体对政治传播秩序的因果层面的影响,而是分析在自媒体时代这一环境和背景下,政治传播秩序所呈现的新特点及发生的变革。这意味着研究并不执着于自媒体时代政治传播秩序与自媒体之间的因果关系,而是以实证的视角,观察和思考经验现实,将政治传播秩序放置于由自媒体占主导地位的传播秩序和政治社会等复杂环境背景或者梅罗维茨所提出的"场景"[①] 中予以考察。

第三,自媒体造就和营造了一个新的传播环境,并由此影响着置于其中的政治传播秩序。在自媒体时代,政治传播秩序处于一个新的、复杂的传播环境之中。这样的传播环境会给政治传播秩序带来怎样的影响呢?对于这个问题的回答,以往的研究主要分为两条路径,乐观主义路径认为自媒体的应用有助于政治传播的自由和民主;但也有学者担心事实并非如

[①] [美] 约书亚·梅罗维茨:《消失的地域:电子媒介对社会行为的影响》,肖志军译,清华大学出版社 2002 年版,原著前言,第Ⅶ页。

此，这主要体现在几个方面：其一是自媒体可能被民粹主义利用，造成暴民政治；其二是自媒体有可能创造一个"数码环形监狱"，成为政府追踪不同政见者的新方法，从而使管控更为容易，而自媒体也成为"让统治好转的工具"①；其三是自媒体有可能导致公共讨论和公共舆论质量的下降。② 也有学者认为，信息通信技术既能使政治扩散也能使政治集中。③ 对自媒体的褒扬和担忧一直存在。不管是积极的影响还是消极的影响，政治传播秩序无疑是受到由自媒体主导的传播秩序的影响的。这在学界已经达成了共识：在政治日益呈现出"不确定性"和媒体传播技术迅猛变革的时代背景中，政治和媒体相互依赖，几近形成一种"共生"④ 或"同一"⑤ 的关系，与此同时，新的关系带来了政治传播"系统的""持久的"乃至于"根本性的变化"。因而，在这样的共识基础上，我们将在下文详细探讨自媒体时代政治传播秩序的理论和现实问题。

---

① [美] 丹·吉摩尔：《草根媒体》，陈建勋译，南京大学出版社 2010 年版，第 78 页。
② 参见 [美] 汤姆·斯丹迪奇《从莎草纸到互联网：社交媒体 2000 年》，林华译，中信出版社 2015 年版，第 358 页。
③ 转引自 [荷] 简·梵·迪克《网络社会：新媒体的社会层面：第 2 版》，蔡静译，清华大学出版社 2014 年版，第 105 页。
④ Gunn Enli, "New Media and Politics", *Annals of the International Communication Association*, Vol. 41, No. 3 - 4, 2017, p. 41.
⑤ 荆学民、段锐：《政治传播的基本形态及运行模式》，《现代传播（中国传媒大学学报）》2016 年第 11 期。

第三章

政治传播秩序内涵解析

深度解析政治传播秩序，是思考自媒体时代政治传播秩序问题的逻辑起点。目前有关秩序的学术研究进路有三：一是探索何为秩序，二是探索秩序的变迁，三是探索秩序的规范。相应地，对于政治传播秩序的学理解析，也可以沿着这三种进路和层次来进行（分别对应于第三和四章、第五章、第六章内容）。

需要说明的是，这三种进路，并不能提供有关政治传播秩序的完备理论。本研究选择的标准是：在考虑到自媒体时代政治传播所处的"不确定性""不可靠性"和"易变性"的情况下，明确政治传播秩序理论的核心问题。这些问题生发于现实，政治传播秩序理论应致力于对这些问题予以回应。这一点，诚如迈克尔·曼（Michael Mann）所言："浓厚的理论意识使我们能够决定什么是关键性事实，什么是理解特定社会运作的主要东西和次要东西。"[1] 此外，对政治传播秩序的理论研究，还需体现以上问题与以往的政治传播理论研究，甚至政治学和传播学研究问题有着怎样的勾连和不同。

一 政治传播秩序的定义

对政治传播秩序，我们予以最简洁的定义是：政治传播秩序是"政治秩序"与"传播秩序"的耦合，是维护政治传播各构成要素之间固定位置、稳定关系、功能匹配、运行连续，以通过传播达到特定政治目的的

---

[1] ［英］迈克尔·曼：《社会权力的来源：从开端到1760年的权力史》（第一卷），刘北成、李少军译，上海人民出版社2015年版，前言，第8页。

保障机制。

随着传播技术和政治本身的发展，传播在政治化，政治也在媒介化。特别是在自媒体时代，已经很难再将政治与传播看作两个独立的系统，也很难再用单一的视野和逻辑来看待政治传播的问题了。政治与传播越来越相互融合、相互依赖、相互影响、相互作用。这意味着政治传播秩序也与政治秩序和传播秩序有着千丝万缕的联系。

政治传播秩序与政治秩序和传播秩序并不是一类事物。从政治与传播"同一"的"融合视界"观之，政治传播贯穿于整个政治过程，同时又受到处于经济基础层面的传播技术的影响。政治传播秩序本身必然既受到传播秩序的影响，又受到政治秩序所处发展阶段的影响。

界定政治传播秩序的内涵，需要从本质上理解其与政治秩序和传播秩序之间的关系，理解政治秩序和传播秩序是如何相互依赖、相互作用、相互影响，最终形塑了特定的政治传播秩序。我们的研究，将政治传播秩序内蕴的政治秩序与传播秩序的关系，抽象为"耦合"范畴。

一般来说，政治秩序，是指政治权力所主导的政治生活中政治关系的规范化过程及其所呈现的运行机制。传播秩序，是指以媒介为主导的社会信息客观流动的传导规范和运行机制。"政治传播秩序"这一范畴，不是"政治秩序"与"传播秩序"的机械叠加或平行组合，而是二者内在"耦合"而成的"自足性范畴"。把握"政治传播秩序"这一范畴的关键，在于深度理解政治秩序与传播秩序的这一"耦合"关系。"耦合"是借用了物理学中的一个概念，原意是指两个事物之间如果存在一种相互作用、相互影响的关系，那么这种关系就被称为"耦合关系"。在物理学中，"耦合"不是单一关系，而是多层面、全方位的，诸如：场域耦合、数据耦合、内容耦合、外部耦合、功能耦合，等等。这里在对政治传播秩序的界定中，政治秩序与传播秩序也是多层面全方位的有机"耦合"。

（一）政治秩序与传播秩序本质属性的耦合

从政治秩序与传播秩序的本质来看，二者都处于一定的政治共同体内，也服务于该政治共同体。而政治共同体无论具有怎样的形态和特征，其作为一个实体，本质上都具有现实性与理想性的双重属性。社会科学的实证主义转向，使现在的人们往往习惯于从实证主义的角度出发理解和研究政治问题，但本质上，政治却始于理想并与理想密切相关，古今中外任何"性质"的政治都概莫能外。①

第一，理想使人们聚集起来形成人类社会，理想使人们摆脱"自然状态"，通过订立契约形成政治共同体，获得和平和安全的秩序保障。杜威（John Dewey）曾指出：人们因为有共同的东西，比如目的、信仰、期望、志趣相投而生活在一个共同体内。大家认识到共同的目的、关心这个目的、考虑这个目的，并以此调节他们的特殊活动，最终形成一个共同体。② 可以说，政治始于理想，政治基于理想。因而，所谓政治秩序——"以政治权力为主导的政治生活中政治关系的规范化过程和运行机制"，其实质就是用基于政治理想的"确定性"——依赖于政治信仰的"确定性"——来规范和引导现实政治的种种"不确定性"。

第二，政治致力于实现政治理想，亦即政治朝向理想，而政治理想要变成现实，就需要借助传播，亦即实现政治的传播化。芝加哥学派的理论关怀很早就揭示了，传播有整合社会和构建社会秩序的基本功能。在芝加哥学派看来：社会不仅是由于传递与传播而得以继续存在，而且还在传递与传播中存在着，传播远远超过单纯的信息传递和交流；传播创造和维持社会，"公共的""共同体"和"传播"这几个词之间具有远超于字面上的联系。③ 对此，杜威也有着深刻的论述，他指出：人们因为有共同的东西而生活在一个共同体内，沟通乃是人们达到占有共同的东西的方法。④

第三，政治借助传播实现理想的过程，还要求传播保持一定的秩序，通过以媒介为主导的社会信息客观流动，形成规范和有序的政治运行，在"传播生成社会"⑤的过程中，通过信息选择使社会成员"从不确定性中

---

① 参见荆学民、段锐《政治传播的基本形态及运行模式》，《现代传播（中国传媒大学学报）》2016年第11期。
② 参见[美]约翰·杜威《民主主义与教育》，王承绪译，人民教育出版社1990年版，第6页。
③ 参见[美] E. M. 罗杰斯《传播学史：一种传记式的方法》，殷晓蓉译，上海译文出版社2002年版，第203页。
④ 参见[美]约翰·杜威《民主主义与教育》，王承绪译，人民教育出版社1990年版，第6页。
⑤ 参见荆学民、段锐《政治传播的基本形态及运行模式》，《现代传播（中国传媒大学学报）》2016年第11期。

不断形成确定性"①。正如芝加哥学派的帕克（R. E. Park）所说的："某些种类的传播随着时间的推移会成为稳定的或固定的"，在这个过程中，"人们之间合理的和道德的秩序能够代替单纯心理的和本能的秩序"②。由此看出，从种种"不确定性"中建立"确定性"，从"不确定性"不断走向"确定性"的终极目标或本质属性，正是政治秩序与传播秩序的耦合之轴，政治传播秩序的种种要素及其运行都镶嵌在这个轴心之上。

（二）传播秩序在功能层面与"政治"耦合

传播秩序本质上具有政治性，并处于政治化的进程中。

第一，以"从不确定性中不断形成确定性"为轴心的政治秩序与传播秩序的耦合关系，使传播不再是一种在真空中的信息流动，当社会的政治性愈来愈突出的时候，传播即成为一种政治传播。法国学者埃里克·麦格雷（Eric Maigret）曾指出："传播首先是文化事实和政治事实，其次是技术事实。"传播从一开始就被赋予了政治层面的意义，这层意义将其与传播的"自然""文化"的现象区分开来，而对应着客观世界的"社会政治秩序"。在这个层面，"传播被看作是一种规范的、伦理的、政治的活动，是权力、文化与民主选择之间的动态关系"③。学者们对传播研究赋予的政治性，从根本上来源于传播活动所具有的本质政治性。麦格雷通过对传播史的研究，展示了"传播何以是政治的"以及"政治秩序，是传播的题中应有之义"。④ 这些都揭示了传播本身所具有的政治性。当然，强调传播秩序的政治性，并不是忽略传播的"自然性"和"文化性"，而

---

① ［美］威尔伯·施拉姆、威廉·波特：《传播学概论》，陈亮等译，新华出版社1984年版，第4页。
② ［美］E. M. 罗杰斯·《传播学史：一种传记式的方法》，殷晓蓉译，上海译文出版社2002年版，第155、197页。
③ ［法］埃里克·麦格雷：《传播理论史———种社会学的视角》，刘芳译，中国传媒大学出版社2009年版，前言，第3—4页。
④ 这部著作中，麦格雷指出，"客体、社会关系和政治秩序，是传播的题中应有之义"，"传播首先是文化事实和政治事实，其次是技术事实"。他尖锐地批评了20世纪末21世纪初，由于互联网、新技术和新经济飞速发展所带来的传播学研究的"技术决定论"的死灰复燃。认为这种对传播的研究，偏离社会与政治的轨道，是传播研究的"回归客体"式的"不可能的倒退"。参见［法］埃里克·麦格雷《传播理论史———种社会学的视角》，刘芳译，中国传媒大学出版社2009年版，前言，第4页。

是旨在说明在政治传播秩序中，传播秩序本身体现出政治的属性，这种属性不是来源于某部分人所赋予的，而是由众多的传播者共同的传播活动所决定的，其天然地存在于一个政治共同体内的信息流动中。

第二，政治秩序中的政治权力对传播秩序的主导，使一般的传播秩序成为一种政治传播秩序，传播秩序也在越来越政治化。传播不是存在于真空中，还体现在传播"只是庞大的社会整体的组成部分，而不是外在的决定因素，传播是意义和权力的关系消长"，存在于社会和政治环境中的传播秩序，时时处处受到来自各个层面和各个方向的权力的影响，传播维持秩序本身来源于权力的动力在背后的驱使。正如有学者指出的：权力首先要维持对统治者有利的现状，而不是直接影响改天换地。传媒最有力的效果是巩固已有的舆论，通过告诉人们"不能想什么"和"不能怎样想"，以满足在结构上立足的权力的最大利益。[1] 从传播媒介的发展史来看，每一次媒介的改变，或者某种新的媒介成为主导媒介，其都会受到来自政治权力掌握者或多或少的掌控和控制。此外，传播秩序的政治化，还体现在其在从有序到无序，从旧秩序到新秩序的过程中，受制于政治的因素。诚如卡拉·诺顿斯登（Kaarle Nordenstreng）所言："新秩序是传播研究领域的绚丽乐章，新秩序概念越能经受住政治斗争的洗礼，就愈加清晰透彻。"[2]

（三）政治秩序在运行层面与"传播"耦合

政治秩序对传播具有依赖性，随着媒介的发展，其与传播秩序甚至成为"共生"关系。[3] 从秩序所要求的动态运行机制这一角度看，在复杂的政治系统运行过程中，政治信息的传播与流动，是改变政治秩序乃至政治运行机制的重要变量。因为传播过程在政治领域具有一种根本性的功能。

政治学家鲁恂·W. 派伊（Lucian Pye）曾指出："正是通过传播过程

---

[1] 参见［法］埃里克·麦格雷《传播理论史——一种社会学的视角》，刘芳译，中国传媒大学出版社2009年版，前言，第4页，第157页。

[2] 参见［芬兰］卡拉·诺顿斯登《世界信息与传播新秩序的教训》，徐培喜译，《现代传播》2013年第6期。

[3] 参见 Gunn Enli, "New Media and Politics", *Annals of the International Communication Association*, Vol. 41, No. 3-4, 2017, p. 41。

的组织，一系列代表人们在全社会范围内追求权力的随机行为，才以某种关系形式被互相安排在一起。"进一步，派伊将传播在政治中的功能总结为五个方面：一是放大个人的行动，二是为大众政治中的理性提供基础，三是帮助理解政治动机，四是建立了共同思考的框架，五是帮助一个社会建立起政治因果关系的法则。① 学者卡尔·多伊奇曾将传播系统看作政治系统运作的神经纤维，其对政府的有效统治和管理至关重要。② 美国政治学家戴维·伊斯顿也从传播视角解析了政治运行机制，正如上文提到的，他认为政治系统通过信息"输入—输出—反馈"的循环过程，借助信息的获取、处理、存储和利用来设法在稳定和变化的世界上持续下去。③ 阿尔蒙德等认为：政治传播仅仅是政治系统在体系层面的一个功能之一。他不认为只有沟通活动才是理解其他政治功能的因素。阿尔蒙德等将整体政治体系看作一个由政治结构和文化组成的体系，其所发挥的功能可以分为三个层面：体系层面、过程层面、政策层面。政治传播在他们看来，仅仅是政治系统在体系层面的重要功能之一，是政治体系中的信息流动。尽管他们并没有将政治的全部看作传播，但他们同样强调了传播对于政治运行的重要性，认为传播功能构成了其他功能得以实施的一个必备前提和条件。④

这些理论研究从不同的侧面剖析了伴随着人类政治文明的进步，人类政治秩序对于传播的依赖，以及人类政治秩序与传播秩序的有机耦合程度。实际上这种依赖和耦合伴随着媒介的发展，越来越受到促进，程度也越来越得到加深。因而，学者们提出了"政治媒介化"的概念。并指出，政治变得越来越媒介化，现在面临的重要问题不再是媒体在政治和社会的独立性，而是政治和社会在媒体中的独立性问题。⑤ 对于政治对传播的这

---

① 参见 [美] 鲁恂·W. 派伊《政治发展面面观》，任晓、王元译，天津人民出版社 2009 年版，第 175—177 页。

② 参见 Karl W. Deutsch, *The Nerves of Government: Models of Political Communication and Control*, Free Press of Glencoe, 1963。

③ 参见 [美] 戴维·伊斯顿《政治生活的系统分析》，王浦劬译，人民出版社 2012 年版，第 16—18 页。

④ 参见 [美] 加布里埃尔·A·阿尔蒙德、小 G·宾厄姆·鲍威尔《比较政治学：体系、过程和政策》，曹沛霖等译，上海译文出版社 1987 年版，第 167 页。

⑤ 参见 Jesper Strömbäck, "Four Phases of Mediatization: An Analysis of the Mediatization of Politics", *The International Journal of Press/Politics*, Vol. 13, No. 3, 2008, pp. 228–246。

种相互依赖，有的学者甚至将其总结为政治与传播的"共生"。[1]

作为政治秩序和传播秩序的耦合结果，政治传播秩序具有相对区别于政治秩序和传播秩序的内在规定性和本质特征。围绕着"从不确定性中不断形成确定性"这一主轴，政治传播秩序在"主体推进""过程控制""目标确立""运作过程""规范引导"等诸多环节和层面，都展现出不同于单独的政治秩序和单独的传播秩序的新特征。

二 政治传播秩序的特质

政治秩序与传播秩序的多层面耦合形成了政治传播秩序这一新的"元概念"，正因如此，它也彰显着与单纯的政治秩序和单纯的传播秩序不同的新特质。

（一）政治秩序赋予政治传播秩序以政治目的性

耦合而成的政治传播秩序成为一种"政治的有目的传播"[2]的保障机制。

第一，在一般的传播秩序建构中，只是注重于"信息流动"的客观过程，注重于如何保证"客观信息"在传播过程中的真实性和完满性，注重于通过传播对种种事件没有特定价值立场的所谓"真相"的呈现，正如传播学中的"帕洛阿尔托学派"提出的，"人们不能不传播"的观念蕴含着"并非所有的传播都是有意图的"理念。[3]而在政治传播秩序中，传播过程首先是有目的的，所谓有目的是指其"受到所确定目标的指引，而且也因此包括目前状态与未来目标的持续比较"[4]。

---

[1] 参见 Gunn Enli, "New Media and Politics", *Annals of the International Communication Association*, Vol. 41, No. 3-4, 2017, p. 41.

[2] "关于政治的有目的传播"是英国著名的政治传播学家布赖恩·麦克奈尔对"政治传播"的经典定义。参见［英］布赖恩·麦克奈尔《政治传播学引论（第2版）》，殷祺译，新华出版社2005年版，第4页。

[3] ［美］E.M.罗杰斯：《传播学史：一种传记式的方法》，殷晓蓉译，上海译文出版社2002年版，第104页。

[4] ［加］戴维·克劳利、［加］保罗·海尔编：《传播的历史：技术、文化和社会》（第五版），董璐等译，北京大学出版社2011年版，第391页。

第二，由于传播的广泛存在，传播存在于人内传播、人际传播、组织传播、大众传播等各个层面，其除了存在于政治领域，还存在于社会领域、经济领域等活动场域，因而，传播本身的性质是多样的，比如：人内传播追求个体内在的协调一致；人际传播追求人际交往中能够扮演好不同的角色；经济领域的传播则较为追求资本利润；等等。而在政治传播秩序中，传播过程则被政治传播行动者赋予了特定的政治目的，这一政治目的在最高层次体现为政治共同体的政治理想，而传播秩序则受这一目标的指引，将在对照政治现实和政治理想中连接并服务于未来的政治理想。

第三，政治传播秩序中的政治性导致传播秩序中所谓的"客观信息"被特定的政治机制筛选过滤和框定为一种"政治信息"。这种政治信息天然承载着特定的政治目的。传播过程也会受到来自各个层面和各个方向的权力的控制和制约，一般的传播过程成为一种政治传播过程。进而，整个政治传播秩序成为一种"政治的有目的传播"的保障机制。政治传播"是政治运作的条件，是政治堕落的反面，是在传播框架内对非理性加以组织的因素"[1]。换言之，政治传播秩序彰显的是其"政治目的性"。

（二）传播秩序赋予政治传播秩序以主体多元性

第一，以往的政治秩序研究往往比较关注制度、规则、伦理、法律等对政治秩序建构和维持的重要作用。这些因素无疑强调了政治秩序的静态因素。然而，政治秩序作为政治共同体的一种状态，其无疑是在动态运转中形成和体现出来的。传播秩序与政治秩序耦合而得的政治传播秩序，为观察和考察政治秩序的动态性问题提供了视角和思路，同时也揭示了政治秩序的动态性。这种动态性的揭示和强调将"秩序"与"稳定"区分开来，将"秩序"与"没有变化"和"静止"区分开来。

第二，古往今来，人类社会总是会出现价值、利益或观念等的矛盾、纷争、冲突甚至是革命和战争，"政治被看作是解决冲突的特定手段，即

---

[1] [法]埃里克·麦格雷：《传播理论史——一种社会学的视角》，刘芳译，中国传媒大学出版社2009年版，第161页。

通过妥协、调节和谈判，而非武力和赤裸裸的权力威胁来达到目标"①。在民主政治秩序中，传播为缓解政治冲突和博弈作出了贡献。"政治传播是两个多世纪为个人权利和言论自由而斗争的成果，它让从政者、记者和通过民意测验表达出来的公共舆论这三个关键行动者发生了关系，它催生了一个永无休止的、矛盾的、试验性的建设空间。"② 这个空间被称为"公共空间"或"公共领域"。③ 当然，政治秩序并没有因为传播而"催生出一个因交流而魔法般和解的共识发生"，传播仅仅是提供了这样的空间和可能，使人们能够通过对话、互动、协商进而实现相互的理解、彼此的包容和妥协，进而实现一种"理性的平衡"④，最大限度地消解或弥合分歧，防范冲突，以和平的方式维护和争取群体利益和价值的实现。

第三，在单纯的政治秩序中，政治秩序的确立者，即"政治秩序主体"（各种政治领导集团等）是政治权力的掌握者，他们始终是政治秩序的建构者和主导者，也是政治秩序变迁的推动者。但是，在政治传播秩序及其变迁中，由于传播秩序的揳入、耦合、博弈和掣肘，基于传播技术迅猛发展的媒介革命，则越来越占据重要地位，乃至于在现代政治秩序运行中诸多重大事件甚至机制变革中，"媒介"扮演了始作俑者和推动者的角色。媒介地位的提高和相应功能的发挥，不断改变着政治传播秩序内在结构要素的原有关系，"媒介"越来越成为政治传播秩序及其变迁的"活跃性变量"，一定条件下，甚至会成为推动整个政治传播秩序变迁的"主变量"。传播秩序对于政治秩序的这种介入，使得政治秩序由原有的少数权力掌控者主导建构的局面被打破，由此在传播层面使得民主价值要求的政治主体的多元化有了更大的突破口。

---

① ［英］安德鲁·海伍德：《政治学的思维方式》，张立鹏译，中国人民大学出版社2014年版，第12页。

② ［法］埃里克·麦格雷：《传播理论史——一种社会学的视角》，刘芳译，中国传媒大学出版社2009年版，第161页。

③ 参见［德］哈贝马斯《交往行动理论·第一卷——行动的合理性和社会合理化》，洪佩郁、蔺青译，重庆出版社1994年版，第134—143页；［德］哈贝马斯《公共领域的结构转型》，曹卫东等译，学林出版社1999年版，第116页。

④ ［美］西摩·马丁·李普塞特：《共识与冲突》，张华青等译，上海人民出版社2011年版，译者序，第X页。

(三) 政治传播秩序总体遵循"政治统摄传播"[①]

第一,对于政治秩序与传播秩序之间的关系,传播学者对媒介和传播的重视往往给人们一种错觉:传播是独立和外在于政治的因素,其可以以媒介或媒体为本体对政治和社会产生影响。如政治传播学者艾瑟和芬奇在论文中曾表示:"无论是否看到外部文化传播因素或现代西方民主变革的内生因素,论文都认为大众传媒是政治传播转型的独立力量。"[②] 还有的学者甚至提出了政治被媒介殖民的担忧。如托马斯·梅耶(Thomas Meyer)指出:"当媒体系统原有的规则扩展到了政治系统,而且主导以至于取代了政治系统本有的规则,便可在描述性意义上称之为传播系统对政治的殖民化。"[③] 但实际上,传播学者麦格雷很早就提出:反对将传播看作"外在的决定因素"。他认为,应该在自然、文化和创造性这三个层面去看待传播现象的发生。这三个层面分别对应着人与客观世界的关系、人与人的关系和社会政治秩序。[④] 其中,政治秩序作为最高的层面,作用于其他两个层面并统摄了一切传播现象。

第二,政治秩序对传播秩序的统摄,不仅仅是一种抽象的理论,也是一种历史现实。有学者分析了美国和欧洲政治秩序与传播媒介的相互关系,认为尽管这两种不同的政治秩序对传播的影响不同,但都体现出政治秩序对传播所起的决定性作用。可以说,"传播媒介自诞生之日起就脱离了自在之物而进入了政治、经济、社会、文化的系统"[⑤]。中国的研究者也通过对中国的新闻传播历史的研究,认为中国的新闻传播历史是一个"政治与传播相互交织的史实",因而将其研究称为"作为政治的

[①] 关于"政治统摄传播"这一论断的详细论证,参见荆学民《政治传播活动论》,中国社会科学出版社2014年版,第18页。

[②] Frank Esser and Barbara Pfetsch, *Comparing Political Communication: Theories, Cases, and Challenges*, Cambridge University Press, 2004, p.13.

[③] [德]托马斯·梅耶:《传媒殖民政治》,刘宁译,中国传媒大学出版社2009年版,第8页。

[④] 参见[美]埃里克·麦格雷《传播理论史——一种社会学的视角》,刘芳译,中国传媒大学出版社2009年版,前言,第3—4页。

[⑤] 边巍、刘宏:《中国当代政治传播的变迁》,《现代传播》(中国传媒大学学报)2011年第2期。

传"。① 对这种历史史实进行理论化，那么，在政治传播中，政治对传播的制约，主要表现在传播不是凭空的，其往往需要依赖政治组织、结构、制度等形成的实体机制才能得以运作。因而，政治传播所处的政治系统及其所形成的各种政治制度、政治机制也就勾画了传播线路的各个节点，进而决定了政治传播的基本运行路径、运行范围以及运行空间。

第三，政治秩序对传播秩序的统摄还体现在，政治在秩序变迁中占据主导地位，是政治传播秩序变迁的主导变量。政治对秩序的追求和控制可以说伴随着国家形成的进程，对其进行理论化研究的显著案例是对政治进行系统分析的路径。其中数美国政治学家戴维·伊斯顿的理论最为典型。正如前文所说，他从系统论视角解析了人类的政治生活，将政治的本质定位于"自动导向于目标达成的协调活动"，其关键在于信息的获取、处理、存储和利用。而这一系列行为的最终目的是"设法在稳定和变化的世界上持续下去"。政治系统分析的路径揭示了政治对秩序追求与控制的本质属性。政党—国家—政府等政治系统中处于信息流动势能高位的主导者，凭借军队、警察、监狱等政治制度和政治机构层面的暴力国家机器，以及阿尔都塞所说的"意识形态国家机器"实现对秩序的控制，由此决定着在政治传播中自身扮演怎样的角色、政治信息的接受者处于何种位置及具备何种功能特点。因而，政党—国家—政府成为政治传播特定秩序结构、运行、形态体现的主导性决定力量。政治对政治传播秩序的控制不仅仅体现在其作为一种保守的变量，其对权力的掌握和运用也使其在有意愿的情况下成为最有能力实现变革的力量。在人类政治统治史中，由统治者主动发起的革命、改革数不胜数。这些变革促成了政治传播或从失序变有序，或从一种秩序变为另一种秩序。

第四，政治统摄传播。对于政治传播秩序来说，还意味着政治目的或政治目标以及政治价值对政治传播秩序的引导和规范意义。一方面，正如上文指出的，政治传播秩序是通过传播达到某种政治目的的保障机制，因而政治传播秩序需要服务于特定的政治目的，这一政治目的将制约和规范政治传播秩序的运行和状态。另一方面，政治传播秩序作为政治秩序和传

---

① 赵云泽：《作为政治的传播：中国新闻传播解释史》，中国人民大学出版社2017年版，前言，第2页。

播秩序的耦合，其在从种种"不确定性"中建立"确定性"，从"不确定性"不断走向"确定性"的终极目标方面具有一致性，这也是政治共同体得以存在最基本的条件和前提，这一终极目标也规范着政治传播秩序。此外，受制于政治传播秩序与政治的密切关系，政治传播秩序存在秩序本身并不能为其提供完全的政治正当性或合法性，政治传播秩序还需要在秩序这一价值之外，满足和符合特定时期和特定地区的政治价值追求，才能获得其秩序的合理性和正当性。因而，彼时彼地的政治价值也将对政治传播秩序产生制约和规范作用。

第四章

政治传播秩序的运作机制

政治传播秩序有着复杂的结构,这种结构包括与"政治""传播""秩序"相关的基础要素。但是,秩序,其本质是对一种"运动"状态的表达,因而秩序的要素超越了我们静态意义上所理解的一般"要素",它更强调一种运动着的关系状态。

一 政治传播秩序中的稳定关系

政治传播秩序的要旨在于:从静态维度着意于各结构要素之间的稳定关系,在系统—结构—行动范式的逻辑下,这种稳定关系集中体现在政治传播秩序的行动者之间关系的稳定上。

(一) 政治传播秩序中的行动者

政治传播秩序本质上是由政治传播各个"行动者"在特定结构中共同行动所塑造的结果。

第一,在"系统—结构—行动"范式下,政治传播系统,是由相互作用的结构构成的。阿尔蒙德认为,结构指的是"构成这一系统的各种活动,即具有某种行为、意图和期望的规则性的活动"[1]。迈克尔·曼则认为"结构"是围绕权力资源分配而形成的团体,即集体行动者的产物。[2] 可见,

---

[1] [美]加布里埃尔·A·阿尔蒙德、小G·宾厄姆·鲍威尔:《比较政治学:体系、过程和政策》,曹沛霖等译,上海译文出版社1987年版,第14页。

[2] 参见[英]迈克尔·曼《社会权力的来源:从开端到1760年的权力史》(第一卷),刘北成、李少军译,上海人民出版社2015年版,第5页。

结构是由"行动者"及其活动所组成的，结构的关键是各种相互关联而又相互作用的行动者，行动者的组合即结构。因而，"行动者"是政治传播系统的基本单位之一。①

第二，政治秩序和传播秩序的耦合，意味着政治传播秩序的结构，由来自两个系统的"行动者"组成。在现代政治语境下，政治系统的"行动者"，主要体现为政府/政党/政治家。传播系统的"行动者"则是媒体。二者在信息传播的过程中，边界越来越模糊，呈现出"媒体政治""媒介化政治"和"政治媒体复合体"等倾向，② 它们彼此在传播的"纵向"轴上"横向"互动。这个时候的"民众"，也成为同时存在于传播系统和政治系统内连接两个系统的"行动者"。三者作为独立的因素存在，彼此相互作用，共同作用于政治传播秩序的运行。

20世纪80年代，学者布鲁姆勒和格瑞维奇就提出，这三种"行动者"是政治传播系统的重要部分。他们指出："尽管随着时间的推移，政治传播行为发生的变化几乎无处不在，关于系统结构的表述需要修改，但在我们的判断中，系统组成部分的概念图仍然有效且有用地适用于政治传播系统研究的概念化。仍然可以根据政治家、媒体组织和观众成员之间的三角关系来分析这样的系统。"③

第三，正是在相同的理念上，我们的研究，将政治传播系统的行动者分为：政治的行动者政府/政党/政治家、传播系统的行动者媒体组织，以及代表社会力量的行动者民众。这种划分的意义在于，将拉斯韦尔5W模式中谁（Who）和对谁（To whom）的根基具体化，使政治传播秩序的研究寻找到其背后的行为主体，也将政治传播的"主体""客体"两个概念融合起来，使主—客体之间在"行动者"上实现转换。也就是说，特定的行动者，

---

① 参见［美］加布里埃尔·A·阿尔蒙德、小G·宾厄姆·鲍威尔《比较政治学：体系、过程和政策》，曹沛霖等译，上海译文出版社1987年版，第14页。

② 参见 F. Christopher Arterton, *Media Politics: The News Strategies of Presidential Campaigns*, MA: Lexington Books, 1984; W. Lance Bennett and Robert M. Entman, eds., *Mediated Politics: Communication in the Future of Democracy*, New York: Cambridge University Press, 2000; David L. Swanson, "The Political-Media Complex", *Communications Monographs*, Vol. 59, No. 4, 1992, pp. 397–400。

③ Jay G. Blumler and Michael Gurevitch, *The Crisis of Public Communication*, New York: Psychology Press, 1995, pp. 4–5.

在一种秩序中是"客体",而在另一种秩序中则可能是"主体"。

(二) 政治传播秩序中行动者关系的稳定

政治传播秩序,强调的是政治传播运行的稳定有序状态,这种稳定首先体现在各行动者"有机关联"的稳定上。

第一,政治传播系统中,政府/政党/政治家、媒体组织以及民众三方面的行动者,主要形成了三对关系:以政府/政党/政治家为主体的政治与媒体的关系,政治与民众的关系,以及媒体与民众的关系。当然,在政治传播系统语境下,这三对关系主要考察三者在政治传播系统的整体运行中的政治和传播层面的关系,而不是经济或文化等方面的关系。政治传播秩序的要旨在于使这三方面主体在这三对关系中所扮演的角色相互匹配。

第二,由表4-1可知,在政治传播中三方面行动者之间的关系,可以分为四种组合,[①] 亦即构成四种秩序类型,在每一组合中,三方面行动者形成了一种角色上的互补和契合。

表4-1　　政治传播秩序中行动者的关系

民众	媒体	政党/政府/政治家
党员	喉舌	家长(牧羊人)
自由公民	平台	理性说服者
监督者	看门狗	信息提供商
观众	经纪人	演员

在第一种组合中,媒体受政党控制,政治家更多地采用家长(牧羊人)的角色,而媒体人员将承担喉舌的功能,在这种政治传播秩序中,受众将被施加更多压力,因而,受众更多地承担作为党员的角色。

在第二种组合中,媒体主要执行"平台"功能,媒体系统的自主性越大,相应的,传播渠道的自由访问程度也越大,媒体系统产生"平衡"政治信息内容的趋势也越大,并因此体现并巩固了媒体的自治地位。媒体

[①] 参见 Jay G. Blumler and Michael Gurevitch, *The Crisis of Public Communication*, New York: Psychology Press, 1995, pp. 15 - 17, 22 - 23。

这些功能倾向于将其受众激活为"自由公民",并赋予"监督"的角色属性,而这反过来要求政党/政府/政治家承担"理性说服者"的角色。

在第三种组合中,媒体组织普遍采用公共服务类型的目标导向,媒体专业人员倾向于承担监督功能,亦即"看门狗"的功能,这种角色鼓励受众成为监督者,同时也对政客施加了较大压力,因而,政客们为在政治传播中更具优势,将倾向于策略性地扮演信息提供者的角色。

在第四种组合中,政治传播秩序中的媒体更多是以商业为导向的,因而媒体更加突出经纪人角色。政治家为了获得媒体的曝光率和观众的吸引力,将更倾向于扮演演员/表演者的角色。同时,商业支持的自治媒体系统也倾向于在冲突和政治操纵策略方面提供政治材料,转而更多地关注政治家的人格特性,从而导致牺牲了政治议题和政策,这将使民众呈现出"旁观者"或"观众"的角色。[①]

第三,政治传播秩序所着力强调的是政治、媒体和民众各自取向或特点的匹配性,但这并不意味着三种角色的对应始终是完美契合的。在四种组合中,三方面行动者对应的契合程度决定了政治传播的秩序程度,不同取向之间的匹配也从整体层面决定了政治传播的秩序特点。这种契合和匹配体现了政治传播秩序的整合程度。还需要说明的是,现实政治传播秩序不仅仅由一种组合组成,相反,往往体现出四种组合的混合,即混合了四种组合的特点。这四种组合的理论划分有利于我们把握政治传播秩序中各行动者关系的显著特点,也有利于我们根据某一行动者的角色和功能推算出其他行动者的功能取向,而这无疑对思考政治传播秩序的建构、优化和转型提供了可行思路。

二 政治传播秩序中的匹配功能

在政治传播秩序中,围绕在政治信息流动这个轴心上的各个结构要素的"出场"和"表演",在时间上有特定的顺序,在空间上有特定的位置。

[①] 参见 Jay G. Blumler and Michael Gurevitch, *The Crisis of Public Communication*, New York: Psychology Press, 1995, pp. 15 – 17, 22 – 23。

(一) 政治传播秩序中的结构要素

传播学者拉斯韦尔曾沿用结构—功能主义的路径将社会传播分为"谁→说什么→通过什么渠道→对谁→取得什么效果"[①] 五个结构。在"系统—结构—行动"范式下，对于政治传播秩序来说，拉斯韦尔的"5W"模式具有不可替代的"框架"和"框范"意义。到目前为止，尚没有出现比其更具影响力和普遍性的框架性理论成果。因而，政治传播系统也可以采用这一结构划分。按照这一思路，学者们将之分为政治传播的主体、政治传播的内容、政治传播的渠道、政治传播的客体、政治传播的效果（效应）。[②] 这些结构由不同的要素组成（如表4-2所示），并受到三方面行动者（政治系统的行动者、社会系统的行动者、传播系统的行动者）的共同塑造。

表4-2　　　　　　　　政治传播秩序中的结构要素

政治传播秩序中的结构	结构的组成要素
主体	国家、政府、政党、社会共同体、个人
内容	意识形态、政治价值、政治文明
渠道	政治组织、大众媒介、政治话语
客体	精英、精氓、臣民、市民、公民
效果（效应）	推进政治民主 形成公共舆论 建构政治合法性

(二) 政治传播秩序中结构的功能匹配

政治传播秩序是各结构聚合和功能匹配发挥的有机结果。第一，政治传播秩序要求，政治传播的运行首个出场的是政治信息的生产者，即

[①] 参见［美］拉斯韦尔《社会传播的结构与功能》，何道宽译，中国传媒大学出版社2013年版，第35页。

[②] 这个划分实际上存在于中外很多学者的理论中。参见荆学民《政治传播活动论》，中国社会科学出版社2014年版。另外，国外政治传播的研究者丹·尼谋、桑德斯和琳达·李等也多次使用5W来综述政治传播研究。

"传者","传者"是政治传播秩序的最主要的结构,其在政治传播秩序中扮演着主体和主导地位。这一起点的定位,明晰了政治传播主体在政治传播中处于"首发"位置。政治传播主体的人员构成在很大程度上会影响整个政治传播秩序的基本特点和运行逻辑。"在传播活动中,传播者及其传播内容血肉相连,难以截然分开。"[①] 政治传播的主体通过特定内容的传播来实现特定的政治目的。这一内容从传播视角来看就是以各种各样的形式出现的政治信息,比如语言、文字、仪式、图像等,其是政治传播的核心。按照香农(Claude Shannon)的看法,信息就是不确定性(uncertainty)的减少。因而,政治传播秩序的本质追求——从"不确定性",中建立"确定性"就要求政治传播内容的准确性和真实性。政治传播主体发出的政治信息借助于各种媒介(政治传播渠道)连接着政治传播的"受众",即政治传播客体。这决定了媒介和受众在政治传播秩序中所处的空间位置。在政治传播秩序中,政治传播效果(效应)是对整个政治传播活动是否存在秩序的检测和评估。这一行为在政治传播中所处的位置与以上四个实体要素或结构并不在一个线条上,其在第三方位置上审视政治传播秩序的运行是否有效和规范。

第二,以上各结构的空间位置的固定实际上是政治传播秩序最基本的要求。这一方面意味着,政治传播秩序作为政治系统的保障机制,其需要这些结构是完整的;另一方面也意味着这些结构在不同的空间位置需要扮演不同的角色、承担不同的功能,而政治传播秩序要求这些结构的功能是相互匹配的、相互契合的。

第三,政治传播秩序中各个结构的功能并不是没有独立性的。实际上,政治传播中的各个结构之间所存在的必然联系意味着,每一个结构都存在于其他结构的影响范围之内。而政治传播秩序要求各结构发挥不同的但又彼此联系的功能,并且功能的发挥是相互匹配的、协同的。匹配要求各个结构所扮演的角色能够彼此和谐,并通过各结构的协同作用为政治传播的有序运行提供完整和功能协调的结构要求。所谓"协同"原指模型的每个主要元素都暗示或引导其他元素,在政治传播秩序中,这意味着每一种结构所发挥的功能都制约和预示着其他结构的功能和特点。换句

---

① 李彬:《传播学引论》(增补版),新华出版社2003年版,第163页。

说，以政治传播主体的"政治目的"为轴心，政治传播秩序要求各个结构方向一致，进退同步，强弱相连。具体体现在政治传播中，就是主体的多元程度—政治信息的质与量—渠道的多寡和媒介可接近性程度—受众的类型—效果的着力点等方面相互具有匹配性。

三 政治传播秩序中的平稳过程

一个有秩序的政治传播不仅仅意味着各结构和行动者之间静态关系的稳定和功能的匹配与协调，政治传播作为围绕政治系统的传播过程是动态的，因而，政治传播秩序也是一个动态秩序。

（一）政治传播秩序的运行环节完整

第一，政治传播秩序要求输入、转换、输出和反馈这四个环节的运行过程是连续的。在政治系统论视野下，政治传播系统可以被划分为输入、转换、输出和反馈四个运行子过程（如图4-1所示）。政治传播秩序中的输入主要指包含着某种政治诉求的政治信息输入政治系统的运作过程；输出主要指政策的输出、信息的管理、为谋求支持和认同等象征性的输出以及导向或刺激某种行动的政治信息输出等。转换结构主要发挥着转换输入的政治信息为输出的政治信息的功能，以及承担通过反馈调整输出的政治信息的角色，转换是输入的延续和输出的前提。政治传播秩序的存在意味着其所依赖的政治传播系统需要不断地对各种各样的外来刺激和压力做出反应，这意味着一个存在秩序的政治传播系统必然有着一定的反馈结构来执行反馈这一功能。在政治传播秩序中，反馈保障了秩序的持续和连续。政治传播秩序强调，在一定范围内输入与输出平衡，输入的转化效率与输出的需要相匹配，反馈通畅以及来自输入的压力通过输出、转换与反馈等过程得以缓解。

第二，只有具有完整的四个环节，政治传播运行的连续和持续才能得以实现。一方面，政治传播各环节的完整，意味着包含着某种需求或支持的政治信息能够得到传播，尽管可能得不到政策输出和回应，但环节的完整，也将使这一需求或支持得到重视和考虑。在这个过程中，既缓解了需求得不到政策转化带来的压力，也使得政治系统能够得到尽可能完整的需

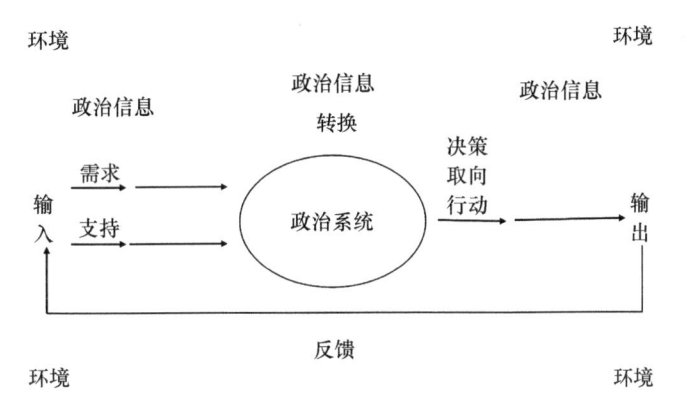

图 4-1 政治传播秩序的子过程

求和支持信息,进而为做出更为合适的决策、制定恰当的政策获得尽可能对称的信息资源。另一方面,政治传播各环节的完整,意味着政治传播的各个行动者能够有充分的机会按照自身的诉求和角色,加入政治传播之中,反馈过程的存在更是使各个行动者能够在不同的层面上展开沟通和对话。不仅如此,政治传播各过程的完整,也将伴随着政治传播的运行,带来一种有形或无形的政治传播规则,使不同的政治传播行动者,在进行政治传播活动时能够有章可循。

第三,四个子过程在政治传播秩序中都占据重要的地位,但是政治传播秩序的特点和运行主要是由输入和输出所决定的。正是在这个意义上,政治系统分析的学者往往将其模式称为"输入—输出"模型,对二者的分析和研究也较之于其他二者更为浓墨重彩。在不同的政治传播系统中,输入和输出的主导地位并不相同,特点也不相同,由此决定了转换过程和反馈过程的运行特点,并最终决定了政治传播是否存在秩序以及存在何种秩序。当"输入"占主导地位时,它将是分析政治传播秩序的逻辑起点,同理,当"输出"占主导地位时,它将是分析政治传播秩序的逻辑起点。基于此,政治传播秩序的平稳过程可划分为"输入主导型"和"输出主导型"模式。

(二)"输入主导型"模式

如表 4-3 所示,"输入主导型"的政治传播秩序,分为两种类型,两种均是以外输入为起点的输入主导模式,但由于输入的组织化与否,而呈现出不同的秩序特点。

表4-3　　　　　政治传播秩序的"输入主导型"模式

运行子过程		输入	转换	输出	反馈
各过程的特点	类型一	外输入为主 组织化的输入	高透明度 高开放度 民间导向	政治回应	常态型反馈 有机型反馈
	类型二	外输入为主 离散型的输入	半透明 半开放 民意与政策的导向博弈	信息引导	应急型反馈 无机型反馈

第一，输入有"内输入"（with input）与"外输入"之分。[①] 在政治传播语境中，具有内输入特征的政治传播秩序，意味着承担政治传播的主体，主要由政党/政府/政治家或者是与政治有着密切关系的媒体和民众的精英所组成，普通的民众几乎被排斥在输入之外。外输入则与之相反，普通民众也具有输入政治诉求、影响输出的机会、能力和意愿。输入有组织化和非组织化的之分。在第一种类型中，组织化的输入主要指各种各样的政治表达及意见在未输入进政治系统之前，在社会这一系统就经历了某种层面上的融合，这一融合，往往建立在政治传播系统有着制度化水平较高的输入机制之上。与之相对，在第二种类型中，尽管也是外输入为主，但却呈现出非组织化、离散的特点，其主要指政治表达和各种意见是分散的，没有经过社会的综合、讨论。这样的输入，由于缺乏组织的力量很难真正输入进政治系统。

第二，输入的主导，决定了输出需要依据输入的特点调整自身，进而满足输入的需要。外输入的输入类型，使得政治系统始终受到来自系统外部的监督、支持等方面的压力，因而决定了在"输入主导型"模式中，输出总体上呈现出积极主动、强有力的特点，以利于获得系统外部的支持和认同。在第一种类型中，面对组织化的输入，输出以政治回

[①] 参见［美］戴维·伊斯顿《政治生活的系统分析》，王浦劬译，人民出版社2012年版，第50页。

应为主，该方式将经过转换后的需求信息通过整合、转化等方式转换为政策，或者通过行政行为进行策略性输出，以回应输入中的政治诉求，应对输入带来的压力问题。在第二种类型中，输入的离散性，往往呈现出需求的多样、大量，各种需求之间是对立、极化甚至是相互冲突的，这使得输出难以通过整合、转化调和其中的矛盾，进而将全部输入转换为政策输出。因而，面对那些无法转换的输入或当政治系统意识到存在大量且相互矛盾的潜在输入时，输出将需要运用信息引导的方式加以应对。信息引导既可能是一种积极的输出；也可能是一种消极输出，既可能发生于某种需求和支持的输入之前，用于引导某种需求和支持的形成，也可能发生在其后，用于影响输入的信息内容和性质，进而调和离散型输入之间的对立和矛盾。

第三，输入主导特点以及由其决定的输出特点，两方面因素共同形构了转换的特点。转换是将来自各个行动者的需求、意愿转换为政策的过程。不同的政治传播秩序中，转换的透明度和开放度往往是在一个连续体上。在"输入主导型"模式中，外输入模式对政治系统带来了监督的压力，这使得转换需要保持一定的透明度和开放度。相对于离散型输入来说，组织型的输入所带来的监督压力更甚，因而，也就需要高透明度和高开放度的转换过程。高透明度和高开放度的转换意味着输入的政治信息如何转换为或者没有转换为某种输出是向公众开放的，亦即有特殊的制度保障决策过程是透明的、开放的。这种特点的转换过程往往以按照某种规则运行的转换为前提。与之区别的离散型输入则往往带来的是半透明和半开放型的转换。

按照输入的政治信息和输出的政治信息之间的关联程度，转换还分为民意导向的转换与政策导向的转换。前者主要指转换这一过程将主要以自下而上的政治信息作为转换的资料来源，转换的结果也往往偏向于民意；后者则指转换主要侧重自上而下的政策，以某种政策的制定为目的和依据来设置转换这一过程，而这一政策并不由输入的政治信息所决定。外输入的主导特点决定了转换需要考虑民意，也就是民意导向的转换，但由于组织型输入和离散型输入对转换的要求不同，两种类型的秩序中，转换又体现出不同的偏向。当输入偏向于组织型时，转换呈现出民意导向；当输入偏向于离散型时，转换除需要考虑民意，还将考虑政策意图，因而转换将呈现出民意和政策两种导向博弈的状态。

第四，反馈在政治传播秩序中占有重要地位，但其功能特点则存在很多差异。在政治传播秩序的语境下，按照反馈的频次和制度化程度来划分，分为应急型反馈和常态型反馈；按照有无在公共领域讨论这一标准对反馈的划分，分为有机型反馈和无机型反馈。在输入主导型模式的第一种类型中，反馈是常态型和有机型的。常态型反馈意味着，反馈是日常的，反馈与输出、输入、转换有机地融合在一起，在政治传播中实现了一种国家与社会、官民之间沟通的常态化和制度化。有机型反馈则指反馈经过公共领域的讨论。哈贝马斯（Jürgen Habermas）指出：公共领域的一部分由各种对话、谈判构成，在其中，代表个人的人们来到一起，形成了公众，并形成公共意见。[1] 反馈的政治信息，无论是政策、象征性输出还是导向行为的输出，当进入公共领域时都将被来自各个方面的政治传播行动者所讨论、对话和协商，这将使反馈环节的政治信息在重新进入政治系统时呈现一种融合各种意见的有机状态。

在输入主导型模式的第二种类型中，反馈则是应急型和无机型的。应急型反馈，强调反馈主要面对一些危机性的、紧急性的事件。这种反馈往往具有偶然性和应急性，其往往在"直接输入"或者"紧急输入"发生时才会出现，因而往往是非制度化的，其反馈的方式也会因事件或输入方式的不同而不同。当反馈过程没有经历公共领域的讨论和协商时，反馈的政治信息往往是无机的，其仅仅是各种意见的机械相加。

（三）"输出主导型"模式

"输出主导型"模式，顾名思义，相对于输入，输出占据主导地位，此时，输出类型将有更大的能力决定整个政治传播秩序的运行状态。如表4-4所示，由于输出主要特点的不同，输出主导型模式也分为两种类型。

---

[1] 参见［德］哈贝马斯《交往行动理论·第一卷——行动的合理性和社会合理化》，洪佩郁、蔺青译，重庆出版社1994年版，第134—143页；［德］哈贝马斯《公共领域的结构转型》，曹卫东等译，学林出版社1999年版，第116页。

表4-4　　　　　　政治传播秩序的"输出主导型"模式

运行子过程		输入	转换	输出	反馈
各过程的特点	类型一	政治动员	低透明度 低开放度 政策导向	内输入为主 组织化的输入	应急型反馈
	类型二	信息管制	黑箱操作	内输入为主	应急型反馈

第一，输出分为政治动员型输出和信息管制型输出。在第一种类型中，"政治动员主要指政治权威为了达到某一特定的政治目标对公众行为的某种诱导或操纵。政治动员与政治参与虽然都是典型的政治行为，但前者的行动路线是自上而下的，后者的行为则是自下而上的"[1]。这一定义主要强调了政治动员"诱导或操纵"的方式。从政治动员的目的来看，政治动员是"为了获取资源尤其是人力资源，统治精英为政治权威服务的过程"[2]。政治动员型输出在结合二者的意义上理解政治动员。所谓政治动员型输出，指的是那种为了刺激或获得来自社会、政治、媒体等的某种支持行动，采取诱导、操纵或者说服等方式的一种输出类型。在第二种类型中，信息管制型的输出，又可称为信息审查型的输出，这是一种应对需求输入或者塑造"沉默支持"的一种较为消极的输出形式。这样的输出往往导向一种阻止某种信息的传播和输入的行为，这种输出的内容可能是一种明确的规章制度，也可能是一种环境氛围。其所导致的"不传播"行为可能是被动的，在规章制度范围内容的审查行为，也可能是主动的自我审查行为，形成一个围绕规章制度审查范围，随着科层制自上而下趋向收紧的"审查螺旋"。

第二，不管是政治动员型输出还是信息管制型输出，二者都具有较大的强制力、管控力，这保障了输出占据主导地位，同时也对输入的特点予以塑造。在输出主导型模式中，输入往往是内输入，由政党/政府/政治家或者是与政治有着密切关系的媒体和民众中的精英，亦即政治系统内部的

---

[1] 张凤阳等：《政治哲学关键词》，江苏人民出版社2006年版，第296页。
[2] [美]詹姆斯·R.汤森、[美]布莱特利·沃马克：《中国政治》，顾速、董方译，江苏人民出版社1994年版，第302页。

精英形成的输入。输出的主导地位决定了政治系统不允许系统外存在独立的、能够对其产生压倒式压力的外输入，这反过来也保障了政治传播秩序中的输出能够实现政治动员或信息管制。在"输出主导型"模式的两种类型中，这一点是相通的。两种类型不同的是，政治动员型输出还带来了输入的组织化，这种组织化是政治动员通过"诱导或操纵"实现的结果，政治动员型输出依靠"诱导或操纵"使精英内部的输入以及处于政治系统外的各种政治诉求在组织化中获得一致和统一。

第三，在"输出主导型"模式中，转换往往是低透明度和低开放度的，输出的主导地位使得转换不具有增加透明度和开放度的外部压力。同时这种低透明度和低开放度，也是内输入的结果，内输入模式对外输入的排斥，使得转换呈现为"黑箱操作"，人们不仅很难获得有关决策的信息，也很难得知输入的政治信息将如何转变为输出的政治信息，黑箱中的转换是神秘又引人想象和猜忌的。对比"输出主导型"模式的两种类型，政治动员型输出为获得来自社会、政治、媒体等的某种支持行动，往往具有一定的透明度和开放度，信息管制型的输出所造成的"不传播"行为，则加剧了低透明度和低开放度，使转换彻底沦为"黑箱操作"。

第四，在"输出主导型"模式中，反馈往往是应急型的。不管是动员型输出还是信息管制型输出，都侧重于快速、可控地实现输出和输入的平衡，因而要求反馈迅速实现。这使得反馈常常因为面对一些危机性的、紧急性的事件或者输出的特殊要求，而失去制度性。

总之，在政治传播秩序中，输入主导还是输出主导，决定着其他各个环节。在输入主导的政治传播秩序中，只有输出、转换和反馈过程的功能与输入过程的功能相匹配时，政治传播才能保持"秩序"。同理，在输出主导的政治传播中，只有输入、转换和反馈过程的功能与输出过程的功能相匹配时，政治传播才能保持"秩序"。这也进一步意味着，当政治传播处于"失序"状态时，建构政治传播秩序，应首先考虑输入和输出的情况。

综合来看，政治传播秩序是政治秩序与传播秩序的耦合，是维护政治传播各行动者、各结构以及各运行过程之间位置固定、关系稳定、功能匹配和运行连续，以通过传播达到某种政治目的的保障机制。这意味着，如果行动者、各个结构、运行过程或环境在一段时间内发生改变,各结构、行动者或运行过程就需要与之紧密配合,做出调整,而一旦这种同步配合关系不及时或遭到破坏,就会出现紧张状态,[1] 政治传播也将面临"失序"危机。

---

[1] 参见 [美] 加布里埃尔·A·阿尔蒙德、小 G·宾厄姆·鲍威尔《比较政治学:体系、过程和政策》,曹沛霖等译,上海译文出版社 1987 年版,第 19 页。

第 五 章

自媒体：政治传播秩序的活跃性变量

在政治传播秩序中，有关政治传播的行动者、结构和运行过程的安排是系统性的、结构性的，它们并不是处于冻结状态，而是动态的、不断发展的。也就是说，秩序虽然是一种稳定、有逻辑的状态，但并不是条理化、同步化、一成不变的均衡模式。正如政治传播学者戴维·斯旺森（David L. Swanson）感叹的："就在我们认为我们理解这一切是如何运作的时候，事情就会改变，有时候这些变化似乎是渐进式的，沿着通向我们可以预见的目的地的路径迈出了一步。在其他时候，熟悉的路径转向新的和意想不到的方向。"[①]

政治传播秩序是处于变迁之中的。"世界上现实的系统都是开放系统，与周围环境进行着物质、能量和信息的交换，从而维持着系统的活力与运动。"[②] 政治传播作为一个开放系统，也处于复杂的、波动的和不稳定的外部环境之中，通过与外部环境进行信息交换，维持系统的活力。这决定了政治传播系统的变迁受到各种各样复杂因素的影响，这些因素的相互作用构成了政治传播变迁的动力。

在自媒体时代，得益于媒介的变革，相对于政治传播的其他因素，自媒体成为政治传播秩序变革中最为显眼的活跃性变量。自媒体解构了原有的传播秩序，形成了新传播秩序，处于自媒体形成的新传播环境中，政治传播秩序面临重构。

[①] David L. Swanson, "Transnational Trends in Political Communication: Conventional Views and New Realities", in Frank Esser and Barbara Pfetsch, *Comparing Political Communication: Theories, Cases, and Challenges*, Cambridge University Press, 2004, p. 45.

[②] 张曙光：《论秩序与社会历史秩序》，《人民论坛·学术前沿》2015 年 4 月上。

一 政治传播秩序的现代化变迁

对于政治传播变迁这一问题,特别是大众媒体出现以来,根据媒介的发展,政治传播经历了不同时期。学者布鲁姆勒认为很多民主国家"二战"之后的政治传播经历了三个"时代"(age)或"三个阶段"。[1] 皮帕·诺里斯将政治传播的发展阶段区分为"前现代""现代""后现代"的政治传播。[2] 这些研究主要聚焦于中时段和短时段。从长时段来看,政治传播作为一个学科领域虽然是近代的产物,但从广义层面作为人类的政治和传播活动,却伴随着人类社会从传统社会转型到现代社会的始终。

政治传播秩序作为政治秩序和传播秩序的耦合,融合了二者从传统社会向现代社会转型的显著特点,凝聚了政治传播秩序从传统社会走向现代社会过程中所体现的一般性的变迁趋势。自媒体时代的政治传播秩序正是处于这一长期趋势之中或者说处于这样的长时段变迁的逻辑延续之中。对政治传播秩序现代化变迁中政治秩序和传播秩序的考察,可以帮助我们阐明政治传播秩序变迁背后的动因。

(一)政治秩序的现代化变迁

如表5-1所示,从传统社会到现代社会,政治无论在理念、实体架构和实际的政治运行层面都经历了巨大转型,政治秩序作为政治权力所主导的政治生活中政治关系的规范化过程及其所呈现的运行机制,其变迁特点显著地体现在政治统治权力或政治合法性的变迁,以及政治关系的转变之上。

---

[1] 参见 Jay G. Blumler and Dennis Kavanagh, "The Third Age of Political Communication: Influences and Features", *Political communication*, Vol. 16, No. 3, 1999, pp. 209–230。

[2] 参见翟峥《现代美国白宫政治传播体系:1897—2009》,世界知识出版社2012年版,第15页。

表 5-1　　　　　　　政治传播秩序的现代化变迁

政治传播秩序的现代化变迁			传统社会	现代社会
政治秩序层面	政治权力	来源	基于强制和操纵	基于服从和认可
		应用	专断性权力	基础性权力
	政治关系	国家-社会	无边界	分化与互动
		精英-民众	领袖-追随者	界限模糊与角度互换
传播秩序层面	媒介发展		少数人控制的媒介	多数人介入的媒介
	传播模式		训示	协商、交谈

第一，思想家们很早就意识到政治权力需要建立在被认可的服从之上，但这一理念在现代社会意义上才真正被普遍接受并规制着现代政治的运行。现代社会的政治权力所基于的服从，来源于不同的基础，并赋予了权力以不同的权威类型。将这种理念阐述得最为经典和透彻的当数马克斯·韦伯。他把权威类型区分为三种：根植于历史和传统的传统型权威，基于人格力量的魅力型权威，基于与某种职位有关的一整套非人格化规则的法理型权威。① 这从合法性上将传统社会那种基于强迫、操纵和强制的权力和现代社会的基于服从、认可的权威区分开来，从权力的来源方面重构了政治秩序的运行基础。因而，现代政治合法性与古典合法性根基迥异。古典合法性依据来自外在于人的或者被统治者的客观规范，如父权、君权，强调客观面向，论证路径是自上而下的；现代政治合法性则以民主价值为基础，其来自民众（公民）的认可、同意和意志表达，注重正当性的主观面向，遵循自下而上的论证路径。②

现代社会形成的新权力来源作为权力的规范方式，从逻辑链条上决定权力的不同类型，使权力的特点和使用方式在现代社会中的政治秩序与传统社会的有着天壤之别。现代社会主要基于"基础性权力"的使用，而传统社会的权力则是"专断性权力"。基础性权力在现代国家建构进程中成为区别现代国家与传统国家的一个重要标识。学者迈克尔·

---

① 参见［德］马克斯·韦伯《经济与社会》（上卷），林荣远译，商务印书馆1997年版，第241页。

② 参见周濂《现代政治的正当性基础》，生活·读书·新知三联书店2008年版，第11—12页。

曼指出，所谓"基础性权力"（infrastructural power），指的是"国家能实际穿透市民社会，并依靠后勤支持在其统治的疆域内实施政治决策的能力（capacity）"；与之相对的，专断性权力（despotic power）是指"国家精英所享有的、不必与市民社会团体进行日常的、制度化协商的行动范围（range）"①。基础性权力与专断性权力是两种截然不同的权力类型。② 从传统社会到现代社会，权力的合法性基于公民同意的理念，以及政治行动者的多元化，使得专制性权力逐渐式微和淡化，基础性权力的建构和使用更为突出。

第二，在传统社会向现代社会的迈进过程中，政治关系发生了转变，首先是国家与社会关系。伴随着资本主义的发展，社会开始逐渐从国家分离出来，市民社会逐渐在其经济意义上被赋予了更多的公民性和公共性，社会拥有了独立的实体组织、活动空间和行动领域。前现代时期原有的国家与社会关系被重构。传统社会中，国家囊括一切，社会受到国家的控制，国家即社会，社会即国家，政治共同体作为一个整体，不存在主体的多元性。而现代社会中，社会从国家的分化，社会开始成为具有自主性的政治活动主体，这不仅拓展了政治领域，对国家提出新的要求，承担了一部分的公共职能，也开始反过来对国家产生影响，使政治和社会不论在主体、利益诉求还是思想层面都呈现出进一步多元性和多元化的状态。③ 随着国家与社会的分离，国家与社会作为两个自主的领域，二者之间的关系或者人们对于二者应然关系的认识也在发生变迁。如果说，早期的政治学理论针对政治实践在"弱国家—强社会"还是"强国家—弱社会"之间争论和徘徊，体现出国家与社会非此即彼的对立，那么，随着学者们对现代化政治的认识，国家与社会之间存在的互动和相互嵌入被重新得到重视和强调。而现代政治秩序以及基于它之上的政治传播秩序，正是在适应国

---

① Michael Mann, "The Autonomous Power of the State: Its Origins, Mechanisms and Results", *European Journal of Sociology/Archives européennes de sociologie*, Vol. 25, No. 2, 1984, pp. 188 - 189.

② 参见殷冬水、赵德昊《基础性权力：现代国家的标识——国家基础性权力的政治理论透视与解释》，《学习与探索》2019 年第 9 期。

③ 多元性指的是一种较为稳定的多元社会状态，多元是对一种社会类型属性的抽象概括；多元化则是一个由一元性逐渐转变为多元性社会的变迁过程，亦即一个逐渐趋向多元性的过程。参见荆学民、于淑婧《多元社会的治理体系优化如何实现——互联网时代政治传播的价值与意义》，《人民论坛·学术前沿》2016 年第 5 期。

家与社会这种新关系的基础上，逐渐得到制度化和规范化。

第三，随着社会政治的民主化以及民主的传播，精英和民众在政治中所扮演的角色发生了变化，二者之间的关系也随之改变，在政治传播视域下，这种关系的改变，着重体现在意见领袖和普通民众二者上。政治学者派伊曾指出：在传统社会政治中，民众的政治参与受制于信息的不足和缺乏，因而需要依赖意见领袖等精英，通过从他们那里获得更为权威、全面的信息，从而保障政治参与。这使当时精英的职能"着重于拼合线索并详细说明现时可能分享的数量不足的信息"[1]。所以，彼时的精英承担并垄断着意见领袖的角色，而普通民众则扮演着信息接收者的受众角色。然而，随着大众传播的发展，意见领袖等精英在现代社会中的角色发生了变化。特别是在互联网的广泛使用下，伴随着信息的丰富和信源的多样，普通民众不再仅仅是意见领袖"追随者"或新的受众，而是成为政治信息的制造者，这改变了原有精英对意见领袖的垄断。精英和民众二者的角色在一些特殊的情境和领域可以发生互换，二者的身份被重新洗牌，精英与民众的界限也逐渐模糊，意见领袖成为众多政治传播行动者中的一员。

（二）传播秩序的现代化变迁

从传统社会到现代社会，传播秩序经历了一系列变化，传播秩序作为以媒介为主导的社会信息客观流动的传导规范和运行机制，其变迁体现在媒介的变迁及受其影响的社会信息流动的传播模式上。

第一，对于媒介变迁的划分，比较经典的有"三部曲"的演进过程，从口头文化到印刷文化再到电子文化，也有研究会考虑到前口语时代通过手势、身体姿态、动作和符号等进行表意传播的"身势语"媒介。[2] 不管属于怎样的划分，媒介无疑都是处于演进中的，即其所依赖的技术越来越发达，其传播的速度越来越快，信息的质量越来越好。按照伊尼斯的理论来看，从人人掌握的口语媒介，到文字媒介，媒介被赋予了更多的时间偏

---

[1] ［美］鲁恂·W. 派伊：《政治发展面面观》，任晓、王元译，天津人民出版社 2009 年版，第 183—184 页。

[2] 参见 ［加］戴维·克劳利、［加］保罗·海尔编《传播的历史：技术、文化和社会》（第五版），董璐等译，北京大学出版社 2011 年版，序言，第 3 页。

向。文字的局限性在于，只有那些能够接受到教育的精英可以掌握文字。印刷媒介则进一步拓展了文字媒介的空间偏向，虽然依然延续被少数精英掌握的媒介属性，但已经使普通的民众可以获得一定的知识和信息，将精英和民众之间知识和信息的不平衡天平稍微扳正了一些；电子媒介的产生和普及则同时延伸了媒介的空间偏向、延续了媒介的时间偏向。因而，有学者指出：电子媒介的出现使传播由"运输"（transportation）模式到"发射"（transmission）模式飞跃。[①] 这不仅使多数人具有了媒介的使用权，被纳入复杂的传播网络中，还逐渐在传播中占据中心和主导地位。可以说，媒介的演进是一个不断打破时间和空间限制的过程，逐渐"不受地域或国家边界的限制，并从传统的把关者受众夺取信息和娱乐的控制权而武装个人的能力"[②] 的过程。这不仅将大多数人纳入传播的网络中，还平衡着人与人之间传播能力的差别。这反映了从传统社会向现代社会转变中，媒介逐渐由少数人控制到多数人介入的特点。

第二，伴随着媒介的演进，由其所主导的社会信息流动的传播模式也在发生变化。两位荷兰电信传播专家包德维克（J. R. Bordewijk）和万肯（R. van Kaam）于1986年提出了训示、交谈、协商与登录四种传播模式（如图5-1所示）。传播学者麦奎尔（Denis McQuail））认为，大众传播等"旧媒介"形成的传播模式是训示模式，此时的信息流是从传者到受众，对信息的传播和控制以及对主题的选择和议程设置体现出中心主导。而新媒介的兴起、发展和应用打破了传—受之间原有的传播权力平衡，原有的传播模式被突破，并向新的传播逻辑演变。一方面，对时间和主体选择的控制由中心向个人演进，另一方面，对信息库的控制也由中心向个人转向。这使得传播模式的总体趋势由训示向协商或交谈模式发生转变。[③]

从传统社会向现代社会转型所形成的政治传播秩序的一般性特点，不是根植于某个国家或地区的地方性经验，而是具有普遍性的、是文明层面

[①] 参见［加］戴维·克劳利、［加］保罗·海尔编《传播的历史：技术、文化和社会》（第五版），董璐等译，北京大学出版社2011年版，第150页。

[②] ［美］罗杰·非德勒：《媒介形态变化：认识新媒介》，明安香译，华夏出版社2000年版，第5页。

[③] 参见［荷］丹尼斯·麦奎尔《麦奎尔大众传播理论：第五版》，崔保国、李琨译，清华大学出版社2010年版，第120页。

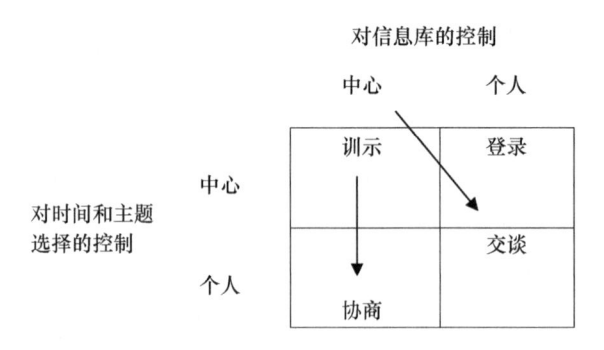

```
                        对信息库的控制
                    中心          个人
                  ┌─────────┬─────────┐
            中心  │  训示   │  登录   │
                  │         │         │
对时间和主题       ├─────────┼─────────┤
选择的控制         │         │  交谈   │
            个人  │  协商   │         │
                  └─────────┴─────────┘
```

图 5 – 1　传播秩序的现代化变迁

的人类智慧，它既具有描述性功能，又具有规范性价值。对政治传播秩序的历时性考察，有助于在纵向变迁中，审视政治传播秩序的变迁规律和变迁动因。

二　政治传播秩序变迁的动因

作为政治秩序和传播秩序耦合的结果，政治传播秩序的变迁主要受制于传播秩序及其所体现的传播逻辑以及政治秩序与其内在的政治逻辑这两对因素。在变迁中，两者的作用力或同向或异向，或在不同的二维平面中，某种类型和特点的政治传播秩序的形成是传播逻辑与政治逻辑博弈或合作、互斥或互助的结果，二者形成的合力驱动政治传播秩序的形成、类型、维持及打破，二者耦合关系的改变及发展的不同步则直接带来秩序的变迁。

（一）动因一：耦合关系发生改变

从传统社会到现代社会，政治秩序和传播秩序二者之间的耦合关系发生变化，驱动政治传播秩序转型为现代秩序。

第一，传播的自主化和媒体逻辑的形成。传统社会中传播过程往往与其他社会过程紧密融合，主导传播过程的媒介形式往往强化着传播与社会过程的融合。因此，彼时的社会信息通常是沿着社会等级路线，或按照某一社会中独特的社会关系模式流动，没有形成独立于社会过程的截然不同的体系。这使传统社会中的传播秩序主要依赖于面对面的关系，而且其社会信息也往往倾向于反映某种党派观点，而不具有中立或非党派的观点立场。而由于信息的匮乏，彼时的民众更为依赖意见领袖为其解释各种信息。因而，民众在整个传播秩序中扮演着旁观者的角色。进入现代社会，随着大众传播媒介的使用，一种不同于"传统传播体系"的"现代传播体系"逐渐形成。其主要体现在从以往面对面的人际传播中，独立出来一个高度组织的、结构清晰的大众传播媒体机构，它们专门从事传播工作。这使传播秩序的结构发生了改变，传播被部分地专业化和行业化了。不仅如此，这些专业化的传播结构也与从传统社会延续下来的面对面的人际传播发生着互动，意见领袖在此时依然发挥着作用，并按照"二级传播"的模式形塑着现代传播秩序。传播的这种自主化，使传播内容也发生了改变，逐渐从党派观点中解放出来，进而增加了中立的、客观的政治信息的比重。受众开始逐渐进入丰富的信息之中，置身于由大众传播和意见领袖提供信源的信息环境中。[1]

第二，从传统社会到现代社会，传播自主化的过程赋予传播更多的独立性，传播得以形成其自身的秩序运作逻辑。传播逻辑不同于社会秩序和政治秩序的运行逻辑。传播的逻辑不同于政治的逻辑，后者将政治行为者和政党的权力等其他政治方面的计算作为制定政治信息的重点。传播秩序虽然置身于特定的社会和政治环境中，受到环境因素的影响，但其逻辑形式具有一定的特殊性，不仅有着不同于政治的权力逻辑或统治逻辑的运行特点，还会受到某种主导媒介特点的影响，因而更为关注媒体的价值和格式，通过这些媒体和格式来处理、解决和解释事件和问题。[2]

第三，传播逻辑对政治秩序的介入。在政治逻辑中，政治行为者和政党的规范、权力政治和权力计算是制定政治信息的重点，媒体只是达到目的的手段。因此，传播的目的是使政治行为者有利于他们在政党之间和公众之间的政治竞争中获得战略优势，并通过政治方案。[3] 传播的自主化和

---

[1] 参见［美］鲁恂·W. 派伊《政治发展面面观》，任晓、王元译，天津人民出版社2009年版，第178—192页。

[2] 参见 Frank Esser and Barbara Pfetsch, *Comparing Political Communication: Theories, Cases, and Challenges*, Cambridge University Press, 2004, p. 344 - 366。

[3] 参见 Frank Esser and Barbara Pfetsch, *Comparing Political Communication: Theories, Cases, and Challenges*, Cambridge University Press, 2004, p. 344 - 366。

媒体逻辑的形成,使政治秩序不得不考虑到媒体逻辑,因而,媒体逻辑开始介入政治秩序的建构之中,并对政治秩序产生或多或少的影响。

第四,政治秩序与传播秩序耦合关系的转变,打破了原有政治传播秩序内在各结构和各运行过程的平衡关系,由此从内部释放出重构秩序的潜在冲动。从系统论来看,传播、政治各自作为一个系统时,所形成的秩序不是静止的、无限时空的,而是在特定时空内的动态运行状态。这一运转当然不是毫无约束的。当超过特定时空、范围时,运转就会形成离心力甚至分崩离析,整体秩序就会被打破,原有的秩序也将发生跳出"类型"的变革。从政治传播对政治、传播的依赖来看,一旦后两者中的一种发生"变革",政治传播秩序的运行就会受到冲击。从传统社会到现代社会,政治秩序和传播秩序耦合关系的变化,成为驱动政治传播秩序转型的重要内部动因。

(二) 动因二:媒介演进引发变量"堕距"

对于政治传播秩序的变迁来说,政治秩序和传播秩序均处于变动之中,但二者的改变并非总是同频的,二者的变化速度总是存在"堕距"特性,这种不同步是驱动政治传播秩序变迁的动因之一。我们在研究中发现,当一种新的媒介产生时往往会伴随这种"堕距"的发生。

第一,所谓"堕距",源于文化堕距理论(culture lag)。该理论认为,由相互依赖的各部分所组成的文化在发生变迁时,各部分变迁的速度是不一致的,有的部分变化快,有的部分变化慢,结果就会造成各部分之间的不平衡、差距、错位,产生各种各样的社会问题。而一般来说,总是"物质文化"先于"非物质文化"发生变迁,物质文化变迁的速度快于非物质文化,两者不同步,于是产生差距。[①] 对于政治传播秩序来说,各方面秩序的变迁也同样存在"堕距"。

第二,在政治传播秩序中,媒介技术演进迅速,与媒介技术等物质条件紧密关联的传播秩序往往首先得到改变。政治秩序因路径依赖、秩序惯性、利益牵涉、权力留恋等最不易变革。因而,由两者耦合形成的政治传

---

① 参见[美]威廉·费尔丁·奥格本《社会变迁——关于文化和先天的本质》,王晓毅、陈育国译,浙江人民出版社1989年版,第106—107页。

播秩序则处于"变"与"不变"的力量博弈之中。这种"变"与"不变"使得政治传播系统内部的运行处于不平衡乃至错位之中，亦即处于旧秩序解构与新秩序建构的矛盾并存态势之中。换句话说，政治秩序和传播秩序对于政治传播秩序变迁中所扮演角色的重要程度并不是绝对的，有时是政治秩序的变迁较快，带动政治传播秩序的变迁，有时则是传播秩序较快变化，进而带动政治传播秩序的演变。这种交互作用过程构成政治传播秩序变迁的动力。政治秩序和传播秩序对政治传播秩序的不同要素、结构和过程所起的作用并不是同步的或者说并不是相同程度的。这样就造成了政治传播内部一种"堕距"。从本质来看，变量"堕距"构成了政治传播秩序变迁的动因。

（二）动因二：行动者的能动重塑

变迁的动因不管是来自传播秩序、政治秩序还是二者的耦合关系，政治传播秩序的动因最终都追溯到政治传播行动者身上，亦即政治传播秩序变迁的根本驱动来源于行动者对秩序的能动性塑造。

第一，对于政治传播的各行动者来说，政治和传播的秩序要素对他们各自正当性的行事方式，不仅提供激励与机会，而且具有"指向性"和"规定性"。如果多数行动者在多数时间下的激励更多、更明显地指向某个较为统一的方向时，各行动者的活动结果就能导向一种政治传播秩序。但如果激励指向不同方向，特别是当行动者处于冲突性压力作用下，常规的政治传播举措难以为继时，此时摩擦便会发生。这种情况极易引发秩序的危机和秩序的重构乃至重大变迁。

第二，政治传播位于多条"路径"之中，不仅在学科性质上类似传播学者施拉姆对传播学"十字路口"的描述，也在经验事实上处于十字路口，对于政治传播的行动者来说，与这一十字路口所衔接的每一条路径以及与之相关的每个层面的因素和每个方向的力量都对行动者的选择方案发挥影响。当这些路径、因素和力量彼此衔接契合并指引行动者朝着一个方向前进时，便会产生政治传播稳定运行和渐进变革的有序结果；但当它们不再发挥"锁定"效应的自我强化效果时，导致的结果往往是行动者对于如何通过政治传播秩序机制提出并实现政治目标，表现出更多的不稳定性和非确定性。也就是说，当政治传播秩序所提供的激励与机会发生重塑，不同个体和群体型的行动者所设想的各种预期之间出现非连续性，那么，由个体或群体"秩序"复合而成的"系统"所提供的新机会也将发生改变，进而导致整个政治传播秩序在结构和运行过程层面都发生转变。

第三，当政治传播秩序的运作机制内部彼此抵触，各行动者常会发现自己进退维谷，难以根据一直支配其行为的"常态"化模式和进程继续前进。以往占据优势的政治观念及利益在同样的政治传播秩序中变得不再有效甚至失灵，甚至其他的政治制度化方式也无法有效调节或掩饰不同观念之间的冲突时，政治传播行动者往往倾向于寻找新的政治传播路径来实现他们的政治目的，他们可能找到适合接纳其观念的新的政治传播平台，或者调适自身观念从而利用新的政治传播机遇。行动者对秩序的能动塑造成为政治传播秩序变迁的最原始动力。

第四，行动者的塑造并不必然要抛弃旧秩序，而是往往保留原有的秩序要素，并装配到新的政治传播秩序中，形成新的政治传播秩序的运行机制。因而，新的政治传播秩序往往得以保留同旧秩序的某些连续性。最终，政治传播秩序在历史连续和部分要素重组和运行革新中实现着"跳出类型的"变迁。

政治传播秩序的运行和变化一直受到上述多种变量的相互交织的影响。进入自媒体时代，与政治传播的其他因素相比较，网络媒介技术的变革，使自媒体开始成为政治传播秩序变革中最为显眼的活跃性变量。

三 自媒体：何以成为活跃性变量

在人人拥有、普及使用自媒体的时代，互联网时代被赋予了更为显著的"自媒体"属性，我们的研究所聚焦的政治传播秩序问题便进入了自媒体时代。政治传播的秩序是否能够得以维持，或者呈现怎样的形态，受到多种变量因素的影响，其中政治因素无疑是其主导变量，但在媒介迅速发展的今天，"传播"开始拥有一定的"自主性"，自媒体成为日渐引人注目的活跃性变量。

这里需要区分媒介与传媒和媒体之间的关系。媒介强调不同的传播技术特征；传媒则是信息传播的载体、手段、途径、体制等的统称；媒体则突出传播活动的主体性和体制性，常是新闻行业的代名词。在这个意义上，我们这里所谓"自媒体作为政治传播秩序的活跃性变量"聚焦的问题是，人类用最新的网络媒介技术、数字技术、移动技术等塑造出的自媒体，是如何频繁、广泛、深刻、深层地改变了自身的传播行为和政治传播活动。

（一）自媒体技术更新频度叠加

在自媒体时代，媒介比任何时候更新换代的速度都快，媒介也有着比其他变量较快的变化节奏，因而基于媒介的自媒体比其他时候的其他媒体以及同一时期的其他变量对因变量都有着相对较频繁的影响。

第一，从媒介和媒体的发展史来看，从文字媒介到印刷革命再到互联网这一电子媒介，从报纸到电视、电报、电影和无线电再到自媒体，媒介技术的发展可以说是在以级数加速度的形式更新换代，从以千年为变化单位到以百年为变化节点，从几十年出现技术突破到以十年甚至几年来划分媒介的技术阶段。[①] 比如，媒体技术从电视媒体（1927 年英国广播公司播出电视节目）到网络媒体（1983 年美国加州伯克莱分校使用互联网）用了 56 年，从网络媒体（1983）到网络媒体分支——自媒体（facebook - 2004），仅用了 21 年；自媒体应用的更新，从博客到微博再到微信，更是仅相差三五年的时间。媒介发展的速度可以说越来越快。当然，这里并不是说媒介的发展史是一个新媒介替代旧媒介的过程，媒介的发展是一个多线重合的过程，一种新的媒介的发展并不会导致旧的媒介消失。媒体发展到了自媒体时代，新的媒介可以说呈现出历史上最为活跃的变化状态。

第二，从横向比较来看，与技术这一偏向于物质条件的事物相结合使媒体往往相较于那些偏向非物质的制度、文化等的发展速度要快，正如前文所提到"文化堕距理论"所指出。这就使得在一定的政治传播秩序中，与媒介息息相关的传播相对于保守的政治因素成为较快发生改变、改变较为突出的变量，发展到自媒体时代，自媒体这一变量的急速更新换代，带给传播、政治等因变量的改变较其他因素更为频繁、更为明显。

[①] 参见［加］戴维·克劳利、［加］保罗·海尔编《传播的历史：技术、文化和社会》（第五版），董璐等译，北京大学出版社 2011 年版，第 150 页。

（二）行动者广泛使用自媒体

自媒体时代，新的政治传播行动者形成，他们一方面与媒介息息相关，媒介的改变会影响他们的政治传播行为，另一方面，他们也是自媒体使用的活跃分子，并体现出不同的人格特征，这些都增加了整个政治传播秩序发生变化的动因。自媒体本身的兴起说明了一拨原本处于政治边缘的民众开始成为政治传播新的行动者，正如赫尔曼和乔姆斯基所承认的：尽管互联网作为批评工具本身具有局限性，但其对持不同政见和抗议者的传播手段是一种补充。[①] 有研究将这些新的行动者称为"新十亿"阶层，认为，网民构成从结构上看，2012年前是激发了前25亿的民众，2012年后则是后25亿，这后25亿网民加入全球传播秩序当中，对重建国际秩序的影响是很大的。随着自媒体的出现，这一过程还在继续。这些新的政治传播行动者不同于那些依靠传统媒体的行动者，也不同于早期获得互联网使用的人。前25亿是"意见领袖"，或者说"有影响力的人"，即各国的中产阶级和精英人士，主要分布在西方国家，而年轻化、多元化、多极化则是"后25亿"的特征，且主要分布在西方以外的国家和地区，以出生于1985年后的"千禧一代"草根和基层网民为主，是"容易被影响的人"。他们容易被发动和操纵，形成"群聚效应"，是舆论场上的"新意见阶层"。[②] 由此，进入自媒体时代，新的媒体技术因能够激起那些充满参与激情的新行动者，在政治传播秩序中，而更加凸显其活跃性动力。

（三）自媒体深度渗透社会关系

互联网发展到自媒体，网络这一媒介已经渗入传播的方方面面，自媒体成为一种"社会化媒体"，加速着社会和政治的"媒介化"和"中介化"，媒介的变迁将直接引起传播秩序的变化，进而冲击原有的政治传播秩序。

---

① 参见［美］爱德华·S. 赫尔曼、诺姆·乔姆斯基《制造共识：大众传媒的政治经济学》，邵红松译，北京大学出版社2011年版，第5页。
② 参见史安斌、王沛楠《"新十亿"阶层的崛起与全球新闻传播的新趋势》，《新疆师大学报》（哲学社会科学版）2017年第3期。

第一，互联网的发展已经将社会趋向一个网络社会，或者说信息社会，基于互联网的自媒体的发展，更是加剧了这一趋势。① 自媒体的"自"属性，将中介性质的传统媒体转变为"植入"个人自身的、具有"放大"功效的"随身携带发声器"，实现了一种技术与人的聚合，进而改变了人与人之间的关系模式。正如美国学者克莱·舍基（Clay Shirky）在《认知盈余》一书中所指出的，"媒体是社会的连接组织（connective tissue）"②。

第二，自媒体在赋能个体的同时，也在将个体嵌入新的社会网络和社会关系之中，自媒体在这里发挥着"社会化"的功效。从这个意义上来说，自媒体不仅是一种"技术"，还是一种"技术体系"（technological systems）。学者休斯（Thomas P. Hughes）提出了"技术体系"这一概念。他认为，技术体系构成了第二自然，它不仅将人们囊括其中，而且勾勒出了技术体系所建构的社会形态，一旦得以运用，上述系统将获得技术动量——一种类似于冰川所内含的力量的惯性。技术动量无法通过系统本身的规模或复杂程度来进行解释，而要从它与相关的社会机构和实践的整合角度来进行考量。而克劳斯（Klaus Bruhn Jensen）则指出，媒介技术的动量在很大程度上可以归因于它们的普遍存在性。在自媒体时代，移动化、普适化的自媒体可以说无孔不入，其"以各种方式将地域和经历同化，并且已经成为连接我们所有人的一个共同基础，不论我们的身份和地位如何"，"媒介"（the media）这个概念已经"内爆"，"受众无处不在而又并不存在"③。

第三，在自媒体时代，媒介一方面成为个体的日常生活脉络，另一方面嵌入其他社会制度的日常运行中，④ 造成了社会和政治的"媒介化"和"中介化"，这使个体与他人的关系需要依赖包括自媒体在内的所有媒介，

---

① 参见彭兰《新媒体传播：新图景与新机理》，《新闻与写作》2018年第7期。
② ［美］克莱·舍基：《认知盈余：自由时间的力量》，胡泳、哈丽丝译，中国人民大学出版社2011年版，第61页。
③ ［丹麦］克劳斯·布鲁恩·延森：《媒介融合：网络传播、大众传播和人际传播的三重维度》，刘君译，复旦大学出版社2012年版，第84—85页。
④ 参见王琛元《欧洲传播研究的"媒介化"转向：概念、路径与启示》，《新闻与传播研究》2018年第5期。

全方位地影响着政治传播秩序。因而，有学者认为，"（媒介）技术是政治传播的核心"①。首先，对于政治传播来说，媒介在政治传播的渠道这一结构中扮演着越来越重要的角色，特别是随着大众媒介时代向发展至今的以自媒体为代表的电子媒介时代，媒介几乎成为政治传播必经的渠道；其次，媒介直接构成了政治传播三大行动者之一——媒体机构的有力工具，掌握怎样的媒介，很大程度上决定着媒体机构在政治传播秩序中发挥怎样的作用；最后，政治传播的各个运行环节都离不开媒介。总之，媒介通过影响政治传播的结构、行动者、运行、文化等秩序机制，将技术的变迁带来的影响传递到政治传播秩序之中，进而，也将技术的活跃性品格赋予自身，使其成为政治传播秩序相对较为活跃的变量。

（四）自媒体成为文化生产力

自媒体的活跃性还体现在其与作为经济基础的技术发展紧密相关，同时也能够影响到政治结构、运行、文化等上层建筑，也就是说，自媒体不仅仅是一种技术生产力，还是一种文化生产力，具有技术与文化的双重属性，②亦即媒体系统既是一种"文化技术"又是一种"经济组织"。因而，在自媒体时代，媒介不再"外在于"社会，对文化以及个体施加特定的影响，而是"内在于"社会，成为文化构造的一部分。③这将易变的技术与不易变的上层建筑联系在一起，因此使得自媒体随着技术的改变，将影响政治传播秩序的方方面面。媒介与其他政治传播的要素不同的是，媒介直接受到所基于的传播技术的影响和制约，与其他技术不同的则是媒介又与社会的上层建筑有着千丝万缕的联系。对于政治传播来说，在自媒体时代，政治传播的文化层面将直接受到媒介的影响，基于媒介的自媒体成为公共舆论的重要载体，成为意识形态传播的重要途径，成为政治价值观形成的重要信息来源。

---

① Richard M. Perloff, *The Dynamics of Political Communication: Media and Politics in a Digital Age*, Routledge, 2013, p. 38.

② 参见熊澄宇等《中国新媒体与传媒改革：1978—2008》，《清华大学学报》（哲学社会科学版）2010年第10期。

③ 参见 Andreas Hepp, Stig Hjarvard and Knut Lundby, "Mediatization-Empirical Perspectives: An Introduction to a Special Issue", *Communications*, Vol. 35, No. 3, 2010, pp. 223-228。

综上来看，在自媒体时代，媒介技术的迅速改变、自媒体的广泛使用和全面渗透，直接、全方位地影响了人们的传播行为及其所处的信息环境，基于媒介的自媒体，成为解构乃至重新建构政治传播秩序的活跃力量。

四 自媒体解构原有传播秩序

自媒体解构了原有传播秩序中人与人的关系、人与媒体的关系，以及信息时空场域，并逐渐形成了新的传播秩序，为政治传播秩序的重构提出了新要求，也提供了新机遇。

（一）自媒体解构传播秩序中人与人的关系

自媒体改变了人与人之间的关系。在传统媒体时代传播中，人与人之间的关系，包括存在于传者之内、受众之内以及传者与受众之间的关系，一般依附于固有的社会关系之中，并常常以结构性的组织形式呈现，传播需要依赖于这种人与人之间的强关系，同时也强化着这种关系。麦奎尔曾指出：在过去，可能将某一种特殊的传播技术与某一种特定"层次"的社会组织大概对应起来，然而，传播技术的进步以及它们的广泛使用使网络社会产生了新的、融合的传播方式，这使传播网络不再需要以往的"黏合剂"，如共享空间或熟人就可以较容易地形成。[①] 这意味着传统媒体时代传播中人与人之间的关系在进入自媒体时代获得改变。首先，结构性的组织形式被大大弱化，人与人之间的关系突破原有的"强关系"的局限，与更多的"弱关系"和"潜在关系"融合，而且这些弱关系还可以转化为新的"强关系"，这为个体的社会资本的获得提供了更多的可能性。其次，这种改变反映在传播秩序上，既表现为传者、受众内在的更新，也表现为二者之间关系的重构。最后，自媒体不仅促进了人与人之间的"连接"，也在人与人之间"隔阂"方面起到促进作用，这里是指人与人之间关系的"中介化"和"媒介化"，亦即人与人之间的

---

① 参见［荷］丹尼斯·麦奎尔《麦奎尔大众传播理论：第五版》，崔保国、李琨译，清华大学出版社2010年版，第15页。

关系越来越依赖媒介，而不是线下面对面的交流，因而社会呈现出"中介化"的趋势。

(二) 自媒体解构传播秩序中人与媒体的关系

自媒体的"自"属性改变了原有传播秩序中人与媒体的关系。第一，自媒体将中介性质的传统媒体转变为"植入"个人自身的、具有"放大"功效的"随身携带发声器"。互联网移动技术的普及和与新媒体软件的结合使技术与人在传播中实现了一种融合。而自媒体的"技术—人"的融合意义，相较而言无疑对受众的影响更为深远。有学者将此称为"信源革命"，即自媒体将传统媒体时代数量有限的、潜在的信源及沉默的受众变成了积极的、无限量的传播者。[1] 理论上，每个人都可以成为传播者，成为信源。在过去，社会中的某些特定集团被传媒视为可信赖的消息来源，这些集团获得了接近新闻报道的特权。[2] 传统的大众媒体时代，媒体只有少数人能够掌握，他们是媒体的直接使用者和传播者，大多数人则只处于媒体信息的接收端，不是被置于媒体使用之外，便是陷入"沉默螺旋"之中，成为被动的信息接收者，因而大多数人是媒体的受众，其与媒体的关系是"传—受"关系，人们处于一种较为单一的、线性的传播渠道中。

第二，互联网的出现，冲破了传统媒体的时空限制及与之密切相关的资源垄断。对此，麦奎尔举例说："计算机桌面出版、摄影、复制的可能性，以及各种方式的声音及影像复制，已经使得直接检查变成一种迟钝与无效的工具。"[3] 互联网和移动技术的结合使用和普及，使少数人对信息资源的检查把关或直接垄断成为不可能。而在自媒体时代，普通的个人可以通过新的媒体发声，成为媒体的使用者。

第三，借助自媒体，人人都成为信息的发布者，同时也都是传播的受众，人人也是信息的接受者，人们处于一个复杂的、密密麻麻的传播网络

---

[1] 参见潘祥辉《对自媒体革命的媒介社会学解读》，《新闻与传播研究》2011 年第 6 期。

[2] Stuart Hall, "The Rediscovery of 'Ideology': Return of the Repressed in Media Studies", *Culture, Society and the Media*, Routledge, 2005, pp. 52 – 86。

[3] [荷] 丹尼斯·麦奎尔:《麦奎尔大众传播理论：第五版》，崔保国、李琨译，清华大学出版社 2010 年版，第 34 页。

之中。正如学者们指出的："传统媒体的优势在于垄断信息源、独享话语权，而自媒体的信息源则遍布民间，每一个公众只要有手机或网络，都可以将文字、图片、视频、音频传送出去，而接收者同时又可以是下一个发送者，新闻的生产者、发送者与接收者不再有身份区别，记者和受众的概念模糊甚至消失。所以，自媒体的传播路径不再是传统媒体的一对多的扇形模式，而是多对多的网状模式。"① "传者和受众之间的身份界限不复存在。某人置于不同的信息场域，身份立场也可以随时对换，从这一角度来说，自媒体时代，信息传播者、信息拥有者和信息阐释者，都不具有固定性，他们游离于信息之外，随时介入信息，随时与信息发生碰撞，或者趋同，或者冲突。"② 因而，每个人都是占据信息和传播网络的一个节点，这时人与媒体的关系更为复杂，成为"使用—传播—接受"的一种复合关系。

（三）自媒体解构传播秩序中的信息时空场域

自媒体改变了人类社会存在的基本形式——时间和空间。人类社会存在的基本形式是时间和空间，信息在时间和空间的移动与变化即构成了人类生存的一种基本状态——传播。传播的速度越快，信息在空间运动的时间越短，所能跨越的空间越大。

第一，根据伊尼斯曾提出的媒介偏向论，偏向时间的媒介易于长期保存，但难以远距离运输；偏向空间的媒介易于远距离运输，却难以长久保存。③ 以三大传统媒体为例，这些媒体都具有各自的时空偏向，但同时也具有各自在时间或空间上的局限性，这意味着信息只能在短时间或狭小空间内传播，由此形成了信息在时间和空间上被垄断的可能。以传统媒体为媒介的信息传播存在时空限制，形成的自然是与之传播逻辑相符合的信息传播时空及传播秩序。

---

① 周晓虹：《自媒体时代：从传播到互播的转变》，《新闻界》2011年第4期。
② 谭笑：《新媒体的话语特征呈现及创新机制》，《现代传播（中国传媒大学学报）》2017年第10期。
③ 参见［美］保罗·利文森《软边缘：信息革命的历史与未来》，熊澄宇等译，清华大学出版社2002年版，第49页；［加］哈罗德·伊尼斯《传播的偏向》，何道宽译，中国传媒大学出版社2012年版，第27页。

第二，自媒体时代与之前的任何时代相比，时间、空间的概念都遭遇了前所未有的颠覆，信息的流动不再受制于传统的时间和空间，自媒体将原有的信息传播时空转变为完全不同的样貌。正如马克思所说，时间消灭空间，是现代交往手段给现代物质与精神交往带来的革命性的现实，包括从时间来看，从传统媒体到自媒体，媒介从延时性发展为即时性；从空间来看，则从传统媒体的面、线空间向自媒体时代以"离散的点"构成的空间演变。①

第三，时空的改变引起的社会变动包括：空间运动加快，交往中造成绝对时间的缩短和利润率的提高；改变了交往距离在交往中的决定性作用，使交往以一种与自然距离不相适应的方式发生变化。这深刻变革了人类的信息传递，改变了传播要素的位置、功能及其之间的关系，形塑了新的信息行进逻辑，描画着传播秩序的新图景，重塑了人类交往及社会关系。②

人与人的关系、人与媒体的关系，以及整个信息传播时空的改变，展现了自媒体对原有传播秩序的解构。与传统媒体时代媒介变迁的量变不同，从传统媒体到自媒体时代的传播秩序是一个"跳出类型"的质变过程。这一过程不仅是一个解构的过程，也是一个建构的过程，自媒体按照其属性和逻辑形塑了新的传播秩序。

五　自媒体形成新传播秩序

自媒体基于新的媒介形式，有着不同于以往媒介的新的传播属性，作为活跃性变量，自媒体对由以往媒介主导的传播秩序产生了冲击和重构，形成了新传播秩序，这一传播秩序既不同于大众传媒的传播秩序，也体现出不同于早期互联网传播的新特点。

（一）以个体为中心的群体性传播主体

目前关于互联网对个体化传播主体的塑造研究有很多，比如有的学者

---

① 参见醒客（陈世鸿）《重新理解媒介》，中信出版社2014年版，第62—71页。
② 参见栾轶玫《新媒体新论》，人民出版社2012年版，第5—9页。

提出了"赋权",①"信源革命"等概念。而实际上,互联网发展到自媒体这个阶段,自媒体的普及应用,已经使得"赋权"和"信源"呈现出新的样貌,形成了以个体为中心的群体性传播主体。

第一,在自媒体时代,传播主体是个体化的。正如上文所说,在传统的大众媒体时代,信息的传播者往往是组织或者机构的形式,这源于只有这些组织和机构,才拥有足够的传播资源和传播能力以及较多的受众来进行信息的传播。彼时,只有极少数的个人,能够以个体的角色形成传播的动能,成为信息传播的个体性主体。除非在非常特殊的事情中,普通个体才能够自下而上地实现对自己诉求的传播。然而,自媒体的使用和普及不仅提高了人们的媒介可及性,也为个体传播自己的想法、观念、形象等提供了途径。运用自媒体,人人都可以随时对信息进行DIY。② 这从根本上决定了由以往媒介主导的大众媒体或者精英掌握媒体的传播秩序,在自媒体时代,转变为"万众皆媒"的传播景观。③ 这使个体化的传播主体在整个传播秩序中占据的比例大大增加。

自媒体的出现可谓从技术上实现了每一个个人都可以平等地成为传播者的社会传播想象,也实现了对"大众媒体专制"的"报复性发展"和反叛,使人类的传播本能和"平等激情"得以激发和释放,而这带来了"传播个人主义"的崛起④和"参与式"大众民主的政治需求。

当然,强调自媒体对普通个体的赋权,并不是要否定原有精英和意见领袖的重要作用。实际上,在自媒体环境下,人与人之间绝不是平等的,传播网络也不是无中心的。在自媒体时代的社会网络中,由于种种主客观原因,不同成员之间的地位并不相同。处于权力中心的成员常常处于强势地位,对于信息传播的规模和议题走向都会产生比其他成员更多、更强的影响作用。而与之相对的,另一些成员则往往处于相对弱势地位,处于权

---

① 参见郑永年《技术赋权:中国的互联网、国家与社会》,邱道隆译,东方出版社2014年版;黄月琴《"弱者"与新媒介赋权研究——基于关系维度的述评》,《新闻记者》2015年第7期。

② 自媒体就是"全民DIY",DIY指自己动手制作,没有专业的限制,想做就做,每个人都可以利用DIY做出一份表达自我的产品来。参见喻国明《全民DIY:第三代网络盈利模式》,《新闻与传播》2006年第2期。

③ 参见彭兰《新媒体传播:新图景与新机理》,《新闻与写作》2018年第7期。

④ 参见潘祥辉《"自媒体"革命的政治社会学意义》,《领导科学》2012年第1期。

力的边缘。前者体现在传播上，就是意见领袖。即使在自媒体时代，意见领袖这个节点也往往比其他的节点对信息的传播和影响力更大。但不同于普通民众与意见领袖的在传统媒体时代是界限分明的，在自媒体时代，二者的身份可以转换，界限逐渐模糊，意见领袖的人群也发生了重组。[1] 新的意见领袖的形成以及与大众之间身份的互换和二者在传播中地位的不同，揭露了自媒体时代权力的"去中心化－再中心化"[2] 的悖论共存。

第二，在自媒体时代，传播主体呈现强组织和弱组织化并存的状貌。尽管自媒体"赋权"和"赋能"了个人，但其真正影响并不取决于孤立的个体的力量，而是取决于被集合在一起的群体的力量。实际上，"自"和"个人"揭示的只是自媒体这块硬币的一面，自媒体的另一方面是其"连接性"。这一传播性质使个人在运用自媒体时，处于由个人和互联网所编织的网络中。这意味着，在自媒体时代，传播主体在一方面个体化的同时，也在开发因社交或新的社会资本而形成的新的群体性主体。本文将后种现象称为"弱组织化"。

自媒体时代，克服了地理交流空间的障碍所形成的一个个分布广泛的虚拟社区，是弱组织的现实体现。[3] 发展到自媒体时代，互联网对传播主体的弱组织化起着促进作用。"弱组织"是"颠覆了传统组织的概念"与组织形式。弱组织是一种"自组织"。它是由个体化的传播主体自发组成的，而这得益于互联网技术的应用。正如学者们指出的："自我组织是一种不可抑制的人类动力，互联网是自我组织的工具。"[4] 发展到自媒体时代，个体化的传播主体更是有了技术条件，加入以某个话题、兴趣等为核心的弱组织中。弱关系的形成，以及弱组织的实现，搭建了传播主体个体性走向群体性的桥梁，提高了人们在传统机构和组织的框架之外分享信息的能力、与他人合作的能力、形成公共舆论的能力以及采取集体

---

[1] 参见于淑婧《自主性：互联网时代政治传播输入的研究》，载荆学民主编《中国政治传播研究·第二辑》，中国传媒大学出版社 2020 年版，第 155 页。

[2] 李良荣编著：《新传播革命》，复旦大学出版社 2015 年版，第 31—32 页。

[3] 参见 Larry Elin, "The Radicalization of Zeke Spier: How the Internet Contributes to Civic Engagement and New Forms of Social Capital", *Cyberactivism*, Routledge, 2013, pp. 107 – 124。

[4] Shayne Bowman and Chris Willis, "We Media: How Audiences are Shaping the Future of News and Information", *The Media Center at the American Press Institute*, 2003.

行动的能力。①

基于自媒体所形成的弱组织建立在个体的社会资本和社交关系之上，这种社交和社会资本并不是无限开放的，个体在网络中的社交本身与个体现实中的社会资本息息相关。前者是现实中的社会资本在网络空间的投射，因而，伴随传播主体的"弱组织化"的，自媒体对过去"强组织"的强化。如果说，在互联网发展的初期，是自媒体这种弱组织化因为匿名、新奇等激起了民众的参与热情，而成为一种十分显著的特征。那么，随着社会、政治等对新技术的适应，发展到自媒体普及的时代，传统的制度、组织、机构、部门已经开始将其自身复制到网络之中，技术本身的发展也因早先对弱关系的肆意建构而得到反向改造。这些行为有意无意地对弱关系和弱组织起到了一定的阻止作用。同时，原本一些线下制度、组织、机构等的线上化，也带来了个体社会关系在网络中的原样复制。这导致了个体作为传播主体，其传播范围和传播效果开始重新受到强关系的影响，也受到其所处圈子的各种各样的正式和非正式关系的影响。

因而，在自媒体时代，传播主体除了呈现出新的样貌之外，随着新技术的发展，同时也有着重新依赖传统条件的回归趋势。在现实的传播过程中，弱关系和强关系往往交织在一起，合并构成了自媒体时代群体性传播主体的形式，这些组织形式以各具特色的类型存在于自媒体时代的传播环境中。②

第三，在总体上，信源的个体化、弱组织化以及与原有强关系的组合，使自媒体时代的传者呈现出以个体为中心的群体性传播主体的景象。自媒体尽管在技术上提供了个体进行传播的可能，然而，要实现传播的有效性，这种传播的个体性必须转化为公共性或群体性。但是，从个体性到公共性，从个人领域到公共领域二者之间中间存在很大的空间。③ 个体化

---

① 参见［美］克莱·舍基《未来是湿的：无组织的组织力量》，胡泳、沈满琳译，中国人民大学出版社2009年版，第12—13页。

② 如张传香将之分为六种类型。具体情参见张传香《新媒体下的社群组织类型"社会动员"引导——以山东于欢刺死辱母者案为例》，《现代传播（中国传媒大学学报）》2017年第8期。

③ 参见 Yongnian Zheng and Guoguang Wu, "Information Technology, Public Space, and Collective Action in China", *Comparative Political Studies*, Vol. 38, No. 5, 2005, pp. 507 – 536.

向弱组织转化或者对强组织依赖时，实际上就是在搭建个体性向公共性的转化桥梁。然而，这一转化还存在一些不可忽视的必要机制和条件，其需要依赖传播内容的吸引力和传播关系或者称为"传播网络"的建构。传播的个体化以及由这一个体所形成的弱关系或强关系，受制于传播的内容和传播关系。只有那些能够引起广泛关注的传播内容才能够使传播主体由私人领域走向公共领域。除此之外，那些通过建立特殊的社会资本或社交关系，比如拥有大量粉丝或流量等的个体也能扩大传播内容的影响力。

由此可见，自媒体时代，不管是强关系还是弱组织化，不管是依靠传播内容还是传播关系所形成的传播，其主体不是完全个体性的，也不是完全组织性的，而是以个体为中心的同心圆，以强关系、弱关系、传播内容、社会资本、关注度、粉丝、流量、线上传统媒体等混合物作为推力的一种信源形式。这一信源的中心是某个个体，而信息传播的远近、传播的影响力则受制于这一个体的强关系、弱关系、传播的内容、社会资本、受众等因素。因而，信源以这一个体为中心，其影响范围又以这一个体为中心形成的同心圆向外扩散。自媒体时代，每一个信源都处于其他信源的影响范围之内，同一层面的信源与信源之间也会出现相互碰撞、相互强化或相互减弱。由此，在自媒体时代，形成了以个体为中心的群体性传播主体。

需要解释的是，对这种以个体为中心的群体性传播主体兴起的强调并不是忽略其他的主体形式。互联网的兴起和使用，不仅仅"赋权"了普通的民众，实际上，也是一个社会和民众、国家和精英共同赋权的过程。但二者的赋权性质是不同的，前者是从几乎"无"到"有"的过程，这个过程具有"质"的意义，这种"无中生有"，不仅形成了对其他结构的巨大冲击，也形成了新的传播逻辑，其所具有的数量优势，给整个传播秩序在新方向上带来了传播动力，因而，其具有改变传播总体趋势的可能。而后者则是在原有逻辑基础上的加强，暂时呈现出"量"的变化，因而，其"赋权"意义相较小于前者。这是我们的研究仅强调自媒体时代以普通个体为中心的同心圆式传播主体兴起的缘由。

第四，在自媒体时代，基于自媒体形成了无数以个体为中心的信源，加之原本已经存在的信源，从整体来看，自媒体时代的一种多中心的信源图景或者是弱中心的信源网络得以形成。这使传统媒体时代传播者所围绕的唯一信源中心被分解成为多个信源中心,每一个自媒体都拥有一个中心,原有的中心往往被自媒体的多元化信源所覆盖或消解。因而,自媒体时代的传播从"大众传播"(mass communication)时代变为了真正的"公共传播"(public communication)。正如学者布鲁姆勒指出的,我们已经进入了政治传播的"第四时代",这是由更加复杂和更多的传播所决定的,在此期间,受众的差异化使政治传播形成了"公共传播"[①]。

(二)传播内容的多元化和碎片化

"传播媒介处于物质实在和非物质实在之间"[②],也连接着人类社会的物质基础和观念思维。自媒体时代不仅形成了多中心的信源结构,也使传播的内容,即信息,呈现出多元化和碎片化的状态。

第一,自媒体时代,传播内容呈现"多元化"。多元是相对于一元来说的,多元一方面意味着信息的多,一方面意味着这种"多"的政治信息不仅仅存在于数量上,还存在于质上,亦即政治信息是不同质的。具体来看,"多元"具有双重含义:其一指多个出发点,多种源头。因此多元不是集中统一的,是分散的、多中心的、多样的;其二指多层次、跨类型,这一内涵既包括内容的多元化,也包括形式的多元化。

第二,自媒体时代信息的多元,既来源于信息技术的驱动,也来源于环境信息本身的增加。首先,从表层原因来看,信息技术的革命提供了技术动力,新媒体的基本架构,就是人手一个信息终端,可以在任何时间和任何地点,通过任何渠道发布各类信息,海量信息的能力形成了多元化的第一个支点。[③] 其次,信息的多元是环境信息在自媒体"虚拟环境"中的体现。环境本身的复杂性,环境的变迁造成环境熵的增强,使信息本身呈现绝对增加。而自媒体不仅参与到环境变迁的大潮之中,促进了"拟态环境的环境化",也为信息的传播提供了快捷、广泛、方便的渠道。内外因素共同塑造了信息在自媒体时代呈现几何级数增长和多元化的趋势,加

---

① Jay G. Blumler, "The Fourth Age of Political Communication", Politiques de Communication, Vol. 1, 2016, pp. 19-30.
② [丹麦]克劳斯·布鲁恩·延森:《媒介融合:网络传播、大众传播和人际传播的三重维度》,刘君译,复旦大学出版社2012年版,第66页。
③ 参见赵子忠、张坤《新媒体多元化的基本模型及其特征》,《现代传播》2019年第1期。

剧了网络时代线上环境和线下环境的互构。最后，传播的"环境监测"功能在自媒体时代使信息普遍显化，亦即从过去的潜伏到显现。传播学四大先驱之一的拉斯韦尔指出，"守望环境"是传播的重要功能之一。① 传统媒体时代或者互联网发展的早期，很多信息因为渠道的缺乏和平台的稀缺，往往潜伏在社会层面，很多信息无法呈现在媒体上。传播技术的进步使环境中的信息更多、更丰富地得以体现，特别是自媒体，其高近用、低成本的传播优势，在技术层面为信息的显现提供了渠道与平台，将潜伏于普通民众内心的想法和观点表达并显现出来。

第三，在自媒体时代，自媒体传播中信息的碎片化生产和传播体现在三个层面上。第一个层面是事实性信息传播的碎片化。这里的碎片，更多的是指信息来源的多元化、观察视角的分散化、信息文本的零散性和信息要素的不完整性。第二个层面是意见性信息传播的碎片化。这个意义上的碎片，不是零散性，更指意见的异质性、分裂性。过去媒体所反映出来的社会意见的一致性，在社会化媒体平台上被大大削弱。自媒体平台上的意见形成，是各种碎片意见碰撞、冲突的过程。② 第三个层面是知识生产的碎片化。在自媒体时代，知识的生产、传播和获取与此前有着很大的不同，如果说传统的知识生产是一种精英式、单向式、专业化、高壁垒和垄断性的过程，那么互联网时代，特别是自媒体时代，知识生产和传播则是一种低门槛的、混杂的、平民主义的、难以形成共识的和世俗化的碎片化生产和聚合的"网络化知识"。

（三）多层传播渠道并存与一体化

伴随着互联网的发展，在自媒体时代，传播渠道一方面是多样的、多层次的，另一方面，随着技术的进步及其他因素，传播渠道也在一体化。

第一，自媒体所基于的网络兼具中介与平台的功能。平台角色意味着以互联网为基石形成了一个虚拟领域，亦即虚拟社会，是与现实社会相对的概念，但同时虚拟社会也是现实社会的延伸与扩展。因而，互联网时代

---

① 参见［美］拉斯韦尔《社会传播的结构与功能》，何道宽译，中国传媒大学出版社2013年版，第61页。

② 参见彭兰《社会化媒体：理论与实践解析》，中国人民大学出版社2015年版，第19页。

的传播渠道,是多层次、多维度的,存在着线上渠道和线下渠道,并拓展了原有的制度化渠道和非制度化渠道。在自媒体时代,自媒体具备着几乎零门槛的 4A(anyone、anywhere、anytime、anything)传播元素,这为自下而上的意见表达提供了平台;同时自媒体普遍存在,也使自上而下的政策输出可以借此传递给每一个受众,促使了信息的横向传播。所谓横向传播就是指信息水平、横向流动的传播活动。路易斯·拉米罗·贝尔特兰(Luis Ramiro Beltrán)指出,"这种传播活动是一种民主的社会互动过程,它是一种在自由、平等地接近信息、对话和参与的条件下,民众自愿交流、分享信息的活动"[1]。因而,自媒体时代大大扩展和延伸了互联网原本就形成的多维度和多层次的传播渠道。

第二,伴随着传播技术的发展,自媒体的应用促使多维度和多层次的传播渠道之间发生了互动和整合,传播格局甚至呈现出一体化的趋势。互动是指不同渠道的信息之间产生互动,如线上的信息会和线上的信息交织,非制度化渠道中的信息也会与制度化渠道的信息互相作用。整合有两方面含义,其一是指载体的整合,自媒体的载体比较多元,一切能接收网络信号、安装自媒体软件的设备比如电脑、手机、掌上电脑、笔记本等,都能成为自媒体的载体。人们借助各种软件和自媒体应用发布信息,在一种载体上或者一种软件上发布的信息也可以转发或同步到其他平台和载体;其二是指传播形式的整合。除了人内传播之外,传播在形式上可以分为人际传播、组织传播、大众传播。在自媒体时代,这三种传播形式发生了转型,均基于互联网有了其网络上的形式,比如网络人际传播、网络组织传播、网络大众传播。而自媒体技术的应用,则使这些渠道融合在一起。大众传播媒体可以吸收人际传播中的信息,组织传播也会借助人际传播发挥其传播作用。基于同样的技术平台,各种传播形式不断发生互动和整合,进而使传播格局呈现一体化的融合趋势。

第三,克劳斯在其著作《媒介融合:网络传播、大众传播和人际传播的三重维度》一书中,对这个现象进行了理论化。他借助艾伦·凯(Alan Kay)和阿黛尔·戈德堡(Adele Goldberg)的概念,将数字计算机看作一种"元技术"或"元媒介",认为数字计算机带来的第三维度的传

---

[1] 转引自卢家银《互联网在横向传播发展中的作用》,《浙江传媒学院学报》2011年第4期。

播不仅复制了先前的"第一维度"和"第二维度",亦即面对面的人际传播和大众传播的特征,而且将它们重新整合于一个统一的软硬件物理平台之上。数字媒介将文本、图像和声音整合于许多既有的表达类型之中,同时,也产生了一些新的表达类型。而这些既有类型大多源自大众传媒与面对面交流,同时也形成了一对一、一对多以及多对多的传播形态。在元技术的影响下,传播再次拥有了人际传播中的互动与多元化的交流模式特征。在克劳斯那里,自媒体就属于这种"元技术"或"元媒介",① 其将线上/线下、制度化/非制度化、正式的/非正式的人际传播、大众传播整合起来,对此,梅罗维茨也认为,现代的社会处于"现代媒介矩阵"的"场景"中,电子媒介融合了以往不同的公共场景。② 由此形成了自媒体时代传播格局的一体化融合。

(四) 网络状能动型互播式传播模式

自媒体模糊了传播的"起点"和"终点"。在"人人成为信源"的信息传播时空中,已经难以找到和清晰地区分传播的"起点"和"终点"。这无异于推倒了原有传播秩序的第一张多米诺骨牌,自媒体所引发的蝴蝶效应不仅体现在人与媒体、人与人关系的改变上,更进一步引发了传统媒体下信息传播逻辑的改变,形成了新的传播模式。对此,有的学者指出,自媒体改变了传统媒体"少对多""少数人面向所有人"的"庙堂式""教堂式"的单向传播,将传媒场域变为众声争鸣的、"多对多""所有人对所有人"的"江湖"和"集市"式的传播,"自媒体"开创的信源革命,开启了媒介的"民众化转向",形成了去中心化的多向度传播;也有学者总结认为,自媒体时代的传播模式由原有的"点对面"的大众传播变为了一种"个人门户+人际媒介"的传播模式。③ 总体来看,

---

① 参见[丹麦]克劳斯·布鲁恩·延森《媒介融合:网络传播、大众传播和人际传播的三重维度》,刘君译,复旦大学出版社2012年版,第67—78页。
② 参见[美]约书亚·梅罗维茨《消失的地域:电子媒介对社会行为的影响》,肖志军译,清华大学出版社2002年版,第8页。
③ 参见彭兰《再论新媒体基因》,《新闻与写作》2014年第2期;申金霞《自媒体时代的公民新闻》,中国广播电视出版社2013年版,第134页;何仁平《自媒体对公民政治参与的影响》,《党政论坛》2015年第11期。

自媒体时代的传播模式主要体现出以下三方面的特点。

第一，网络状的传播。尼葛洛庞帝（Nicholas Negroponte）将信息传播网络比喻为星状（star）传播网络和环状（loop）传输网络，认为大众传媒是一点对多点（point-to-multipoint）的环状传输网络，而网络是多点对多点（vast-point-to-vast-point）的形状传输系统。[①] 如图5-2和图5-3所示，基于大众传媒的传播是线性的，而基于自媒体的传播则是网络状的。

第二，能动的传播。如图5-2所示，在大众传媒时代，传播往往受到媒体组织的控制，必须经过媒体组织的过滤和把关方可传到受众，广告商是媒介组织选择信息的重要影响因素。而在自媒体时代，如图5-3所示，传播者不再隶属于某一组织，而是每个个体，信息可以不经过传统的新闻"把关人"的过滤而直接发出、传递到达受众。这种不受把关和控制的传播赋予普通民众以传播者的身份，这是交往主体进行自由选择、自由控制、自由表达的充分体现。在自媒体时代，人的主体性得到了更进一步的发挥。个体的主体性即人的自主性、能动性、自为性及人与人之间交往的主体间性。具体表现在以下方面："（1）自决，指人们作为策划主体对于自身活动目的及行动方案的相对独立的认识、选择、预见和决策。（2）自主，指人们作为活动主体为了实现一定的目的而主动发起一定的活动，并积极地排除干扰将其推向前进的意识。（3）自控，即围绕最终目标对活动过程进行的自觉调控。自控是人作为主体掌控和支配自身活动及其结果的最重要的功能。"[②] 自媒体的应用和形成，体现了个人主体性得到前所未有的彰显。新的传播技术将信息的生产、传播、发展、自由的权力交还给了传播主体，促进主体意识的形成、发展和提升；让主体迸发出对客体世界的掌控力，改变了人的传播方式、生活方式与行为方式；使人在与特定对象的关系中，获取积极态度、能动作用、主动态势与支配作用。

第三，互播式的传播。尼葛洛庞帝曾在著作中将"被动的旧媒体"和"互动的新媒体"区分开来。互动性是自媒体的主要特征。学者谢恩·鲍

[①] 参见［美］尼葛洛庞帝《数字化生存》，胡泳等译，海南出版社1997年版，第47页。
[②] 申金霞：《自媒体时代的公民新闻》，中国广播电视出版社2013年版，第132—133页。

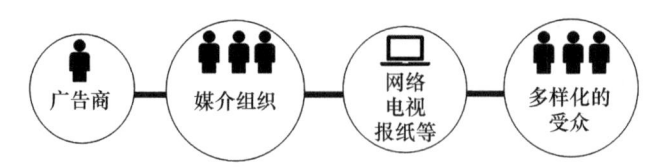

图 5-2　大众传播的广播模式①

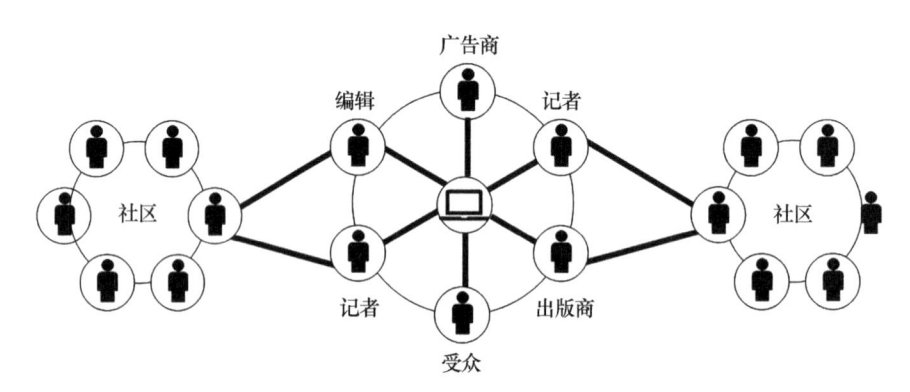

图 5-3　自媒体时代的互播式传播模式②

曼和克里斯·威利斯从新闻传播的角度比较分析了传统媒体时代和自媒体时代的信息传播模式,指出"自下而上"(Bottom-up)、"互播式"(intercast)、"拉—产"(pull-product)的信息传播模式,改变了过去"自上而下"(Top-down)、"广播式的"(broadcast)、"传—推"(transmit-push)式的信息传播模式。③ 因而,从传播向互播转变,是自媒体时代的显著特征。④

从政治传播秩序来看,传播秩序不仅是政治传播形成的一个关键因素,同时也构成了政治传播系统运行的外界环境,因而,自媒体时代传播

---

① 参见 Shayne Bowman and Chris Willis, "We Media: How Audiences are Shaping the Future of News and Information", *The Media Center at the American Press Institute*, 2003, p.1。
② 参见 Shayne Bowman and Chris Willis, "We Media: How Audiences are Shaping the Future of News and Information", *The Media Center at the American Press Institute*, 2003, p.1。
③ 参见 Shayne Bowman and Chris Willis, "We Media: How Audiences are Shaping the Future of News and Information", *The Media Center at the American Press Institute*, 2003, p.10。
④ 参见周晓虹《自媒体时代:从传播到互播的转变》,《新闻界》2011年第4期。

秩序的重构和改变，无疑将从逻辑形成、外部环境及内部深层关系等多重层面冲击原有的政治传播秩序。可以说，在自媒体时代，媒介作为活跃性变量正在增加传播对政治传播秩序的反作用。因而有学者指出："传媒体系具有相对自主性。"由于容易被接受并致力于满足广大受众的口味，传媒的规则具有闯入其他社会领域并在那里扮演更重要角色的强烈倾向。认识这一过程及其原因是从社会、政治和文化把握它的一个重要方面。[①]

六 自媒体激活政治传播秩序变革

政治传播秩序作为政治秩序与传播秩序的耦合，在传统媒体时代，其传播秩序是基于以传统媒体为主导的媒介之上的，而其政治秩序则致力于以传统媒体为媒介的传播等因素构成的外界环境中维持政治系统的运行。政治秩序和传播秩序这两条轨道或相互吸引或相互排斥，其间的引力和张力，随着时间的改变、实践的试错、经验的积累慢慢适应着对方，逐渐形成了传统媒体下政治传播秩序的内在逻辑。而自媒体时代，信源的革命，传播权力的弥散，逐步建构着符合其自身运行逻辑的新传播秩序，进而激活了政治传播秩序的变革。具体来看，在一般层面上，自媒体时代的政治传播秩序受到以下三方面的变革驱动。

（一）政治逻辑与媒介逻辑的权位重构

在自媒体时代，媒介作为活跃性变量，自媒体的兴起和普及塑造了一种新的传播环境。这决定了原有的政治传播秩序所基于的传播秩序在发生变革，而后者也反过来影响着原有政治传播秩序运作所基于的政治逻辑，改变着政治与传播的关系。

第一，自媒体时代，不同媒体的边界越来越模糊，这使媒体逻辑本身发生了变化，从单一逻辑向混合逻辑过渡。一方面，传统媒体的中介作用将在新媒体中持续存在，另一方面，新媒介的媒介逻辑也在彰显，而在互联网所形成的"万物联网"的传播网络中，新媒体、传统媒体的媒介逻

---

① ［德］托马斯·梅耶，《传媒殖民政治》，刘宁译，中国传媒大学出版社2009年版，前言，第4—5页。

辑又在相互配合、合并甚至融合，这些逻辑不仅表现出混乱、非线性和分解性，而且还表现出令人惊讶的整合新模式。因而，过去那种单一的媒介逻辑概念已经很难解释互联网时代，特别是自媒体时代的媒介逻辑了。如今，媒体环境已经变得更加多样化、分散化和多中心化。随着数字通信的兴起，新的传播实践也不断涌现。这就要求对原有的媒介逻辑观念进行重新评价。学者查德威克提出了"混合媒体系统（逻辑）"概念来解释这一问题。① 媒介逻辑的发挥以及媒介的过程是依靠媒介逻辑向媒介领域以外的领域拓展和渗透而得以实现的。在自媒体时代，媒介的普及以及媒介的互联使得政治极度中介化，已经很难找到一个绝对意义上的非媒介领域了。因而，可以说，在自媒体时代，媒介本身形成的混合媒体系统构成的不再是区别于某个非媒体系统的独立场域，而是构成了一个囊括各种社会、政治活动的新的场域。亦即，自媒体时代形成了一个"混合媒介逻辑场域"。在这一"混合媒介逻辑场域"中，各种媒介逻辑与各种媒介使用者的行动交互性比单一的媒介逻辑要复杂得多。因而，在自媒体时代，政治逻辑和媒介逻辑的界限变得更为模糊，二者也形成了不同以往的关系特点。

第二，在自媒体时代，媒介逻辑的革新和混合，使得政治逻辑与媒介逻辑的关系必然与以往不同，二者的关系向"共生"和"互构"转向。从纵向历史维度来看，学者乔瑟夫·斯托平克（Jesper Strömbäck）认为，政治媒介化经历了四个不同的阶段，在这四个阶段，政治逻辑和传播逻辑呈现出不同的关系特点。对于政治媒介化趋势，乔瑟夫·斯托平克认为随着政治变得越来越媒介化，重要的问题不再是媒体在政治和社会中的独立性问题，而需要担忧和重视的是政治和社会在媒体中的独立性问题。② 吉安皮托·墨佐里尼（Gianpietro Mazzoleni）和温弗里德·舒茨（Winfried Schulz）更是指出："'媒介化政治'是失去自主性的政治，它依赖于大众媒介的作用而运转并且在与大众媒介的互动中持续性地得到塑造。"③ 然

---

① 参见 Andrew Chadwick, *The Hybrid Media System: Politics and Power*, Oxford University Press, 2017, p. 19。

② 参见 Jesper Strömbäck, "Four Phases of Mediatization: An Analysis of the Mediatization of Politics", *The International Journal of Press/Politics*, Vol. 13, No. 3, 2008, pp. 228 – 246。

③ Gianpietro Mazzoleni and Winfried Schulz, "Mediatization of Politics: A Challenge for Democracy?", *Political Communication*, Vol. 16, No. 3, 1999, pp. 247 – 261.

而，也有学者，比如弗里德里希·克劳茨（Friedrich Krotz）对此持不同意见，他认为："根本就不存在独立于社会和文化语境，独立于历史语境的媒介逻辑。"① 这从最根本的逻辑起点和最初理论假设上打破了媒介逻辑殖民政治逻辑的观点。此外，对于政治媒介化四个阶段的划分，乔瑟夫·斯托平克也承认，其主要关注的仅仅是传统媒体，进入互联网时代，可能会出现不同的景况。因为，互联网包含许多不同的媒体格式，尤其是许多不同的媒体内容生产者，包括个人公民、传统大众媒体和政治参与者。因此，互联网不受任何一种逻辑的指导，而是包含许多相互竞争的逻辑。② 这也就是上文所提到的混合媒介逻辑。伴随着基于互联网的自媒体等媒介的发展和普及，混合媒介逻辑更是渗透到社会、政治的各个层面。

在自媒体时代，政治的媒介化也是媒介的政治化过程，在政治传播视野下，将其再作为两个独立的系统予以分析什么属于媒介逻辑、什么属于政治逻辑已经失去了意义。二者在政治传播的经验现实中，是"共生""互构"的关系。一方面，媒介逻辑已经深深嵌入政治和社会的运作之中；另一方面，政治和社会也已经自然而然地对媒介逻辑加以利用，并使之服务于政治目标的实现。

在这个意义上，自媒体传播解构了原有的政治传播秩序。在自媒体时代，权力变得更加广泛、分散和多元，权力向"关系性"转变。自媒体时代的政治传播秩序中，政治与媒介的关系不再是源于媒体作用于政治或者政治作用于媒体，而是受到来自媒体、政治参与者和公众三方面力量的共同创造。③ 因而，可以说，在媒介逻辑和政治逻辑"共生"和"互构"的自媒体时代，媒体不仅成为一种行动者，也成为在现代社会中象征性地主张和争夺政治权力的主要场所。④

---

① Friedrich Krotz, "Mediatization: A Concept with Which to Grasp Media and Societal Change", in Knut Lundby ed., *Mediatization: Concept, Changes, Consequences*, Peter Lang, 2009, pp. 21 - 40.
② 参见 Jesper Strömbäck, "Four Phases of Mediatization: An Analysis of the Mediatization of Politics", *The International Journal of Press/Politics*, Vol. 13, No. 3, 2008, pp. 228 - 246。
③ 参见 Andrew Chadwick, *The Hybrid Media System: Politics and Power*, Oxford University Press, 2017, p. 210。
④ 参见 Nick Couldry, "The Hidden Injuries of Media Power", *Journal of Consumer Culture*, Vol. 1, No. 2, 2001, pp. 155 - 177; John B. Thompson, *The Media and Modernity: A Social Theory of the Media*, Stanford University Press, 1995, p. 12。

尽管从理论来说，政治传播秩序依然是通过传播实现某种政治目标的保障机制，政治的本质并没有发生变化，正如伊斯顿将其总结的，政治是"价值的权威性分配"[①]，或者拉斯韦尔将之看作的"谁得到什么？何时和如何得到？"[②] 的问题。然而，政治传播秩序本身的运作以及其导向政治目的的机制正在发生变化，甚至这一机制本身的正当性和合理性问题受到更多的冲击。这将原有的政治传播秩序带入一个新的、更加复杂和动荡的时代，也在从政治传播秩序到政治目标之间添加了很多来自系统内外的不确定性因素。

（二）政治目标的多元主体的共生共建

麦克奈尔（Brian McNair）曾将政治传播界定为"关于政治的有目的的传播"[③]，这道出了政治传播达成政治目标的特性。政治传播既是政治目标实现的手段，也是过程；反之，达成某种政治目标既是政治传播活动的原因，也是结果。不同的政治传播秩序实现政治目标的过程不同，形成的政治目标也不同。

传统媒体时代的政治传播秩序所保障的政治目标或目的往往与某种意识形态密切相关。其依赖于根基于政治理想的意识形态或者这种意识形态的历史穿透力。意识形态为整个政治共同体"提供了理想未来的模式和美好社会的构想"[④]，构成了政治目标的核心，其也成为政治传播秩序导向的方向和服务的主要对象。这种预成的政治目标往往凭依政治意志借助一元化的组织和媒介渠道予以推展。这一点得以实现，得益于各种因素的综合作用：传统媒体的高门槛、低接近性；大多数人被排斥在信息的接受、生产与传递之外，依靠传统媒体进行政治传播仅仅是少数精英的垄断排他性权力；意识形态所形成的集体规训话语，构建了个人的"认知基

[①] [美] 戴维·伊斯顿：《政治生活的系统分析》，王浦劬译，人民出版社2012年版，第20页。

[②] [美] 哈罗德·D. 拉斯韦尔：《政治学：谁得到什么？何时和如何得到？》，杨昌裕译，商务印书馆2009年版。

[③] [英] 布莱恩·麦克奈尔：《政治传播学引论（第2版）》，殷祺译，新华出版社2005年版，第4页。

[④] [美] 爱德华·L. 伯内斯：《宣传》，胡百精、董晨宇译，中国传媒大学出版社2013年版，第47页。

模"（cognitive schemas）；在政治信息的极端不对称与强力政治宣传双重作用下，受众像伯内斯（Edward L. Bernays）所描述那样："每个人的大脑都是其他几百万个大脑的复制品"，他们掌握的大多数观点，皆来自"批发式的供应"，[1] 这促成了"传者"通过灌输意识形态、操纵象征符号等，实现预定的政治目标和政治目的。

自媒体的运用及政治文明的进步，无疑正在消解这种基于政治理想的、依赖灌输操纵的宣传式政治传播得以生长的土壤。自媒体作为一种"分权化的科技"[2]，将多数人纳入政治传播之中，并拓展了传播的渠道，筑建了传播的中介平台和空间，更多人借此参与到政治目标内容的讨论、价值的诠释与定位甚至政治游戏规则的制定之中。这意味着，多元主体逐渐能够参与到政治目标的制定和实现中来。反过来看，在自媒体时代，政治目标的制定和实现过程，也不得不吸纳那些得到技术赋权和权力觉醒的民众，而他们中的大多数原本仅仅处于被动和边缘的位置。因而，在自媒体时代，政治传播秩序所指向的政治目标已经很难被"提前预设"，政治目标也越来越难以仅仅依靠垄断的、排他的、一元的主体和渠道能够实现，在自媒体传播逻辑下，政治目标是在政治传播的动态过程中得以"生成性"的构建、阐发、认可和同意的。因而，总体上，在自媒体时代，政治目标呈现出在多元主体共同参与的政治传播活动过程中逐渐生成和建构的新趋势。这无疑挑战着原有那种依凭政治意志推展的、预成的政治目标生成和实现的政治传播秩序机制。

（三）全球比较中政治核心价值的博弈

一般来说，一定的政治传播秩序总是以某种核心价值为内核的。置身于人类政治文明之中，不同时期的政治传播秩序的核心价值总是与同一时代的政治发展、政治文明相呼应，也正是因为这种内在价值的契合，才得以形成和维持一定的政治传播秩序。在信息全球化、互联网化的新时代，

---

[1] ［美］爱德华·L.伯内斯：《宣传》，胡百精、董晨宇译，中国传媒大学出版社2013年版，第47页。

[2] 参见［英］希瑟·萨维尼《公众舆论、政治传播与互联网》，张文镝摘译，《国外理论动态》2004年第9期。

这种契合或者不契合对于秩序的影响更为显著。不同的政治文明，意味着政治传播秩序的核心价值追求不同。

传统媒体时代，民族国家的界限在政治信息层面保持着一定的独特性，特别是在政治控制严密的政体中，每一个独立国家或地区的发展和政治价值的建构具有一定的自主性，因而，政治传播围绕的核心价值也更多体现出特殊性。而通信和交通技术的传播促使这一现状发生了很大的变化：全球化的早期形式，允许思想以史无前例的方式跨越政治边界。而政治制度在1800年之前主要发生于单一社会，对其他地方几乎没有丁点的影响。[①]

自媒体时代的到来，这种地区的隔离和限制在信息交流层面更加被更大幅度和更深层次地打破，通信来源的全球化能够让公民接触到其他观点，互联网和社交媒体的应用和扩展，促进了其他观点的表达和传播。[②]不同政治信息的增加与较强的可接近性，撕开了原有维护政治文明特殊性的保护膜。文明在冲突与融合中，存在竞争也存在转化，其结果是某些特殊性被赋予了普遍意义，其他的要么消失，要么成为落后、野蛮的代名词，由此形成了不同于以往的政治文明博弈和融合的新环境。

自媒体的强大势能，使得通过对比和比较而形成的、积压在内心深处的渴望政治文明的激情迸发，并转化为追求行动。在这种全球政治文明的比较中，意识形态成为冲突和相互攻讦的对象。但由于价值已经在某种程度上摆脱了实际政治现实的控制，超越了地区、国家的特殊性，较少受现实环境的制约，而具有一定程度的普遍性和较强的解释力，此外，其较少受到意识形态、国别性、政治性等因素的影响，也较易被包容和理解。因而，价值成为人们比较不同文明的优劣势的一个重要方面。

在自媒体时代，新的政治传播秩序，超越着过去狭隘地以民族国家为基质的"政治边界"，以向往和追求更高境界的人类政治文明为政治目的和价值目标。因此，在这场文明的竞争和较量中，旧有的政治传播秩序在

[①] 参见［美］弗朗西斯·福山《政治秩序与政治衰败：从工业革命到民主全球化》，毛俊杰译，广西师范大学出版社2015年版，第40页。

[②] 参见 Jay G. Blumler, *"To be Independent or not to be Independent, That is the Question"*, *Publizistik*, Vol. 61, No. 3, 2016, pp. 305 - 320。

价值层面受到严峻挑战而逐步被瓦解。新时代的价值在以自媒体为中介的传播中成为政治信息无法逃避的关卡。那些与之匹配的政治信息得以被认同、认可和转化，而与之相悖的则遭到驳斥和反对。那些符合目前价值的政治传播秩序能够得到人们的认可，而那些不符合的则正在经受调整甚至唾弃。因此，自媒体时代政治传播秩序的建构，一方面基于自媒体本身的价值取向，另一方面，其他因素，特别是政治层面在加入建构时需要考虑到当今政治文明的发展趋势。

尽管这些结论并不是基于我国实践得出的，但由于其内生于较为中立的媒介和传播，所以，这些结论具有一般性。因而，以上政治传播秩序在自媒体时代所面临的挑战或冲击对于我国来说也在一定层面上适用。从我国政治传播秩序来看，目前我们也处于自媒体时代这样的传播环境中。

但需要注意的是，正如上文指出，自媒体或者自媒体时代并不是处于真空中的，其处于由文化、政治、媒介体制等因素有机组成的环境中，具体到不同的国家和地区，政治传播秩序在自媒体时代将体现出很多完全不同的景象和特点。由于我国政治传播秩序基于特殊的文化和历史背景，并形成了不同于西方的政治传播秩序。因而，自媒体传播对我国政治传播秩序的影响，除了包括上述在整体维度受到的冲击之外，还包括在更为具体层面政治传播秩序的基本特点与自媒体这一变量综合作用的结果。下文将从更为具体的层面——结构和过程维度，结合原有政治传播的基本特点，分析我国政治传播秩序在自媒体传播下受到的冲击。

第 六 章

民主:政治传播秩序建构和运行的基石

政治传播秩序的规范性标准是什么？我们如何判断一种政治传播秩序的"好"与"坏"？从历史发展阶段来看，自媒体时代的政治传播秩序处于现代化的情境下，就此而言，民主是政治传播秩序建构和运行的现代政治基石。

一 民主与政治传播秩序的三重关系

民主是现代政治的标签，然而民主的概念却十分混乱。[1] 民主这一概念的复杂性，使得我们研究民主与政治传播秩序的关系前，需要首先澄清我们对民主的理解。民主从本质上来说作为对人类某种较为高级而且就目前来看较为优良、得到广为认可的政治运行形式的词汇建构，其既有对现实政治的经验性描述，同时也有对面向未来的、富有美好意义的政治运行模式的规范性想象。因而，对民主的理解需要分层。[2] 民主既具有制度性意义，又具有价值性意义。

民主的制度性意义是指民主是一种政治制度，是按照不同国家和地区的不同文化社会背景，将民主价值降维为可以指导实际政治运行和政治操作的政治制度、政治机构或政治运作机制。在这个意义上，民主制度强调的是民主的经验层面。建立在不同条件基础之上的民主将具有不同的表现

---

[1] 参见[美]乔·萨托利《民主新论》，冯克利、阎克文译，东方出版社1993年版，第7页。
[2] 参见[美]罗伯特·A·达尔《论民主》，李风华译，中国人民大学出版社2012年版，第24页；[美]乔·萨托利《民主新论》，冯克利、阎克文译，东方出版社1993年版，第17页；荆学民、于淑婧《关于民主传播的理论探索》，《政治学研究》2016年第3期。

形式，其往往是对一个地区、一个国家民主实际状况的描述和总结，具有较强的地方性、国别性色彩，具有较强的特殊性或较弱的普遍性，因而，也往往具有更强的描述功能和较弱的规范性功能。

与之相对，民主的价值层面则是站在人类政治文明的高度上来理解民主。所谓政治文明是指"人们改造社会所获得的政治成果的总和。一般表现为人们在一定的社会形态中关于民主、自由、平等、解放的实现程度"[1]。政治文明是人类共同、共享的政治成果。民主不仅是政治文明的组成部分，也是衡量政治文明的一个重要标准。在高度上政治文明层面的民主站在了全人类命运共同体之上，是对全人类政治的思考与规范，它根植于人类思想感情之中并联系于人类的价值追求和目标理想。这一高度决定了，政治文明层面的民主已经从意识形态、政治性中摆脱出来，获得了人类性的属性特点。在深度上，"政治文明层面的民主深入到了人性之中，是人性对自由、平等的需要和向往在政治共同体层面的展现与放大。正因为人性如此，政治共同体与人类共同体才得以塑造为如此结构、才得以以这样的方式运转、发展。这体现了这一层面民主的人性属性特点"[2]。人类性—人性这两方面构成了政治文明层面民主的本质属性——民主实际上是"非政治冲突性"的，[3] 因此，民主的价值意义是去政治的、去阶级的、去种族的、去意识形态的，其根植和生发于人本身和人类共同体本身的需要和发展。这使民主价值具有较强的普遍性，并对政治起着规范功能。[4]

民主与政治传播秩序的关系，可以从以下三方面予以理解：一是现代政治传播秩序生发于民主制度中；二是政治传播秩序是民主制度的重要组成部分，也是实现民主价值的重要因素；三是民主价值对政治传播秩序具有规范意义。

（一）政治传播秩序生发于民主追求

从政治传播作为学科的发生学来看，西方是在现代民主运行中出现政

---

[1] 《中国大百科全书·政治学》，中国大百科全书出版社1992年版，第504页。
[2] 荆学民、于淑婧：《关于民主传播的理论探索》，《政治学研究》2016年第3期。
[3] 参见荆学民《国际政治传播中政治文明的共振机制及中国战略》，《国际新闻界》2015年第8期。
[4] 参见荆学民、于淑婧《关于民主传播的理论探索》，《政治学研究》2016年第3期。

治传播的实践活动之后,才逐渐出现政治传播的概念甚至学科领域。这意味着,政治传播与民主密切勾连。

第一,尽管民主的制度形态各异,但在西方占据主导地位的仍然是竞选性民主或者说自由民主。这种民主理念和制度形式衍生自16世纪现代欧洲早期、资产阶级对于专制政权的批判,并最终在1789年法国大革命时期达到高潮。这种民主视竞争性选举为核心。如熊彼得(Joseph Schumpeter)曾为民主下过一个十分经典的定义:民主方式是为达到政治决定的制度上的安排,在这种安排中,某些人通过竞取人民的选票而得到作出决定的权力。① 政治学家达尔也认为民主由一系列的要素组成,其中,选举在各个这些要素中占据重要地位。② 达尔将其民主称为"多元政体"。亨廷顿的《第三波:20世纪后期民主化浪潮》也有同样的体现:如果用普选的方法产生最高决策者是民主的实质,那么民主化过程的关键点就是用在自由、公开和公平的选举中产生政府来取代那些不是通过这种方式产生的政府。阿尔蒙德也指出:在大型社会中,竞争性选举与成年人的普选权是真正"民治政府"(民主)的必要条件。③ 李普塞特(Seymour Lipset)也有同样的说法:在复杂的社会中,民主可以被界定为一种政治制度,该制度为更换政府官员提供合乎宪法的机会,也可以被界定为一种社会机制,该机制允许尽可能多的人经由选择政治职位的竞争者以对重大的决策施加影响。④ 借用近年来流行的一个术语,西方学者民主理论研究具有浓烈的唯选举主义色彩。⑤ 所以,所谓的西方民主,是指以竞争性选举为核心的,以多党制(包括两党制)、分权制衡、宪政、代议制、成熟的公民社会等为主要元素的,以自由主义为价值追求的一个有机系统。

---

① 参见[美]熊彼得《资本主义、社会主义和民主主义》,绛枫译,商务印书馆1979年版,第337页。
② 参见[美]罗伯特·A·达尔、布鲁斯·斯泰恩布里克纳《现代政治分析》,吴勇译,中国人民大学出版社2012年版,第105—107页。
③ 参见[美]加布里埃尔·A.阿尔蒙德等《当代比较政治学:世界视野》(第8版),杨红伟等译,上海人民出版社2010年版,第116页。
④ 参见[美]西摩·马丁·李普塞特《政治人:政治的社会基础》,郭为桂、林娜译,江苏人民出版社2013年版,第23页。
⑤ 参见景跃进《民主化理论的中国阐释——关于一种新的可能性之探索》,载余逊达、徐斯勤主编《民主、民主化与治理绩效》,浙江大学出版社2011年版,第79页。

西方学者的这种认识建立在认为民主是能够让所有成员平等地拥有决定该共同体由谁掌握决策权力的权利这样一种信念之上。而从西方民主的历史发展演化来看，选举和抽签、参与、投票密切相关，西方的民主历程便是一步步优化选举的过程。

第二，自18世纪以来，媒体便与西方民主的发生和发展过程密切相关，媒体也在选举以及与之相关的民主过程中起到越来越重要的作用。因而，学者麦克奈尔指出："与20世纪发达资本主义社会全民公选的成就一同到来的是发生在媒介的天翻地覆的技术革命。这场革命把广播和电视带给了广大受众。特别是20世纪的50年代，当电视走进了千家万户的时候，人际政治传播已然落到了民主过程的边缘地带。"① 可以说，媒介技术的发展促使了政治博弈与大众媒体传播的客观结盟，"广播民主""电视民主""网络民主"等民主现象的出现和概念的提出体现了媒介发展与民主的关系，这些以媒介命名的民主现象，折射出西方民主越来越媒介化、仪式化、娱乐化的现实。竞选越来越依赖公众对候选人的形象感知，如政治广告、政治品牌、政治营销、形象塑造、政治公关等。对此，有学者称之为"政治媒介化"，也有学者称之为电视民主或显像管民主等。

第三，现代意义上的政治传播作为一个学科真正形成正是发生于20世纪六七十年代大众传播兴起并对民主选举产生影响之时。有学者指出："西方政治传播学研究是媒体与民主关系变迁史的一个重要组成部分。政治传播学离不开对西方民主政治媒介化现象的早发研究。"② 因而，对政治传播的研究离不开对民主政治的关注；处于某种民主制度中的政治传播秩序的运行存在于、嵌入于一定的民主制度运作中，并服务于特定的民主制度；所形成的政治传播的秩序类型和特征也受限于其运行其中的某种民主制度。

（二）政治传播秩序建基于民主制度

政治传播是民主制度的重要组成部分，也是实现民主价值的重要

---

① ［英］布莱恩·麦克奈尔：《政治传播学引论（第2版）》，殷祺译，新华出版社2005年版，第23页。

② 郭小安：《以中国民主理念深化政治传播研究》，《中国社会科学报》2015年4月10日第A06版。

因素。

第一，民主制度是一个有机系统，是由各种因素融合而成的，对于这些要素，著名的民主理论家达尔将之总结为以下几个方面：1. 授予选举产生的官员以控制政府政策的最终决定权；2. 通过惯常、公平和自由的选举来选择与和平地更换官员；3. 所有的成年人都有投票的权利；4. 在选举中，大多数成年人还有竞选公职的权利；5. 公民具有自由表达的权利；6. 公民具有获取信息资源的权利；7. 公民具有切实的权利来组成与加入政治组织。①

第二，民主的几个方面几乎都与政治传播有着密切的联系。候选人需要借助政治传播（比如民意调查）了解民众的政治偏好，政府和政党还需要努力寻找各种各样的政治传播方式获得最大化的支持和尽可能多的选票。民众则需要了解政治信息，进行政治表达，参与政治讨论，以做出投票选择或参与政治决策的制定等活动。因而，政治传播学者们指出，"政治传播是民主的前提"②。

第三，价值层面的民主可以被分为直接民主、自由民主和协商民主，民主的三种哲学路径中的每一种都赋予了传播以重要作用（如表6-1所示）。对于古希腊人来说，激烈的辩论和协同论证的形成是直接民主的核心要素。在自由民主倡导者看来，自由和开放地获取各种媒体是保证真理和倡导不同政治思想并存的最佳途径。协商民主则需要经过深思熟虑的对话建立起公民文化和"维护民主的承诺"。这三种方法的理论家都会同意，如果没有充分的沟通和交流，就不可能拥有充满活力的民主。因此，"政治传播是民主运转的重要组成部分"③。也有学者更是直接指出："如果说，今天，在某种社会中占主导地位的交流状况决定了民主在该社会的命运，并因此决定了整个社会的命运的话，那么这种说法早已被证实并非

---

① 参见［美］罗伯特·A·达尔、布鲁斯·斯泰恩布里克纳《现代政治分析》，吴勇译，中国人民大学出版社2012年版，第105—107页。

② Frank Esser, "Mediatization as a Challenge: Media Logic Versus Political Logic", in Hanspeter Kriesi, et al., *Democracy in the Age of Globalization and Mediatization*, London: Palgrave Macmillan, 2013, p. 155.

③ Richard M. Perloff, *The Dynamics of Political Communication: Media and Politics in a Digital Age*, Routledge, 2013, p. 15.

不实之词。""在受传媒左右的当代社会,交流方式已成为对社会其他结构和过程产生决定性影响的强势权力结构。"①

表6-1　　　　　　三种规范民主与政治传播的关系

民主的规范视野	直接民主	自由民主	协商民主
原则	公民直接参与 平等 公民的社会义务	个体的自然权利 代议制政府 观点自由市场	对问题的理性公共协商 公共话语 影响政策的集体对话
传播的侧重点	精心制作的修辞辩论	自由表达 无障碍新闻自由	鼓励协商的论坛/文章等
缺点	大众社会不具操作性	把公民身份看作私人商品而不是公共利益	对不建立在协商之上的决定的轻蔑和说教

(三) 政治传播秩序规限于民主价值

民主具有价值层面的含义意味着现代民主制度都处于民主化的过程中,换句话说,民主制度的运行将在无限接近民主价值和民主理想的过程中逐渐完善。这对处于特定的民主制度或政治制度中的政治传播有着较大的理论价值和实践指导意义,民主价值对于民主制度的这种规范意味着政治传播也应受到这样的规范。

第一,一直以来对政治传播的关注本身,很大程度上来源于对新的媒介技术及其传播方式影响民主政治运行或民主价值实现等问题的关注,也往往立足于对民主的担忧或促进的角度来思考新的媒介技术和传播方式对政治或好或坏的影响。这意味着对从民主价值层面考虑政治传播秩序,是研究和规范政治传播秩序最原始的内涵和本质取向。因而,政治传播秩序需要受制于民主价值的规范,不利于民主价值实现的政治传播秩序类型即使获得较好的其他效果,比如效率、沉默式认同、被制造的共识等,其如不利于民主价值,也将失去正当性和合法性。

第二,民主价值对政治传播秩序具有规范意义还意味着,基于民主价

---

① [德]托马斯·梅耶:《传媒殖民政治》,刘宁译,中国传媒大学出版社2009年版,前言,第7页。

值的政治传播秩序能对民主制度的优化发挥能动性。某种政治传播秩序虽然在特定的民主政治制度中运行，以这一特定的民主政治制度为前提，也为这种民主制度服务。然而，政治传播秩序也在民主规范价值的号召下，不仅仅服务于特定的民主制度或者其他的政体制度，还对特定的政治制度形式或者民主制度形式具有一定的反作用，具有超越特定政治制度框架运行的独立性。也就是说，民主价值的规范性意义将促使政治传播秩序在一定程度上具有推进特定民主制度形式或者其他政体形式转变的可能潜力。这意味着政治传播秩序不仅仅是民主政治的重要组成部分，而且具有一定的能动性，即尽管某种政治传播秩序处于特定的民主政体或者任何政体中，但它在某种程度上又可以超越现有的竞选民主形式或者特定的政治制度形式的桎梏，进而与民主价值本身相勾连。当政治传播秩序的形式和运行更有利于民主价值的实现，而其所处的民主制度和政治制度阻碍这种政治传播的运行时，那么这很可能意味着后者具有优化或转型的必要了；当然，如果政治传播秩序运行是破坏和阻碍民主的，那么政治传播秩序也具有根据民主价值优化或转型的必要。政治传播秩序与民主这一关系说明，一方面，价值层面的民主是规范政治传播的重要视角，另一方面，政治传播的转变也将激发民主制度或政治制度的转变或揭示后者有着需要转变的必要性。

综上来看，民主与政治传播秩序呈现互动关系，民主在结构、行动者和运行过程等方面均与政治传播秩序有着密切的关系。民主制度制约着置于其中的政治传播秩序的各个结构、行动者和运行过程，而民主价值则从文化和价值层面为政治传播秩序提供合法性依据和认可的根基。可以说，民主与政治传播秩序形成了一体化。这一方面使得政治传播秩序本身融入民主运作之中，使得政治传播秩序的合法性得到巩固；另一方面也使信仰民主的民主价值的践行者成为塑造政治传播秩序的积极行动者。这使得民主与政治传播秩序产生了一种良性互动和相互强化，同时也更为强化和凸显了民主作为政治传播秩序必不可少的现代政治基石。

二　民主价值对政治传播秩序的规范

民主作为政治传播秩序的基石，并不是说它是政治传播秩序的唯一和全部，而是强调现代政治传播秩序具有民主这一显著特性，这一特征相对于其他特点具有更为基本的重要性和规范性。

不管是怎样的政治制度，政治权力都是其核心。在民主政治中，民主价值主要对政治权力进行规范，这主要包括从权力的授权和施权层面对现代政治提出规范要求。民主要求现代政治在授权层面和施权层面体现公共性，一方面政治权力应代表公共利益，另一方面"价值的权威性分配"[1]应体现公共性。这从价值层面规范了基于民主的政治传播秩序不仅需要在政治层面体现公共性，而且需要在传播层面致力于追求政治信息的真实性和准确性，而这种要求不仅仅适用于媒体，也适用于以政府/政党和民众为行动者的政治传播活动，规范其政治传播行为。作为通过传播达到某种政治目的的保障机制，政治传播秩序在民主价值规范下，需要有利于这种公共性的有序实现。据此，如表6-2所示，民主在以下三个层面规范着政治传播秩序。

表6-2 民主价值规范下的政治传播秩序

规范的三个层面		民主的规范	对政治传播秩序的规范
政治共同体		政治认同	沟通协商的、双向的、理性的
政治制度/政体		解决分歧、包容异见的机制	民主的、制度化的
执政者	政策	公共舆论向政策的转化及政策的实施	表达的、有力的、多元主体的
	治理	善治	

（一）共同体层面的规范

政治学者戴维·伊斯顿曾指出，政治共同体是指统一政治过程中诸多个体所组成的群体，通常以"共同体感"这一情感纽带维持。[2] 在政治共同体层面实现政治认同是政治共同体存在的根基，也是民主政治存在的必要条件。因而，基于民主价值的政治传播秩序需要有利于实现政治共同体层面的政治认同。这样的认同建立在社会从整体上存在着一般性的基本共

---

[1] [美] 戴维·伊斯顿：《政治生活的系统分析》，王浦劬译，人民出版社2012年版，第20页。

[2] 参见 [美] 戴维·伊斯顿《政治生活的系统分析》，王浦劬译，人民出版社2012年版，第171页。

识，亦即分享同样的价值信仰和价值目标。

第一，对于政治共同体层面的共识和民主的关系，萨托利（Giovanni Sartori）曾指出，尽管"不能断言共同体信仰层次的共识是民主的一个必要条件，但可以有把握地说，对基本信条的共识，是民主的一个有利条件"①。而这种共识和认同在政治共同体层面存在两个方面：一是广义层面的政治文化，二是政治制度体系。与"古代国家"的认同主要基于文化不同，现代国家认同的关键还在于政治制度体系，亦即是否有特定的制度性安排将一定区域的人民整合为一个能够共享制度安排的统一共同体，② 对于制度的认同还隐藏着对这种制度背后所表达和追求的价值和意识形态的认同。

第二，对于政治文化来说，显然，民主价值下，政治文化性的共识，绝不是通过刻意、强制和高效的方式机械地将政治文化进行同质化，将"多"统一到"一"的过程，因为其所产生的负面效果将可能在长久之后爆发。③ 进入现代政治，尤其是民主政治的时期，政治共同体层面的文化认同建立在人的主动认可和服从基础之上，因而，这是一个长期的、自然而然的过程。这意味着基于民主价值的政治传播秩序应是一种不断沟通的、协商的政治传播秩序。其所形成的是一种类似哈耶克所说的"自生自发秩序"的过程。正如哈耶克指出，"自生自发秩序是在那些追求自己个人目的的个体之间自发自生的"④，它是人行动而不是人设计的结果，也就是说，无数有机融合个人独立决策和行动的非意图的结果。基于民主价值的政治传播秩序正是需要在政治共同体层面服务于在"自生自发"间形成政治文化的认同。

第三，对于政治制度，现代政治最根本的就是民主，民主不仅是一种价值，更重要的是基于民主价值形成和运行的一套能够体现民主价值的政治制度。政治制度的认同及其背后的价值和意识形态的认同，显然不是单向的行动，而是双向的行动，对制度的认同也不是一种建立在情感和信仰

---

① ［美］乔·萨托利：《民主新论》，冯克利、阎克文译，东方出版社1998年版，第102页。
② 参见林尚立《现代国家认同建构的政治逻辑》，《中国社会科学》2013年第8期。
③ 参见林尚立《现代国家认同建构的政治逻辑》，《中国社会科学》2013年第8期。
④ ［英］弗里德利希·冯·哈耶克：《自由秩序原理》（上），邓正来译，生活·读书·新知三联书店1997年版，代议序，第17、29页。

上的非理性行为，而是一种理性的行为。因而，基于民主的政治传播秩序在政治共同体层面是双向的，而不是单向，是理性的，而不是情感的。

（二）政治制度层面的规范

政治制度（Political Institution）指的是规范政治过程的制度规则体系，也被称为政体（Polity），① 是为政治运行提供的一套基本的政治框架和规则。"一个国家的政治制度决定了公民限制和影响政治家如何行事的能力。"② 民主价值规范本身要求这种政治制度是民主的，而置身其中的政治传播秩序自然也应该体现出民主的一面。

此外，基于民主价值的政治传播秩序在政治制度层面还要求政治传播的制度化。制度化的政治传播是指，存在一种有关意见和利益分歧和解决分歧的规则，使得各个行动者之间的政治传播和沟通能够有规则可循，进而通过运用合法的传播方式而不是寻求其他暴力、冲突的表达手段，实现意见的表达、利益的聚合及二者的政策转换。

（三）执政者层面的规范

执政者或权威当局（the Authorities）是指政治权威角色的承担者，即具体的掌权者，其代表的是狭义上的政治（Politics），主要围绕"权力"二字，并包括两个维度：权力的获得（授权）和权力的运用（施权）。

第一，在现代民主政治中，执政者执政权力的获得往往是通过政治制度/政体而实现的。尽管按照研究政治合法性的学者的观点，权威可以是基于历史和传统的传统型权威、基于人格力量的魅力型权威、基于与某种职位有关的一整套非人格化规则的法理型权威，以及基于意识形态或政府绩效的权威等。③ 但在现代民主政治中，民主政治的运转要求政治的运作和政策的执行建立在执政者具有权威的前提下，而执政者的权力正当性和合

---

① 参见 Jesper Strömbäck, "Four Phases of Mediatization: An Analysis of the Mediatization of Politics", *The International Journal of Press/Politics*, Vol. 13, No. 3, 2008, pp. 228-246.

② ［美］德隆·阿西莫格鲁、詹姆斯·A. 罗宾逊：《国家为什么会失败》，李增刚译，湖南科学技术出版社2015年版，第29页。

③ 参见［德］马克斯·韦伯《经济与社会》（上卷），林荣远译，商务印书馆1997年版，第241页；赵鼎新《国家合法性和国家社会关系》，《学术月刊》2016年第8期。

法性来源是需要基于政治制度的。因而，在竞选型民主政治中，政治候选人往往遵从竞选型民主政治的游戏规则，并借此获得执政的权力和合法性。他们会努力寻求在竞选活动中获得席位甚至在他们的执政过程中也存在着服务于继续获得权力的"永久性竞选活动"。这决定了基于民主价值的政治传播秩序是服务于执政者在政治制度中塑造权威和获得权力的合法性的。

第二，权力运用的第一方面是政治政策（Policy）。政治传播学者乔瑟夫·斯托平克指出，政治政策主要是指政治的"生产"。政治政策的特征是：协调和平衡利益、组织谈判、辩论替代政策选择、通过审议和集体决策制订计划、达成共识，以及最终找到针对重大问题的长期解决方案。① 当然，基于民主的共识并不是追求意见的一元或者卢梭的理想主义所谓的"公意"，而是一种"多元主义的共识"或"多元的异见"，也不是赞扬和鼓励冲突，而是秉承着这样的原则："无论自称为正确或真理的是什么观点，它必须经受批评和异议，并因此而获得活力。"② 现代民主可以说是政治制度对大众社会和公众参与政治的回应结果。这意味着，民主价值规范下的政治传播秩序，首先需要有助于整合各种舆论和意见，并实现公共舆论和意见向政策的转化和政策的有效实施。民主价值要求现代政治传播尊重自下而上的公共舆论，并促进公共舆论的有机整合，进而形成将公共舆论转化为政策的有效机制。这决定了基于民主价值的政治传播秩序是"表达的政治传播"③ 和渠道通畅的政治传播，以保障各种意见的表达和传播，并在多元的表达和相互传播中实现整合、共识、认同及公共性。正如学者巴克所指出的："一切民主制度的基础和本质是受讨论的统治。"④ 而政策的实施还有另一层内涵：民主价值规范下的政治传播秩序需要是有力的。有力的政治传播主要围绕自上而下的政治信息传递，其既

---

① 参见 Jesper Strömbäck, "Four Phases of Mediatization: An Analysis of the Mediatization of Politics", *The International Journal of Press/Politics*, Vol. 13, No. 3, 2008, pp. 228–246。

② [美]乔·萨托利：《民主新论》，冯克利、阎克文译，东方出版社1998年版，第104页。

③ 萨托利曾主张将具有"表达的"交流从不具有表达的交流中区分开来，并指出，表达"不仅仅意味着信息的传输"，因为那种通过制度化的民意调查来进行的政治传播仅仅是让当局了解民情，而没有注意到表达所内在的权力流动。对此，下文还将更为详细地解释，在此不再赘述。参见[意]萨托利《政党与政党体制》，王明进译，商务印书馆2006年版，第85—86页。

④ 转引自[美]乔·萨托利《民主新论》，冯克利、阎克文译，东方出版社1998年版，第103页。

指政治传播需要建立在权威基础之上,也要求政治传播有利于权威的塑造和执行,以使政策和权威得以有效输出,进而帮助政治系统对"价值进行权威性分配"①,保障政治秩序的同时使政治系统能够有效地提供优质和恰逢其时的政治产品。

第三,权力运用的第二方面是治理的有效性,民主价值对治理的规范是后者走向"善治"。从全球范围来看,民主面临着很多困境。西方老牌民主国家的民主政治出现了极化、政府无能、治理无效等问题;第三波民主化浪潮中的新型民主国家在实现民主转型之后,并没有得到高质量的政府服务,甚至失去了基本的政治秩序。因而,民主理论开始反思那种以"选举"为中心的民主观。近些年来,民主与治理无论在理论还是实践层面都关系更加紧密,甚至出现了"治理吸纳民主"的民主与治理融合的民主治理理论与实践。②

当然,对于"治理"一词,其有种种用法和种种意思,在中西方的学者和官方语境中也存在理解上的差异。尽管如此,研究治理理论的权威人物格里·斯托克(Gerry Stoker)指出:就理论来说,治理有一基本的相同之处:"治理是多种统治过程和互相影响的行为体的互动带来的结果。"③ 另一位著名的治理理论研究者詹姆斯·罗西瑙(James N. Rosenau)也指出:不依靠强制力,而是通过共同的目标来维系是治理与政府统治的重要方式。④ 我国研究治理的著名学者俞可平在梳理了关于治理的各种理论后提出:"善治"是治理的理想形态。善治的基本要素有 10 个:合法性、法治性、责任性、透明性、回应性、有效性、参与性、稳定性、廉洁性、公正性。从本质来看,所谓"善治"就是通过政府与公民对公共生活的合作管理使公共利益最大化。⑤

---

① [美]戴维·伊斯顿:《政治生活的系统分析》,王浦劬译,人民出版社 2012 年版,第 20 页。

② 参见佟德志《治理吸纳民主——当代世界民主治理的困境、逻辑与趋势》,《政治学研究》2019 年第 2 期。

③ [英]格里·斯托克:《作为理论的治理:五个论点》,华夏风译,《国际社会科学杂志》(中文版)2019 年第 3 期。

④ 参见[美]詹姆斯·N·罗西瑙主编《没有政府的治理》,张胜军等译,江西人民出版社 2001 年版,第 4—5 页。

⑤ 参见俞可平《增量民主与善治》,社会科学文献出版社 2005 年版,第 146—147 页。

基于中西方学者的研究，从本质来看，"善治"可谓民主与治理结合的结果。在这样的思路下，基于民主价值的政治传播秩序需要在治理层面致力于服务并导向善治。而善治所要求的政府与公民对公共生活的合作管理则意味着，民主价值规范下的政治传播秩序是在多元主体之间形成协商对话的一种政治传播机制，也就是说，执政者在现代民主政治价值下不再是一个狭义的概念，而执政也不再框定于单个的执政者/执政党或组织集团，而是一个更为广义的概念和范畴。综合起来，政治制度和治理在民主层面的结合使执政者同时在价值权威和执政有效性中实现一种平衡，政治传播则在这一层面保障这种平衡的实现。

综上，民主是政治传播秩序的现代政治基石，其在价值层面对政治传播秩序的规范对政治传播实践具有指导意义。从实践来看，这种规范性不仅意味着民主价值本身构成了评判政治传播秩序正当性与否的重要标准，也成为政治传播秩序所置于的环境的重要组成部分，其构成了政治传播秩序所处的文化和价值环境。政治传播秩序能够适应并与所处的环境和情境相契合，是其能够保持和稳定的关键。

三 自媒体时代协商民主对政治传播秩序的特殊意义

在自媒体时代，民主作为政治传播秩序的现代政治基石，意味着，对于未来政治传播秩序的优化和完善，关键不是要不要民主，而是如何优化民主与自媒体政治传播的互动关系，以使政治传播秩序更好地应对自媒体时代的政治传播问题，以及未来可能面临的各种挑战，更加适应自媒体时代的不确定性、不可靠性和易变性。这对于政治传播秩序来说，就是如何结合新的传播媒介、适应新的信息环境，通过激活自媒体的政治传播的功能，促进政治传播秩序的民主化，进而促进政治传播秩序的优化和规范的问题。

从全球民主理念的发展来看，协商民主成为自媒体时代建构未来政治传播新秩序的民主基石。民主作为政治传播秩序的现代政治基石，并不意味着民主的价值是不变的。在不同的阶段，民主元价值延伸的价值之间的冲突，及民主价值本身与其他价值的张力，也会促使民主形式和理念的侧重点发生转变。现代意义上的民主政治是以选举或者说竞选为核心的。然而，选举民主自产生以来一直遭到许多批评和质疑。自媒体时代，竞选民主的缺陷更加凸显。学者们纷纷思考民主的其他理想形式。协商民主的复兴，正是这种转变的体现。

民主价值的协商民主取向，使原有基于竞选民主基础上的政治传播秩序也相应地发生转变，这进一步导致政治传播秩序向不同的规范方向迈进。协商民主作为新的政治民主形式，需要一种与之配套的政治传播秩序。一方面，致力于弥补原有的基于单一竞选民主的政治传播秩序的缺陷，另一方面，通过在原有的竞选民主中揳入更多的协商因素，重新规范未来政治传播的新秩序方向。

（一）基于竞选民主的政治传播秩序及其困境

竞选民主的竞争性特点使基于其上的政治传播体现出营销的秩序特点，也就是政治营销秩序。政治营销秩序尽管在一定层面上能够满足竞选民主的运作要求，但另一层面其也存在一系列的困境，甚至反过来损害民主的本质。

第一，竞选民主的政治运作特点将基于其上的政治传播秩序塑造出政治营销的特点。熊彼得对民主的定义揭露了民主政治的竞争性本质[①]，在民主政治中，政治权力的合法性建立在通过竞争人民的选票获得支持的机制之上。这种市场化特点需要一种集专业化、精准化、灵活性、持久性与保守特点于一身的新政治传播方式，以便为政治传播行动者争夺"合法性份额"时刻做出恰当的准备和选择，这种竞争性与基于认同和支持的合法性机制促发了政治营销的形成。

尽管目前学界对政治营销的概念和边界还未达成共识，但一般均认为政治营销就是各种个人和组织将市场和商业领域的营销理论、原则、程序和逻辑运用到政治领域，类似推销某些商品一样地推销候选人和政党。[②]

[①] 参见［美］熊彼得《资本主义、社会主义和民主主义》，绛枫译，商务印书馆1979年版，第337页。

[②] 参见［美］布鲁斯·埃·纽曼《营销总统：选战中的政治营销》，张哲馨译，上海人民出版社2007年版，导读，第1—5页。

有学者认为这种新的政治传播实际上是宣传在商业、市场领域蓬勃发展后对政治领域的反哺，因而在他们看来，政治营销是宣传的一种螺旋上升后的状态①，是为适应新的政治环境，政治宣传的变种。研究公关关系的伯内斯（Edward L. Bernays）所提倡的"新宣传"②正是政治营销的早期概念化，其他学者所提出的"科学式宣传"③也与政治营销的所指具有很大重合。当然，尽管政治营销与政治宣传在很多方面有相似之处，但其所处的政治环境及其内在的哲学基础仍与政治宣传有很大差异。营销在政治领域的生长和发展来自政治本身的公共性及民主化。政治的公共性要求所有的政治力量都必须以争取公众的支持作为合法性的来源及实现其政治意志的基础。随着社会力量的强大，营销越来越成为政治获取公众支持的最重要的方式。④现代政治的民主化可谓政治公共性的制度化。而选举是现代民主政治的一个重要特点，政治营销正是随着选举民主的发展，为赢得竞选而应运而生的一种新政治传播方式。

第二，从政治传播与民主的关系来看，在政治体系运行中，政治营销已经将自身镶嵌于现代竞选性的民主之中，同政治宣传一样通过本身的应用强化着自身的合理性同时建构和强化着其所服务的政治体系的秩序。正如有学者指出的："选举政治的实践越来越几乎在所有地方都与复杂的营销策略交织在一起。"⑤从本质来看，政治营销理论建立在经济学中的"理性人"假设基础之上。理性人假设认为："经济当事人在给定的约束下最大限度地追求他们的个人利益。"在民主框架下，政治传播主要处理的是政府与选民之间的关系，其中政党是以执政为目的的团体，将选民与政府联系在一起。这三者被认为均是理性的：政府的理性行动体现为最大化对自己当选的政治支持；理性的政党追求最大化选票；理性的选民追求最大化个人利益，这种对自身利益的追求驱使他们支持他们预期能够给自

---

① 参见荆学民、段锐《政治传播的基本形态及运行模式》，《现代传播（中国传媒大学学报）》2016年第11期。
② ［美］爱德华·L. 伯内斯：《宣传》，胡百精、董晨宇译，中国传媒大学出版社2013年版，第53页。
③ 刘海龙：《宣传：观念、话语及其正当化》，中国大百科全书出版社2013年版，第374页。
④ 参见赵可金、孙鸿《政治营销学导论》，复旦大学出版社2008年版，第1页。
⑤ David L. Swanson, "Political Communication Research and the Mutations of Democracy", Annals of the International Communication Association, Vol. 24, No. 1, 2001, pp. 189–205.

己带来最大利益的政党。① 正是三者的理性使政治营销变得可能。来自政府和政党的理性迫使二者努力寻找各种各样的政治传播方式获得最大化的支持和尽可能多的选票,这为政治营销提供了主体动机;而选民的理性则为政治营销奠定了进行实际操作的指向、提供了客体对象。政治营销在实现了三者信息、意见循环和交换的基础上满足着三者的理性需求。

第三,政治营销秩序尽管在一定层面上能够满足竞选民主的运作要求,但另一层面其也存在一系列的困境,甚至反过来损害民主的本质。

首先,从理论来看,政治营销建立在经济学的"一般均衡方法论"的假设之上,即认为"大量个体(生产者和消费者)自发地追求个人利益的行为可以导致一种完美的市场秩序(竞争均衡)"②。这种思想可以追溯到经济学者亚当·斯密(Adam Smith)的理念,他认为:个人对私利最大化的追求将有助于公共利益的实现。这意味着将以国家共同体为中心的权力政治倒换成以个人为中心的利益政治。而政治营销是把二者联系在一起的政治传播方式,信息成为"通过精英和选民史上那只看不见的手达到的不同利益趋同的中心条件"③,通过政治营销所形成的信息流动模式,在个体自由追求利益表达、多元组织竞争与"多数决策"的民主程序下实现一种渐进的、顾及多数人的秩序生成方式。但是,这种多数决策的过程却具有强制性、垄断性和排他性。不仅如此,在政治营销主导秩序建构的政治中,"社会是单个理性的人的集合体,每个个人都在考虑实现个人目标的最佳途径"。④ 公共利益不再是公共体的共同利益,而转变成为私人利益的总和。因而,哈贝马斯指出,这种秩序的建构与维持建基于"对个人理性的机械集合之上",其对个人理性导向公共利益的假设体现出一种秩序建构的机械性。

其次,从政治营销的现实操作来看,尽管不同于政治宣传对民意的自

---

① 参见[美]安东尼·唐斯《民主的经济理论》,姚洋等译,上海人民出版社2010年版,译者序,第Ⅳ页。
② [美]安东尼·唐斯:《民主的经济理论》,姚洋等译,上海人民出版社2010年版,译者序,第Ⅱ页。
③ [德]托马斯·梅耶:《传媒殖民政治》,刘宁译,中国传媒大学出版社2009年版,第5页。
④ [英]詹姆斯·戈登·芬利森:《哈贝马斯》,邵志军译,译林出版社2010年版,第50页。

上而下的塑造和控制，政治营销注重的是对民意的调查、收集和综合，但由精英主导的这种民意表达和整合过程仍缺乏主动的政治表达和有机的政治整合，形成了一种类"逆向参与模式"的政治表达方式和精英主导的整合方式。具体来看，在政治营销中，政治议题的内容和边界一定程度上由民众所决定，但在众多的议题选择中，精英具有更大的议程设置能力和选择权；民众的需求在政治营销中被充分考虑，但在多元的价值排序中，精英决定一个阶段国家所追求的总体目标和价值资源的分配。政治营销虽然提倡为满足民众需求而进行政治传播策略的制定，但在经验层面，其与精英操纵、控制民意、"制造同意"之间的界限十分模糊，这使其仍然内含着对大众理性—精英理性的差异对待及对前者的不信任。[1]

最后，政治营销并不能解决竞选民主政治中所体现出的工具理性困境，即政治传播者往往为赢得多数选票而不择手段，那些形象包装导向而不是政策导向的政治传播技巧，那些诉诸情感、表演而不是理性、逻辑的政治传播手段，都揭露出这种工具理性指导下的政治传播对于民主质量的损害，选举的目的不再是导向公共性和公共利益，而成为一场赢得选举的竞赛。对此，哈贝马斯直截了当地批判了西方政治传播活动中营销化和娱乐化的政治沟通方式。他认为，随着社会思想和文化观念的转型，当代民众的政治参与热情早已大幅度下降，他们已由关心"政治选票"的政治参与心态转向了关注"公共事务"。然而，当今的公共领域充斥着市场和金钱的味道，那些一切把公共事务市场化、娱乐化、戏剧化、简约化的做法无异于让民众饮用盐水，让他们在政治沙漠中越陷越深，越喝越"渴"。[2]

（二）自媒体时代竞选民主的政治传播困境凸显

自媒体时代，政治传播秩序正在经历深刻变革，同时竞选民主的缺陷却更加凸显。井喷式的政治表达并未带来公民之间、国家与社会之间的良

---

[1] 参见［德］哈贝马斯《哈贝马斯精粹》，曹卫东译，南京大学出版社2004年版，第243页。

[2] 参见 Jürgen Habermas, "Political Communication in Media Society: Does Democracy Still Enjoy an Epistemic Dimension? The Impact of Normative Theory on Empirical Research", *Communication Theory*, Vol. 16, No. 4, 2006, pp. 411–426。

性沟通，反而使政治传播和民主政治发展面临种种沟通困境，从理性基础、对话机制和公共决策等层面，对当下的民主政治提出挑战。

1. 理性基础层面

理性的公共舆论是现代竞选民主政治良性运作的基础，但在自媒体时代的政治传播中，这一基础却受到侵蚀。其一是非理性一端的崛起。一方面，媒体的富裕未能给公民理性表达和理性沟通提供有效机制，碎片化、极端化的信息环境无法为公民理性提供知识基础，反而加剧了传播向非理性的情绪化和非实质性的表演化堕落。另一方面，政治受新媒体技术的驱动加速了媒介化，促进了政治家与民众的直接接触。政治家变得越来越容易通过调动情绪甚至利用虚假消息对公共舆论加以操纵和控制，这无疑扭曲了二者的政治沟通关系。可以说，在自媒体时代，政治传播形成了两个"独立的思想和逻辑体系"，其中"支持感情、信仰，拒绝真相和科学"的非理性逻辑更加突出，并正在冲击和挑战启蒙时代以来"崇尚精确、科学和理性"的政治遗产。[①]

其二是理性的声音被淹没。在自媒体环境下，整个信息传播空间中并不缺乏理性的政治传播表达者，但这种理性却极易遭遇破坏。破坏既来源于权力、资本和技术的驱动或三者有意无意的合谋，也来源于自媒体传播引发的谣言四起、信息浪潮、无责漫谈、政治正确泛化和网络暴力等的无意遮掩。特别是在大数据、算法、社交机器人的技术驱动下，流量至上、娱乐取向、精准推送的传播逻辑，以及随时嵌入的资本逻辑和政治逻辑，更是加剧了沉默螺旋、舆论极端化和舆论操纵等问题。非理性的排他性，也使理性难以通过与非理性对话，扭转非理性崛起的局面。这消解了政治表达的责任性、公共性和多元性，稀释了信息的理性、真实和权威，致使理性的声音在自媒体时代的整体政治传播生态中并不总是得到凸显。理性基础被侵蚀带来的结果是，政治运作越是建立在所谓的"公共舆论"基础上，与民主的本意也将越是背道而驰。

2. 对话机制层面

从民主角度来看，信息多元是政治传播的常态，合理的意见分歧是现

---

① Jack M. Mcleod, "When Democracy Failed: Can Political Communication Research Contribute to Civil Recovery?", *Political Communication*, Vol. 35, No. 4, 2018, pp. 657–661.

代政治保障自由的基础,也是各类政治行动者展开公开对话的基本条件。然而,在自媒体时代,诸多矛盾加剧了社会的异质性,意见的多元和分歧极易走向极化,这使公民之间的对话常常难以实现。其一是自媒体扩大了政治的个人性。① 在自媒体时代,个体在表达和信息选择方面获得了极大自主性,但这也加厚了"信息茧房"之间进行意见交换的壁垒,加之算法技术的个性化精准推送,人与人之间在观念、价值、意识形态和立场等方面的差异性,不减反增。

其二是互联网传播逻辑加剧对话失败。一方面,在虚拟网络中,与温和群体相比,极端化群体的意见因具有潜在的冲突和娱乐价值更易受到关注,这助推了网络群体对极端化表达形式和内容的运用。另一方面,网络传播具有非黑即白的单向思维特点。这使网络对话容易受到价值立场先行、意识形态滤镜、上纲上线思维等因素的影响。这些情况破坏了民众之间的对话和沟通,造成了"有害的两极分化"、各种偏见充斥网络公共辩论、道德审判主导对话方向等现象,使对话被扭曲为相互扯淡、自说自话甚至互相谩骂。因而,"不和谐"和"脱节"成为当代媒介公共领域的显著特征。② 对话的失败加大了民主政治通过政治沟通弥合意见冲突、弱化价值对立的难度。

其三是极化合流形成了伪对话和伪共识。在自媒体时代,政治传播的极化演变出了多种极化势力合流的危险趋势。在其中,持极端化观点的不同势力形成某种共同的意义空间,凭借信息合流带来的流量优势,对其他信息产生碾压,最终使舆论的极端性加剧。合流现象可以概括为两种情况:一种是在权力或利益的驱使下形成的有意合谋。比如,民粹主义的兴起、后真相的崛起以及"特朗普主义"与"群氓主义 2.0"的合体等③均受到这种合谋的影响。在其中,政治借助互联网形成的扁平化传播、社交

---

① 参见 Mathew Humphrey, Maiken Umbach and Zeynep Clulow, "The Political is Personal: An Analysis of Crowd-Sourced Political Ideas and Images from a Massive Open Online Course", *Journal of Political Ideologies*, Vol. 24, No. 2, 2019, pp. 121 – 138。

② 参见 Barbara Pfetsch, "Dissonant and Disconnected Public Spheres as Challenge for Political Communication Research", *Javnost-The Public*, Vol. 25, No. 1 – 2, 2018, pp. 59 – 65。

③ 参见荆学民《事实判断与价值引导:后疫情时代何种政治"主义"将统摄传播——一种政治传播理论视角的思考》,《武汉科技大学学报》(社会科学版) 2021 年第 3 期。

媒体形成的直接抵达式传播、自媒体对极端化的传播偏好等，通过短暂的舆论操纵策略或与非理性舆论的假意迎合，实现其权力和利益。另一种是由于某种意识形态观念相同而造成的无意连接。比如，在某些问题上具有不同意见的公民会因为民族主义、国家主义、反智主义等暂时站在同一舆论阵营，这些阵营得益于自媒体和社交媒体而被扩大，由此在同一意识形态圈内实现某种无意的连接，造成声势浩大的舆论声浪，将其他声音排斥出圈。可见，不管是有意合谋还是无意连接，极化合流带来的不是以对话为中介的真正共识，而是通过"伪对话"制造的"伪共识"，其破坏了政治沟通，并从公共性、合法性和民意基础等方面使当下民主政治运作的有效性大打折扣。

3. 公共决策层面

竞选民主政治一方面在于通过选举实现对代表的选择，另一方面在于推进民意与政策之间的制度性连接。从公共决策层面来看，前者涉及对重要决策人的选择，后者涉及对政策议程进行重要性排序的机制。在自媒体时代，这两个过程都受到了扭曲。其一，在媒介富裕和信息爆炸的环境中，政治营销、公共关系、舆论操纵和社交机器人等在竞选中被广泛应用，加剧了政治传播的个人化，亦即政治传播从过去对政党政策和政治议题的传播，转变为对政治家个人的营销。个人化使获选不再取决于政党的优质政治方案，而是取决于竞选者对吸引眼球和赚取流量等舆论传播策略的运用。个人化正在消解选民与候选人之间通过政治沟通建立起的权力代理关系，破坏了代议民主的有效性和合法性。

其二是自媒体技术为民众带来了表达的便利，但无法保障公共决策对民意的吸纳。在自媒体时代，原有处于政治传播边缘的民众运用新媒介技术得以进行政治表达，并借助舆论的力量，使其政治诉求获得媒介可见性。但由于各种主观客观原因，民众的政治意见和政治诉求仍然缺乏有效的、合理的途径对公共政策产生稳定性的影响，上行的网络政治表达与公共决策之间还未形成有效合理的制度性连接机制，通过社会向国家的常态政治沟通，保障公共决策的民主化和科学化。

总之，自媒体时代政治传播秩序的种种问题冲击着现代民主政治的有效运作，其根本原因是原有政治传播秩序面临的沟通失灵问题。在自媒体时代"众声喧哗"和"洗衣机搅拌"式的信息传播中，原有的民主政治和政治传播缺乏一种有效的、制度化的机制,通过促进公民与公民之间以及社会与国家之间的政治沟通,将纷繁复杂的政治信息予以消化、整合和吸纳。政治传播学者伯内特和恩特曼曾呼吁,在选举之外创建新的沟通渠道,将信息技术运用于协调、集体协商和决策①。选举民主曾为现代社会不可避免形成的多元思潮提供了有效的解决方案,通过竞选和多数投票,为现代政治所需要的理性、共识、决策和合法性等提供了程序性的机制。然而,在自媒体时代,显然仅仅依靠原有的多数投票和竞选程序很难在实质上化解民主政治的沟通困境。

(三) 协商民主的兴起及其对政治传播秩序的规范

协商民主被认为是针对选举民主的缺陷——诸如代表制失灵、多数人暴政、政治冷漠和社会对立等问题——而发展起来的。协商民主是当代西方民主政治思想的最新发展,也是民主原始理念或原生态民主的一种复兴。② 当然,协商民主并非完全不同于竞选民主,以与竞选民主完全割裂和对立的一种民主形式存在,而是深深根植于西方原有的民主实践中。协商民主不是为了代替选举,不是要彻底覆灭原有的竞选民主,而是对以竞选为核心的主流民主形式的一种补充和完善。在继续延续原有的竞选民主的情况下,增加更多协商的因素,使实际的代议制政治运行模式,更加朝向"协商"的一端倾斜,协商民主希望通过对"协商"的重新重视,能够找到一种沟通分歧的合理办法,既切实维护民众的利益,又为政策制定赢得更多合法性支持,③ 旨在使民主理论和民主实践更加适合全球化和信息化时代国家的政治发展现实需求④。

协商民主的复兴,为重新建构自媒体时代的政治传播秩序提供了新的理念和思想。基于竞选民主的政治营销秩序并不能很好地满足民主价值的

---

① 参见 W. Lance Bennett and Robert M. Entman, eds., *Mediated Politics: Communication in the Future of Democracy*, New York: Cambridge University Press, 2000, p. 16。

② 与选举相比,协商是更为直接的民主呈现方式,民主的原生态不是选举,而是共议和协商。参见林尚立《基础与动力——协商民主何以在中国成长》,《世纪行》2016 年第 5 期。

③ 参见卡罗琳·亨德里克斯《公民社会与协商民主》,载陈家刚选编《协商民主》,上海三联书店 2004 年版,第 121—140 页。

④ 参见[南非]毛里西奥·帕瑟林·登特里维斯主编《作为公共协商的民主:新视角》,王英津等译,中央编译出版社 2006 年版,总序,第 1—3 页。

需要，这就需要转而寻求新的政治传播秩序和新的民主价值基础。同时关注政治传播和协商民主这两个问题的学者哈贝马斯曾明确呼吁把协商民主引入政治传播实践活动中。① 哈贝马斯指出：如果缺乏协商民主，一方面，那么该时期公共领域内的政治传播会在政治层面、民众层面和社会集团层面不可调和地各行其道，其导致的舆论大战和话语权争夺轻则难以平息，重则产生社会混乱。在另一方面，政治活动也开始两面为难，它既要加大自己的正面影响，又要防止向更糟糕的情况转化。基于此，哈贝马斯认为，必须在公共领域内部嵌入一个舆论过滤机制，保留具备政治、社会价值的舆论信息并加以探讨、商议，缓解国家与社会之间的矛盾，使国家摆脱合法性危机的困扰。这个机制正是协商民主。②

根据学界关于协商民主的共识——认为其内含着"具有的教育民众、合法化决策、培养公共精神、揭示信息等潜在的优势"以及对包容（inclusion）、平等（equality）、明理（reasonableness）、公开（publicity）等理想条件的要求，③ 协商民主对政治传播秩序的规范主要侧重于以下三个方面。

第一，基于协商民主的政治传播秩序是"有表达的"政治传播。民主的本质是"人民的统治"，而这一点就是民主的元价值，所谓元价值是指那种能够为次一级的其他延伸价值和附加价值赖以为基础的、具有准则性质和核心地位的观念。④ 协商民主更是凸显出对这一价值的强调，这决定了基于协商民主的政治传播秩序需要鼓励或保障，至少不遏制不管是来自公民、媒体还是政府/政党的表达和参与。从理想状态来看，这对公民

---

① 参见 Jürgen Habermas, "Political Communication in Media Society: Does Democracy Still Enjoy an Epistemic Dimension? The Impact of Normative Theory on Empirical Research", *Communication Theory*, Vol. 16, No. 4, 2006, pp. 411–426。

② 参见 Jürgen Habermas, "Political Communication in Media Society: Does Democracy Still Enjoy an Epistemic Dimension? The Impact of Normative Theory on Empirical Research", *Communication Theory*, Vol. 16, No. 4, 2006, pp. 411–426。

③ 参见金安平、姚传明《"协商民主"：在中国的误读、偶合以及创造性转换的可能》，《新视野》2007年第5期。

④ 参见张小劲、李春峰《"民主"话语的意义变迁：以中国共产党代表大会政治报告为文本的分析》，载余逊达、徐斯勤主编《民主、民主化与治理绩效》，浙江大学出版社2011年版，第127页。

来说，就是要保障公民平等地享有表达权、监督权、参与权；这对媒体来说，就是要赋予媒体以一定的自主权；这对政府/政党来说，就是要公开透明。

在"有表达的"政治传播秩序中，传播行动者是多元的，政治传播中包含各种观点、诉求等的政治信息也往往是多元的，这使政治传播需要处理公民意见的"同"和"异"的问题。一方面，民主价值中所内含的民意基础，要求民主需要建立在一定的共识基础之上。基于协商民主的共识不是要求意见的同质化和一元化，而是要求通过政治沟通，各政治行动者能够达成一些基本的认知，进而在基本的层面实现政治的公共性。这是基于协商民主的政治传播秩序对多元意见如何实现"同"所秉承的理念；而对于如何处理"异"，协商民主则要求政治传播在另一方面需要秉承在"观点自由的市场"的包容理念下、排列政治价值的重要性、决定政治议程的先后顺序，进而保障政治信息的相对真实。

第二，基于协商民主的政治传播秩序要求政治对话。"表达"是协商民主价值规范政治传播秩序的首要层面，但绝不是全部。表达仅仅是实现政治的公共性和保障政治信息真实性的第一步，协商民主还要求多元的政治传播行动者通过实现对话，进一步在政治的授权和施权过程中权衡意见和利益的"异""同"问题。

相对于"多数投票原则"，近些年来，对民主价值中本身蕴含的对话协商理念越来越强调和重视。哈贝马斯借用语用学的理论指出：沟通行为应该更多地"考虑说话人与听话人之间的关系"。[1] 他认为：除了那种依赖政治强力或依赖个人利益促进社会一体化之外，还有第三种方式——"平面上的沟通与交往"[2]。他主张把社会现实的主体间性这一维度放在首位，认为"社会不再是离散的单个主体的聚合，也不再是一个有机整体，每个部分都要服从于整体的目的……社会是一个复杂而成分多样的主体间的结构，有明显重叠的领域，身处其中的个别行为人之间存在着互动"[3]。

---

[1] 参见［英］詹姆斯·戈登·芬利森《哈贝马斯》，邵志军译，译林出版社2010年版，第32页；［德］哈贝马斯《哈贝马斯精粹》，曹卫东译，南京大学出版社2004年版，第244页。
[2] ［德］哈贝马斯：《哈贝马斯精粹》，曹卫东译，南京大学出版社2004年版，第236页。
[3] ［英］詹姆斯·戈登·芬利森：《哈贝马斯》，邵志军译，译林出版社2010年版，第30页。

他进一步区分了"以言施事"与"一言取效"的差别,否定了那种依靠威胁、强制力取得效果的"工具性、策略性"言语行为,强调"商谈(协商)过程免于胁迫、阻挠和不公正的规范",进而主张和证成建立在独立、说服、理解基础之上的"交往行为",并指出"言语的功能是使对话者走向共同的理解并达成主体间的共识"。①

可以说,"对话"是协商民主对政治传播在"表达"基础上更进一步的要求。对话是一种机制,可以创造一种动态的、平等的让步伦理,这种方法的流动性更强调信息的发布而不是过滤。② 通过"对话"实现多数原则下形成的"机械"共识向通过对话形成"有机"共识过渡。强调对话的原因还在于,表达所造成的意见的多元,在某种程度上有时很难实现共识,价值的难以"通约性"③ 也往往使民意四分五裂、"公说公有理,婆说婆有理",而对话就是要寻求在这些相互冲突的意见、利益之间找到平衡,在真实信息的基础上做出具有相对公共性的决策。而即使无法达成共识和某种政策,对话也可以退而求其次,通过教育民众、培养公共精神,增进人与人之间的相互理解和"共情",④ 进而,驱动政治传播形成能够更进一步保障政治的公共性和政治信息的真实性及准确性的秩序特征。

第三,基于协商民主的政治传播秩序要求以上两点是可制度化的。协商民主价值对政治传播秩序的规范尽管是一种价值层面的要求,但其并不是追求一种不可实现的乌托邦。民主价值和民主制度本身具有内在联系,民主制度本身在一定层面上体现着民主价值,而民主价值如果不能指导民主制度,不能转化为制度,那将失去很大的意义。这决定了基于协商民主的政治传播秩序是可实现的、可操作化的、可制度化的。因而,具有表达和实现对话的政治传播秩序在整个政治运行中,需要有制度使其得到保障,有机制使其得以实现。进而,使基于协商民主的政治传播能够有秩序

---

① [英]詹姆斯·戈登·芬利森:《哈贝马斯》,邵志军译,译林出版社2010年版,第19页。
② 参见 Shayne Bowman and Chris Willis, "We Media: How Audiences are Shaping the Future of News and Information", *The Media Center at the American Press Institute*, 2003, p. 1。
③ [美]约翰·罗尔斯:《正义论》,何怀宏等译,中国社会科学出版社2001年版。
④ 参见吴飞《共情传播的理论基础与实践路径探索》,《新闻与传播研究》2019年第5期。

地维护政治的公共性和保障政治信息的真实性和准确性,最终反过来促进民主制度的良性运转,促进民主制度更好地实现民主价值以及民主价值的制度性转化。

(四) 自媒体时代建构基于协商民主的政治传播秩序

协商民主作为一种新的政治民主形式,不仅在理念上为政治传播秩序提出新的规范方向,也需要一种与之配套的政治传播方式,这种政治传播不仅方式上不同于政治宣传与政治营销,而且还体现在运行机制上。已有研究主张促进政治传播的民主化、建构基于协商民主的政治传播新秩序等[1];也有学者立足对协商民主现实和理论的关注,肯定了互联网在协商民主中的重要作用,分析了网络协商、数字协商、虚拟协商、媒介化协商等,新形式的协商民主的限度、困境、可能性及路径等问题;[2] 少量研究聚焦中国经验,探讨了基于微信、微博、抖音、快手等自媒体平台或新媒体语境下的协商可能。[3] 针对自媒体时代竞选民主的政治传播在理性基础、对话机制和公共决策等层面的沟通困境,以及协商民主对政治传播秩序的规范,我们主要从以下三个方面提出自媒体时代基于协商民主的政治传播秩序的建构思路。

1. 基于协商民主重塑政治传播的表达机制

个人或群体的表达是协商民主运转的前提,也是政治传播秩序的起点。但在自媒体时代,非理性的政治表达崛起,这种表达一旦进入社会向国家进行政治传播的程序,并作为民主的民意基础对公共政策产生影响,

---

[1] 参见荆学民、于淑婧《自媒体时代的政治传播秩序及中国调适》,《政治学研究》2020年第2期;赵立兵、申启武《从"宣传"到"对话":社会主义协商民主的政治传播进路》,《新闻与传播评论》2018年第31期。

[2] 参见张爱军、张媛《网络协商民主的实践优势、困境及其化解》,《江淮论坛》2019年第4期;汪波《大数据、民意形态变迁与数字协商民主》,《浙江社会科学》2015年第11期;伍俊斌、于雅茹《网络协商民主的信息技术维度分析》,《学习论坛》2021年第1期;M. R. Nicole, "Digitizing Deliberation: Normative Concerns for the Use of Social Media in Deliberative Democracy", Administrative Theory & Praxis, Vol. 33, No. 3, 2011, pp. 411 – 432; J. Gastil, Political Communication and Deliberation, Sage, 2008, p. 43。

[3] 参见张涛甫《新媒体语境下大众政治勃兴与协商民主建设》,《南京社会科学》2014年第7期;董石桃、蒋鸽《微信协商:中国协商民主建设的新途径和新策略》,《理论与改革》2016年第2期。

将造成无法估量的恶果。因而,重塑政治传播的表达机制是建构基于协商民主的政治传播秩序的起点。

首先,面对自媒体时代政治传播和民主在理性基础上的困境,当下基于数据技术的政治传播表达机制存在缺陷,无法有效回应。从政治传播的整个运行过程来看,整合政治表达并使表达中的"需求"输入政治系统,是政治系统形成公共政策等输出的动力和原料,[①] 其也构成了社会向国家进行自下而上政治传播的表达机制。在自媒体时代,政治表达在数量上是庞大的、在速度上是喷涌的。对此,目前实践层面主要运用基于数据技术的民意调查和舆情监测等方式来收集、分析和整合表达,该方式带来了政治整合的数据化、智能化和自动化,并保障了自媒体政治表达得以输入政治系统中,对公共政策产生影响,在一定程度上扩大了民主的民意基础。然而,从本质来看,这种方式也造成了民主悖论,体现在两个层面:其一,基于大数据的民意调查和舆情监测技术,缺乏对自媒体政治表达进行过滤和筛选的机制,因而,民主的民意基础极易随着自媒体政治表达的非理性、离散性、碎片性、流动性和偶发性,变动不居,进而导致建立在民意基础上的公共决策难以保持统一性、连续性和公共性,长此以往,民主政治的权威性和有效性将被严重削弱。其二,在运用民主调查和舆情监测的政治传播秩序中,公众的表达和输入最终服从于由数据、测量、评估和精确的计算程序所决定的数字形式,因而呈现较大的民主象征性。如政治学者萨托利曾以"民意调查"举例指出,这种方式仅仅是让当局了解民情,但表达"不仅仅意味着信息的传输",还"指向权力的流动"。[②] 这种方式仅仅实现了对表达的"无机"整合,亦即个体偏好的聚集,秉承的是"社会是单个理性的人的集合体"理念,而"忽略了交往和商谈的关键性作用",[③] 无法保障政治系统基于公共理性做出决策。

对此,很多国家配合使用法律法规、互联网行业规则、公民政治传播伦理甚至技术审查等,为网络空间的政治表达提供框范、制约和筛选。这

---

① 荆学民、于淑婧:《互联网时代政治传播输入的变革与挑战》,《现代传播(中国传媒大学学报)》2019年第1期。

② [意]萨托利:《政党与政党体制》,王明进译,商务印书馆2006年版,第85—86页。

③ [英]詹姆斯·戈登·芬利森:《哈贝马斯》,邵志军译,译林出版社2010年版,第49—50页。

些方式有利于从表达者和表达平台等源头上减少民意的非理性。但这些方式也因与民主内涵的自由表达理念存在理论紧张，而受到诟病。总之，基于数据技术的政治传播表达机制仍然因循选举民主的逻辑，使得其难以从根本上应对自媒体时代政治传播和民主在理性基础上的困境。

其次，协商民主部分延续和超越了选举民主理念，提出了民主政治的新的民意理性基础，为应对自媒体政治表达的问题，提供了新的哲学思考。具体来看，选举民主通过对表达自由的保障和多数投票的制度建设，将民意建立在对个体理性的加总集合之上。民意测验、政治营销以及基于数据技术的舆情监测等都是该理念在政治传播方式上的体现。与之不同，哈贝马斯借用语用学的理论，发掘了体现在人类交往行为中的主体间性，为协商民主提供了基于语言和交往行为的理性基础。① 建构基于协商民主的政治传播秩序，是对这种基于主体间交往和沟通基础之上的公共理性的践行，这转变了民主的民意来源。对于自媒体时代政治传播面临的理性困境来说，理性基础的转变，有利于避免民主的民意基础来源于基于多数原则的统计加总或删减而得到的理性，即个体偏好的"无机"整合；也避免受到个体型主体理性有限性的负面影响；还避免群体性理性可能带来的"乌合之众"和"团体极化"。进而消解非理性民意基础带来的负面民主效应。正如学者博曼（James Bohman）曾言："要求更多的协商就是要求一个更加理性的政治秩序。"②

面对这种理性诉求，很多学者将网络协商民主的可能建立在提升公民协商参与的责任、培育公民道德、重塑公共理性精神等层面上，③ 但这种将民主寄希望于公民理性教育的想法趋于理想化，也很难在短时间内有效。实际上，面对自媒体时代政治传播和民主的理性困境，协商民主的理论方案包括三个层次：除了其一，从源头上提高表达的理性和责任性，并

---

① 参见［德］尤根·哈贝马斯《在事实与规范之间：关于法律和民主法治国的商谈理论》（修订译本），童世骏译，生活·读书·新知三联书店2014年版，第370页。

② ［美］詹姆斯·博曼：《公共协商：多元主义、复杂性与民主》，黄相怀译，中央编译出版社2006年版，第2页。

③ 参见伍俊斌《网络协商民主的契合、限度与路径分析》，《马克思主义研究》2015年第3期；王永香、王心渝、陆卫明《规制、规范与认知：网络协商民主制度化建构的三重维度》，《西安交通大学学报》（社会科学版）2021年第1期。

将协商本身看作培养民主公民的"公共精神学校"①,还包括:其二,与选举民主在自由表达理念上相通,协商民主认为"只有在多元性的声音中,理性的同一性才是可以理解的"②;其三,协商民主的核心强调将"协商""沟通""对话"嵌入民主运作中,形成有机的民意理性基础。这三个层面相互结合,使协商民主得以在平衡自由表达和理性表达之间建立可能,在保障民主广泛吸纳民意和减弱非理性民意的负面民主效应之间寻找到平衡点。

这三个方面对于政治传播秩序来说,意味着基于协商民主建构政治传播秩序,放在第一位的是表达机制而不仅是表达源头。也就是说,二者的衔接,关键在于保障"表达"、塑造理性表达的同时,通过塑造政治传播的表达机制,对表达的理性进行有效检验和过滤,将个体理性进行"有机"整合,进而使自媒体时代民主的民意来源重新回到理性的轨道。

最后,基于协商民主优化政治表达的整合过滤机制,重塑政治传播的表达机制。将主体间性的协商民主理性观落实到政治传播秩序的建构上,意味着在政治表达发出之后,并且未被技术统计和数据化之前,嵌入新的整合过滤机制。该机制一方面是对自媒体政治表达进行过滤,另一方面则是在过滤基础上实现对各类表达的有机整合。协商民主理论家们提出的各类协商方式,从过滤和整合两个维度,为优化当下政治传播的表达机制提供了借鉴。其一是协商过滤。该方式主张人民代表、精英和专家等更多地参与非正式公共领域的非正式协商,推动公共领域内部实现相互探讨、商议,促进公民通过诉诸共同利益或者"所有人都能接受"的理性话语进行表达,使公民及其代表的利益和理性得到检验,进而过滤出具备政治、社会价值的舆论信息,使表达在影响公共决策之前得到缓冲和筛选。③ 其二是协商整合。其指的是政府机构通过主动与民众进行协商,实现对政治表达的整合,进而保障进入政治系统、影响公共政策的民意,是经过理性检验,同时在参与协商的各方利益和价值之间进行了权衡。美国学者费什

---

① 张凤阳等:《政治哲学关键词》,江苏人民出版社 2006 年版,第 249 页。
② [德]于尔根·哈贝马斯:《后形而上学思想》,曹卫东、付德根译,译林出版社 2012 年版,第 139 页。
③ 参见 [美]詹姆斯·博曼《公共协商:多元主义、复杂性与民主》,黄相怀译,中央编译出版社 2006 年版,第 5 页。

金提出的"协商民意测验",以及在中国温岭市泽国镇的实验,① 是两方面理念付诸操作的案例之一。

协商过滤和协商整合为自媒体时代基于协商民主优化政治表达机制提供了理论路径。但如何进一步将这些协商民主的方式扩展到线上,并与基于数据技术的整合机制结合起来,将线上协商与线下协商、协商渠道与数据技术渠道实现连接,是自媒体时代基于协商民主优化政治表达机制的关键。对于前者,费什金(James S. Fishkin)曾探索的"网络协商民意测验"② 以及学者们提出的网络协商民主③具有一定的启发。对于后者,将整合过滤机制嵌入当下基于数据技术的政治传播表达机制之中,是对此进行的推进。

总之,基于抽象的协商民主的民意原则,政治传播与协商民主在起点上予以衔接,形成了由多元主体组成、由自媒体表达—协商过滤—协商整合—数据技术整合等多环节复合为一体的表达机制。通过基于协商民主对当下政治传播表达机制的重塑,回应了自媒体时代非理性政治表达带来的民主困境,也回应了协商民主对"有表达的政治传播秩序"的回应。

2. 基于协商民主形成政治传播的双层对话机制

协商民主理论家曾使用"争论""辩论""讨论"等不同的词语来说明协商民主中对话的重要性以及对话的不同形式。④ 相对于"表达","对话"侧重于考虑说话人与听话人之间的关系。对话是协商民主的核心理念,也是政治传播秩序运作的核心。政治传播中的对话既包括社会领域中公民与公民之间的政治对话,也包括国家—社会间的政治对话。在自媒体时代,面对政治传播在对话机制层面的困境,基于协商民主的"对话"理念,优化政治传播的对话机制,是建构基于协商民主的政治传播秩序的核心。

首先,自媒体时代政治传播面临的对话困境与文化多元主义有着互为

---

① 参见〔美〕詹姆斯·费什金《倾听民意:协商民主与公众咨询》,孙涛、何建宇译,中国社会科学出版社2015年版,第34、103—107页。

② 〔美〕James S. Fishkin:《实现协商民主:虚拟和面对面的可能性》,劳洁摘译,《浙江大学学报》(人文社会科学版)2005年第3期。

③ 参见张爱军、张媛《网络协商民主的实践优势、困境及其化解》,《江淮论坛》2019年第4期。

④ 参见〔美〕约·埃尔斯特主编《协商民主:挑战与反思》,周艳辉译,中央编译出版社2009年版,第14页。

因果的关系,后者是协商民主推进选举民主的重要突破点。选举民主本质上是一种多元主义民主。多元主义导致了深层次的持久的道德冲突和价值对立。在自媒体时代,个体表达又在一定程度上加剧了多元化,使社会的复杂性、不平等和异质性等在"虚拟环境"中更加凸显,并通过政治传播影响民主的运作,冲击了民主的共识根基,使民主理念在"多元"和"共识"间产生了难以调和的矛盾。而协商民主通过强调"协商"、重构"对话",揭示出在复杂而多元的社会中,在公众之间开展政治沟通的可能。其中,罗尔斯传统和哈贝马斯传统备受关注。罗尔斯认为,协商诉诸"正当性的公共基础",可以消除分歧,亦即"依照人类理性所共有的原则和理想",所有公民自由而平等的民主状态是可能的。与之不同,哈贝马斯基于话语的协商民主理念,则强调了论述式对话和对话程序的重要性,[①] 他区分了"以言施事"与"一言取效"的差别,否定了那种依靠威胁、强制力取得效果的"工具性、策略性"言语行为,强调"商谈(协商)过程免于胁迫、阻挠和不公正的规范",进而主张和证成了建立在独立、说服、理解基础之上的沟通行为。[②]

其次,协商民主的不同理念,从对话的基础、条件和目的等维度揭示了协商民主中的对话并非单一层次。依据哈贝马斯的协商民主理念——语言的功能是使对话者走向共同的理解并达成主体间的共识[③]——来看,协商民主的对话理念可以从两个层次进行分层。第一个层次是寻求"共识"的对话。与选举民主相同,协商民主建立在"非暴力的统治"之上。但二者不同的是,选举民主建立在偏好的聚合上,协商民主则将共识过程建立在偏好的改变上。正如民主理论家马克·沃伦(Mark Warren)指出的:"协商民主被认为通过个体间充分的、理性的协商和互动以及信息传播,来影响乃至改变别人以及自己的偏好,从而形成共识和共同意志。"[④] 第

[①] 参见[美]詹姆斯·博曼《公共协商:多元主义、复杂性与民主》,黄相怀译,中央编译出版社 2006 年版,第 7 页。

[②] 参见[英]詹姆斯·戈登·芬利森《哈贝马斯》,邵志军译,译林出版社 2010 年版,第 32—49 页。

[③] 参见[英]詹姆斯·戈登·芬利森《哈贝马斯》,邵志军译,译林出版社 2010 年版,第 32 页。

[④] 刘玲斐、张长东:《协商民主理论及其局限——对话马克·沃伦教授》,《国外理论动态》2016 年第 1 期。

二个层次是寻求"相互理解"的对话。从协商民主来看,对话的真正目的不是消除和破坏多元、强求单一的一致,达成形式上或表面上的共识,也不是要求所有公民出于相同理由而同意,而是强调一种道德妥协。① 通过退守到"相互理解"的对话层次,为公民之间的沟通创造一种动态的、平等的让步伦理,使对话双方不仅仅注重表达,而且通过聆听和反思实现宽容和共情。在学理层面,这种"相互理解"的实现在一定程度上也是一种"共识"。但与第一个层面直接寻求"共识"不同,第二个层面是以实现"相互理解"为中介达成的共识。后者偏向于在"自生自发秩序"中通过偏好的相互影响和改变,生成意见的类聚,即该共识是"人之行动而非人之设计的结果,亦即无数个人独立的决策和行动的非意图的结果"②。简言之,第二个对话层次通过增进人与人之间的相互理解,寻求长时段之后可能存在的共识。

最后,基于协商民主的双层对话理念,重构自媒体时代政治传播的对话机制。通过对表达的"有机"整合形成政治共识,是现代政治传播的重要政治功能之一。但在自媒体时代,借助自媒体进行信息发布的政治表达往往呈现流动性、频繁性、广泛性、异质性,加之表达背后利益的难以调和、价值的难以通约、文化差异的难以消弭等,使政治传播有时很难通过对话快速对所有表达进行有机整合并实现共识。按照两个层次重构政治传播的对话机制,通过转变政治传播作用于民主的效应,来应对该问题。基于协商民主,政治传播秩序的重点将不再聚焦于在任何层面都快速达成共识,不像选举民主那样按照多数表决的方式获得同意,而是有选择性地将政治事务进行分层。在一定的空间和范围内,允许受影响的公民获得机会参与表达、聆听和对话。③ 进而通过一种趋于渐进、自由和非强制的方式,在促进"相互理解"中,保障个体表达在相互冲突的意见之间找到平衡,在相互对立的利益之间寻求妥协和合作。从实际来看,很多研究表

---

① 参见[美]詹姆斯·博曼《公共协商和文化多元主义》,载陈家刚选编《协商民主》,上海三联书店2004年版,第88—89页。
② [英]弗里德利希·冯·哈耶克:《自由秩序原理》(上),邓正来译,生活·读书·新知三联书店1997年版,代议序,第29页。
③ 参见周濂《现代政治的正当性基础》,生活·读书·新知三联书店2008年版,第218页。

明,只要公民认为自己的论点和理由已经获得了被公平倾听的机会,并且他人认真考虑了他们不得不表达的内容,那么即使最后的集体决定对他们不利,公民也会承认其合法性。① 协商理论家博曼也曾指出:"公共协商运行中的各种对话机制同修正在合作性活动中有效发挥作用的共同理解相联系。"基于此,博曼曾探讨了五种对话机制。②

在自媒体时代,以网络平台为中介的政治传播活动在协商对话中扮演了重要角色,因而基于协商民主重构政治传播的对话机制的关键之一,是优化网络平台的信息互动结构和过滤引导技术,③ 进而保障理性表达得到凸显,保障不同类别、不同渠道、不同立场的声音相互得到倾听。正如麦克奈尔曾借助"大众媒体"指出的:媒体"平台必须为反对意见预留空间,做不到这一点的话,谈任何民主共识都毫无意义"④。平台应呈现多元化的观点,并将不同的观点构建为协商的话语关系,为不同群体之间的民主协商提供公共平台。⑤

总之,基于协商民主重构后的政治传播对话机制,不是建立在依靠武力进行整合的暴力国家机器之上,也反对运用以意识形态国家机器主导的政治宣传方式或者以技术统治为驱动的政治营销方式,而是依赖双层对话机制、形成通过"相互理解"导向共识的政治沟通方式,⑥ 进而在自媒体时代,使公民与公民之间、国家—社会之间具有更广泛的对话空间和更大的对话可能。

3. 基于协商民主制度化政治传播的网络公共场域

协商民主对政治传播秩序的规范尽管很大程度上是价值层面的,但将协商民主价值转化为制度,是二者衔接的应有之义。哈贝马斯的双轨制协

---

① 参见［加］威尔·金里卡《当代政治哲学》(上),刘莘译,上海三联书店2004年版,第523—524页。
② 参见［美］詹姆斯·博曼《公共协商:多元主义、复杂性与民主》,黄相怀译,中央编译出版社2006年版,第53—59页。
③ 参见伍俊斌《论网络协商民主的实践路径》,《中州学刊》2015年第2期。
④ ［英］布莱恩·麦克奈尔:《政治传播学引论(第2版)》,殷祺译,新华出版社2005年版,第21—22页。
⑤ 参见袁光锋《协商民主语境的阶层关系及媒体建构》,《重庆社会科学》2012年第1期。
⑥ 关注政治宣传、政治营销和政治沟通的运作逻辑,参见荆学民、段锐《政治传播的基本形态及运行模式》,《现代传播(中国传媒大学学报)》2016年第11期。

商民主理论①曾提出了协商的两个场域：政府的正式公共领域和非正式公共领域。基于此，学者们进一步指出，如何将非正式公共领域的协商与正式机制的决策和政策结果联系起来，是协商民主从理论范畴走向制度设计的关键，其核心在于使决策程序需输入来自非正式和充满活力的公共领域的信息，②亦即通过制度设计和制度建设，将两个场域实现连接和融合。在自媒体时代下，"网络公共场域"成为新的非正式"公共领域"。制度化网络公共场域，进而保障网络空间的表达、对话等政治传播活动与正式领域、线下领域的政治传播活动实现常态化连接，是在决策机制层面实现基于协商民主的政治传播新秩序的关键环节。

首先，在自媒体时代，基于互联网形成了新的公共场域，相对于已有的公共领域和正式的政治领域，网络公共场域是非正式的，本质上是一个"公共能量场"。场中由各种各样的目标和意图组成的能量和力，使人们被吸引、被激活、被改变，围绕公共事务产生相互作用。③因此，该场域并不是独立的，也不是理想状态下的公共领域，不受来自市场和国家的干预，恰恰相反，其成为来自政治、社会、资本等领域的行动者，从事表演、博弈、合作等活动的充满竞争的游戏空间，具有离散性、流动性、全民性、隐蔽性等特征。④在自媒体时代，该场域成为民众政治参与的重要渠道，那些草根和基层的政治信息只有在这一场域中被放大，才能成为公共议题，被输入政治系统中。但同时，网络公共场域的非正式性也使其中的政治传播活动往往受到强势力量的主导，致使各方力量之间的横向信息交流无法形成真正意义上的沟通，也无法保障民意与公共决策之间实现常态化连接，阻碍了社会向国家进行有序、持续的纵向政治沟通。因而，制度化网络公共场域，是回应自媒体时代政治传播在公共决策层面诸多困境的重要方面。

---

① 参见汪玮《哈贝马斯与双轨协商民主模式》，《中国社会科学报》2014 年 7 月 25 日第 4 版。
② 参见[南非]毛里西奥·帕瑟林·登特里维斯主编《作为公共协商的民主：新视角》，王英津等译，中央编译出版社 2006 年版，前言，第 18—19 页。
③ 参见[美]查尔斯·J. 福克斯、休·T. 米勒《后现代公共行政：话语指向》，楚艳红等译，中国人民大学出版社 2012 年版，第 73—79 页。
④ 参见管志利《网络协商民主及其运行机制研究———以场域理论为视角》，《甘肃行政学院学报》2014 年第 3 期。

其次，网络公共场域制度化的本质目的不是场域本身，而是以场域的制度化为中介，使网络公共场域中的公共话语实践纳入协商民主的程序中。从本质来看，"协商民主"处理的核心问题之一是公共话语的政治和民主问题。也正是在这个意义上，学者德雷泽克（John S. Dryzek）倡导协商民主的"话语民主"分析路径，该核心理念是：民众聚集在公共场域中，围绕公共事务进行交往，通过表达和对话形成公共话语，并指向公共政策。[1] 在自媒体时代的政治传播中，话语政治延伸到网络公共场域中，并体现出新的特点。借助于网络技术和移动设备，公共话语实践前所未有地以信息、数据的形式可见化，那些以信息、数据为表征的网络公共话语实践，具有了与政治行动相当的政治影响力。此外，运用自媒体发表网络公共话语的公众，关注的不再是谁当选或者其他关乎政治统治、意识形态等的"高政治"话题，而是作为私人，更为关注对他们的生活有实质性影响的"低政治"问题。[2] 网络公共场域中公共话语的上述特点为如何将这些话语实践纳入决策程序，提出了挑战。德雷泽克的话语民主理论认为，在话语民主实践中，促进并保护公共领域，使其能够与正式的政治权威保持一定距离的情况下发挥"在场"作用至关重要。[3] 在自媒体时代，网络公共场域制度化正是通过保障公共话语实践在公共决策机制中的"在场"，促进政治传播的公共决策机制在协商民主的话语民主理念下得到改善。

最后，基于协商民主促进网络公共场域的公共话语实践与政治场域中的公共决策活动实现制度化连接。如上文所说，在基于选举民主的公共决策运作中，政治代表和代表机构占据主导地位，公民尽管可以参与公共事务的表达和讨论，但只有被选出的代表可以做出决策。这使得公民的声音在以公民的名义进行的决策中越来越不重要，尤其是政治边缘群体在政治决策程序中缺乏参与或声音，[4] 自媒体时代基于新媒体技术的政治传播的

---

[1] 参见[澳]约翰·S. 德雷泽克《协商民主及其超越：自由与批判的视角》，丁开杰等译，中央编译出版社2006年版，中文版序，第1页。

[2] 参见[美]詹姆斯·S. 费什金《倾听民意：协商民主与公共咨询》，孙涛、何建宇译，中国社会科学出版社2015年版，第161页。

[3] 参见[南非]毛里西奥·帕瑟林·登特里维斯主编《作为公共协商的民主：新视角》，王英津等译，中央编译出版社2006年版，中文版序，第2页。

[4] 参见[南非]毛里西奥·帕瑟林·登特里维斯主编《作为公共协商的民主：新视角》，王英津等译，中央编译出版社2006年版，前言，第18—19页。

个人化，更是加大了公共决策机制中代表和公民之间的沟通断裂、消解了委托—代理关系的实质。不同于选举民主，德雷泽克的协商民主的话语民主分析路径则秉承更为包容、平等的理念，主张建立在更为广泛公民参与基础之上的决策机制。① 基于该协商民主理念，网络公共场域的公共话语实践与政治场域中的公共决策活动的制度化连接，主要体现在两个层面：其一是在理念层面承认网络公共话语实践是公共决策的重要组成部分。从本质来看，承认了来源于"芸芸众生"的多元主体的政治语言，就意味着承认了其语言所蕴含和承载的政治主张和政治诉求。② 上文提到的基于数据技术的民意调查和舆情监测在一定程度上是该理念的现实体现。通过重视来源于网络的以各种信息、数据呈现的公共话语实践，将决策程序拓展到微观政治领域、"下沉"到日常生活中。

其二，将网络公共场域纳入更宏观的协商系统之中，实现其与国家机构的协商、特设论坛的协商，以及其他公共领域协商等的制度化连接。③ 德雷泽克主张将协商民主的话语民主分析路径与自由宪政主义路径区分开来，认为后者强调把自由主义国家机构当作协商的归宿，而前者的优势则是能够与许多不同类型的协商实践联系起来。在自媒体时代，如何在制度和机制层面将网络公共场域与多主体、多层面和多维度的协商实践相联系，将成为协商实践和政治传播协同发展的重要突破口。从政治传播秩序的整体运作来看，基于协商民主制度化政治传播的网络公共场域，将使自媒体时代的政治传播形成线上协商—线下协商协同，虚拟协商与现实协商联动，网络公共场域—传统公共领域—政治领域等多场域协商互动的政治沟通新局面。

4. 新沟通：基于协商民主的政治传播秩序总体特点

综上来看，自媒体时代基于协商民主建构政治传播新秩序，通过表达机制、对话机制和场域的完善，使民主理论和民主实践以及基于其上的政治传播新秩序，形成了保障表达、分歧对话、提升公共决策理性质量的沟

---

① 参见［澳］约翰·S. 德雷泽克《协商民主及其超越：自由与批判的视角》，丁开杰等译，中央编译出版社 2006 年版，中文版序，第 1 页。
② 参见荆学民《微观政治传播论纲》，《现代传播（中国传媒大学学报）》2021 年第 7 期。
③ 参见佟德志、程香丽《基于协商场所的西方协商系统要素研究》，《浙江学刊》2019 年第 3 期。

通新方式，将来自自媒体的个体表达与实现公共价值联系在一起，进而使政治传播新秩序更加适应信息化时代政治发展的现实需求，推动了政治传播从价值到实际运作都回归到主体间性的"沟通"上，本质上意味着对政治传播概念中"沟通"内涵的挖掘、强调与重新理论化。政治传播的英文 political communication 在汉语翻译中可以被译为"政治沟通"，或者在规范意义上更适合被译为"政治沟通"。① 在自媒体时代，基于协商民主建构政治传播新秩序，塑造了政治传播的"新沟通"概念，为政治传播在沟通维度的发展提供了新的理论方向，具体包括以下三个方面。

第一，用"表达中心观"弥补控制论的"反馈中心观"。在学理层面，政治沟通是政治传播的一种形态，② 其侧重于通过反馈实现政治系统在输入与输出之间的平衡，进而实现国家与社会间的政治沟通，这强调了政治系统的反馈在政治沟通中的核心地位。因而，在控制论视角下，完善政治沟通往往沿着提高政治系统的回应、增加输出和反馈这一路径前进。与之不同，基于协商民主建构政治传播新秩序，通过重塑表达机制，则强调并保障了"表达"作为沟通的前置性要素，亦即从机制层面将沟通的中心从"反馈"移到了"表达"。对于新技术赋权下民主大众化的困境来说，"表达中心观"主张将解决方案部分转移到表达机制这一政治传播的前端来，减轻了政治系统的输出和回应压力，在一定程度上弥补了控制论的"反馈中心观"的不足。

第二，通过双层"对话"赋予政治沟通以程序性和包容性的双重特性。一方面，作为关于政治的有目的的传播，③ 政治传播往往作为实现某种政治目的的手段，但与协商民主相衔接，不仅使政治传播新秩序激活了对话，回归到沟通本质，还具备了程序性意义。协商民主是一种程序政治。④ 程序的实质是管理和决定的非人情化，其一切布置都是为了限制权

---

① 参见俞可平《政治传播、政治沟通与民主治理》，《现代传播（中国传媒大学学报）》2015年第9期。

② 参见荆学民、段锐《政治传播的基本形态及运行模式》，《现代传播（中国传媒大学学报）》2016年第11期。

③ 参见［英］布莱恩·麦克奈尔《政治传播学引论（第2版）》，殷祺译，新华出版社2005年版，第4页。

④ 参见［德］尤根·哈贝马斯《在事实与规范之间：关于法律和民主法治国的商谈理论》（修订译本），童世骏译，生活·读书·新知三联书店2014年版，第376页。

力的恣意、专断和裁量。① 激活政治传播中的对话机制，是协商民主的程序性在政治传播上的反映。其意味着，保障"对话"实现的一系列原则、机制和规则等，成为判断自上而下和自下而上政治传播过程合理和合法的重要依据。另一方面，对话的"共同理解"层面为政治沟通赋予了包容性。包容性的政治沟通塑造了这样的表达和对话生态：一个人虽然具有必要的权利和知识，但是对自己不赞成的行为也会审慎地不进行阻止、妨碍或干涉。② 程序性和包容性，二者在政治沟通中互为补益，包容性为程序性提供了自由表达的基础，维护了民主的核心理念，程序性则弥补了因包容性可能带来的激进民主悖论。

第三，制度化社会领域的政治沟通，重塑社会—国家间的政治沟通。对"网络公共场域"的制度化本质上强调了社会领域中政治沟通的重要性，是对基于互联网技术形成的"横向传播"③ 中民主价值的挖掘，在"发现社会"中重塑原有的"国家—社会关系"④，重构了基于纵向代议制民主之上的那种注重国家—社会之间"纵向传播"的政治沟通。因而，基于协商民主的政治传播新秩序，形成了纵横交错的政治沟通大网络。在其中，纵向沟通以横向沟通为前提，同时横向沟通依赖于与纵向沟通的制度化连接，转化为一种具有政治属性的沟通。沟通是人类语言的终极目的。⑤ 政治沟通大网络实现了更广泛的沟通，亦即，不仅关注精英与精英、精英与民众之间的沟通关系，还特别关注公共场域中公民对公共事务的讨论、对话等沟通活动，及其对于公共决策的价值。这一政治沟通大网络汲取了互联网技术的正面效能，同时也在一定程度上回应了当下政治面临的民主赤字问题。

综上言之，在自媒体时代，协商民主为政治传播回归"沟通"本质，

---

① 参见季卫东《法律程序的意义——对中国法制建设的另一种思考》，《中国社会科学》1993 年第 1 期。

② 参见［英］戴维·米勒，［英］韦农·波格丹诺主编《布莱克维尔政治学百科全书》，邓正来主译，中国政法大学出版社 2002 年版，第 820 页。

③ 卢家银：《互联网在横向传播发展中的作用》，《浙江传媒学院学报》2011 年第 4 期。

④ 赵立兵、申启武：《从"宣传"到"对话"：社会主义协商民主的政治传播进路》，《新闻与传播评论》2018 年第 31 期。

⑤ 参见［德］哈贝马斯《社会交往理论·第一卷——行为合理性和社会合理性》，曹卫东等译，上海人民出版社 2004 年版，第 275 页。

并实现"新沟通"提供了理论增长点，为自媒体时代政治传播新秩序实现沟通、服务于民主价值提供了理论进路。但我们的研究并不是完备的理论体系，而是针对自媒体时代政治传播和民主政治面临的沟通困境所进行的有选择性的探索。此外，尽管协商民主给政治传播新秩序走向沟通提出了一般性的新要求和新方向，但涉及二者更深入具体的衔接，不同的国家和地区存在较大的差异。下文将结合中国情境下的政治传播秩序与中国特色社会主义协商民主，继续推进对该问题的探讨。

至此，我们从政治传播秩序是什么、政治传播秩序的变迁、政治传播秩序的规范三大方面，建构了政治传播秩序的基础理论。总结来看，政治传播秩序是政治秩序与传播秩序相互作用、相互耦合的结果，是维护政治传播各构成要素之间固定位置、稳定关系、功能匹配和运行连续以通过传播达到某种政治目的的保障机制。政治传播秩序的理论要点包括以下几个方面。

第一，政治传播秩序是一个多维度的秩序和多重化的秩序。其不仅在于某个层面的有序，更是不同层面和维度之间的协调和匹配。这意味着政治传播秩序的问题不是来自某个特定的人、群体或其他特定机构的缺陷，而是来自政治机构、媒体机构和受众三方面行动者的相互作用。

第二，政治传播秩序的问题不仅仅关注行动者、内容和渠道等静态结构的稳定关系，而且也重视政治传播行动者置于其中的整个政治传播系统的动态运行——输入、转换、输出和反馈。因为，政治传播秩序不仅仅意味着一种静态的稳定结构和关系，也是一种动态的状态。

第三，尽管考虑到政治传播秩序的外生影响因素（exogenous influences），但政治传播秩序的问题在本研究中更倾向于将原因归因于各自国家的内生原因（endogenous causes）。也就是将政治传播秩序的问题归因于内源的，而不是外生的。正如哈耶克指出的："秩序是一种从内部建立起来的平衡，而不是从外部强加给社会的压力。"[①]

第四，政治传播秩序的问题作为有思想、有文化的人类的活动，其不仅仅涉及简单的结构要素的组合、运行，还涉及各个结构背后行动者所处

[①] 转引自［英］弗里德利希·冯·哈耶克《自由秩序原理》（上），邓正来译，生活·读书·新知三联书店1997年版，第183页。

的不同环境和情境等。符合环境并与环境良性互动的结构组合和运行是秩序存在与否不可忽视的关键维度。

第五，一种有秩序的政治传播并不意味着是一种好的政治传播，也就是说政治传播秩序存在着正当与否的规范问题。处于现代化进程中的政治传播秩序，民主价值对其具有规范意义。这种规范性不仅意味着民主价值本身构成了评判政治传播秩序正当性与否的重要标准，也成为政治传播秩序所置于的环境的重要组成部分，而政治传播秩序能够适应并与所处于的环境相契合，是其秩序能够保持和稳定的关键。当然，民主价值在一定层面上存在理想性。事实中的政治传播秩序形态并不一定完全按照民主价值逻辑运行，也并不完全朝着民主方向转变。其往往既受到民主价值这一来自未来方向的价值的引导，也依赖着来自过去的政治传播秩序变迁的历史逻辑，还受制于政治传播秩序运行的现状及其所处环境的非理想性。这三个方向的合力决定着未来政治传播秩序的发展取向。

第六，从全球比较视野来看，显然在不同的国家和地区，自媒体对政治传播秩序变革的激活，将融合不同的政治秩序因素，产生完全不一样的化学反应，最终使政治传播秩序体现出不同的特点和趋势。我们将在以下章节，结合中国情境，研究自媒体时代中国的政治传播秩序问题。

第 七 章

自媒体时代中国政治传播秩序的现状

在自媒体时代，中国政治传播秩序处于一个新的环境之中，体现出复杂的、多逻辑线条的特点。追根溯源，这些特点并不是仅仅由于自媒体这一单一变量的出现而生成的，而是在中国政治传播原有秩序特点的基础上，受自媒体等因素的综合影响形成的。也就是说，自媒体时代的中国政治传播秩序与非自媒体时代的中国政治传播秩序并不是断裂的，前者具有从历史上继承下来的一些基本特点。

一 秩序文化影响下的中国政治传播

考察任何一个政治体系，不但需要了解这个政治体系的结构，而且需要了解它的基本倾向，亦即政治文化。[①] 布鲁姆勒和格瑞维奇最先提出了"政治传播文化"的概念，并将政治传播系统作为政治文化的相关子系统和分析单位。[②] 芭芭拉·芬奇曾对"政治传播文化"的概念进行了界定：政治传播文化是行为者在政治信息的产生系统中，面向政治传播具体对象的、经验的、可观察的取向，它决定了政治行为者和媒体参与者与他们相关的共同的政治公众的沟通方式，也决定了一个国家政治传播的稳定、质量和变化。她曾提出了四种不同的政治传播文化：以媒体为导向的政治传

[①] 参见 [美] 加布里埃尔·A·阿尔蒙德、小 G·宾厄姆·鲍威尔《比较政治学：体系、过程和政策》，曹沛霖等译，上海译文出版社 1987 年版，第 15—29 页。

[②] 参见 Michael Gurevitch and Jay G. Blumler, "Linkages between the Mass Media and Politics: A Model for the Analysis of Political Communications Systems", in James Curran, ed., *Mass Communication and Society*, London: Edward Arnold, 1977, pp. 270 – 290。

播文化、以公共关系为导向的政治传播文化、以政党为导向的政治传播文化以及战略政治传播文化。①

对于政治传播文化的关注，为本研究从文化层面解析自媒体时代中国政治传播秩序运行中的文化特质，提供了理论基础。然而，对于基于特殊文化背景、政治基础和历史逻辑的中国政治传播秩序来说，芭芭拉·芬奇对政治传播文化的分类并不适用于解释中国政治传播秩序，尤其是当面临自媒体时代更为复杂的政治传播现象时，该理论显得更为捉襟见肘。因而，需要从中国本土的政治文化出发考察自媒体时代的中国政治传播秩序现状。这一文化视角在很大程度上有利于解释中国选择某种独特政治传播秩序运行方式的本质原因，也有利于挖掘中国政治传播秩序背后的价值偏好和排序，帮助预见其行为动向。经过研究发现，中国政治传播的运行逻辑深受秩序文化的影响，并在经历了革命、建设和改革的历程中，逐渐将"宣传"作为了政治传播秩序的核心理念。

（一）秩序：中国政治传播的文化取向

对于中国来说，政治文化具有追求秩序的内生特质。② 秩序指的是有序，在社会生活中，秩序描述的是有条理、不混乱的情况。秩序本身与无序相对。社会无序意味着混乱、随意而暴力的行为，无序具有不稳定、变动不居的本性。③ 秩序是人类社会政治生活的必需品。"在生活政治的核心，存在着对可靠性的根深蒂固的、难以磨灭的渴望。"④ 在中国政治文化中，这一点尤为鲜明。

传统中国对"大一统"的偏好、儒家文化的"礼治"、中国传统社会的"超稳定结构"，等等，都蕴含着对"秩序"的重视和强调，这些也都

---

① 参见 Barbara Pfetsch, "From Political Culture to Political Communication Culture: A Theoretical Approach to Comparative Analysis", in Frank Esser and Barbara Pfetsch, eds. *Comparing Political Communication: Theories, Cases, and Challenges*, Cambridge University Press, 2004, p. 348, pp. 353 – 354。

② 参见［美］裴鲁恂《中国人的政治文化：政治发展权威危机之心理文化研究》，胡祖庆译，台北：风云论坛出版社1992年版，第20—21页。

③ 参见［英］安德鲁·海伍德《政治的常识》，李智译，中国人民大学出版社2014年版，第155—156页。

④ ［英］齐格蒙·鲍曼：《寻找政治》，洪涛等译，上海人民出版社2006年版，第14页。

扎下了"秩序"在中国文化中的根基。正如著名史学家史华慈（Benjamin I. Schwartz）曾指出的：相对于"乱"，维持稳定、守住秩序在中国士大夫阶层的深层心理结构中占据优势位置。① 而近代摆脱"全面危机"的时代需要，又强韧着秩序的文化根系。尽管伴随着西学东渐，各种价值、文化和思潮涌入中国，但是秩序和稳定一直以来是中国政治发展的红线，其在中国政治文化中的重要地位很难被真正撼动。学者塞缪尔·亨廷顿曾指出：对于处于现代化之中的国家来说，"首要的问题不是自由，而是建立一个合法的公共秩序，人当然可以有秩序而无自由，但不能有自由而无秩序"②。对于处于现代化进程并寻求"稳中求进"发展之路的中国来说，秩序成为其政治运行的关键倾向之一。在英格尔哈特（Ronald Inglehart）和韦尔策尔（Welzel）的文化地图上，与"后物质主义"价值观趋势不同，中国的政治文化倾向一直位于侧重"生存价值"的坐标一端，亦即相对于自我表现和生活质量，其更为注重经济和人身安全。③ 这种对生存价值的关注，使稳定和秩序成为中国民众在价值排位时更为注重的要素。

秩序在中国政治文化的重要地位，使中国政治传播的运行深受秩序取向的影响。一方面，政治传播与秩序休戚相关。从理论来看，政治传播学者丹·尼谋曾认为：政治传播关注的是"产生和调节社会冲突以及实现社会秩序（或无序）的沟通问题"。④ 特别是在传播无处不在、政治亦无处不在的自媒体时代，政治传播活动成了名副其实的政治系统的"神经"和"毛细血管"，深入社会的各个角落，吸纳了每个传播者。政治传播活动越来越参与到政治秩序的建构和维持中来，政治传播活动是否有序进行，关乎政治秩序能否持续和健康发展。

另一方面，从中国政治传播的历史经验来看，中国政治传播在中国政治发展中，始终担任着服务于革命、建设、改革和治理的使命。追求秩序

---

① 参见许纪霖、宋宏编《史华慈论中国》，新星出版社2006年版，第27页。
② [美]塞缪尔·P. 亨廷顿：《变化社会中的政治秩序》，王冠华等译，上海人民出版社2008年版，第6页。
③ 参见 World Values Survey, "WVS WAVE7", Unknown, http://www.worldvaluessurvey.org/wvs.jsp, December 1st, 2020。
④ Dan Nimmo, "Political Communication Theory And Research: An Overview", *Annals of the International Communication Association*, Vol. 1, No. 1, 1977, pp. 441–452.

或者在有序中寻求发展和崛起，是中国政治对政治传播最根本的要求和框范。因而，尽管中国政治传播在服务于国家治理现代化的过程中，也在实现对其他现代价值——国家能力、民主和法治——的平衡，[1] 但可以说，秩序是中国政治传播文化中的底线性原则。也正是在这个意义上，政治传播秩序理论适用于分析中国政治传播。

（二）"宣传"在中国政治传播秩序中的核心地位

中国政治传播秩序是在中国的秩序文化影响下，在应对"全面危机"，历经革命、建设、改革到治理的政治变迁历程中逐渐形成的。这一历史和文化逻辑决定了"宣传"在中国政治传播秩序中占据核心地位。

当下中国政治传播秩序的基本特点，是为应对全面危机的系列时代问题，并在中国经历的革命、建设、改革到治理的政治历程中，逐渐形成的。"政治宣传始终担负着服务于中国共产党革命、建设、改革、治理，并保障其有序进行的重大政治使命。"[2] 这里的"政治宣传"更明确地说就是以中国共产党为主体，以中国共产党的宣传活动为核心和力量源泉，基于中国共产党主导的宣传系统的政治传播活动。说"宣传"在中国政治传播秩序中占据核心地位，并不是否定其他信息传播方式和形态，而是认为政治宣传最能够说明和反映中国政治传播秩序的基本特点和本质属性。与这一核心相对的"周边"政治传播主要包括自下而上的以民众为行动者、以其他参政党为行动者或以媒体为行动者的其他广义的政治传播活动。

宣传与政治紧密联系并成为显学始于近代，并因两次世界大战声名大噪，在政治实践中，逐渐形成了以政治宣传为基本形态的政治传播运行方式。对于中国政治传播秩序来说，其既体现出宣传占据核心的政治传播模式的一般性的特点，比如"议题突出且抽象宏大、政治信息自上而下单向流动、政治动员机制强化"等，又具有其独特的文化背景、发展历程

---

[1] 参见于淑婧、荆学民《自媒体时代的中国政治传播及其治理》，《社会科学》2020年第5期。

[2] 荆学民：《中国特色政治传播理论的基础、轴心与边界》，《中国社会科学报》2015年4月10日第A04版。

和运行逻辑。中国语境下的"宣传"具有和西方不同的含义,具体表现在以下六个方面。

第一,"宣传"概念在中国是中性的。作为一种传播方式,我们认为:"宣传一词被用来表示通过无限制使用传播来推广特定信仰和期望的行为。"① 对于传播学者来说:宣传是对人的思想的故意操纵。如拉斯韦尔将宣传定义为"通过操纵重要符号来管理集体态度"②。宣传还被分为"白色的宣传""灰色的宣传"和"黑色的宣传"③,"一体式宣传模式"和"科学式宣传模式"等。

在中国,"宣传"不是西方意义上的贬义词,而是一个较为中性的词。根据《现代汉语词典》,宣传的意思是"对群众说明讲解,使群众相信并跟着行动"。与西方的宣传观念较为接近的理解是,宣传指对信息的传播或传递。总之,宣传有多种含义,主要包括三个层面的意思:广告、宣传(propaganda)和公共关系。④ 显然,在中国语境中,宣传与"propaganda"是不同的。因而,近些年来有一种现象是将中国的"宣传"一词翻译为"publicity"。然而,也有学者指出,这种翻译消除了宣传背后的固有思想内涵和意图,使"灌输"问题变成了"吸引"人的问题,失去了宣传在中国的历史性和文化内涵,⑤"宣传"一词在中国的内涵是超越"propaganda"和"publicity"的。

与 propaganda 相比,宣传在中国具有不同的文化根源,其作为一种社会习俗的起源比西方早得多。虽然学者们认为,西方的宣传活动也已有较长的历史,但在他们看来,将宣传作为人们思想的一种大规模操纵方式是

---

① [美]斯坦利·巴兰、丹尼斯·戴维斯:《大众传播理论:基础、争鸣与未来》,曹书乐译,清华大学出版社 2014 年版,第 73—85 页。
② Harold D. Lasswell, "The Theory of Political Propaganda", *American Political Science Review*, Vol. 21, No. 3, 1927, p. 627.
③ 参见[美]斯坦利·巴兰、丹尼斯·戴维斯《大众传播理论:基础、争鸣与未来》,曹书乐译,清华大学出版社 2014 年版,第 73—85 页。
④ 参见 Chunfeng Lin and John Nerone, "The 'Great Uncle of Dissemination': Wilbur Schramm and Communication Study in China", in Peter Simonson and David W. Park, eds., *The International History of Communication Study* (1st ed.), New York: Routledge, 2015, pp. 396 – 415.
⑤ 参见 Chunfeng Lin, "From 'Poison' To 'Seeder': The Gap between Propaganda and Xuanchuan is Cultural", *Asian Journal of Communication*, Vol. 27, No. 5, 2017, pp. 451 – 463。

进入现代社会才出现的。例如：最早的宣传研究者艾吕尔（Ellul）就认为："没有大众媒体，现代宣传就不会存在。"① 在中国，宣传从字面上讲是古老的。宣传作为一种习俗的创造早在春秋战国时期（公元前770年至公元前476年）就已经出现，并早在公元前3世纪，中国的古代文献中就存在"宣传"一词，其主要指宣布和互相传布，主要用于军事和战争活动中。那时的宣传行为已经涉及大众说服、大众运动和大众传输，而且具有了规模化、系统化和政治化，这使其可以与现代西方宣传相提并论。因而，学者裘正义认为，宣传的实践在古代世界就达到了顶峰。② 总之，"宣传"概念在中国是中性的，起源和扎根于中国古代的政治传播活动中，并在不同时期延续下来。

第二，宣传的主要功能是社会整合，并主要追求长期的影响。就社会整合来说，宣传在中国是社会整合的重要方式。宣传往往试图以一定的意识形态将人们融入一个既定的社会中，通过宣传，最大可能地降低思想或观念的对立和冲突，扩大思想的同质性或共性，寻找思想和观念的最大公约数。在某种意义上，宣传在中国文化中的这层含义接近于学者艾吕尔提到的"整合宣传"（Integration propaganda），旨在稳定社会、统一和加强社会，并试图从永久的社会环境中重塑个人的思想和行为，通过施加一种模式来统一社会群体。一些学者认为，中国的宣传正在从煽动宣传转向整合宣传。③ 然而，追溯到古代中国，实际上，整合宣传在中国政治传播活动中占据更为根本的地位。在古代中国，在被儒家的政治文化萦绕的广义政治传播活动中，就存在有助于社会整合的传播行为。如：以儒家思想为传播内容的"教化"行为，在中国古代就起着重要的整合作用。在近代，促进社会融合也是中国共产党政治宣传的最重要任务之一。④ 可以说，在

---

① Jacques Ellul, *Propaganda: The Formation of Men's Attitudes*, New York: Vintage books, 1973, pp. 116 – 120.
② 参见裘正义编《世界宣传简史》，福建人民出版社1993年版，第31页。
③ 参见 Chunfeng Lin, "From 'Poison' To 'Seeder': The Gap between Propaganda and Xuanchuan is Cultural", *Asian Journal of Communication*, Vol. 27, No. 5, 2017, pp. 451 – 463; Juyan Zhang and Glen T. Cameron, "The Structural Transformation of China's Propaganda: An Ellulian Perspective", *Journal of Communication Management*, Vol. 8, No. 3, 2004, pp. 307 – 321。
④ 参见 Juyan Zhang and Glen T. Cameron, "The Structural Transformation of China's Propaganda: An Ellulian Perspective", *Journal of Communication Management*, Vol. 8, No. 3, 2004, pp. 307 – 321。

中国的宣传文化传统中，宣传的一大功能是弥合社会的分裂，实现社会的整合。这一工具意义在现代中国仍然延续。中国的领导人就曾在全国宣传思想工作会议上指出："必须把统一思想、凝聚力量作为宣传思想工作的中心环节。"①

从传播效果来看，致力于社会整合的宣传追求的不是短期内通过鼓动、操纵获得认同的效果，而是通过各种各样的宣传方式实现长期的整合效果。反过来看，正因为宣传主要追求这种长期的影响，因而，宣传在一般情况下，往往通过较为缓慢的传播方式，借助"潜移默化""润物无声"的政治社会化途径达到社会整合效果。但是在特殊的时期，当社会和政治共同体面临危机和紧急时刻时，宣传将转向与具有快速和有效特征的动员方式相结合。宣传方向的这一转向突出体现在中国近代面临"全面危机"（total crisis）②及致力于快速实现"现代化建设"的政治目标等特殊时期。但从政治文化上，宣传既与中国古代政治文化相关，又与处于革命阶段的苏联的马克思主义分不开。反映在宣传文化上，主要体现出两方面的鲜明个性特点：一是运用宣传进行政治动员是为了快速并高可控性地实现某个政治目标或政治计划。二是运用宣传进行政治动员是为了治理，在常规的官僚体制之外实现政治意志的传达和实践，即宣传在中国还是一种治理方式，并嵌入学者们所说的"运动型治理"③的国家治理机制中。

可见，在中国的宣传文化中，宣传被当作一种有效地实现某种政治目标的手段，而这一目标在规范意义上是正当的，代表着某种公共利益和诉求。在一定程度上，也正是宣传有利于这种公共利益和诉求的实现，反过来赋予了宣传方式以中性和正当的文化意义。同时，也是这种工具价值，决定了中国的宣传并不拘泥于某种方式。在反对宣传的学者看来，宣传所使用的方法往往带有欺骗性和操纵性。而在中国宣传文化中，这些方式尽管也被放到中国政治传播中宣传方式的工具箱中，但它们不是宣传的目的，而被认为是实现某种代表着公共利益和诉求的政治目标的备选方式。

---

① 中国文明网：《习近平在全国宣传思想工作会议上强调 举旗帜聚民心育新人兴文化展形象 更好完成新形势下宣传思想工作使命任务》，2018年8月22日，http://www.wenming.cn/ldhd/xjp/zyjh/201808/t20180822_4803950.shtml，2019年10月11日。

② 参见邹谠《中国二十世纪政治与西方政治学》，《政治研究》1986年第3期。

③ 周雪光：《运动型治理：中国国家治理的制度逻辑再思考》，《开放时代》2019年第9期。

第三，宣传依赖人际传播和组织传播。如上文提到的，中国的宣传与西方现代意义上建立在大众传播媒介基础之上的宣传是不同的。在没有大众传播媒介的情况下，宣传更多的是依赖于人际传播和组织传播。即使是在大众传播媒介发展的近代和现代，人际传播和组织传播依然在中国的政治宣传中占据重要地位。在古代中国，宣传或者教化主要是"士"这一阶层的社会精英进行的，他们扮演了大众传媒的角色，通过口耳相传向人们传播信息。在20世纪的中国革命期间，这种人际传播和组织传播体现得更为明显。受文盲和传播媒介的束缚，为了动员革命，中国共产党在很大程度上依靠口头交流和人际传播来向农民阶级宣传其意识形态。即使是中华人民共和国成立之后，中国共产党的宣传工作仍然具有群众性的宣传特点。目前来看，中国仍然保留着独具特色的"宣讲团"制度，运用宣讲团开展了各种各样的宣传活动，使中央的政策抵达基层。可以说，中国共产党的宣传系统的巨大成功不是其新闻媒体系统，而是一个与之平行的宣传系统，可以称为基于宣传干部的人际活动的组织传播网络。实际上，这是一个以人际传播和组织传播为特征的社会传播网络的多层结构。当然，在大众传媒普及以及互联网急速发展的今天，媒体传播越来越受重视，因而，有学者指出，中国的宣传正经历着从依靠人类组织到广泛控制和使用媒体技术的结构性转变。[1]但在中国的政治传播秩序中，这些媒体所基于的组织机构或者具体行动者仍然会通过组织和人际关系被纳入中国宣传系统所依赖的组织传播和人际传播逻辑中。

第四，宣传与教育紧密相关。宣传概念内涵在中国的另一个特点是它与教育有着内在联系。在西方，也有很多学者将宣传和教育联系在一起，比如研究宣传的伯内斯就将"宣传"比作为"教育"，认为教育乃是一种有见地的专业宣传，这样的政府也可以被称为"靠教育进行统治的政府"[2]。在中国语境下，教育具有特殊的意义。首先，教育可以被看作"教化"，由代表教育的"教"和寓意"改变"的"化"组合。教化被学

---

[1] 参见 Juyan Zhang and Glen T. Cameron, "The Structural Transformation of China's Propaganda: An Ellulian Perspective", *Journal of Communication Management*, Vol. 8, No. 3, 2004, pp. 307-321。

[2] [美]爱德华·L. 伯内斯:《宣传》，胡百精、董晨宇译，中国传媒大学出版社2013年版，第120—121页。

者们认为相当于现代意义上的政治社会化。从历史上看,"教化"通过使社会成员接受儒家文化,保证了政治秩序的稳定。① 其次,教育和宣传密切相关的第二个含义是正式或非正式的教育被认为是宣传的方式。所以中国的宣传有时被称为"政治教育""宣传教育"。在中国,宣教的教育意义作为宣传的文化习俗世代相传,并从古代中国持续发展到近代,中国共产党一直以来将宣传视为对群众的教育,是一种用于教育和塑造社会的积极工具。② 而"人民的道德教育一直是中国善政的一项功能",因而有学者提出了"教育宣传"(Educational Propaganda)的概念。③ 从中国当下有关政治传播的机构职能设置中也可以看到,主管教育的"教育部"的职责之一就是"负责学生思想政治工作",教育部被纳入辅助宣传的机构之中。④

第五,宣传的传播方式是开放的,宣传是变化着的。中国的宣传并不拘泥于某种方式或手段,因而,宣传工作在中国,可选择的传播方式和传播手段是开放性的,就传播方式而言,其并不拒绝现代化的各种先进技术和手段。随着新媒体和新技术的发展,近些年中国应用于宣传之中的技术和方式也呈现出与西方国家类似的一些特点,比如数据化、智能化和专业化,对大众说服、新闻发布、政治广告、政治品牌、公共关系等方式的应用等。以互联网这一新技术为例,正如有学者指出的,与那些试图限制互联网对其社会影响的古巴、朝鲜、老挝和越南等其他社会主义国家不同,中国政府接受了这项新技术,并认为这项新技术是现代开展宣传工作的极为有效的工具。⑤ 可见,对于中国政治传播秩序来说,宣传不仅具有传统宣传文化的历史惯性和延续性,也在革命年代和新中国的初期被注入了一

---

① 参见白文刚《中国古代政治传播研究》,中国社会科学出版社2014年版,第107页;葛荃《教化之道:传统中国的政治社会化路径析论》,《政治学研究》2008年第5期。

② 参见 David Shambaugh, "China's Propaganda System: Institutions, Processes and Efficacy", *China Journal*, Vol. 92, No. 57, 2007, pp. 25 - 28。

③ 参见 Stefan R. Landsberger, "Learning By What Example? Educational Propaganda in Twenty-first-century China", *Critical Asian Studies*, Vol. 33, No. 4, 2001, pp. 541 - 571。

④ 下文将对此进行详细解读。有关教育部宣传职能,请参见国务院办公厅秘书局、中央机构编制委员会办公室综合司编《中央政府组织机构:1998》,改革出版社1998年版,第175页。

⑤ 参见 Anne-Marie Brady, "Guiding Hand: The Role of the CCP Central Propaganda Department in the Current Era", *Westminster Papers in Communication & Culture*, Vol. 9, No. 9, 2006, pp. 100 - 110。

些新的技巧和方式，同时在发展中吸收了来自西方现代化国家的技巧和手段。因而，中国的宣传概念内涵是一种多样文化的混合体。这种宣传内涵对中国的政治传播秩序具有根本性的影响，从当前中国的政治传播秩序可以窥见这种宣传内涵的深刻烙印。

第六，对于中国的宣传整体发展趋势，美国学者沈大伟（David Shambaugh）认为，自20世纪80年代以来中国的宣传系统在不断"收缩"中予以"调适"；① 学者兰斯（Daniel C. Lynch）则认为"宣传中国"将消亡；② 中国的学者李希光也认为，随着信息技术的应用，中国的宣传在"消亡"。③ 相反，学者布兰迪（Anne-Marie Brady）则认为自1989年以来，中宣部和中国的宣传体系经历了重生，与传统方法相结合进行了很大创新，并提供了更强化的控制方法，因而其整体趋势不是"减少"和"收缩"，而是"增加"和"重生"，是一种"新瓶装旧酒"的"循环"。④ 然而，实际上，中国的宣传并没有消失而且暂时也不会消亡；中国的宣传并不是朝着单一趋势一成不变的，也不是一直处于"收缩"或者"增加"的状态，相反，其是不断发生变化的，并在传播方式方面保持着开放性。对于中国的宣传来说，其最终的目的是实现某种政治目标，因而其本质可以被看作一种高效、有效和可控的政治传播秩序。

综上，受特定的历史背景和政治发展逻辑以及文化影响，中国政治传播体现出以秩序为文化取向、以"宣传"为核心的秩序特点。首先，秩序文化取向和宣传的核心地位基本决定了政治传播秩序在政治逻辑和传播逻辑之间的比重，并从有效性方面制约着政治传播秩序运行的逻辑是较为符合政治的逻辑还是传播的逻辑，反过来看，也基本暗示了当政治传播秩序面临政治逻辑和传播逻辑矛盾时，常规问题解决方案的取向。

---

① 参见［美］沈大伟：《中国共产党：收缩与调适》，吕增奎、王新颖译，中央编译出版社2011年版，第153页。

② 参见 Daniel C. Lynch, *After the Propaganda State: Media, Politics, and "Thought work" in Reformed China*, Stanford: Stanford University Press, 1999。

③ 参见 Xiguang Li, "ICT and the Demise of Propaganda in China", *Global Media Journal*, Vol. 2, No. 3, 2003, pp. 121 – 136。

④ 参见 Anne-Marie Brady, "Guiding Hand: The Role of the CCP Central Propaganda Department in the Current Era", *Westminster Papers in Communication & Culture*, Vol. 9, No. 9, 2006, pp. 100 – 110。

其次，秩序文化取向和"宣传"核心地位形成了中国政治传播秩序独有的运作机制，在结构和运行过程层面形成了鲜明的特点。尽管在不同的历史时期，各个结构和各个运行环节存在着差异，但在差异中存在着共性，这些共性是由与政治传播相关制度或原则、机构实体、秩序文化、宣传文化等长时间因素和路径依赖形成的常规性的、惯常性的规则所基本框定的。

最后，就其构成来说，当代中国的政治传播秩序已经较为完备。其所基于的政治架构不仅比"文化大革命"期间要完备得多，也比"五四宪法"时期完备，从现代政治对国家构建的要求的角度来看，该有的都有了。[1] 但与其他国家的政治传播活动相比，中国政治传播秩序仍然体现出独有的特点，也形成了一套相应的运作机制。这些特点和机制决定并保障了秩序在政治传播文化中首序位置和宣传的核心地位，并具体体现到中国政治传播秩序的政治秩序、传播秩序及二者的关系上，形成了与之匹配的运作机制。

二 中国政治秩序与传播秩序的基本特点

正如前文所说，当代中国的政治传播秩序起源于中国面临"全面危机"的历史背景下，需要完成国家建设、社会重建、文化认同重构等多方面的紧急任务，处于多种文化交织的复杂生态中；中华人民共和国成立之后，经历了建设和改革的政治变迁，中国政治传播依然需要紧密配合和服务于各项政治需求，这决定了中国政治传播在政治和传播方面形成了特定的、稳定的运行逻辑，正是在这样的逻辑之上，运行的政治秩序和传播秩序相互作用，形成了当下中国的政治传播秩序。因而，决定了中国政治传播秩序体现为组织型的政治秩序特点、单向下行的传播秩序特点以及鲜明的"政治统摄传播"特点。

（一）组织型的政治秩序

中国政治传播秩序在政治方面体现为组织型政治秩序。

第一，所谓组织型秩序，就是依赖组织传播、可控的、有序的构建政

---

[1] 参见朱光磊《当代中国政府过程》，天津人民出版社1997年版，第474页。

治秩序。对于中国来说,这里的组织就是中国共产党这一政党组织。组织型的政治秩序指的是由"同心圆轴心权力结构"[1] 所主导的,依赖中国共产党这一政党组织,有组织地、可控地构建政治生活中政治关系的过程及其所呈现的运行机制。一方面,政党通过整合社会、创建政权、组织参与等方式构建政治秩序,凭借自身的组织体系将大众政治参与组织化;另一方面,政党将社会与政权连接起来,通过政治吸纳机制,将各领域的精英党员化,实现对秩序的维持。在这样的机制下,各领域精英与中国共产党身份实现了整合。一来,各个领域的精英成为具有政治责任的党员,二来,具有社会、经济、文化等资源的各领域精英的也赋予了政党本身以深厚的社会、经济、文化基础。这使得政治传播建立在一种合作型的政治秩序之上。在这种合作型的政治秩序中,合作允许统治者将社会中的新力量因素纳入政治制度中。由此,通过转换新的身份,统治者可以更可靠地保证政治秩序。这一可靠的承诺是由执政党通过在精英之间建立联盟、调解冲突和促进合作而建立起来。作为一个机构,政党提供了职业发展和获得权力职位的结构,因而,精英可以从合作中互利,因而不太可能打破现有的秩序。[2]

第二,组织型政治秩序在国家—社会关系方面体现为"强国家—弱社会"的明显特征,国家依靠组织嵌入社会之中,尽管社会在一定程度上影响着国家,但社会在国家的权力影响、资源支配下,其自主性和独立性非常低下。

第三,中国形成政治秩序的组织方式,决定了中国的政治传播秩序至少在三个方面需要符合政治秩序建构的方式:一是政治传播需要依赖组织,以便能够对政治信息予以掌控;二是政治传播需要有利于组织的稳固,以便使组织型秩序得以有效运行;三是政治传播需要深入组织的对象中,这里包括党员、各领域的精英和普通民众。这样的政治秩序方式需要寻找快速、高效、可控的政治传播方式,而宣传无疑就是最佳的选择,这也解释了宣传在中国政治传播秩序中占据核心地位的原因。而依附组织的

---

[1] 谢志平:《公共政策营销的体制性约束及其调适》,《政治学研究》2015 年第 3 期。

[2] 参见 Daniela Stockmann, *Media Commercialization and Authoritarian Rule in China*, New York: Cambridge University Press, 2013, p.240。

政治传播，其秩序特点也往往体现出组织所基于的金字塔结构。[1]

（二）单向型的传播秩序

中国政治传播秩序在传播方面形成了自上而下单向流动的传播秩序，形象地说，是一种"瀑布型"的传播秩序。[2]

第一，传播秩序主要指以媒介为主导的社会信息客观流动的传导规范和运行机制，在传统媒体时代，从报纸、广播到电视，尽管媒介形式不同，但这些媒介体现出较为共性的大众传播模式。对大众传播模式进行研究的学者，从香农—韦弗的线性模式，到拉斯韦尔的5W模式，从菲斯特利和麦克莱恩的信息传送者—接受者模式到施拉姆的互动理论和模式，[3] 依赖传统媒体所形成的大众传播模式都关注着大量重复的信息从传送者到接受者的信息流动。大众传媒将这些重复的、大量的信息流传递给受众，就像形成了一个信息"瀑布"，从信源流向受众。

第二，基于大众传媒所形成的传播模式使得中国政治传播秩序在传播方面也形成了类似的"瀑布型"的传播秩序。如图7-1所示，处于权力和组织顶端和核心的中国共产党及其领导下的党政系统，开启了政治信息自上而下传播的过程。政治信息和政治意志经过上、中、下层机构的制造和传递，被分散到"党""政""媒"三个领域，进而传递给各界社会精英和民众等受众。这一过程就像是自上而下的瀑布流一样。以宣传为核心的政治传播，其纵向的传播机制具有强大的自上而下势能和动能，政治信息和政治意志依靠权力驱动、制度保障和组织机构几乎能够无障碍地被传送到受众那里。在这里，社会精英和民众就像是瀑布下的水潭，他们也能够呈现出舆论向上的"沸腾"和波澜，[4] 但是由于自下而上的动力不足，向上的舆论沸腾和波澜相较而来，处于弱势地位。因而，在这样的传播秩

---

[1] 参见张凤阳等《政治哲学关键词》，江苏人民出版社2014年版，第316页。
[2] 参见［美］乔·萨托利《民主新论》，冯克利、阎克文译，东方出版社1998年版，第105页。
[3] 参见［美］杰伊·布莱克等《大众传播通论》，张咏华译，复旦大学出版社2009年版，第17—21页。
[4] 参见［美］乔·萨托利《民主新论》，冯克利、阎克文译，东方出版社1998年版，第105页。

序中。以中国共产党作为主导的"三位一体"的组织机构是传播者，而社会精英和民众则往往是受众，尽管后者有时也扮演传者的角色，但二者之间仍然体现出较为稳定和明显的主—从关系，整个信息传播呈现出下行的、单向的、纵向的传播特点。当然，这样的传播秩序特点在自媒体时代新的传播环境中有所改变。

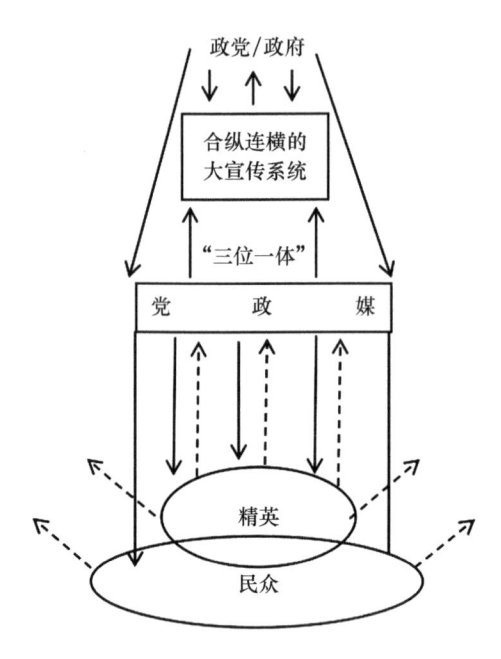

图 7-1 "瀑布型"传播秩序

（三）政治逻辑统摄传播逻辑

中国政治传播秩序在组织型政治秩序与"瀑布型"传播秩序的耦合关系，体现为鲜明的"政治统摄传播"的特点。在一般意义上，"政治统摄传播"具有四方面含义，即：政治秩序统领传播现象；传播需要依赖政治组织、结构、制度等形成的实体机制得以运作，政治传播所处的政治系统及其所形成的各种政治制度、政治机制勾画了传播线路的各个节点，决定了政治传播的基本运行路径、运行范围以及运行的空间；政治秩序对传播秩序的统摄还体现在政治在秩序变迁中占据主导地位，是政治传播秩序变迁的主导变量；政治目的或政治目标以及政治价值对政治传播秩序的规范意义。

对于中国政治传播秩序来说，作为保障某种政治目标实现的有效机制，中国所形成的政治传播秩序更是凸显出"政治统摄传播"的特点，该特点主要体现在政治传播是为政治服务的，这种关系不仅仅是一种事实体现或者实然的高度抽象，也是中国政治传播的主流文化所倡导的应然方向。服务的性质决定了政治传播秩序的结构和运行过程特点，也决定了政治传播秩序的变迁，还决定了政治传播的主流规范方向。具体来看，中国的政治传播秩序需要服务于政治的以下三个主要方面。

第一，服务于政治合法性的建构和维持。这里的政治合法性包括三个层面：其一是政治共同体层面的合法性为政治共同体的存在和政治整合提供依据，其二是政治体制层面的合法性，其三是执政者的合法性。在中国，这三种合法性都至关重要，而政治传播秩序需要致力于三者的建构、塑造和维持，这既包括积极主动地塑造自身的政治合法性，也包括谋求来自民众的认同和支持。

第二，服务于国家战略目标的实现。从历史逻辑来看，中国的政治传播一直服务于国家战略。在国家不同的发展时期，国家战略的内容有很大差别，相应的服务于这一战略实施的政治传播也会随之调整，采取不同的秩序机制和策略。在中华人民共和国成立前，国家战略是革命立国，政治传播则以"革命"为核心；在中华人民共和国成立初期，国家战略是国家的建构和建设，彼时的政治传播主要以"意识形态"为核心；在改革开放时期，以社会主义发展为国家战略，相应的政治传播则以"有效性"为核心；党的十六大之后，国家战略是社会主义政治文明建设，政治传播转而以"正义性"为核心；[1] 2013年，党的十八届三中全会又提出将"推进国家治理体系和治理能力现代化"[2] 作为全面深化改革的总目标，服务于国家治理现代化的战略成为政治传播的新核心理念。

第三，服务于政治日常运行和治理。这包括政治体系内部纵向的信息传递、政策的传递和扩散、各种公共舆情的应对、日常的治理活动等。与

---

[1] 参见张骜《宣传：政党领导的合法性建构——以中国共产党为研究对象》，博士学位论文，复旦大学，2010年，第41页。
[2] 中国政府网：《中国共产党第十八届中央委员会第三次全体会议公报（2013年11月12日中国共产党第十八届中央委员会第三次全体会议通过）》，2015年6月9日，http://www.gov.cn/ducha/2015-06/09/content_2875841.htm，2020年1月1日。

西方将政治传播框定于狭小的政治竞选不同，中国政治传播需要放置于广义的理解视野下。这源于中国政治传播需要服务于政治的日常运作和治理，而这部分内容对于中国的政治至关重要，是研究中国政治传播不可忽视的部分，透过丰富海量的相关案例，也可以从中察觉到中国政治传播在其中所依赖和沿用的"政治统摄传播"的逻辑。政治秩序和逻辑占据主导、控制和定性的地位，而传播则往往被定位于扮演附属、被动和工具性的角色。

三 中国政治传播秩序运行机制的特点

中国政治传播秩序的运作机制也体现出与上述特点相匹配的特质，并呈现在政—民—媒关系以及输入—输出的具体运作上。这一运行机制，在传统媒体时代，与外部环境基本能够实现协调和适应，但在自媒体时代却面临有序、有效运行的诸多困境。

（一）政党/政府—民众—媒体的关系

在政党/政府、媒体、民众三方面政治传播的行动者之间，从理论上说，可以形成五对关系。由于考虑到在传统媒体时代，民众与媒体的政治传播关系比较间接，二者之间的政治传播联系并不十分紧密，因而在此不再考察媒体和民众之间的关系。

近些年来，学者们对于中国政治体制提出了有别于政党国家（Party State）的"党政体制"的概念，认为在中国，中国共产党作为长期执政的党，其本身已成为一个嵌入政治结构的等级组织，其有与国家机构相对应的科层制结构，[1] 因而，也有学者认为有别于"政党嵌入国家模式""国家嵌入政党模式""政党—国家脱嵌模式"，中国的政治体制是一种"政党—国家互嵌模式"。[2] 在这一关系中，执政党和政府共同成为公权力的组成部分。[3] "党政体制"这一概念在肯定了中国特殊的政党制度的同

---

[1] 参见景跃进等编《当代中国政府与政治》，中国人民大学出版社2016年版，第5—6页。
[2] 郭定平：《政党中心的国家治理——中国的经验》，《政治学研究》2019年第3期。
[3] 参见景跃进《将政党带进来——国家与社会关系范畴的反思与重构》，《探索与争鸣》2019年第8期。

时，将政府本身有别于执政党。在本研究中，并没有将二者区分开来。原因在于，中国共产党作为执政党，"党领导一切"的原则，使党政之间的关系十分紧密，党的原则和路线本身统摄和规范着政府的行为，因而，在中国政治传播语境中，要想从本质上把握政—民关系，就需要更多地将"政"聚焦到"政党"，而不只"政府"之上。此外，从现代政治的根本属性之一是"政党政治"来看，① 统治者与民众的关系也自然被转化为政党（执政党）与民众的关系。所以，在中国共产党作为执政党的中国情境下，通过考察中国共产党所形成的一些基础性或原则性的方法、理念或思想，考察其背后隐含的政党和民众以及政党和媒体的关系，可以延伸出政府与民众以及政府与媒体之间的关系。

从广义来说，"民"在中国不是铁板一块的，不是属于一个阶层或者属于一个类型。从政治身份角色来看，其可以分为党员、参政党以及群众。从阶层来看，我国社会学者陆学艺将之划分为十个阶层。② 考虑到篇幅问题，本研究中的"民"主要是政治身份意义上的"民"，并仅限于党员和参政党之外的"群众"，而将党员和参政党归类为"党""政"系统内的行动者。

对于"媒"，这里泛指中国的媒体，在传统媒体时代，主要指主流媒体。在中国共产党的宣传理念中，"群众路线"和"党管媒体""党媒姓党""党性原则"是最常被提及，也是最为核心的概念，被用以从理念和原则上规范政—民和政—媒之间的关系。这两方面要求的统一，从意识形态层面上解释了"党性和人民性的统一"，说明、规范和维持了中国政治传播秩序中政—民和政—媒之间的关系的正当性和合理性。

1. 政—民关系：群众路线

与西方国家的政党/政府与民众的关系主要围绕定期竞选及与其相联

---

① 法国政治学家莫里斯·迪韦尔热（Maurice Duverge）曾在《政党概论：现代民主国家中的政党及其活动》中强调，政党是任何现代民主政体所不可缺少的，政党政治是现代民主政治的基本运行方式。其著作被誉为政党研究领域"里程碑"。其后，利普塞特（Lipset）、罗坎（Rokkan）、萨托利（Sartori）、爱泼斯坦（Epstein）和阿兰·威尔（Alan Ware）等人相继出版著述，对政党在现代民主中的作用给予了极高的评价。参见［法］莫里斯·迪韦尔热《政党概论：现代民主国家中的政党及其活动》，香港：香港青文化事业有限公司1991年版。

② 参见陆学艺《当代中国社会阶层研究报告》，社会科学文献出版社2002年版，第8—9页。

系的机制不同,中国政治传播中政党/政府与民众的联系机制有着其独特的特性。① 对于具体的关系机制来说,除了下文所提到的输入和输出渠道之外,比如各级人民代表大会、信访等,"群众路线"作为中国共产党的领导和工作方法,内含执政党和民众在中国政治传播秩序中的地位、角色及相互关系,即学者们所说的"党群关系"②,也制约着政治传播中政府和民众的关系,因而值得我们特别注意。

第一,"群众路线"是毛泽东思想的重要内涵之一,是中国共产党人基于中国革命的实践对马克思主义、列宁主义的发展,其可以说是中国主流意识形态提供的,理解中国政治传播秩序中党—民关系最为本质的一个理念和规范。因为,"群众路线"不仅作为中国共产党的工作方式,是中国共产党作为主体的一种政治传播活动,内含丰富的政治传播内涵,而且还涉及政治哲学的基本问题——党和人民群众的地位和角色,以及党—民的关系等。

第二,从国家领导人和官方文件的话语表述来看,群众路线主要是由中共领导人将其作为一种意识形态信念和工作方法加以总结和概括的。"群众路线"对党依靠人际传播、组织传播进行政治传播的活动给予了原则上的指导。然而,值得注意的是,"群众路线"本身不仅仅是一种行为原则和理念,其还内含人际传播和组织传播中主客体的关系。在某种程度上,以"群众路线"作为指导的政党/政府的政治传播行为隐匿或被事先假定了传者和受众,或者已经对传—受关系中的发力者和受力者作出了区分和规定。

第三,"群众路线"所规范的政治传播将行动者分为"党"和"人民群众",二者具有明显的差别,在政治传播中也扮演着不同的角色。其中,"党"是"先锋队",其不仅是民众的根本利益代表,也是政治领导。对此,施拉姆曾说,强调由政治精英构成一个坚强的领导核心是"群众路线"本身所不可缺少的部分。③ 然而,"群众路线"在将"党—民"区

---

① 参见景跃进《执政党与民众的联系:特征与机制——一个比较分析的简纲》,《浙江社会科学》2005 年第 2 期。
② 祝灵君:《党群关系:当代中国政治研究的视角》,《政治学研究》2018 年第 2 期。
③ 参见景跃进《"群众路线"与当代中国政治发展:内涵、结构与实践》,《湖南科技大学学报》(社会科学版) 2004 年第 6 期。

分的同时，也将二者联系在一起。通过政治传播，二者的观念、观点、信息实现了融合。通过自上而下的群众信息收集，以及自上而下的传播，实现了党—民之间的联系。从理论上说，执政党与群众的联系有两个基本的维度：一是政党反映民众的意愿及其程度，二是执政党引导/领导民众实现政治目标的能力。按照政治学的观点，党—民这种既区分又相互联系的关系符合制约政权合法性的两个原则："差别和分离的原则"以及"共同体和共同利益原则"。[1] "群众路线"所规定的"党—民"关系既区分又联系，这样的结构性前提使得二者之间的政治传播具有了明确的方向，尽管"群众路线"本身是以作为"群众"的"人民"为中心的，但这种政治传播仍是一种自上而下发力的传播行为，对于群众来说，是一种逆向的政治参与，因而，"党—民"在政治传播中的关系是主体和客体的关系，是主—从关系。

第四，从实践角度评估，群众路线虽然被视为"党的根本的政治路线"和"根本的组织路线"，但从中国共产党的历史经验来看，到目前为止中国政治运作仍然缺乏制度性的和程序性的保障措施以驱动"群众路线"的实施，"群众路线"很大程度上仍局限为领导者的一种工作作风。群众路线是否得到执行以及执行的程度如何，并不取决于群众，而过于依赖于领导个人，因而体现出非制度化的特点。[2] 然而，本研究认为，尽管从实践层面来看，"群众路线"并未真正得到实施，但其对党—民关系的规范和理念却实实在在影响了政治传播中二者的角色、地位和传播关系。

2. 政—媒关系："党管媒体""党媒姓党""党性原则"

"党管媒体""党媒姓党""党性原则"是规范中国政治传播中"党—媒"二者关系的基本理念。三者规范着执政党和"党媒"的关系。所谓"党媒"就是指党和政府主办的媒体。

第一，在中国政治传播中，"党媒姓党"是对党和党媒之间关系抽象层面的描述性界定，也被确定为是一种带有规范性内涵的理念和原

---

[1] 转引自［德］玛利亚·邦德、桑德拉·希普《意识形态变迁与中共的合法性：以官方话语框架为视角》，周思成、张广译，《国外理论动态》2013年第8期。

[2] 参见胡伟《政府过程》，浙江人民出版社1998年版，第78页。

则。被认为是马克思主义新闻观的重要原则,也是中国革命和社会主义建设实践的历史结论。在这样的理念下,党媒因党而立、为党而办,其承担着党的"耳目喉舌"作用。党媒在执行党的新闻舆论工作时需要把党性原则放在第一位,这使党媒在中国政治传播中,具有鲜明的意识形态属性和身份归属。中国共产党的新闻舆论工作具有一贯坚持党性原则的传统,其成为中国新闻舆论工作的显著特征,更成为广大新闻舆论工作者的行为准则。[1]

第二,"党管媒体",也是"党性"原则重要组成部分。它要求新闻工作者"一切要依照党的意志办事,一言一动,一字一句,都要顾及党的影响;要忠实于党的总路线、总方向,而且要与党的领导机关的意志息息相通;要与整个党的集体呼吸相关"[2]。"党管媒体"是中国共产党在革命延续下来的媒体管理传统和理念。尽管伴随着媒体的市场化,中国的传媒生态与半个多世纪之前相较,已经发生了天翻地覆的变化,但"党管媒体"的理念却依然并未动摇,在新的形势下,甚至被重新强调。[3] 当然,现在执政党已经无法像管理和领导"党媒"那样领导和控制市场化的媒体,但不可否认的是,"党管媒体"的原则依然在中国政治传播的相关制度设计中有很大体现,并对市场化媒体在从事政治讨论和涉及政治议题时有很大影响。

第三,在"党媒姓党""党管媒体"和"党性原则"的理念和原则下,党—媒关系在政治传播秩序中是领导和被领导的关系,后者不仅需要服从前者,服务于前者的政治传播目标,还需要服务于前者,作为前者政治传播意愿的有力执行者。如果说中国共产党在中国政治传播秩序中承担着政治传播主体的角色,占据主导和核心地位,那么,媒体则是这一主体的服从者和服务者。一方面,媒体必须体现党的意志、反映党的主张,服从党的领导;另一方面,媒体也具有一定的能动性,创造性地为党这一主

---

[1] 参见邓绍根《"党媒姓党"的理论根基、历史渊源和现实逻辑》,《新闻与传播研究》2016年第8期。
[2] 吴葆朴等编:《博古文选·年谱》,当代中国出版社1997年版,第331页。
[3] 参见王维佳《"党管媒体"理念的历史生成与现实挑战》,《经济导刊》2016年第4期;夏倩芳《党管媒体与改善新闻管理体制——一种政策和官方话语分析》,《新闻与传播评论》2004年第00期。

体的政治传播活动服务。[①] 在政治传播秩序中,中国的媒体既是政治信息从执政党这一核心向外延伸发力的重要链条,同时也是促进由外部和边缘形成向心(党)力的重要中介。

3. 党政关系下政党—媒体—民众关系的延伸

第一,从党政关系来看,在领导层面,中国政治传播秩序实行的是党的领导,以保障中国政治传播为宣传工作、舆论引导和国家治理服务。而在管理层面的"双头管理",则体现出"党政分工"的特点,在一些关键领域,党实行直接管理,与此同时,政府部门协同管理,在其他一些领域则主要由政府部门管理,但同时这些部门也受到党中央的领导。

第二,中国共产党从政治、组织和思想等方面领导国家生活的各个方面。"党领导一切"原则使得党的意识形态所规范的"党—民"关系和"党—媒"关系可以扩展为中国政治传播秩序中的"政—民"关系和"政—媒"关系,政府和民众的关系以及政府和媒体的关系是"党—民"关系和"党—媒"关系逻辑的延续。尽管在政治体制改革进程中,"党政分开"被呼吁很多年,但不管是"党政分开"还是"党政分工","党领导一切"原则都凌驾于其他理念之上,由此形成"以党领政"的权力和政治运作形态。

第三,对于政治传播秩序亦是如此,框范"党—民"关系的"群众路线"和界定"党—媒"关系的"党媒姓党""党管媒体"和"党性原则",也是"政—民"关系和"政—媒"关系的规范性原则,政府与公民的关系很大程度上是由党/国家控制的政治宣传所塑造的。[②] 因而,正是在这个意义上,中国政治传播秩序中的,政党/政府与民众的关系以及政党/政府与媒体的关系也可以从"党—民"关系和"党—媒"关系这一根本逻辑上予以理解(其关系如图7-2所示)。

对于政治传播秩序的结构来说,政治传播的内容和渠道十分复杂,而且往往与政治传播的运行过程分不开,因而,关于中国政治传播秩序的内

[①] 参见温健琳《从党报党刊的党性原则的提出到"党媒姓党"》,《新闻研究导刊》2018年第9期。

[②] 参见 Chengfu Zhang and Mengzhong Zhang, "Public Administration and Administrative Reform in China for the 21st Century", *Annual Conference and On-Line Virtual Conference of the American Society for Public Administration*, 2001。

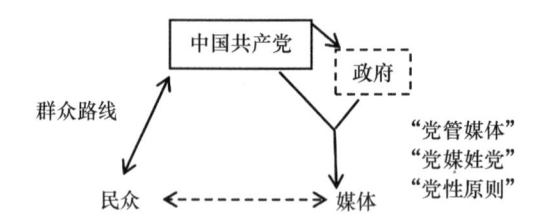

图 7-2 中国政治传播秩序中政—民与政—媒的关系

容和渠道这些结构因素，我们的研究将在输入和输出部分合并起来进行分析。

（二）"输出主导型"的输入—输出特点

如上文政治传播秩序基本理论的内容所论：在政治传播秩序的理论语境下，当输入占主导地位时，对政治传播秩序的分析更适合将输入作为逻辑起点，政治传播秩序的特点将主要由输入的特点所决定；而当输出占主导地位时，对政治传播秩序的分析更适合将输出作为逻辑起点，政治传播秩序的特点也将主要由输出的特点所决定。中国政治传播秩序的运行过程基本属于"输出主导型"模式，其中，输出占据主导地位，并决定了输入在中国政治传播秩序中体现为"内输入"和一元化输入渠道的特点。

1. 输出占主导地位

输出在中国政治传播秩序的运行中占主导地位，具体表现在以下三个方面。

第一，政治传播的内容受自上而下的意识形态输出为主导，并受到后者的框范。中国共产党作为长期执政党，不断使自身合法化是其面临的重要问题。政绩合法性、历史逻辑带来的合法性[①]以及意识形态合法性在其

---

① 历史逻辑带来的合法性，是指从历史中寻找权力的资源和基础。其主要分为从过去的历史和从未来的"历史"中提取合法性来源。对于前者，传统力量是权力的合法性来源。统治权力的获得主要基于这样的普遍原则：如果一种权力在过去的历史中不断地被使用，那么此种权力就获得了合法性。如果说已逝的历史为一个已经存在的政权提供了合法性标准的话，未来的历史则为一个正在组建的政权提供了合法性标准。如果要证明革命抛弃了旧秩序之后建立的新秩序的合理性，只需证明它代表了到目前为止的历史新阶段，代表了历史阶段中必需的一步以及历史的先进性。参见［意］诺伯特·波比奥《民主与独裁：国家权力的性质和限度》，梁晓君译，吉林人民出版社 2010 年版，第 80—81 页。

政治合法性建构中占据重要地位。其中，意识形态可以说是其合法性不断证成的关键。因而，运用传播以保障通过意识形态塑造和维持其合法性是其政治传播活动重要的目标。这就使中国政治传播的内容体现出鲜明的由主流意识形态主导的特点。

当然，这里的意识形态并不是一成不变的，其一方面坚守着意识形态最初的内容——马克思列宁主义，另一方面也根据意识形态本土化的活动对其进行修改、调整和补充。[①] 但无论意识形态如何"调适"，意识形态在中国政治传播内容中的地位始终是主导性的。意识形态构成了拉斯韦尔所说的"主导或集体符号"，主导政治传播的内容及其输出和宣传，与强烈的感情联系在一起，不仅能够形成人们的认知基模，还能够激起大规模的全体行动，其实现的是一种长期的传播效果。[②] 因而，对于中国政治传播秩序来说，不仅依赖意识形态作为话语资料，需要意识形态作为各种政治理念的理论支撑和观念来源，还需要意识形态对具体政策和事件做出解释，以使后者被整合进一个大的图景之中，这个图景能够唤起中国民众家国情怀的历史记忆，同时与对未来的政治图景联系起来。[③] 由此，输出意识形态及由其所框范的政治传播内容，始终在中国政治传播秩序中占据主导地位。

第二，与意识形态主导政治传播的内容，输出占据强势地位相对的是，公共舆论在中国政治传播秩序中处于相对弱势地位。公共舆论是自下而上政治传播内容的重要组成部分。在中国政治传播秩序中，与意识形态的强势传播动力相比，公共舆论的自主性和传播动力都较弱。这一方面与公共舆论缺乏制度化和组织化的传播渠道及传播的保障机制有关，另一方面也源于公共舆论本身难以形成对政策和决策的影响力。从某种程度来说，也正是中国政治传播秩序中公共舆论的弱势地位使得自上而下的输出的主导和强势的地位更为凸显和鲜明。意识形态的议程设置、框架效应也

---

① 参见［美］沈大伟《中国共产党：收缩与调适》，吕增奎、王新颖译，中央编译出版社2011年版，第152—153页。
② 参见［美］斯坦利·巴兰、丹尼斯·戴维斯《大众传播理论：基础、争鸣与未来》，曹书乐译，清华大学出版社2014年版，第81页。
③ 参见［德］玛利亚·邦德、桑德拉·希普《意识形态变迁与中共的合法性：以官方话语框架为视角》，周思成、张广译，《国外理论动态》2013年第8期。

使弱势的公共舆论受到制约和影响。在这样的循环中，意识形态的主导地位和主导意愿得到进一步加强。当然，这种情形在互联网时代，特别是自媒体的兴起和普及下得到改变。

第三，党政系统的输出渠道占据核心。尽管中国政治传播秩序中的输出渠道有多条，并涉及"党""政""媒"三个领域，即"三位"。但这些渠道枝干最终会受到来自作为权力轴心的党的领导和管理，集中到"一体"上。所谓"一体"，就是指党主导的信息传播体制尚未完全被打破，其他的信息机构基本上都是本着为党和政府提供服务的精神和原则，而从事信息工作。因而，有学者说中国的政治传播具有"单通道"的特点。① 也有学者把单通道的信息传播体制称为"一元化"的信息传输体制。② 这种"单通道"和"一元化"本质上是输出占据主导地位的体现。

第四，政治传播的方式体现出强制性、运动性、渗入政治社会化的特点。首先，所谓输出方式的强制性主要体现在两点：一点是传递信息的强制性。主要指自上而下的输出依靠其权力基础、制度保障和组织优势，具有像行政命令一样得到贯彻和传递的特点，因而体现出与权力逻辑相符的行政逻辑、强制逻辑和维稳逻辑。另一点是信息管控的强制性。也就是对不传播某种信息的强制控制，或者叫"消极的信息控制"③，这时输出的内容不是某种信息，而可能是一种命令或者信号，这种命令和信号具有使某种信息不得传播的能力和效果。当然，随着中国政治的发展和政治传播的变迁，输出的强制性正在发生改变，从过去的"硬宣传"到"软宣传"，从"硬强制"转变为"软强制"，从"人治"性质的强制转变为更具确定性的"法治"性质的管理。

其次，输出方式的运动性。所谓运动性，实际上是动员型输出方式的一种极端形式。输出的运动性强调了输出方式的快速性、组织性、非制度化、非专业化、非常规化和"重复性"等特点。这种运动型输出与中国政治围绕着革命、建设、改革和治理的总体政治目标和国家战略相关。其

---

① 参见朱光磊《当代中国政府过程》，天津人民出版社1997年版，第230页。
② 参见俞可平《论当代中国政治沟通的基本特征及其存在的主要问题》，《政治学研究》1988年第3期。
③ [美]沈大伟：《中国共产党：收缩与调适》，吕增奎、王新颖译，中央编译出版社2011年版，第155—156页。

实际的身影则往往显现在学界所总结的"运动式治理"中。对此,有学者认为政治运动和"运动式治理"根植于"革命教化政体"之中。① 当然,需要指出的是,这种运动式治理随着中国的政治变迁,已经在国家这一整体层面逐渐消失,但仍然在较低层面或者在某个领域存在,这使得伴随于此的政治信息输出依然显现出"运动性"的特点。有学者将这种政治传播方式总结为固定顺序的"五个阶段":运动开始,发出文件—层层传达、普遍宣传—认真学习、深刻领会—抓住典型、以点带面—统一思想、形成共识。②

最后,在中国政治传播秩序中,输出方式还体现出渗入政治社会化中这一显著特点。一般来说,民众对政治体系是否存在强烈的社会认同与政治体系秩序的维持呈正相关。政治社会化可以通过塑造民众对政治体系的认同,对政治体系的维系和改变产生重要的影响。因而,政治系统往往通过政治社会化来解决社会成员的政治认同度低下、政治离心力的问题。③ 同理,中国政治传播秩序的输出非常注重政治社会化,通过将以意识形态为核心的政治内容和政治信息,输入民众的政治社会化之中,以保障民众对当前政治秩序的认同。

2. 内输入型的一元化输入

"输出主导型"模式决定了输入在中国政治传播秩序中体现为"内输入"和一元化输入渠道的显著特点。

第一,"内输入"的概念来自伊斯顿的政治系统论。在他的论述中,内输入不同于一般性输入的地方主要在于,后者的要求是在社会环境中产生并经过系统边界从而输入政治系统当中的,而前者并非如此。内输入中的"要求往往直接来自政治角色本身,即来自政治系统内部"④。在中国,这种内输入方式是输出主导型模式的结果,并与执政党的工作方式密切相关。上文提到的群众路线就属于典型的内输入模式。

---

① 冯仕政:《中国国家运动的形成与变异:基于政体的整体型解释》,《开放时代》2011年第1期。
② 参见王绍光《中国公共政策议程设置的模式》,《中国社会科学》2006年第5期。
③ 参见谢岳《当代中国政治沟通》,上海人民出版社2006年版,第63页。
④ 参见[美]戴维·伊斯顿《政治生活的系统分析》,王浦劬译,人民出版社2012年版,第50页。

第二，就输入渠道来说，中国政治传播秩序中输入体现出渠道一元化的特点。具体来看，在中国政治传播秩序中，自下而上的输入渠道主要包括几条：信访，依靠官办、官控的社团组织，行业协会和职业协会，"听证会制度"，智库和内参，最后是非制度化、非正式的政治传播渠道（如街头政治、私人接触、个人极端行为和网络政治表达等）。

第三，从输入渠道的总体特征来看，中国政治传播秩序中输入的过程呈现出制度性渠道的一元性特点。这种一元性是指与决策有关的重要信息由单一的渠道传输和决定。因而，在中国政治传播秩序中，虽然上述总结的多条输入渠道都传送与国家决策有关的各种政治信息，但在实际过程中，与国家决策有关的重要政治信息绝大多数都由党的信息系统传送，而且也只有进入党的输入机构才能真正影响到政治决策。也就是说，对重要决策发生直接影响的输入信息基本上来自党的信息系统，党的信息系统对决策起着主导性的实际作用。①

因而，在总体上，中国政治传播秩序在输入这一过程上体现出内输入和一元化的输入特点。与之相对的是"灯罩式"输入和"倒扣漏斗式"输入。在多元社会里，利益的范围和自我利益的表达渠道在社会层面非常宽广。这种政治传播基于的是一种多个权力中心的权力结构，大多数意见能够经由多重渠道输入政治系统中，渠道也只有在顶端才逐渐狭小，因而输入的格局像"灯罩"，底部宽广而顶端收缩狭小。在权威型社会中，由于最高领导被集体领导取代，权力的顶端显得略微平缓，输入渠道在顶端仍然很狭小，但其底层具有一定的表达和输入的空间，因而其输入格局像一个倒扣的漏斗。中国政治传播秩序的输入格局的特点则是：中国共产党在政治传播秩序的顶层和轴心地位，自上而下进行民意体认和调查的政党机构和政府机构，以及受二者控制并服务于二者的其他渠道和机构处于中间位置，一元性的输入渠道则构成了自下而上政治传播狭长的渠道。

此外，在政治传播秩序的运行中，转换和反馈是连接输入和输出的重要环节。但是在输出占据主导地位、输入呈现内输入和一元化格局的中国

---

① 参见俞可平《论当代中国政治沟通的基本特征及其存在的主要问题》，《政治学研究》1988年第3期。

政治传播秩序中，转换往往呈现较为低透明度和低开放度的状态，反馈也是非常规的、无机的，主要用于对整个政治传播的运行实现控制。

（三）运行模式适应于大众传播环境

在传统媒体时代，上述中国政治传播秩序呈现出较为稳定的状态和一定的持续性，政治传播各行动者关系是稳定的，政治传播各结构的空间位置固定、功能也能够相互匹配，政治传播的运行过程也能够匹配和连续。这种秩序的稳定和持续，从本质上源于中国政治传播秩序的各个结构、行动者、运行过程与其所处的大众传播环境是相适应、相协调的。

当然，这不是说中国政治传播秩序是最优的、无缺陷的，而是说，在大众传播时代，中国政治传播秩序的上述特点在一定程度上确实适应于其所处的外部环境，并同环境达成了相互强化的效果，因而，能够保持自身的有序运行。在中国政治经历了全面危机、革命、建设、改革阶段，中国政治传播秩序能够在一定程度上维护政治传播构成要素之间的固定位置、稳定关系、功能匹配和运行连续，并为通过传播达到特定时期的政治目的提供了保障机制。

第一，政治传播各行动者的关系基本趋于稳定。如表 7-1 所示，中国政治传播秩序主要是由政党/政府主导的，或者说，是由政党/政府主导的政治传播活动所塑造的。政党/政府在政治传播秩序中处于主导、领导、主体、传者的地位，这一主导和至高的权力地位，使得媒体和民众都处于从属和被领导的地位。在传统媒体时代，由于媒介的可及性较低，媒体和民众的关系是间接的，二者基本遵循着单向线性的传—受传播关系，这就使民众在政治系统中只能在由制度和组织所组成的政治传播空间内进行活动，并受到制度和组织机构、权力结构和权力关系的完全制约和捆绑。中国的媒体在中国的政治布局中从一开始就有着服务于政治目标的使命，并被放置于服务于政党/政府政治传播的位置上，这样的惯性和依赖使其很难具有自主性和独立性。尽管中国政治传播经历了几十年的政治、经济、文化和媒介技术发展等方面的变迁，但受制于逐渐确定下来的有关政治传播的制度、原则和观念的建构和规范，这三方面行动者的关系，处于基本不变的"锁定"状态，三者在政治传播中地位的塑造过程遵循着相互实现或相互成就的逻辑：正是政党/政府处于主导、领导、主体和传者的地位，媒体和民众才处于从属、被领导、服务或受众的地位，而也正是后两者地位的稳定，以及媒体和民众对自身与政党/政府关系的认同和保持，使得政党/政府在与其他行动者的关系中，能够始终维持自身处于政治传播秩序的主导、领导、主体和传播者地位。

表7-1　　　　　　　　中国政治传播秩序中各行动者的关系

政治传播秩序的行动者	政党/政府	媒体	民众
关系	主导 领导 传者 主体	从属 被领导 传者+受众 服务者	从属 被领导 受众 客体

第二，政治传播各结构的空间位置固定、功能特点也能够相互匹配。如表7-2所示，在中国政治传播秩序中，中国共产党是最重要的传者，其形成的"党""政""媒"三个领域的组织机构，承担着传播政治信息的功能，而中国共产党无疑是这三个领域的主导者和领导者。正如前文所介绍的，中国政治传播的内容呈现出意识形态主导和公共舆论处于弱势地位的局面，这恰恰与传者的格局是逻辑互洽的。同样延续这一逻辑的是政治传播的渠道，输出渠道的单通道和输入渠道的一元性，以及传统媒体下媒介的低可及性都保障了执政党的传者地位和意识形态的主导与垄断地位。在传统媒体环境下，政治传播的受众则处于被领导的地位。阿尔蒙德和维巴（Verba）曾将公民角色的分类（参与型、臣民型和村民型）。[①] 显然，"村民型"或"臣民型"并不能有效地形容中国政治传播秩序中的受众特点，但毋庸置疑的是，中国政治传播秩序中受众的参与意识、参与能力、参与意愿以及参与机会都是处于较低水平的。因而，受众是"群众路线"中处于与"领导"和"先锋队"相对的"群众"地位。反过来看，这样的受众特点，也有利于使中国政治传播秩序的传者、内

---

① 参见［美］加布里埃尔·A.阿尔蒙德、［美］西德尼·维巴《公民文化：五个国家的政治态度和民主制度》，张明澍译，商务印书馆2014年版，第20页；［美］加布里埃尔·A.阿尔蒙德等《当代比较政治学：世界视野》（第8版），杨红伟等译，上海人民出版社2009年版，第55页。

容和渠道的特点得以保持。因而可以说，中国政治传播秩序的传者、内容、渠道和受众的功能特点是相互契合的。此外，由于传者的构成是稳固的，其政治宣传活动有着强大的权力、制度和组织机构作为保障机制，因而，内容是由传者主导的，渠道能够受到很好的控制，受众很难在这样的运作机制中脱轨，所以，四者在政治传播秩序中的位置也是稳定的。

表7-2　　　　　　　　中国政治传播秩序中各结构的关系

政治传播秩序的结构	传者	内容	渠道	受众
功能特点	中国共产党主导"二位一体"的组织机构	意识形态主导	单通道 一元性 媒介可及性低	被领导群众

第三，政治传播各子过程的运行基本实现协调和连续。正如上文所说，在中国政治传播秩序的语境下，输入和输出的关系主要体现在二者的主从地位上。如表7-3所示，在中国政治传播秩序中，输出占主导地位，输出体现出强制性、运动性和强渗透等方面的特点。输出的属性决定了其他子过程在政治传播中的地位和功能特点。因而，与输出相对的输入处于从属地位。由于政治传播所依赖的权力基础和组织机构，输入形成了"内输入"和一元性输入渠道的特点。

表7-3　　　　　　　　中国政治传播秩序中各环节的关系

政治传播秩序的各子过程	输出	转换	输入	反馈
功能特点	占主导地位 强制性、运动性、强渗透	低透明度 低开放性	从属地位 "内输入" 一元性渠道	非常规、无机的

反之，正是这样的输入特点，使得输入无力扭转输出的主导地位，也无力改变输出的强制性和运动性。而这样的输入和输出也与中国政治传播秩序中的转换和反馈机制的功能特点相互强化。转换的低透明度和低开放度有利于保障输出的主导地位，以及对输入的把控。输出的主导和输入的

弱势地位也使低透明度和低开放度的转换成为可能。反馈环节在中国政治传播秩序中是存在的,这保证了政治传播秩序的运行环节的完整性。从本质来说,反馈的存在也对中国政治传播秩序的稳定性和持续性起着重要的作用。正是因为有着反馈,中国政治传播秩序才得以延续,并经过不断的调适以适应和服务于中国不同阶段的政治目标和国家战略。但在输出占主导地位的情境下,输入体现出"内输入"和一元性输入渠道的格局时,反馈环节缺乏形成常规化、有机化反馈机制的动力,因而,是非常规的、应急型的,反馈过程形成的往往是无机的政治信息,而不是经过充分讨论、聚合而得的有机的政治信息。总之,从总体来看,在传统媒体时代,中国政治传播秩序各子过程的运行是逻辑统一的,因而,各子过程基本实现了协调和连续的运行。

第四,中国政治传播秩序的总体模式,从单纯的理论上来看,可以说是以政治宣传为主轴、为核心的模式(如图 7-3 所示)。这种总体模式的内部结构因素和运行秩序,是传统媒体逻辑与政治逻辑耦合的结果。在两方面因素没有发生质变的情况下,由二者所决定的政治传播秩序中各行动者之间的关系、角色,各结构的功能、位置和关系,以及各运行过程等在制度规则和文化结构层面都很难发生深度变革。这使政治宣传在中国的政治传播中的核心地位一直未发生改变。

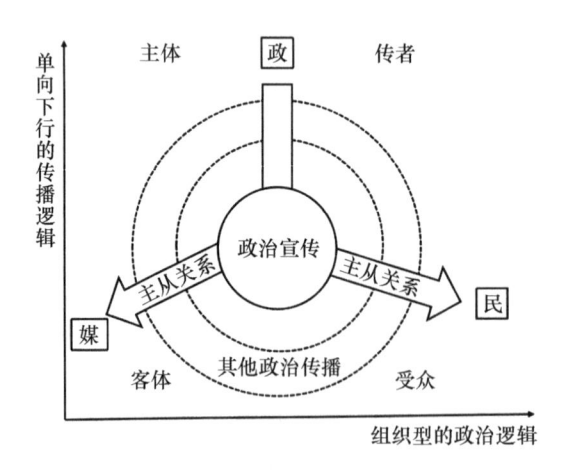

图 7-3 中国政治传播秩序的总体模式

第五，中国政治传播秩序的总体模式形成于大众传播环境中，在未进入自媒体时代的传统媒体时代，其中的结构—行动者—过程是适应于以大众传媒为基础的传播环境的。在大众传播时代，媒体所依赖的媒介，从报纸到广播到电视，尽管也存在着时间和空间偏向的演进，并由此传播的时空得以改变，但是，这些媒介所依赖的技术条件都具有高成本和可垄断性，这使得媒介的变迁并没有改变媒体被政治掌握和垄断的局面。特别是在中国政治环境下，从改革、建设到改革的政治进程中，媒体都对政治有着较大的依附性，媒体承担着服务于政治的功能；不仅如此，不管媒介如何变迁，传统媒体时代民众的媒介可及性都是低下的，传统媒体的大众传媒式的自上而下的传播特点，使得民众的政治表达和输入不得不依赖组织或者社会资本。因而，在传统媒体时代的中国政治传播秩序中，媒体一直无法作为一个独立和自主的社会力量存在。在这样的传播环境下，中国政治传播秩序中各个结构和行动者的构成和特点得以在一定范围内保持着不变，各个环节也无法打破历史的惯性，而只得沿着意识形态所规范的观念和制度形成的逻辑和轨道运行。反过来看，中国政治传播秩序，在保障实现某种特定政治目标的实现的机制运行中，强化着这种环境。因而，可以说，中国政治传播秩序与大众媒体所主导的传播环境是相契合和协调的。

伴随着政治秩序的变迁和传播秩序的演进，政治传播秩序进入现代社会以及自媒体时代。自媒体时代形成的是一个前所未有的、全新的传播环境，这种新的传播环境又将如何影响和改变中国原有的政治传播秩序？无疑，在自媒体时代，新的传播时空、信息环境、传播模式和传播渠道正在逐渐嵌入政治传播之中，由此影响着原有的中国政治传播秩序。原有的中国政治传播秩序一方面保持着其历史路径的基本特点，另一方面也增加了新的特点。这些特点，有的是因为自媒体的使用及其所形成的新的信息环境所形成的，有的则是源于对新的信息和传播环境的主动应对和回应，同时，中国政治传播秩序在自媒体时代也保留了一些旧有的特点，由此，新旧组合，共同塑造了自媒体时代的中国政治传播秩序的总体特点和趋势。这涉及中国政治传播秩序的各个结构—行动者、运行过程等各个层面。这个过程，既是自媒体时代的中国政治传播秩序的一个重新的解构过程，也是一个建构过程，同时也暴露出中国政治传播秩序存在的困境。

四 自媒体时代中国政治传播秩序的运行困境

对于中国政治传播来说，其秩序形成于特定的历史和文化背景，经历过复杂的政治变迁，其基本特点的形成和维持也主要是基于传统媒体的。最新的调查数据显示，截至2024年3月22日，中国的网民规模达10.92亿，互联网普及率达77.5%，移动设备和社交媒体的使用率也达到新的高度。① 毫无疑问，便捷的移动网络设备和自媒体应用的广泛使用，推动着中国政治传播秩序进入自媒体时代，使中国政治传播秩序被自媒体所创造的传播和信息环境所包围。那么，在自媒体时代新的传播环境下，在自媒体这种活跃性变量以及各种新的政治、社会、经济因素的影响下，中国政治传播秩序出现了怎样新的特点呢？这无疑是一个复杂的问题。研究政治传播的学者指出：当前信息环境的复杂性要求运用多个逻辑同时工作，并产生了许多逻辑如何交互以及作用于什么目的的问题。② 可见，本研究很难就中国政治传播秩序在自媒体时代的全部特点进行全面详细的描述，因而本研究将借助前文对政治传播秩序的理论探索，着重探索中国政治传播秩序在自媒体时代显现出的较为鲜明的特点。

（一）政治传播结构中传—受角色转换

在自媒体时代，中国媒体的整体格局随着自媒体的兴起发生了转变，现在的媒体格局是一个由大众媒体机构和自媒体共同组成的多点式媒体格局，而互联网的互联互通性又将这些点联系在一起，形成了一个线上—线下同步、纸质—电子同频、大众媒体—自媒体在内容上互引互转的传播局面。

自媒体的新传播格局使原有政治传播的传—受关系、精英—民众的关系和权势关系发生了重构。在传统媒体时代，普通民众往往扮演着政治传播客体的角色，政治传播的主体是政党、政府或者那些被吸纳入政治领域

---

① 参见中国互联网络信息中心《中国互联网络发展状况统计报告》（第53次），2024年3月22日，http://www.cnnic.net.cn/n4/2024/0322/c8-10964.htm，2024年4月1日。
② 参见W. Lance Bennett and Barbara Pfetsch, "Rethinking Political Communication in a Time of Disrupted Public Spheres", *Journal of Communication*, Vol. 68, No. 2, 2018, pp. 243–253.

的精英；在自媒体时代，普通民众被赋权，拥有了能够进行自下而上政治传播活动的技术渠道和发声工具。因而，自媒体时代的政治传播主体被重构，并且，这种重构是结构性、普遍性的。

当传—受角色和精英—民众关系的转变和权势格局的革新被置于中国政治传播秩序之中，传播层面关系的这些改变开始撬动原有中国政治传播秩序中政—媒—民三者的关系，并结合政治、社会、文化等各方面的因素，改变着原有中国政治传播秩序中的政—媒—民关系。中国政治传播秩序中政党/政府—媒体—民众三者的关系在很大程度上是由党/政和国家主导的政治宣传所塑造的。[①] 政治轴心通过围绕其所形成的制度、组织机构和权力关系将三者的关系从政治维度固定下来。而在自媒体时代，传—受关系的转变、精英—民众关系的革新和权势的去中心化则正在从传播层面打破原有关系的稳固性，也从主客体的结构层面改变了原有政治传播的秩序状态。

1. 政党/政府—民众关系

原有的政—民关系是主要由"群众路线"所规定的"党—民"关系的延伸，在自媒体时代，这样的关系在理念和有效性层面面临困境。正如上文指出的，尽管"群众路线"本身是以作为"群众"的"人民"为中心的，但这种政治传播是一种自上而下发力的传播行为，对于群众来说是一种逆向的政治参与，因而，"政—民"在政治传播中的关系是主体和客体的关系，是主—从关系。在政治传播中，前者发挥着主动、发力的角色，后者则处于被动、受力的位置。然而，原有中国政治传播秩序中这样的制度设置和逻辑规则并不能适应和满足自媒体时代的包括民众、媒体、政府/政党在内的多元政治传播行动主体群的需求。

从"政—民"关系来说，这源于民众在自媒体时代的角色发生了转变。政治传播秩序中政治与民众的关系主要体现在两个方面：一是民众表达和参与的可能，二是民众的表达和参与意愿。前者主要由政治系统为民众提供的政治机会结构所决定，后者则受到民众的政治角色的影响。对于政治机会结构，显然在自媒体时代，依靠自媒体所形成的媒介渠道和弱关

---

① 参见 Chengfu Zhang and Mengzhong Zhang, "Public Administration and Administrative Reform in China for the 21st Century", *Annual Conference and On-Line Virtual Conference of the American Society for Public Administration*, 2001。

系带来的社会资本，普通民众的政治机会结构增多了。就民众的政治角色而言，阿尔蒙德和维巴曾将公民的角色分为三种模式：参与型、臣民型和村民型。① 在互联网和自媒体技术"赋权"下，中国民众的参与意识也在增强，并获得了更多向参与型公民角色转变的势能。这种转变对原有的"政—民"关系是一个较大变量。在原有政治传播的政—民关系中，信息的有效传递并输入政治系统中，需要依赖承担发挥主动和发力角色的政治传播的行动者。一旦后者没有有效承担其理想状态的角色，那么这一信息传播机制的有效性将大打折扣。现在，民众力量的崛起正在改变原有的这种"政—民"之间的连接性和代表性。

首先，在传播层面，自媒体促进了以个体为中心的群体性传播主体的形成，自媒体的这种"自"属性导致了"信源革命"，对于政治传播来说，自媒体从技术层面激发和激活了传统媒体时代"普通人"政治传播的愿望和激情，并为其提供了便捷的释放渠道。可以说，自媒体首先重构了过去政治传播中"传者"和"受众"的身份及其关系属性。

其次，自媒体下，传统媒体时代以政党、政府和少数政治精英为"传者"的政治传播主体的"高墙大院"被迫打开"大门"，让不掌握政治信息和政治传播资源的"民众"蜂拥而入。自媒体从技术上强力驱动着政治传播主体的多元化，② 并在此层面消融了传统媒体下传—受身份的角色固化，通过二者的身份互换实现传—受角色的融合。如果说，传统媒体是通过自然媒介③实现传播要素的解耦，④ 那么，自媒体则将传播要素重新"耦合"，这种耦合可以理解为自然媒介下人与人的直接交流在技术革新之上的"螺旋性"升华。

---

① 参见［美］加布里埃尔·A. 阿尔蒙德、［美］西德尼·维巴《公民文化：五个国家的政治态度和民主制度》，张明澍译，商务印书馆 2014 年版，第 20 页；［美］加布里埃尔·A. 阿尔蒙德等《当代比较政治学：世界视野》（第 8 版），杨红伟等译，上海人民出版社 2009 年版，第 55 页。

② 参见荆学民、于淑婧《多元社会的治理体系优化如何实现——互联网时代政治传播的价值与意义》，《人民论坛·学术前沿》2016 年第 5 期。

③ 自然媒介与人造媒介相对应，本研究没有特意指自然媒介时就是在人造媒介的意义上讨论媒介。

④ 传播解耦是指传播要素之间的紧密性被打破。参见醒客（陈世鸿）《重新理解媒介》，中信出版社 2014 年版，第 89—90 页。

最后，自媒体对传统政治传播对象通过功能赋新和身份转换带来了政治传播主体的多元化，重构了传统媒体下政治传播的"传—受"关系。传统媒体时代政治传播的"传—受"是"主—从"关系，"传者"主要是政党、政府和其他的政治组织，"受者"一般是隶属于某种政治组织、具有某种政治性质的个体和群体。"主—从"关系在传统的政治传播中，自然呈现为"强—弱"关系，即"主"为强，"从"为弱。现在，自媒体主变量下的新秩序，随着传—受身份互换与角色融合，"主—从"关系开始向"主—主"关系转换，"强—弱"差别也在缩小，并有向"强—强"关系转变的趋势。

2. 政党/政府—媒体关系

原有的政—媒关系是主要由"党管媒体""党性原则""党媒姓党"等原则或理念所规定的"党—媒"关系的逻辑延续，自媒体时代，媒体格局的重构与媒介逻辑的革新使得原有的关系面临改变。媒体自身的角色在政治传播中的工具性质更为复杂，这反过来倒逼原有政—媒关系在制度层面发生转变。

在自媒体时代，传播进入了高选择性的媒体环境和富裕信息的环境中，争取更多的关注和受众成为传播者需要致力的方向，因而原有的大众传播媒体不仅开始转战互联网，纷纷进行媒体的转型，推出它们对应的新媒体形式，以在新的媒体空间占据一定的地位。同时，这些大众传播媒体还开始和自媒体在内容上发生共享和互动，以通过符合新媒体的逻辑，实现更好的传播效果。当然，需要指出的是，传统媒体的这种适应性尽管意味着，在自媒体时代媒体系统中的权力是相互联系的、基于分工合作，并与新媒体是相互依存的，但这种相互依存通常是不对称的，传统媒体逻辑仍然具有很大的影响力。

总体来看，在自媒体时代，自媒体的兴起打破了由大众传播机构垄断媒体的局面。这种媒体格局比原有的主要由报纸、杂志、广播电视组成的传媒业要复杂得多。新的在线互动形式的出现，使得现有的成熟的媒体管理技术不再适用于这种形式，[①] 自媒体的广泛性无疑冲击着原有的媒体管

---

① 参见 Rogier Creemers, "Cyber China: Upgrading Propaganda, Public Opinion Work and Social Management for the Twenty-First Century", *Journal of Contemporary China*, Vol. 26, No. 103, 2017, pp. 85–100。

理规则。一方面，传统媒体逻辑与新媒体的上述关系重构了媒体在政治传播秩序中的角色，"喉舌"一词不再足以对媒体角色进行准确描述。另一方面，现代的政—媒关系变得日益复杂，不再是政党/政府—主流媒体的单一模式，媒体的复杂性使政党/政府必须采取不同的策略规范媒体运行。由此形成了多线的和多逻辑的关系形式。

首先，伴随着中国的媒体市场化改革，进入自媒体时代，主流媒体的空间相对于传统媒体时代变得相对宽广，自主性与独立性也在增强。《人民日报》的前记者曾将党媒之间的关系转变描述为从"倾倒"到"鸟笼"，最后到"放风筝"的过程。倾倒模式描述了自上而下的信息流，宣传部和政治领导人将水（想法）倒入杯中（记者的大脑）；鸟笼模式描述了记者就像笼子中飞翔的鸟儿一样，在领导者的演讲、指示和文件中进行选择；当记者自己选择主题时，他们可以在天空中飞翔，而绳子则在党的手中。[①]

其次，自媒体的兴起使媒体体系变得更为丰富，这使得原有的媒介逻辑与政治逻辑关系的转变在中国政治传播秩序中或多或少地存在。带来的结果是，一方面加强网络宣传、占据网络舆论阵地成为以政党/政府为主体的政治传播迫在眉睫的要务；另一方面主动加入引导和收集网络上的政治信息也变得更为重要。在以政治宣传为轴心的中国政治传播秩序中，宣传党和政府的政策一直是消耗大量公共资源的主流媒体的关键职能。在中央领导的直接控制下，具有全国网络的宣传部一直是而且现在仍然是一个非常强大的机构。宣传机器行使对媒体、新闻和出版的绝对权威，主导着中国公共信息的供求。[②] 因而，主流媒体在政治传播秩序中处于传递和引导政治信息的"喉舌"地位。

在自媒体时代，主流媒体传递政治信息的功能得到了延续，而与此同时，引导政治信息的功能得到进一步加强。近些年来，政党和政府主动推动主流媒体多方面革新，以适应自媒体时代对于主流话语的掌握或者致力

[①] 参见 Daniela Stockmann, *Media Commercialization and Authoritarian Rule in China*, New York: Cambridge University Press, 2013, p. 31。

[②] 参见 Chengfu Zhang and Mengzhong Zhang, "Public Administration and Administrative Reform in China for the 21st Century", *Annual Conference and On-Line Virtual Conference of the American Society for Public Administration*, 2001。

于对中国文化领导权的掌握,比如推动主流媒体开通网络平台、建立自媒体平台和栏目等。

此外,与媒体"喉舌"相对的是"耳目"功能。尽管在传统媒体时代,媒体也扮演着"耳目"功能,但媒体仅仅是政治信息的收集和"内输入"中非常小的一部分。在政治中介化的自媒体时代,政治信息的流动很大程度上都存在于网络空间中,网络媒体几乎成为政治信息发出、传递的必经之路,因而,收集网络上的政治信息是"耳目"必须延伸的地方,这使包括主流媒体和自媒体平台在内的媒体的"耳目"功能得到了极大的加强。对于后者,有学者认为可以将非官方媒体看作统治者从下方收集政治信息的工具。① 综上来看,自媒体时代的媒体扮演着双重角色:一方面进行新闻制作、宣传政策、引导舆论,另一方面还需要掌握舆情动态并传递舆情。②

最后,在自媒体时代,原有规范政—媒和党—媒关系的一系列原则,如"党管媒体""党媒姓党""党性原则",延伸到自媒体之上时,遇到较大困境。因为,政—媒和党—媒关系一方面在主流媒体,特别是在党媒方面,依然受到"党性原则"的规范和要求,但在这一要求和规范本身在规范政府/政党与自媒体、商业媒体的关系时却很难具有可操作性。对此,依靠政策和法规进行规制政—媒和党—媒关系成为以上原则的重要补充。就自媒体而言,这种规制体现在两个层面:一是个人用户层次,二是平台层次。前者主要体现在互联网平台制定的各种规范对个人用户在自媒体等互联网平台上发布政治信息起到规范作用。对于后者,近些年来,国家相继出台了多项制度从基础设施和平台层次对互联网媒体进行规范。

3. 政党/政府—民众—媒体关系

自媒体时代传播模式的改变,使原有的政治逻辑所依赖的权力关系受到冲击。自媒体时代传播主体的多元化,渠道的多层次性以及自媒体所形

---

① 参见 Fengming Lu and Xiao Ma,"Is Any Publicity Good Publicity? Media Coverage, Party Institutions, and Authoritarian Power-Sharing", *Political Communication*, Vol. 36, No. 1, 2019, pp. 64-82。

② 参见 Tao Wu and Bixiao He,"Intelligence for Sale: The 'Party-Public Sentiment, Inc.' and Stability Maintenance in China", *Problems of Post-Communism*, Vol. 67, No. 2, 2020, pp. 129-140。

成的网络状能动型互播式传播模式，展现出自媒体时代一幅"去中心"的传播权势格局。①

自媒体时代，原有的权力关系受到了冲击。② 传统媒体时代的传播从纵向来看是自上而下的，从横向来看，则是从中心到边缘。政府、政党等政治组织及其控制之下的传统媒体处于政治传播的中心，当然也处于权势的中心，而普通的民众则处于边缘地带。反过来，也正是因为这种中心—边缘的权势差赋予了政治信息以"势位差"，由此决定了政治信息从中心向边缘、从高位向低位的传播方向与路径。自媒体传播则不同，自媒体的近用性、平等性优势，赋予了原本处于边缘地位的普通民众以前所未有的政治传播的能力、权力和"势"能，③ 大大减小了原有中心—边缘之间的权势差，由此形成了政治信息平等、自主传播的势能基础，从传播层面冲击着原有的权力格局。不仅如此，在自媒体传播逻辑中，政治传播完全可能源于一个普通人，并以他形成传播中心。由此可见，自媒体重构的政治传播新秩序是去中心的，去中心去掉的是静态固化的中心，增加了更多由传播本身所引导的中心。

然而，关于媒介技术进步的政治效应，学界一直以来存在乐观和悲观两种态度，政治传播现实因与政治权力关系的紧密，也使上述关系的本质显得扑朔迷离。当然，以上以"赋权"理论为代表的观点得到一定的认可也不是没有道理。本研究认为，自媒体所带来的"赋权"，从本质上说这里的"权"还算不上政治意义上的"权力"或"权利"。自媒体对政治传播权势格局的影响仅仅是技术层面的去中心化，远远没有实现，也不可能仅凭技术实现政治意义上的权势多中心化，尽管技术确实在一定程度上增大和推动了这种趋势。这意味着，政治的民主自由、权力的平等自

---

① "权势"本是政治学概念，借用到政治传播中主要指对政治信息产生和传播过程的控制程度，"传播权势"与"政治权力"既有联系又有区别。

② 参见[英]詹姆斯·卡伦《媒体与权力》，史安斌、董关鹏译，清华大学出版社2006年版，第74页。

③ 有些学者用"赋权"解读这种现象。参见郑永年《技术赋权：中国的互联网、国家与社会》，东方出版社2014年版；黄月琴《"弱者"与新媒介赋权研究——基于关系维度的述评》，《新闻记者》2015年第7期。也有学者将权与势分开解读包括自媒体在内的新媒体的政治效应。参见姜飞、黄廓《新媒体对中国"权势"文化的颠覆与重构》，载荆学民主编《当代中国政治传播研究巡检》，中国社会科学出版社2014年版，第84—93页。

主，必然需要来自政治层面的保障和来自政治方面的回应。

综上来看，传—受身份的角色融合、精英与民众角色和关系的革新，以及权势格局的去中心化，这些现象从方法论上表明，某种意义上，自媒体时代的传播关系已经在超越传统媒体时代的关系"二分法"，就是说，用"二分法"关系的研究范式已经难以全面描述自媒体时代的政治传播秩序。在后者的秩序中，人人都是传者，人人也都是受众，或者人人都是政治传播的行动者。普通的民众真正成为与媒体、政府/政党旗鼓相当的行动者，成了政治传播的主体。

因此，在自媒体时代，中国的政治传播主体被重构，形成了包括民众、媒体、政府/政党在内的多元政治传播行动主体群。当然，这并不意味着这些主体群所处的位置是完全平等。只是说明，政府/政党、媒体、民众三者均成了政治信息的源头，特别是民众，相对于过去，在自媒体时代被赋予了更多的政治传播自主性，更是成为不可忽视的政治信息来源，这形成了不同以往的政治信息环境。

（二）政治信息的立体对冲

众多的研究表明，在中国，互联网确实越来越成为人们进行信息发布、信息获取以及进行社会交往的重要场所。特别是自2010年以来，微博、微信等自媒体、社会媒体的普及以及移动通信的迅猛发展，中国的互联网为用户提供了发声和讨论的在线空间。[①] 我国学者胡泳曾用"众声喧哗"描述这一景象，[②] 正如上文提到的，传播内容在自媒体时代呈现出多元化和碎片化的趋势。那么这一信息环境又如何影响了政治信息呢？对中国政治传播所处的政治信息环境、中国的公共舆论空间，政治信息的交流以及意识形态占据主导地位的政治传播内容又有怎样的影响？本部分将从以下三个方面对这些问题进行解答。

1. "高选择性"政治信息环境

在自媒体时代，信源的多样性和传播内容的多元和碎片将政治传播从

---

① 参见 Lianrui Jia, "What Public and Whose Opinion? A Study of Chinese Online Public Opinion Analysis", *Communication and the Public*, Vol. 4, No. 1, 2019, pp. 21-34。

② 参见胡泳《众声喧哗：网络时代的个人表达与公共讨论》，广西师范大学出版社2008年版，第361页。

"低选择媒体环境"转移至"高选择媒体环境"中,选择的增加使政治逻辑导向"注意力经济",这冲击着原有的政治信息环境。学者们将政治信息环境定义为特定社会中政治新闻和政治信息的供求。

第一,在传统媒体时代或者早期互联网时代,媒体数量是有限的,并被原有成熟的制度固定为少数人掌握,因而,彼时政治传播处于"低选择媒体环境"中。政治信息的创造和传播权力被垄断在那些掌握媒体的精英,或者依赖政治资本和社会资本掌握组织和人际传播渠道的传统精英手中,因而彼时的政治信息环境,包括政治信息的供求也都主要由这些政治传播行动者塑造和掌控的,他们处于政治信息供求关系的主导、强势和中心地位。而普通的民众由于媒介的低可及性无法成为政治信息的生产和提供者,作为政治信息供求的需求方,其在整个政治信息环境中处于被动、弱势和边缘地位。

然而,在"高选择媒体环境"中,普通民众可以依靠数量优势和舆论的力量得以发声,原有舆论的"瀑布模型"传播模式开始具有向上"蒸腾"的势能,① 这时政治信息的供应方不仅包括原有的供给者,还增加了很多自媒体用户。由此,"通过各种新旧媒体可获得的政治新闻和信息的数量和质量以及结构",发生了极大的变化,选择的增加意味着供需之间的联系日益紧密,信息需求方的地位逐渐提升。②

第二,"注意力"在政治信息的供求中成为核心思想,迫使政治信息的提供者提供其目标群体所需要的那种内容,以保持竞争力。这无疑从信息供给和信息需求层面改变着原有的政治逻辑。原有的政治逻辑在信息环境方面主要体现在两个方面。一是新闻媒体从娱乐媒体中分离出来,前者被认为需要承担直接的民主功能。二是在新闻媒体中,事实开始区别于言论,新闻报道日益追求准确、客观、均衡;在自媒体时代,信源的扩大营造了一种新的信息环境,它增加了传统媒体时代力图维持政治信息与非政

---

① 参见[美]乔·萨托利《民主新论》,冯克利、阎克文译,东方出版社1998年版,第105页。
② 参见 Peter Van Aelst, et al., "Political Communication in a High-Choice Media Environment: A Challenge for Democracy?", *Annals of the International Communication Association*, Vol. 41, No. 1, 2017, pp. 3 – 27。

治信息之间差异的体制与实践之间的矛盾,① 给原有的政治逻辑带来的一系列内容方面的挑战：公与私的边界在模糊；新闻与娱乐的界限在消失；政治信息陷入真实与谎言交织的旋涡中。因而，有学者认为注意力至上、市场化和消费主义的"媒体逻辑"正在超越注重代表性、参与性和协商性的"政治逻辑"。②

第三，在自媒体时代，处于以"注意力"为核心驱动的"高选择性"政治信息环境中，包括中国在内的各个国家和地区的政治信息均面临着非理性的冲击。首先，互联网提供的富裕媒介环境使网络关注度与流量成为一种奢侈品。因而，传播主体倾向于选择吸引眼球的"软新闻"、制造轰动新闻事件的方式或"标题党"的形式增加"点击诱饵"。③ 这进一步致使网络内外的公共语言变成压缩的、即时的、粗糙的、"消极"的。④ 在中国的互联网上，一定程度上存在的政治"段子""表情包"、网络抗争、仇官仇富言论、同情弱者的舆论审判等集中体现了这种政治信息的非严肃性、粗糙和消极。其次，近些年来，在新技术、新媒体的运用刺激下，民粹主义、后真相、假新闻等现象纷纷崛起，情绪的诉诸和表演方式，使政治信息出现了情绪化、表演性等特征。最后，高选择性的信息环境及信息的非理性化影响着政治信息的需求和供给，给政治传播带来了一系列的问题。有学者总结认为，自媒体时代的政治信息体现出以下几个方面的特征。（1）壮观。发挥政治事件的耸人听闻或罕见的特征。（2）宽恕。关注冲突而不是妥协，丑闻而不是调查。（3）戏剧化。依靠讲故事的情感，可视化、极化和定型；在政治报道中采用"游戏模式"和"赛马框架"。

---

① 参见［美］W. 兰斯·本奈特，［美］罗伯特·M. 恩特曼主编《媒介化政治：政治传播新论》，董关鹏译，清华大学出版社2011年版，第123、125页。

② 参见 Winfried Schulz, "Reconstructing Mediatization as an Analytical Concept", *European Journal of Communication*, Vol. 19, No. 1, 2004, p. 89。

③ 参见 Peter Van Aelst, et al. , "Political Communication in a High-Choice Media Environment: A Challenge for Democracy?", *Annals of the International Communication Association*, Vol. 41, No. 1, 2017, pp. 3 - 27; W. Lance Bennett and Alexandra Segerberg, "The Logic of Connective Action: Digital Media and the Personalization of Contentious Politics", *Information, Communication & Society*, Vol. 15, No. 5, 2012, pp. 739 - 768。

④ 参见 Jay G. Blumler, "The Crisis of Public Communication, 1995 - 2017", *Javnost-The Public*, Vol. 25, No. 1 - 2, 2018, pp. 83 - 92。

(4) 信息娱乐。通过使用"软新闻"角度和"情节框架"以博人眼球的方式打包政治新闻；通过让普通公民和普通人享有精英话语和政党代表的特权来强调"普通公民"的观点。(5) 个性化。将政治活动归因于个人而不是政党和机构；围绕具有自己的气质、魅力、相貌、特质、思想的人构建政治新闻；向政治机构施压以主持其领导风格，并通过电话招募更多人员原始图像，流行言辞和适销对路的信息。(6) 话语的转变。有利于以简短，醒目的短语修饰政治话语的"声音新闻"和依靠引人注目的视觉效果的"图像新闻"。(7) 去政治化。将实质性问题讨论边缘化，因为它被认为是争夺评级和利润的障碍；战略而非问题框架；减少国家和国际政策的覆盖面。[1] 这些给政治传播带来了新闻质量下降、信息分裂与两极分化加剧、相对主义增加、政治知识不平等加剧、政治信任下降等一系列问题。[2]

综上而言，后真相、假新闻、民粹主义、谣言等非理性的政治信息成为自媒体时代政治信息环境面临的重要挑战。纵观全球，各国政府也都纷纷推出各种机制予以回应和解决这一难题。然而，令人不安的是，现在政治本身不仅缺乏有效的机制对此予以及时回应，政治的各种势力还陷在竞争中为获胜、为维护统治而不择手段，为表达利益诉求而不得不采取极端手段吸引眼球等政治逻辑中，也就是说，在一些层面上，这一媒体逻辑不仅没有得到政治的有效规制，反而正在被各种谋取私利的个人和集团而加以利用。因而，从本质上说，自媒体时代的媒体逻辑是一个复合体，其以自媒体的技术及其形成的传播逻辑为导火索，但本质原因源于媒体的使用者在传播场域中的政治传播行动。

2. 公共舆论分化

自媒体时代，传播内容趋向于"多元化"，这种特点也在政治信息，特别是在以公共舆论为形态的政治信息上体现得最为明显。需要指

---

[1] 参见 Hanspeter Kriesi, et al., "Mediatization as a Challenge: Media Logic Versus Political Logic", *Democracy in the Age of Globalization and Mediatization*, 2013, pp. 171 - 172。

[2] 参见 Peter Van Aelst, et al., "Political Communication in a High-Choice Media Environment: A Challenge for Democracy?", *Annals of the International Communication Association*, Vol. 41, No. 1, 2017, pp. 3 - 27; Peter Dahlgren, "Media, Knowledge and Trust: The Deepening Epistemic Crisis of Democracy", *Javnost-The Public*, Vol. 25, No. 1 - 2, 2018, pp. 20 - 27。

出的是，在政治传播语境下，"多元化"与"多元性"这两个概念是不同的。"多元化"是对一个过渡过程的动态描述，"多元性"则是对一个稳定而有序的事物属性的抽象。自媒体的使用和普及所影响的政治传播主体，正在经历从"多元化"到"多元性"的有序化过程。其中，需要经历两个不同的子过程：一是技术层面一元向多元的转变过程。二是多元的制度化过程。目前来看，第一个子过程正在被自媒体与其他因素驱动着发生，自媒体对政治传播主体的影响仅仅实现了其多元化，而没有实现多元性。而第二个子过程需要的是"政治"对多元化的回应。[①] 本研究正是在这个意义上认为自媒体时代，中国的公共舆论得益于自媒体等因素呈现出多元化的特点，但还未被政治进行制度化的、常规化的吸纳。

第一，从民主的角度来看，公共舆论的多样性代表着观点的多样性，这种现象是多元社会的典型特征，同时也可以被理解为政治和公民社会公开辩论的基本条件。然而，现实的经验表明，公共舆论的多样性和多元化并没有带来一个理性表达和辩论的网络公共领域，反而在自媒体时代，我们目睹了越来越激烈的消极运动，日益加剧的两极分化以及充满偏见和错误假设的公众辩论。自 1997 年中国国内第一个网站"神州学人"上线，学者们就于 1998 年提出了"两个舆论场"的判断，[②] 认为中国的舆论场被分化为官方舆论场和民间舆论场。学界近期的研究也指出，"自改革开放伊始到 2003 年，中国社会公共舆论的分布一直有着右强左弱的偏斜单峰型特征。但是，从 2003 到 2014 年长达十年左右的时间，中国的公共舆论开始朝正态分布的方向发展。从 2014 年以来，中国的公共舆论空间却逐渐发展成一个左右冲高、中间走低的两极双峰型分布，并且左右两端（特别是左的一端）都占据一定的道德高地和出现了极端化倾向"[③]，而这种公共舆论分化甚至极化的分布对于政治稳定是很不利的。

第二，纵观全球，上述问题也存在于中国之外的其他国家和地区，不

[①] 参见荆学民、于淑婧《多元社会的治理体系优化如何实现——互联网时代政治传播的价值与意义》，《学术前沿》2016 年 3 月（上）。

[②] "两个舆论场"是当时任新华社总编的南振中提出的。参见喻国明、李彪主编《中国社会舆情年度报告（2015）》，人民日报出版社 2015 年版，第 9 页。

[③] 赵鼎新：《当前中国最大的潜在危机》，《二十一世纪评论》2019 年 6 月。

和谐和脱节已成为当代媒介公共领域的特征。[1] 一方面，自媒体和数字媒体的扩散增加了公众声音的分散性和混乱性。根据学者的研究表明，人们在解释政治概念词汇时，经常以非常直接的方式通过个人经验来构筑理解。"个人是政治的"不仅是对的，而且对于许多人来说，"政治是个人的"也是对的。[2] 而自媒体无疑扩大了这种个体的理解，网络空间的"回音室效应"以及自媒体所形成的"信息茧房"更是不利于人与人之间观点差异性的减少。另一方面，在新闻网络中，与温和群体相比，极端化群体（非常保守或非常自由）受到的关注更为突出，他们的负面形象没有温和群体多。这表明，当代新闻价值观倾向于两极分化，因为它具有潜在的冲突和娱乐价值。因而，学者们担忧在自媒体时代，公共领域似乎越来越脱节，这将进一步导致政治传播的"交流失灵"。[3]

第三，对于中国来说，传统媒体时代政治传播秩序中，政治信息流动沿着自上而下的路径行进。自上而下的信息传播路径呈现单向性，一般来说，主要是执政者通过特定的组织、人际和大众媒介传递政治信息，使受众对政治信息知晓、认同和内化，进而采取特定行动，以实现特定的政治传播目的或意图。政治信息自上而下单向流动的根源在于政治信息的垄断。以议程设置为例，在传统媒体时代，议程从本质来说是由屈指可数的"官方"传媒机构设置的，政府通过掌控"喉舌"性质的传媒机构直接操控议程设置。

自媒体的出现，从媒介传播层面打破了对政治信息的垄断，"网民"借助自媒体可以通过互动，将他们认为重要的问题和事情（而不是传媒机构认为重要的问题和事情）变为公众议程的一部分。自媒体为政治信息的向上"蒸腾"提供了可能，从技术层面打开了政治信息上下双向互逆的流动渠道。

自媒体对政治信息流通渠道的"洞开"，使政治传播图景正在超越

---

[1] 参见 Barbara Pfetsch, "Dissonant and Disconnected Public Spheres as Challenge for Political Communication Research", *Javnost-The Public*, Vol. 25, No. 1–2, 2018, pp. 59–65。

[2] 参见 Mathew Humphrey, Maiken Umbach and Zeynep Clulow, "The Political is Personal: An Analysis of Crowd-Sourced Political Ideas and Images from a Massive Open Online Course", *Journal of Political Ideologies*, Vol. 24, No. 2, 2019, pp. 121–138。

[3] 参见 W. Lance Bennett and Barbara Pfetsch, "Rethinking Political Communication in a Time of Disrupted Public Spheres", *Journal of Communication*, Vol. 68, No. 2, 2018, pp. 243–253。

"点对点",向"线对线""面对面""体对体"的多维立体状态跃迁。传统媒体下政治信息的垄断生产,意味着政治信息在流通之前就已经经历了严格的政治"把关",政治信息的流通沿着"喉舌"或特定的组织路径呈"复制式"传播。然而,自媒体时代,不仅从源头使垄断所带来的政治信息不对称性被打破,也从信息的流通过程中介入了更多的、来自四面八方的、不受控制的"把关"节点,这些"节点"使政治信息的产生与传播呈现立体状态。这种立体状态使政治传播新秩序中政治信息的上下互逆呈现出一种立体对冲①的模式,特别是涉及具有争议的话题时,来自四面八方裹挟着政治利益、政治诉求、政治目的的政治信息,在热烈乃至激烈的对冲中相互碰撞和砥砺。这种现象被学者哈贝马斯形象地比喻为"洗衣机式的信息搅拌",舆论信息在政治系统中以随机、不可以预计的形式"上下游走",打破了原有平稳的政治信息的流动状态。②

从政治学的角度看,自媒体对政治信息自下而上传播路径"洞开"的深层原因和潜在驱动,是新的政治文明时期,民众对自身政治诉求或公共利益的迫切表达。这意味着,自媒体时代,传统媒体下政治传播"主体"以实现和维护自身利益作为意图或目的,已经无法与向上涌进的、充斥政治诉求的政治信息实现"目的性"的契合。因此,这种"不协调",倒逼着政治传播须自觉地将公众利益纳入政治传播活动的"目的"之中,以逐渐向更为深层的政治的公共性回归。③

3. 竞争性政治信息环境

中国政治传播的内容主要由自上而下的意识形态输出为主导,并受到后者的框范。这种意识形态的主导,或者说中国意识形态的领导权始终由中国共产党掌握,不得不说,这一局面得益于传统媒体时代政治信息环境的一元垄断。然而,在自媒体时代,高选择性的媒介环境,政治信息的多

---

① "互逆立体对冲"凸显了自媒体时代信息流动和交流的冲突性质,许多新的政治价值乃至政治目标正可能在这种冲突中产生。这是传统媒体时代的政治信息不改变自身性质、不损失价值总量的平缓传播情境远不能比拟的。

② 参见 Jürgen Habermas, "Political Communication in Media Society: Does Democracy Still Enjoy an Epistemic Dimension? The Impact of Normative Theory on Empirical Research", *Communication Theory*, Vol. 16, No. 4, 2006, pp. 411–426。

③ 关于政治及政治传播的公共性,参见荆学民、苏颖《论政治传播的公共性》,《天津社会科学》2014 年第 4 期。

元、多样，使得意识形态被置于极具竞争性的政治信息环境中，这无疑给原有意识形态的垄断政治传播内容的局面以较大的冲击。在自媒体时代，政治信息环境的竞争性既体现在国内层面，也体现在国际层面，因而意识形态受到的冲击也来源于两个方向。

第一，从国内政治信息环境来看，一方面，在竞争性的政治信息环境中，自媒体的媒介逻辑使那种基于遥远政治理想、宏大政治目标和抽象话语的意识形态的吸引力下降。另一方面，在自媒体时代，民众对接收到的政治信息具有意义生产和解读的自主性，这就使原有的意识形态在内涵和更新方面不再能够被垄断，而处于一种争夺意义解读权的竞争性环境中。在传统媒体时代，意识形态的主导权是由少数人所掌握的，其"真实"与"意义"也是由少数人来决定的。而在自媒体时代，公共舆论兴起以及政治信息的多量与多样，使"权力集团"越来越没有能力对各种信息加以阐释，这为"受众"对意识形态给出自我意义上的解读留下了空间。同时伴随着后现代的解构潮流，原有意识形态对政治信息意义的钳制也面临消解，特定政治信息原有"能指"与"所指"的固定搭配受到挑战。政治信息作为一种符号，在意义解读的过程中，"所指"趋向于多样化。传播学者霍尔曾指出的，受众对信息具有不同的解码立场。在自媒体时代，民众的解码能力和解码可能都得到了提高或扩大，这使主流意识形态在解释的主导权方面受到冲击。学者弗里德曼的实证研究说明和验证了这一现象，他指出，民众可以重新诠释官方的宣传，甚至创建自己的对立符号，进行某种程度上的对立解码。[1]

第二，从国际政治信息环境来看，尽管在当今国际政治层面，意识形态的竞争已经没有冷战时期那么激烈和明显，但是意识形态的比较问题一直存在。特别是伴随着互联网的发展，自媒体和社交媒体的应用大大扩大了不同国家信息的流通，民众通过新媒体能够获得大量有关不同国家、不同地区的政治及其意识形态的经验性材料。正如上文指出的，这就使不同国家和地区之间的比较变得更为容易。因而现在没有哪个国家或地区的政治和意识形态不是处于一种全球性的比较环境中的，这种比较带来了一种

---

[1] 参见 Edward Friedman, "The Oppositional Decoding of China's Leninist Media", in Chin-Chuan Lee, ed., *China's Media, Media's China*, Routledge, 2019, pp. 129–146。

竞争。这对于中国来说，尤为如此，作为为数不多的社会主义制度的国家，中国以马克思主义作为意识形态，其虽然不再面临冷战时期那样的严峻对立境况，但其有效性、其价值、其合法性等都处于一种新的竞争性的环境之中。这一方面使意识形态本身时刻处于一种竞争的危机状态中。另一方面，全球的政治信息流通，也使对意识形态领导权进行被动的垄断坚守更加艰难。

第三，意识形态在中国具有非凡的意义，其是执政党的重要合法性来源，而意识形态受到的冲击也将影响执政党的权威性。近些年来，中国一直采取各种措施巩固主流意识形态的主导地位。但从自媒体时代的竞争性的政治信息环境来看，意识形态地位的下降可以说是一个必然趋势，仅仅从巩固意识形态上对此予以应对，恐怕是治标不治本。如何结合中国的政治实践完善意识形态，提炼中国的经验现象，将其淬炼、归纳、抽象，以补充意识形态，进而反过来使意识形态在解释和指导中国现实层面更具说服力，最终实现意识形态和执政党合法性良性互动，可能是从根本上应对自媒体时代竞争性的政治信息环境及其对意识形态的冲击等相关问题的关键。

（三）多维传播渠道的沟通不畅

在自媒体时代，传播渠道是多样的、多层次的，传播方面的渠道特点对中国政治传播的渠道产生了影响：一方面，自媒体对普通民众的"赋权"形成了政治传播的草根渠道；另一方面，自媒体所基于的互联网平台也形成并拓展了公共空间，形成政治传播行动者借助公共舆论进行政治传播的新的重要途径。这些新的渠道，加之原有的制度化的内输入渠道、自上而下的渠道，使中国政治传播秩序在自媒体时代，形成了包括草根渠道、公共空间等在内的多层次、多维度渠道格局。然而，自媒体传播形成的新的传播渠道存在着结构性的缺陷，分散在多维渠道中的政治信息也存在着沟通割裂的问题。

1. 草根渠道崛起

政治传播在互联网时代产生了不同于以往制度化、非制度化的新政治信息传播渠道——草根渠道。其主要特点是表达主体的基层性和草根性。

第一，在自媒体时代，自媒体发布政治信息的低成本、借助社交拓展的强关系和借助"连接"建立的"弱关系"等，大大降低了政治信息产生与传播的门槛。运用自媒体，人人都可以对信息进行"DIY"。① 自媒体及社交网站的普及使用，以及由议题共振所形成的舆论冲击力，促使草根新闻、草根记者等以"个体的人"为中心的政治信息传播成为可能。当然，不同的自媒体，其传播功能是不同的，比如微博的重点是媒体功能，借助微博，普通人具有成为信息来源的能力；微信的重点是促进亲朋好友之间的亲密社交互动；百度贴吧等则专注于将具有相似兴趣的人聚集在一起，并在某个利益集团内推动讨论。② 借助这些新媒体的综合运用，草根民众具有了政治表达的技术可能。

第二，互联网数字资源的提供也促进了基层民意的"传媒可见性"（mediated visibility），那些原本处于无声沉默或者政治传播边缘的人，借助自媒体及社交媒体的普及使用，以及互联网塑造的一种跨媒体网络的、个性化内容共享的"联结行动"（connective action）③，促进了各种议题产生共振，进而实现了基层政治信息的在场，提高了基层政治信息输入政治系统的可能，在一定程度上消解着"沟通领域的代表制"。④ 伊斯顿将这种输入称为"没有中介的直接输入"（unmediated inputs）。⑤ 在自媒体时代，这种"直接输入"的可能性大大增多。当裹挟某种政治诉求的政治信息在突然间大规模"引爆"网络时，该诉求会越过低层级"直抵高层"，成功进入政治系统，经历简单的转换，进入决策输出阶段。可见，自媒体的近用性、平等性、低成本、连接性、互动性等优势，赋予了原本处于边缘地位的普通民众和草根群体以前所未有的政治传播能力和权利。

第三，草根渠道的形成和有效不仅仅在于依赖自媒体进行了政治信息

---

① 参见喻国明《全民DIY：第三代网络盈利模式》，《新闻与传播》2006年第2期。
② 参见 Daniela Stockmann and Ting Luo, "Which Social Media Facilitate Online Public Opinion in China?", *Problems of Post-communism*, Vol. 64, No. 3 – 4, 2017, pp. 189 – 202。
③ W. Lance Bennett and Alexandra Segerberg, "The Logic of Connective Action: Digital Media and the Personalization of Contentious Politics", *Information, Communication & Society*, Vol. 15, No. 5, 2012, pp. 739 – 768.
④ ［英］约翰·基恩：《媒体与民主》，邹继红、刘士军译，社会科学文献出版社2003年版，第39页。
⑤ ［美］戴维·伊斯顿：《政治生活的系统分析》，王浦劬译，人民出版社2012年版，第81、72页。

的线上生产和表达，很大程度上还得益于自媒体所基于的互联网形成了一个公共空间，从另一个方面可以说，前者强调的是渠道所发挥的信息传递和扩散作用，而后者则致力于体现传播的互动性的一面。这种互动性在自下而上的政治传播中发挥着重要的渠道作用。所谓互动性源于互动的概念。在社会意义上，互动是指人与人之间的相互关系；而在信息学研究中，它指的是人与机器之间的关系。在传播研究中，它指的是文本和读者之间的关系，以及通过媒体产生的人际交流。这里主要在传播学意义上使用互动概念。正是得益于自媒体所形成的公共空间及在这一空间各个政治传播行动者的互动行为，草根政治传播才得以实现。也就是说，草根表达只有延伸至公共空间，其传播渠道才能为发挥效能增加可能性。

2. 公共空间拓展

在公共对话的空间中，互联网被认为创造了哈贝马斯所设想的那种新的"公共领域"。公共领域是介于国家和社会之间进行调节的一个领域。[1] 尽管学界对公共领域的包容性和多样性提出了许多批评，但学者们仍然经常使用该概念，并以某种方式同意公共领域可以被视为理想类型的理论构造，并且可以应用于许多情况，在公共领域讨论的主题不仅限于政治，文化、艺术、科学、技术、权利、政府和道德等都有资格进行讨论。因而，哈贝马斯后来在《在事实与规范之间》一书中提出了对公共领域的更广泛定义：公共领域是"一种通过民间社会的联合网络植根于生活世界的交流结构"[2]。

第一，从整个政治传播过程来看，实际上，公民很少作为个人直接与决策机构对话，其个人诉求也很难直接输入进政治系统。公共领域则可以被视为存在于民间社会与决策机构之间的中介交流"空间"。一方面，公共领域提供了形成舆论的空间，公共舆论在公共领域中得以形成，另一方面，公共领域还起到过滤机制的作用，将重要的和讨论得当的公众舆论从社会系统引导到政治系统中。哈贝马斯描述了一个运转良好的公共领域，可以"发展出具有足够活力的冲动，将冲突从外围带到了政治体系的中

---

[1] 参见［德］尤根·哈贝马斯《公共领域（1964）》，汪辉译，《天涯》1997年第3期。
[2] ［德］哈贝马斯：《在事实与规范之间：关于法律和民主法治国的商谈理论》，童世骏译，生活·读书·新知三联书店2014年版，第359页。

心"。公共领域不是静态空间，而是一种过滤机制："如果可行，则只有经过考虑的舆论才能通过。公众意见表明，根据现有信息，人口众多但又相互冲突的部分是对眼前每个有争议问题的最合理的解释。"这个过程的隐喻是"水闸"。水闸控制流过通道的水量。当水压升高时，闸门将打开，以允许水流过闸。为了履行这一职能，公共领域必须"扩大问题的冲击力，不仅要发现和识别问题，而且还要有说服力和有影响力地对问题进行专题化处理，为它们提供可能的解决方案，并以采取措施的方式对其进行戏剧化处理"①。

第二，在互联网时代，公共舆论表达和交流的空间确实得到了扩展，因而，在互联网时代，往往被认为形成了一种网络公共领域。网络公共领域特点在于这样的公共领域是以互联网为政治传播媒介，政治传播行为发生于互联网所构建的"虚拟社会""电子共和国"或"数字集体"的领域中。② 对于中国来说，学者们一方面认为随着中国网络媒介的发展、网民数量的激增和网络舆论空间的生成，中国网络公共领域开始兴起并成长起来。但另一方面又指出，当前，中国网络公共领域尚未完全发育成熟，是"半独立性的"，与现实政治过程的互动性较强，而且国家对其起着明显的主导作用。③ 也有学者更悲观地指出，中国根本没有网络公共领域。

第三，本研究并没有沿用"公共领域"一词，而是使用了"公共空间"。无可否认，互联网发展到自媒体时代，确实形成了一个网络空间，特别是伴随着自媒体的出现，在这一公共空间中的，代表社会、个体的媒体具有了发生的渠道和进行政治讨论的场域，尽管这一空间本身并不是独立的。这一空间一方面成为民众政治表达的重要渠道，那些草根和基层的政治信息只有在这一空间被转化和过滤才有可能成为政治议程，被输入政治系统；同时这一空间也成为中国政治社会中象征性的主张和争夺政治权力的主要场所。这一空间并不是像理想状态下的公共领域，不受来自市场

---

① [德]哈贝马斯：《在事实与规范之间：关于法律和民主法治国的商谈理论》，童世骏译，生活·读书·新知三联书店2014年版，第418页。
② 参见 Henrik Bang, "Among Everyday Makers and Expert Citizens", in Newman, Janet, ed., *Remaking Governance: Peoples, Politics and the Public Sphere Bristol*, UK: Policy Press, 2005, pp. 159–178。
③ 参见熊光清《中国网络公共领域的兴起、特征与前景》，《教学与研究》2011年第1期。

和国家的干预，恰恰相反，其成为包括来自政治、社会、资本等领域并具有不同力量的行动者进行表演、博弈、合作等活动的舞台。

综合来看，草根渠道和公共空间的形成，正在一定程度上改变了中国政治传播秩序原有的内输入和一元输入渠道的格局。新的渠道正在将原有的狭长的输入渠道加以拓展，进而促进了自媒体时代中国政治传播的输入渠道，从一元输入格局向"倒漏斗型"渠道特点迈进。

3. 多维渠道形成

撇开对渠道有效性的考察，从以上分析可知，自媒体时代，中国政治传播的渠道不再是一维的（one-dimensional），而是多维的（multidimensional）。政治传播学者布鲁姆勒曾判断：当前，政治传播已经从"第三代"进入"第四代"①，并指出，第四代政治传播的显著特点表现为"制度化"和"基层化"两种层面的政治传播。② 中国政治传播秩序在自媒体时代也体现出这种双层渠道格局。但是，这一转变并不意味着自媒体打破了中国一元化的渠道模式，原因在于以下两个方面。

第一，得益于新媒体技术所形成的草根渠道有着本质上的结构缺陷，其还尚未具有制度上的意义。基于自媒体，尽管形成了新的政治传播渠道，但这种渠道本质上是非正式的、非制度化、非常规的，具有不确定性、不稳定性，这决定了该渠道不可能以非正式的形式承担起"内输入"渠道之外的政治信息输入的重任。相对于制度化的渠道，自媒体所形成的草根渠道提供的是一种非正式的、非常规化的传播路径。这种渠道虽然在政治制度化程度较低、公民法治意识较弱的情况下，为政治信息的传播提供了自下而上的途径，但相对于线下政治渠道这种制度性的、结构性的输入路径来说，这种渠道具有不确定性、不稳定性。从本质来看，其仅仅是在"功能"意义上为线下输入渠道的"缺席""缺陷"提供了一定的补充，这一补充仅仅是一种技术层面的、非根本性的，不是结构性的。对于这种补充作用，可以将其视为社会"安全

---

① 关于英国学者杰·G. 布鲁勒姆和丹尼斯·卡瓦纳对西方政治传播"三个阶段"（或称为"三代"）的划分，我们曾作过简单的介绍和评论。参见荆学民、苏颖《中国政治传播研究的学术路径与现实维度》，《中国社会科学》2014年第2期。

② 参见 Jay G. Blumler, "The Fourth Age of Political Communication", *Politiques de Communication*, Vol. 1, 2016, pp. 19–30。

阀",缓解了政治表达和自下而上政治传播的燃眉之急。但同时如果处理不当,这种不具有制度保障和结构稳定性的"安全阀"也会成为"引爆点"。因为,从现实来看,这种非制度化的渠道很有可能一方面形成政治诉求得以表达、得以输入的、表面繁荣的民主假象,从而使从根本上的结构层面建设自下而上的政治传播正式渠道被忽视,阻碍政治的制度化进程,进而使矛盾越积越深;① 另一方面,因为数字鸿沟、政治信息的泛滥,这种渠道并不利于将政治诉求科学、有序地进行政策转换,而这将进一步使无法实现政策转换的政治诉求转变为更深层次的社会矛盾。因而,自媒体所形成的非正式的草根渠道,仅仅是制度化输入的一种功能补充,这种补充具有不确定性、非结构性、技术性,前者代替不了也不可能代替制度化渠道的功能。

第二,新渠道的产生,加大了各渠道之间的沟通割裂,因而新的渠道是否可以从本质上补充制度渠道的不足,并促进国家与社会、政府与民众之间更好的政治沟通,仍然存在很大的变数。在自媒体时代,多层渠道之间正在发生传播层面的一体化融合,然而,这种传播层面的一体化融合似乎还未造成多维政治传播渠道之间的融合。尽管很多研究证明了线上和线下渠道之间会因话题的同一性和利益的一致性而产生互动,但是由于技术、话语、利益、主体等的不同,政治传播的各个渠道之间实际上仍然存在很大的裂痕,进而增大了舆论的分化和沟通对话的困境。

综上来看,处于自媒体时代,中国政治传播秩序在结构层面正在受到冲击。原有与传统媒体时代的环境相契合、相协调的各个结构及其功能,在自媒体时代的适应性正在下降。同时,各个结构及其功能特点也在受到来自传播和政治层面的重新塑造,致使原有结构之间的稳定关系、功能匹配受到破坏。在结构层面,旧的政治传播秩序正在被重构,而新的政治传播秩序还未完全形成。这种状况不仅仅体现在静态的结构层面,在动态的运行过程层面,中国政治传播秩序也存在困境。

---

① 参见臧雷振、劳昕、孟天广《互联网使用与政治行为、研究观点、分析路径及中国实证》,《政治学研究》2013年第2期。

(四)"输入"自主性增强与效果弱化的反差

在自媒体时代,处于新的传播环境下,中国政治传播秩序的运作过程面临困境,各个子过程之间的关系被"再造"。被看作系统的政治传播,主要由输入—转换—输出—反馈等环节或子过程构成。在传统媒体时代的中国政治传播秩序中,这些子过程以及这些子过程所展示的行进路径是清晰稳定的,并适应着传统媒体时代的环境。然而,在自媒体时代,政治发展所带来的政治生态的变化,使政治传播所面临的"环境"极度复杂化,自媒体的低门槛、低成本所导致的传播主体的"多元化",使政治信息的生产和"输入"容量增加、复杂性增强,特别是来自社会的"输入"大大增加;"转换"环节原有的"黑箱"也在受到冲击,信息生产的"遍地泉涌"及流动的"全覆盖",几乎没有给暗箱操作的"转换"留下必经的时空。此种情况下,"输入"与"反馈"几乎以同一速度、同一频度在同一时空中完成。此外,由于转换这一过程在目前来看,仍然缺乏一手资料对其进行直接研究。因而这里将主要从输入和输出两个子过程,分析自媒体时代给中国政治传播秩序运作机制的过程带来的冲击。

上文涉及的政治传播的行动者、渠道和内容实际上从静态层面关注到了政治传播中的输入过程。这部分则主要从整体的动态层面关注输入的特点和问题。

1. 输入的"自主"惯性

从政治系统的理论来看,伊斯顿认为政治系统运作的目的是"为一个社会权威性地分配价值"[1],输入作为政治系统运作的首要环节和资源,其既是价值分配权威性的来源,也不同程度地决定价值如何进行权威性地分配。从输入理论来看,尽管伊斯顿希望政治系统论是一种"一般性"的理论,但他对输入定位的立场却是"保守"的。[2] 因而,伊斯顿的政治

---

[1] [美]戴维·伊斯顿:《政治生活的系统分析》,王浦劬译,人民出版社2012年版,第20页。

[2] 参见俞可平《权利政治与公意政治:当代西方政治哲学评析》,社会科学文献出版社2000年版,第23页。

系统论中的"输入"往往被认为是被动的、被控制的对象。这种理论解释较为适用于传统媒体时代中国政治传播秩序的内输入。然而，上文所提到的输入在各个结构方面所体现的独立、自觉与主动却显示出，在自媒体时代，输入具有了摆脱桎梏、独立自觉的势能和动力。政治系统的权威性价值分配，从权威性获取、何为价值、如何分配等层面越来越受到输入内容和输入行为的影响。

第一，自媒体时代中国政治传播秩序的输入过程体现出一定的自主性。所谓自主性（Autonomy），是指行为主体按自己意愿行事的动机、能力或特性。① 从经验到理论，自媒体时代，中国政治传播秩序中自主性输入的经验现实意味着，"输入"这一概念在自媒体时代的中国政治传播情境中，面临着更新需要。正如政治传播学者伯内特所指出的，鉴于互联网对媒体、公众和民主机构之间的关系进行了破坏，需要重新格式化政治传播领域的一些核心概念。② 因此，在自媒体时代的新背景下，对输入的规范研究理应跳出控制的视角，转而根据输入的新特点将政治信息的输入看作一种"自主的交流结构"。③ 学者萨托利在研究"舆论"时也指出，最好将舆论上升的过程视为一个自足的、独立的过程。④

第二，自媒体时代中国政治传播秩序的输入过程的自主性主要体现为两个方面：首先，更多的、独立的、表达性的输入参与到政治系统的政治决策之中。在传统媒体时代，由于输入渠道的限制，参与到价值性权威分配的主体是有限的，输入的各个环节因其层级限制及制度饱和而受到较大的政治控制，只有极少的政治信息能够自觉地、自下而上地、独立地表达并输入政治系统中，亦即参与到价值的权威性分配之中，或对政治系统的价值分配活动的权威性产生影响。在自媒体时代，借助于

---

① 自主性是哲学、政治学、伦理学、法学等多个学科领域都涉及的一个论题，不同的论域赋予了这一论题不尽相同的内涵。参见马衍明《自主性：一个概念的哲学考察》，《长沙理工大学学报》（社会科学版）2009 年第 2 期。

② 参见 W. Lance Bennett and Barbara Pfetsch, "Rethinking Political Communication in a Time of Disrupted Public Spheres", *Journal of Communication*, Vol. 68, No. 2, 2018, pp. 243–253。

③ 参见［美］加布里埃尔·A·阿尔蒙德、小 G·宾厄姆·鲍威尔《比较政治学：体系、过程和政策》，曹沛霖等译，上海译文出版社 1987 年版，第 175 页。

④ 参见［美］乔·萨托利《民主新论》，冯克利、阎克文译，东方出版社 1998 年版，第 107 页。

技术的赋权，输入不仅从原来缺少表达的交流，转变为在传播层面具有"表达的交流"；[1] 来自各个层面的"支持"输入也已经成为政治系统权威性来源的基础和重要组成部分；政治系统的输出在没有汲取"需求"输入时，也越来越难以很好地实现价值的优先性排序或进行价值的横向、纵向分配。除此之外，传统时代，输入因为渠道的局限性，在中国政治传播的相关制度结构内和传播环境中已达到了低层次自主的上限，自媒体的出现则打破了这一瓶颈，为输入参与到政治决策之中拓宽了环境空间、增大了制度可能。

其次，对于整个政治传播系统来说，输入的自主性意味着面对级数增加的政治信息输入，政治回应式的政策或政治行动输出必不可少。这一点与传统媒体时代的不同在于，自媒体时代的输入—输出模式遵循的是一种国家与社会的沟通范式，而不是国家控制社会的范式；其强调的是在政治传播中政府的服务性、回应性，而不是规制式、审查式的控制型政治传播。然而，政策或政治行动的输出背后隐藏着对大政府或强政府的需求，只有一个大而强的政府才有能力对主动的、自觉的、喷涌式的政治诉求输入予以迅速有效地回应。这一点似乎又与输入的自主性本身代表的社会力量的独立性逻辑相悖。

第三，从比较视野来看，中国政治传播秩序中输入的"自主性"仅仅是一个相对的概念，而不是绝对的。因为，其自主性还主要体现在依赖于互联网所形成的自媒体、社交媒体等传播层面，还不具有常规化的、制度化的稳定特点。

从中国来看，自媒体时代输入所体现的自主性特点对我国的政治发展有一定的警示和启示。对于制度不足、强调稳定的中国来说，自媒体对输入的促进作用无疑给现行政治传播秩序运行与转型提出了考验。中国也不例外。而输入从经验到理论层面的自主性意味着，输入过程的目的不仅仅是为了实现整体政治系统运行的稳定和持续，也关注这一稳定

---

[1] 萨托利曾主张将具有"表达的"交流从不具有表达的交流中区分开来，并指出，表达"不仅仅意味着信息的传输"，因为那种通过制度化的民意调查来进行的政治传播仅仅是让当局了解民情，而没有注意到表达所内在的权力流动。对此，下文还将进行更为详细的解释。参见［意］萨托利《政党与政党体制》，王明进译，商务印书馆2006年版，第85—86页。

是否符合在信息传播中所体现的、人类对于其他价值（如自由、平等、民主等价值）的追求，对自媒体时代的输入的认知应该跳出"控制"的视角，转而关注政治信息是否能够在各个主体之间有效传播与沟通。所以，对中国政治传播秩序来说，如何结合自媒体等新技术，抓住新技术的广泛应用与发展机遇，优化政治传播秩序运行机制，以使其推进民主治理，恐怕是应对自媒体时代自主性重塑的输入所带来的现实压力的关键所在。

2. 输入的"弱效"困境

在自媒体时代，与传统媒体时代相比较，输入在自主性程度方面确实有所增加，但是这并不意味着，输入的效果得到了提高。从政治传播运行的整个过程来看，政治信息只有输入政治系统之中并得到转换，才具有政策意义。然而，各种各样的经验现实似乎并不能证明自主性提高的输入必然导致输入的政策效果的提高。在自媒体时代，输入除了自主性这一特点值得注意，其还存在很多困境，更值得警示。

第一，自媒体时代中国政治传播秩序中输入过程凸显抗争化的特点。亨廷顿曾指出：现代性孕育着稳定，而现代化过程却滋生着动乱。[①] 伴随着改革开放，中国的现代化进程也出现了很多社会冲突现象。我国学者于建嵘曾将这一现象的发展划分为三个阶段：第一阶段的抗争是80年代末之前以知识精英为主体的进取性争权运动，第二阶段是80年代末到20世纪初以农民为主体的反应性维权活动，第三阶段则是20世纪末以来"社会泄愤事件"[②]。

尽管抗争的特点似乎并不是自媒体时代输入的新特点，但在自媒体时代，输入的抗争特点却被赋予了新的特征。首先，与世界各国类似，自媒体在社会抗争事件中发挥着越来越重要的作用。众多的研究表明，在过去的十年中，网络空间极大地影响了社会和政治运动。在信息技术占支配地位时代，提供了一种与潜在成员及更大范围的公众达成认同与交流的新途径。有研究证据显示，信息通信技术（ICT）在不断变化的组织和动员格

[①] 参见［美］塞缪尔·P. 亨廷顿《变化社会中的政治秩序》，王冠华等译，上海人民出版社2008年版，第31页。

[②] 于建嵘：《抗争性政治：中国政治社会学基本问题》，人民出版社2010年版，第5页。

局中，在世界各国的大规模社会和政治运动中发挥着重要作用。①

其次，在自媒体时代，抗争在形式上向网络抗争迈进，线下的抗争事件也总是借助新媒体将抗争的影响力扩大。抗争本身的直接和间接的目的变得更为复杂。"相对于物质或者政治方面的成效而言，那些具有象征性和文化色彩的问题对抗争团体的生存显得更为重要。"② 还有调查结果表明，暴力可以在短期内增加媒体的关注度，而更大范围的抗议活动则可以长期维持这种关注。抗议的议程制定力量是即时构建的。③

再次，在自媒体时代，抗争运动所依赖的人群、组织和信息也与以往的社会抗议不同，其是基于新媒体所形成的"弱关系"和"弱组织"、其主要群体是作为网络使用者的网民，其信息的传播逻辑是"注意力经济"，因而假新闻、谣言等也可以成为抗争的动因。因而，抗争的形式从传统的"以法抗争""以理抗争"到极具中国特色的"以势抗争""以气抗争""表演式抗争"，中国的这种社会抗争实践超越了西方"抗争政治"的理论谱系，呈现出独特的本土形式和内涵。④

最后，通过研究发现，中国的社会抗争事件存在着"高政治"向"低政治"转变的趋势。所谓"高政治"关注的是社会的主要政治问题、抽象的思想和政治语言、政治的决策和行动以及政治领导等；"低政治"则与直接影响公民的日常生活、社区事务和工作场所条件的决策有关。⑤然而，这种趋势并不意味着"高政治"不存在。在自媒体时代，输入在表层上体现出"低政治"的特点，但是"高政治"的问题往往存在于公共空间内，没有进入输入通道中。比如，有的研究就关注中国国民如何通

---

① 参见 Aaron Franklin Brantly, "From Cyberspace to Independence Square: Understanding the Impact of Social Media on Physical Protest Mobilization during Ukraine's Euromaidan Revolution", *Journal of Information Technology & Politics*, Vol. 16, No. 4, 2019, pp. 1 – 19。

② [美] 安东尼·奥罗姆：《政治社会学导论》，张华青等译，上海人民出版社 2006 年版，第 239 页。

③ 参见 Will Jennings and Clare Saunders, "Street Demonstrations and the Media Agenda: An Analysis of the Dynamics of Protest Agenda Setting", *Comparative Political Studies*, Vol. 52, No. 13 – 14, 2019, pp. 2283 – 2313。

④ 参见刘涛《身体抗争：表演式抗争的剧场政治与身体叙事》，《现代传播》2017 年第 1 期。

⑤ 参见 Yongshun Cai and Titi Zhou, "Online Political Participation in China: Local Government and Differentiated Response", *The China Quarterly*, Vol. 23, 2019, pp. 1 – 22。

过"政治讽刺"①"对立解码"②等方式实现对"高政治"的意见表达。这种特点尽管从本质上来源于社会、经济、政治等方面的根本困境或"结构要素的失衡"(全球化、技术进步、贫富差距、社会分化等)③,但在传播层面的反应,依然对政治系统产生了压力。

第二,在自媒体时代,输入形式还呈现出浪潮化的特点。学者贾迪·沃夫费德(Gadi Wolfsfeld)曾提出"政治浪潮"的概念,认为其是指"政治环境中的突然和重大变化,其特征在于以政治问题或事件为中心的公众注意力的大量增加"④。输入的浪潮化是"政治浪潮"在政治传播层面的体现。浪潮化这一特点一方面与自媒体时代输入往往与某一特定的问题和议题相关有着密切的因果关系,当某一议题点燃舆论时,舆论就会沸腾上升并膨胀成强大的浪潮,当新的议题和问题或者旧的、隐藏的、未解决的问题被某个事件导火索引燃时,新的输入浪潮又会出现。这就使舆论浪潮既具有周期性,又无明确的规律可言。⑤ 这不仅增大了社会的不确定性和不稳定性,也增加了政治系统的压力。

另一方面还源于输入的非组织化,也就是上文在介绍输入理论时指出的"离散型输入"。离散型的输入指政治表达和各种意见是分散的,没有经过社会的综合和讨论,这样的输入由于缺乏组织的力量很难真正输入进政治系统,其所包含的需求和表达的激情由于不能被制度化地消化,也往往存在着失序的风险。尽管自媒体时代的输入在"弱关系"和"弱组织"的传播下具有一定的组织性,并在输入政治系统之前,经过公共空间的糅合、选择、消解,但这种组织性仍然主要存在于传播方面,还不具有政治

---

① Luwei Rose Luqiu, "The Cost of Humor: Political Satire on Social Media and Censorship in China", *Global Media and Communication*, Vol. 13, No. 2, 2017, pp. 123 – 138.

② Nicholas D. Kristof, "Via Satellite, Information Revolution Stirs China", *New York Times*, November 1993; Edward Friedman, "The Oppositional Decoding of China's Leninist Media", in Chin-Chuan Lee, ed., *China's Media, Media's China*, Routledge, 2019, pp. 129 – 146.

③ 郑永年:《"富裕"时代的社会抗议》,《联合早报》2019年11月26日, http://www.zaobao.com/forum/views/opinion/story20191126 – 1008338, 2019年11月26日。

④ Gadi Wolfsfeld, "Political Waves and Democratic Discourse: Terrorism Waves During the Oslo Peace Process", in W. Lance Bennett and Robert M. Entman, eds., *Mediated Politics: Communication in the Future of Democracy*, New York: Cambridge University Press, 2000, pp. 226 – 227.

⑤ 参见[美]乔·萨托利《民主新论》,冯克利、阎克文译,东方出版社1998年版,第107页。

上的制度性质。这导致缺乏规律性和稳定性的机制将离散型的输入转变为组织化的输入,无疑增加了输入呈现离散的可能。

此外,输入形式的浪潮化还源于自媒体时代,输入的动力对新媒体传播逻辑的过分依赖。在自媒体时代,输入的动力很大程度上来源于舆论的力量。政治参与者正在将他们的交流方式适应社交媒体平台的网络媒体逻辑,并取得了不同的成功。比如,人们会运用伪话语、动员性、情感性和娱乐化的沟通方式进行政治表达和参与,[1] 以成功地实现政治信息向政治系统的输入及其向政策的转化。然而,统计显示,民众对事件的关注度周期是逐渐下降的。[2] 关注度下降意味着舆论优势的失去,当舆论的热潮随着新的舆论浪潮随波逐流而去,政治信息便再也难以获得穿越政治系统边界的动力。这种对舆论的过度依赖,使得输入往往随着某种议题的热度而形成,又随着议题失去热度而消失,这无疑加大了输入的不确定性。

第三,在自媒体时代,尽管在自媒体的促发下,输入呈现出一定的自主性,但是其往往陷入输入无效的困局之中。这就使自媒体时代,中国政治传播秩序的输入过程最终体现出一种"分叉功效":一方面人们可以通过自媒体、社交媒体进行政治信息的表达,从而获得信息输入的效果,另一方面,由于各种主观客观原因,[3] 基层民众很少,也很难将他们的话语、感受和想法与治理机构联系起来。[4] 因而,自媒体时代,中国政治传

---

[1] 参见 Tobias R. Keller and Katharina Kleinen-von Königslöw, "Pseudo-discursive, Mobilizing, Emotional, and Entertaining: Identifying Four Successful Communication Styles of Political Actors on Social Media during the 2015 Swiss National Elections", *Journal of Information Technology & Politics*, Vol. 15, No. 4, 2018, pp. 358 – 377。

[2] 参见喻国明、李彪主编《中国社会舆情年度报告(2015)》,人民日报出版社2015年版,第45页。

[3] 参见孟天广、李锋《网络空间的政治互动:公民诉求与政府回应性——基于全国性网络问政平台的大数据分析》,《清华大学学报》(哲学社会科学版) 2015 年第 3 期;孟天广、郭凤林《大数据政治学:新信息时代的政治现象及其探析路径》,《国外理论动态》2015 年第 1 期;Tianguang Meng, Jennifer Pan and Ping Yang, "Conditional Receptivity to Citizen Participation: Evidence from a Survey Experiment in China", *Comparative Political Studies*, Vol. 50, No. 4, 2017, pp. 399 – 433; Jonathan Hassid and Jennifer N. Brass, "Scandals, Media, and Government Responsiveness in China and Kenya", *APSA 2011 Annual Meeting Paper*, sponsored by the University of South Australia, City East Campus, 1 Aug. 2011。

[4] 参见 Jay G. Blumler, "The Fourth Age of Political Communication", *Politiques de Communication*, Vol. 1, 2016, pp. 19 – 30。

播秩序的输入过程总体呈现出自主性和结果无效共存的悖论困局。而这种结构性的困境也意味着,自媒体所形成的自下而上的传播的繁荣,并没有也不会从本质上带来民主,依靠自媒体等网络被媒介表达的民意只有制度化地与政策和政治变革联系在一起,才能从根本上实现中国政治传播秩序的民主化和现代化。

(五)"输出"压力导致多重两难选择

输入的增加正在加大政治系统的运转压力,这主要体现在政治系统转换和输出的压力上。政治系统不仅需要从大量的输入中,将重要的诉求和议题选择出来并对诉求和议题的重要性进行排序,还需要将各种议题和诉求转化为合适的政策予以输出。除此之外,面对自媒体时代的输入的自主性与无效悖论共存的局面,以及自媒体时代输入的抗争化、浪潮化等新特点,政治传播的输出面临的不只是转换和输出的压力,其还存在着输出偏差,以及在输出和不输出之间进退两难的困境。

1. 输出的压力

凭借新媒体,输入主体进行政治信息表达的可能性得到了极大提高,这大大增加了输入的量,[1] 提高了政治传播输入主体对政治系统回应和输出的需求,增加了政治系统的输出压力。

第一,在自媒体时代,"没有中介的直接输入"(unmediated inputs)大幅度地得到了增加。在传统媒体时代,这种输入一般发生在两种情境下:一是"当一位公认的巨擘公开表示他希望某些事情得到政治解决,而且其下层僚属又如领圣旨般地欣然予以接受时",二是当发生"穷困状态突发事件或者天灾人祸"等特殊境况时。[2] 但在自媒体时代,借助于新媒体技术,自下而上的政治信息表达极易产生舆论共振,进而在一瞬间大规模"引爆"网络,这给政治信息穿越低层级"直抵高层"以强大的舆论势能,迫使政治系统不得不采取措施,对这一政治信息中的政治诉求做

---

[1] 参见 Jay G. Blumler, "The Crisis of Public Communication, 1995-2017", *Javnost-The Public*, Vol. 25, No. 1-2, 2018, pp. 83-92。

[2] 参见[美]戴维·伊斯顿《政治生活的系统分析》,王浦劬译,人民出版社2012年版,第81、72页。

出快速有效地回应，生成对应性的政策或行为"输出"。但是，面对级数增加的政治信息，目前无论何种政治体制都难以达到及时、快速、准确无误。这是各个政府面临的共同挑战。就中国政府而言，有研究指出，在我国，个别网络政治参与事件并未得到政府的任何回应，有些事件的回应时间和处理时间跨度达三年之久，而只有约三分之一到一半的网民政治诉求能够得到地方政府的积极回应。[①] 由此可见，自媒体时代，基层民意凭借新媒体技术，实际上很难在政治传播系统的输入—输出过程中走完政治信息的闭环运行。这正是上文诉说的输入的无效。在自媒体时代，输入的无效与输入增加形成充满矛盾的景象：自媒体对输入自主性的提高，在实际上并没有提高输入的有效性，反而使政治传播秩序面临着巨大的输出与转换压力，冲击着政治系统的稳定有序运行。

第二，输出的压力还体现在原有的输出方式效果式微，输出的主导地位受到挑战。在传统媒体时代，输出在以政治宣传为轴心的中国政治传播秩序中占据主导地位，这使得输出主要体现为政治动员和信息管制。传统媒体时代的政治传播一般比较注重和依赖通过政治动员机制实现特定的政治传播意图和目的，[②] 或者通过宣传和信息管制塑造政治信息环境。对于前者，"政治动员主要指政治权威对公众行为的某种诱导或操纵"，其动因是"为了达到某种特定的政治目标"。尽管在不同的政体中，政治动员的运作模式有所差异，但其中仍有一些共同之处："争取足够多数分散的公众群体的支持，改变某些事件的状态。"[③] 对于后者，如上文所说，信息管制又可称为信息审查，这是一种应对需求输入或者塑造沉默支持的一种较为消极的输出形式。这样的输出往往导向一种阻止某种信息的传播和输入的行为，这种输出的内容可能是一种明确的规章制度，也可能是一种

[①] 参见 Zheng Su and Tianguang Meng, "Selective Responsiveness: Online Public Demands and Government Responsiveness in Authoritarian China", *Social Science Research*, Vol. 59, 2016, pp. 52 - 67; Tianguang Meng, Jennifer Pan and Ping Yang, "Conditional Receptivity to Citizen Participation: Evidence from a Survey Experiment in China", *Comparative Political Studies*, Vol. 50, No. 4, 2017, pp. 399 - 433; 韩平、董珏《网民政治参与和政府回应性研究》，《理论界》2010 年第 2 期。

[②] 一般来说，"政治动员"以"自上而下"区别于"政治参与"的自下而上。现实政治中，政治传播与政治动员也是密不可分的，二者你中有我，我中有你。这里将政治动员看作一种政治传播机制，所讨论的也仅限于作为这种机制的政治动员。

[③] 张凤阳等：《政治哲学关键词》，江苏人民出版社 2014 年版，第 293 页。

环境氛围，其所导致的"不传播"行为可能是被动的，在规章制度范围内容的审查行为，也可能是主动的自我审查行为，形成一个围绕规章制度审查范围的层层收紧的"审查螺旋"。从本质来看，政治动员、宣传与信息管制的"自上而下"机制，与传统媒体时代少数人对信息资源与传播资源的垄断，以及以少对多的、自上而下的信息传播方式是相契合的。

但是，在自媒体时代，输入的自主性无疑正在冲击着原有输出的主导地位，其要求必须改变政治传播秩序原有的输出模式。从政治传播主体来看，自媒体的应用与普及，激发了社会民众主动政治参与的激情，同时也为这种参与提供了技术渠道。这使传统媒体时代政治动员中自上而下将政党或国家意志向整个社会的强力推行受到阻碍；从政治传播受众来看，自媒体时代政治文明的进步，受众不再是任意被"魔弹"击中的"靶子"；从政治传播的中介来看，传统媒体下的政治动员，主要以政治组织及组织内的人际关系为主要中介实现对受众以"规训压力"，而自媒体时代，原有的受众从"受者"变为"传者"，"规训"难以实现；从政治传播的内容来看，利用"象征符号"包装的崇高道德感被解构，高远宏大政治议题的"激进"效果式微。随着政治动员和信息管制式的政治传播机制从中心向边缘的滑动，政治参与、政治沟通式在自媒体时代的政治传播秩序中逐步更加突出。

2. 输出的两难困境

输出不仅面临着以上压力，实际上，面对与"内输入"不同的自媒体时代的自主性输入，输出还面临诸多困境。

第一，输出受到各种各样因素的限制。一方面取决于公民是否有意愿且有机会通过多种渠道进行个人偏好的表达和输入；另一方面则取决于政府是否有意愿和动力接受输入的政治诉求和政治意见，并愿意将输入通过转换变为政策予以输出。[1] 此外，也有学者认为输出与国家与社会关系有关。只有当地方国家—社会关系良好时，政府才会在决策时将输入的意见纳入考量；反之，当地方国家—社会关系陷入紧张时，政府则会选择不回

---

[1] 参见 Tianguang Meng, Jennifer Pan and Ping Yang, "Conditional Receptivity to Citizen Participation: Evidence from a Survey Experiment in China", *Comparative Political Studies*, Vol. 50, No. 4, 2017, pp. 399–433。

应网络民意。①

第二，自媒体时代，输出并不能仅仅关注网络输入，这样会造成输出的偏差。因为，有研究表明，一大群政治上感兴趣的公民不会在网上表达他们的意见。并且尽管互联网在中国的普及率越来越高，自媒体的使用率也在提高，但是数字鸿沟的问题在中国仍然十分突出。有数据显示：尽管中国已经有过半数的人口属于网民，然而在近一半非网民中有高达72.9%的人表示未来肯定不上网或可能不上网。② 这样的数字鸿沟及其带来的信息鸿沟，意味着那些无法发声的人将更加陷入沉默，或者继续依赖原有的输入形式，这无疑给输出的公共性带来难题。因而，一方面，网络上汹涌的民意表达和输入可能导致网络使用群体多数意见的过多代表。由于中国官员接受在线舆论，这可能会导致公职人员对此做出反应的偏见；③ 另一方面，网络民意与线下民意存在着结构性的鸿沟，如何将二者衔接和整合，也对政治传播秩序的运作机制提出了挑战。

第三，政府面临着输出和不输出的两难境地。有学者的研究发现，中国政府迅速回应网民诉求，主要动力源于官员对网络言论可能引发集体行为的恐惧。④ 这样的行为逻辑导致"不闹不解决，小闹小解决，大闹大解决"式政治诉求表达—回应的奇特政治现象。⑤ 进一步造成这样的悖论景象：一方面，政府对输入不回应将造成社会问题得不到解决，进而加大社会的风险；另一方面，政府一旦回应，也会激发自下而上的政治传播行为通过更为激进、更为暴力的方式予以输入，给民众以"会哭的孩子有奶吃"的错觉，进而使"闹大"式政治诉求表达—回应模式陷入恶性循环

---

① 参见孟天广、李锋《网络空间的政治互动：公民诉求与政府回应性——基于全国性网络问政平台的大数据分析》，《清华大学学报》（哲学社会科学版）2015年第3期；孟天广、郭凤林《大数据政治学：新信息时代的政治现象及其探析路径》，《国外理论动态》2015年第1期。

② 参见中国互联网络信息中心《中国互联网络发展状况统计报告》（第37次），2016年1月22日，https://www.cnnic.net.cn/n4/2022/0401/c88-1103.html，2019年10月2日。

③ 参见 Daniela Stockmann and Ting Luo, "Authoritarianism 2.0: Social Media and Political Discussion in China", Available at *SSRN2650341*, 2015。

④ 参见 Jonathan Hassid and Jennifer N. Brass, "Scandals, Media, and Government Responsiveness in China and Kenya", *APSA 2011 Annual Meeting Paper*, sponsored by the University of South Australia, City East Campus, 2011。

⑤ 参见韩志明《问题解决的信息机制及其效率——以群众闹大与领导批示为中心的分析》，《社会科学文摘》2019年第8期。

之中。

输入和输出存在的上述挑战，进一步暴露出中国原有的政治传播秩序运行过程本身存在的结构性困境。在过去，由于受限于传统的信息传输壁垒，政治传播往往存在"两个层层衰减"的问题，一方面是民众自下而上表达诉求的信息衰减，另一方面是政党/政府自上而下解决问题的力度也在衰减。在自媒体时代，虽然媒体传播渠道有所增加，但这样的传播问题并没有得到根本解决。这在很大程度上源于两方面问题：一是对于自下而上的输入来说，目前仍然缺乏有机的、制度化的结构性将意见表达和意见综合这两个过程连接起来；① 二是对于自上而下的输出来说，政策的传播和政策的解读及其日常话语转化之间也缺乏有效的结构性因素。总之，这意味着，中国政治传播秩序的输出过程存在的悖论本身，源于输出过程缺乏一个有效的、制度化的"中介链条"，这一中介链条不仅仅涉及舆论领袖等传播者，② 还涉及其所基于的制度、机构，还涉及话语、信息转化等。因而，从本质来看，中国政治传播秩序缺乏的是由行动者、渠道、内容、制度和组织等有机组成的一个"中介性"机制。

从整个政治传播秩序的运行过程来看，在自媒体时代，传统媒体时代的政治信息的传播经历了"流程再造"，新的传播环境也对原有制度化的政治传播秩序运作过程提出了各方面的新挑战和新要求。在新的信息传播模式下，已经很难像过去那样确定政治信息流动的"入口"和"出口"，也很难将固定的政治信息滞留下来进行暗箱式的加工和转换。这无疑使得原有的政治传播秩序运作的各过程之间的那种连续和功能契合受到冲击。自媒体时代，政治传播各子过程需要在新的融合、新的逻辑中实现连续性与稳定性。首先，来自社会主动、多样的"输入"不是受到限制而是得到尊重和提前的整合，这种整合建立于"公共空间"的平等讨论、理性辩论的基础上。而这需要的不仅是政治传播秩序的重构，也建基于政治与社会之间合理的独立自主性与一定限度的交往重合。其次，需要扩大"公共空间"范围内的整合，因为其可以为"转换"环节减轻很大的压

---

① 参见胡伟《政府过程》，浙江人民出版社1998年版，第78页。
② 参见苏颖《舆论领袖的失灵：中国政治传播中介链条的断裂》，《国际新闻界》2016年第4期。

力，从某种意义上可以说，前者是"转换"负担在社会领域的分摊，而这也进一步意味着政治领域的规范窄化，其应有之义是后者的转换趋向于开放与透明。再次，"转换"总是与"输出"联系在一起，输出是转换的结果。因此，"公共空间"的转换部分承担了输出的功能，一定程度上产生了回应输入的输出。而政治领域的输出也应呈现回应性、法治化的特征，并以主动吸纳政治信息的方式将有针对性地提供政治产品融入被动回应之中。最后，"反馈"扮演着实现政治传播各个环节的"闭环"运行与无限循环的重要角色。反馈返回有关上次输出结果的反应信息，政治传播主体则将根据反馈来调整下次的"输出"。面对自媒体输入和输出的频繁，现代的"反馈"不仅应是频繁的、常态化的，而且应是有力的、有机的，其指向也应是多方位的。

（六）中国政治传播秩序中"宣传"的困境

在自媒体时代，新的传播逻辑正在从结构和运行过程层面改变着中国原有的政治传播秩序。这种改变从一方面来看，增加了中国政治表达的渠道和空间，但并没有从根本上帮助或者自觉有利于中国政治传播秩序向民主价值所规范的那些要点迈进——沟通的、协商的、双向的、民主的、制度化的、表达的多元主体的政治传播秩序；其反倒从另一个方面冲击着原有的政治传播秩序，弱化了原有政治传播秩序的功能、消解了原有的政治传播秩序的优势，政治传播秩序的运行存在困境意味着保障政治目标实现的机制存在不足。其中，宣传作为中国政治传播秩序的核心方式，面临着如何更有效地处理分布在政治共同体、政治制度、执政者三个层面的旧问题和新问题等困境。

第一，就政治共同体来说，政治传播秩序需要有利于实现政治共同体层面的政治认同。如上文指出的，实现政治认同是政治共同体存在的根基，这种认同来源于两个方面：一是政治文化，二是政治制度体系。在新的传播环境下，全球信息的流通、价值的全球比较、国内政治信息的分化和交流对冲、政治信息的非理性倾向、意识形态受到的冲击等，给中国这个统一的多民族国家，通过文化和制度进行政治整合和维持政治认同提出了挑战，也给原有的政治传播秩序提出了难题。

一方面，原有的政治宣传倾向于通过运用强制的和高效的方式将

"多"统一到"一",机械地将政治文化进行同质化。这种机制在旧有的信息环境下,得益于环境的封闭、历史惯性、意识形态等因素,具有一定的功效。通过对传播实行垄断性控制,发动具有强烈倾向性的宣传运行塑造社会一致感。但在新的传播环境下,面临更为富裕和复杂的信息环境,这种方式越来越不适用。这种方式尽管在表面或者一时创造了同质和认同的现象,但其正如林尚立教授所言,"所产生的负面效果很大可能也会在长久之后爆发"。在现代社会中,已经很难将"国家认同的建构完全寄托在国家意识形态层面的教育与宣传上"。[1] 因为在本质上,政治文化的认同和同质化建立在"自生自发秩序"[2] 形成的基础上。

另一方面,对国家认同建构来说,不能将宣传教育本末倒置,因为宣传与教育所服务的国家制度是否为创造国家认同提供了可能,才是建构国家认同的根本。[3] 这意味着,现代政治、政治共同体层面的认同需要转化为对制度的认同,这根基于理性认知基础上,而不是建立在情感和信仰的非理性认知上。然而,自媒体时代,政治信息却存在非理性化趋势,对于中国来说,近些年出现的"网络民族主义"呈现出包括这种趋势的复杂景况,这无疑给中国在现代政治逻辑下建构政治共同体层面的政治认同提出更多的挑战,也给中国政治传播秩序提出新的难题。总之,在自媒体时代新的信息和传播环境下,如何转变机制,使中国以宣传为核心的政治传播秩序更为有利于从文化和制度两个层面塑造政治共同体层面的政治认同,仍然存在很多不容忽视的困境。

第二,从政治制度来看,政治制度要求政治传播的制度化,而自媒体从技术层面和非正式规则层面打破了基于传统媒体和原有制度基础上的政治传播的路径依赖,使政治传播陷入"去制度化"(deinstitutionalization)的困局中。政治传播学者保罗·曼奇尼(Paolo Mancini)指出:"去制度化"意味着一种运动:从具有建立好程序和管理、有稳定的层级结构和规则的制度走向个体和分化的公民赋权,这使业余个体参与到新闻生产和

---

[1] 林尚立:《现代国家认同建构的政治逻辑》,《中国社会科学》2013 年第 8 期。
[2] [英]弗里德利希·冯·哈耶克:《自由秩序原理》(上),邓正来译,生活·读书·新知三联书店 1997 年版,代议序,第 17、29 页。
[3] 参见林尚立《现代国家认同建构的政治逻辑》,《中国社会科学》2013 年第 8 期。

公共辩论中。去制度化对传统的政党制度和民主政治带来了挑战，破坏了传统媒体时代包括国家、政党和新闻机构等制度机构在内的原有角色。[1]"自媒体"（We media）一词的出现形象地体现了这种"去制度化"的特点。从自媒体的同义词，如"参与性媒体"（Participatory media）、"公民新闻"（Citizen journalism）、"协同媒体"（Collaborative media）等，[2] 也可以窥见自媒体带来的这种去制度化。

对于中国政治传播秩序来说，在传统媒体时代，其形成了稳定性的媒介体制和以政治宣传为核心的政治传播运作模式。中国政治传播秩序所基于的正式规则或非正式规则，可以框范到大多数的政治传播需求，对政治传播的管理能够实现常态化，政治传播行动者及其之间的关系较为稳定和固定，政治传播活动会按照稳定的、被认可的规则体系所设定的程序、范围和空间予以开展。因而，整个政治传播系统的运行实现了时间上的持续和空间上的连续，处于高度制度化的稳定状态。然而，伴随基于互联网的数字媒体的迭代更新，以及对政治传播活动的深度渗入，进入自媒体时代，特别是早期，超出原有结构、规则、程序和边界的新的政治传播活动爆发式出现并层出不穷，一时间，过去特定的法律、文化或道德框架对其难以奏效，制度出现失灵，新的规则还未出现，因而，很多新的政治传播活动既难以被制约，也无法被纳入正式的制度框架内。

中国政治传播的制度化还面临着如何从人治到法治，如何从随意性到常规化的机制困境。制度化的政治传播是指，存在一种有关意见和利益分歧和解决分歧的规则，使得各个行动者之间的政治传播和沟通能够有规则可循，进而通过运用合法的传播方式而不是寻求其他暴力、冲突的表达手段，实现意见的表达、利益的聚合及二者的政策转换。这一要求提出了新的问题，如何有序地促进过去无制度和低制度化的政治传播进一步地制度化。对于政治传播的制度化来说，在现代政治，特别是民主政治下，政治传播的制度化是多个政治传播的行动者协调、沟通、协商的结果。然而，

---

[1] 参见 Paolo Mancini, "Comparing Media Systems and the Digital Age", *International Journal of Communication*, Vol. 14, 2020, pp. 5761-5774。

[2] 胡泳：《自媒体的探索和冒险——何谓自媒体》，2014年5月9日，http://huyong.blog.sohu.com/302943792.html，2019年4月11日。

在自媒体时代，政治信息的对冲、社会分化与个体化都在不断增强，如何通过纳入公民参与、促进公民之间的平等交流和协商对话促进制度的建立、制度权威的塑造、推进一体化进程，① 仍然存在着挑战。

第三，在执政者层面，政治宣传面临着决策和治理两方面的挑战。从决策来看，政治传播秩序需要有助于整合各种舆论和意见，并实现公共舆论和意见向政策的转化和政策的有效实施。民主价值更是要求现代政治传播尊重自下而上的公共舆论，并促进公共舆论的有机整合，进而形成将公共舆论转化为政策的有效机制。然而，中国政治传播秩序还存在一些结构性的困境阻碍着这一机制的运行。一方面，尽管自媒体使得中国政治传播秩序已经体现出"表达性"，但目前仍然缺乏有效的机制使离散的表达得以组织起来，这无疑不利于将公共舆论和意见有机整合起来。另一方面，上文也指出，自媒体时代输入呈现出无效性，尽管借助自媒体，民众能够进行政治信息的表达和输入，但实际上，很少，也很难将基层民众的话语、感受和意见真正与治理联系在一起。② 究其原因，是政治传播秩序仍然缺乏将公共舆论转化为政策的有效机制。

从治理来看，治理要求政府与公民对公共生活进行合作管理，这就需要在多元主体之间形成一种协商对话的政治传播机制，尽管在自媒体时代传播秩序已经存在着横向传播以及自上而下和自下而上政治信息的互动，但二者之间还未达到一种导向合作的协商对话。特别是在将"国家治理能力和治理体系现代化"作为战略目标的当下和未来，政治传播秩序更需要从政治传播层面更好地服务于国家治理。

从国际传播层面来说，中国以政治宣传为核心的政治传播秩序面临着很大的话语困境，在自由民主价值引领的国家制度评价标准的主导下，中国国内的政治宣传机制本身对中国的国家形象和政治制度合法性起着负面的作用。这种因宣传体制带来的消极影响，依靠宣传工作本身无法克服。③

---

① 参见林尚立《现代国家认同建构的政治逻辑》，《中国社会科学》2013年第8期。
② 参见 Jay G. Blumler, "The Fourth Age of Political Communication", *Politiques de Communication*, Vol. 1, 2016, pp. 19–30。
③ 参见林尚立《制度创新与国家成长》，天津人民出版社2005年版，第58页。

综上所述，政治传播秩序中的"宣传"在过去中国政治发展中发挥了重要工具效能，但新的传播环境下，这一秩序特点受到冲击：原有的政治逻辑和传播逻辑受到挑战，行动者关系不再稳定、结构的功能匹配度下降、运行过程完整性和连续性也在降低，同时，作为保障某种政治目的的保障机制，在自媒体时代政治传播秩序也不再有利于保障中国政治发展的目标，不仅保障目标实现的生成机制存在困境，所基于的价值也饱受争议。这些新的矛盾和问题对以政治宣传为核心的政治传播秩序提出了新的要求。

面对这些问题，无数的经验现实说明，中国政治传播秩序的行动者并没有无动于衷，而是采取了应对措施。正如上文所说，政治传播的行动者是政治传播秩序变迁的关键能动因素，其受限于各种结构因素的同时，实际上也在积极做出调整，构建政治传播新秩序，更好地适应外部环境，促进中国政治传播的发展。

第 八 章

自媒体时代中国政治传播秩序的调适

对于中国政治传播秩序来说，伴随着政治、经济、社会、技术及其国际环境的巨大变革，以及在自媒体时代存在的运行困境，原有基于大众传播媒介的中国政治传播秩序，必须在新的充满不确定性的环境中既保持自身定力，又不断改革完善。事实上，中国政治传播的主导行动者采取了积极的回应以及主动的变革。原有的中国政治传播秩序在近些年来发生了一些调适性的转变。这些调适既是中国政治传播秩序面临外界环境变化的一种回应，又是一种为实现政治目标的主动变革。

所谓调适，在政治学理论中，强调的是以执政党作为分析单位。[1] 对于中国政治传播秩序来说，中国共产党作为主导行动者，面临自媒体传播产生受到的冲击，其采取了一系列的应变措施，从政治维度全面介入塑造自媒体时代的中国政治传播秩序过程之中。因而，自媒体时代中国政治传播秩序的变化，并不是完全跟随着自媒体时代的传播逻辑而变，不仅受限于原有的政治传播秩序，还在执政党强大的政治逻辑和惯性下发生变革。这种调适性的转变，既体现为在整体的政治秩序、传播秩序和战略目标等层面出现新的取向，还体现出一些结构性的调整，也体现在运行过程等层面的革新。这一系列变革，从本质上表明，在自媒体时代，中国政治传播秩序正在积极调整行动者之间的关系、促进各结构的功能协调、提高运行过程的完整性和连续性，以维护原有中国政治传播秩序的以宣传为核心、以秩序为文化取向的基本特点，也在促进中国政治传播秩序的现代化进

---

[1] 参见 Bruce J. Dickson, *Democratization in China and Taiwan: The Adaptability of Leninist Parties*, Oxford: Clarendon Press, 1997, p. 7。

程，形成一种政治传播的新秩序。

一 以国家治理现代化为目标导向

在自媒体时代，政治传播秩序所保障的目标的生产过程正在发生变革，向着多元主体共生共建的趋势迈进，这致使政治传播秩序所服务的目标也需要随之改变。中国也不例外。近些年来，伴随着"国家治理体系与治理能力现代化"深化改革总目标的确定，中国政治传播秩序开始转向服务于国家治理现代化的目标导向上。上文指出，"政治统摄传播"决定了中国的政治传播秩序需要服务于政治的三个主要方面：一是服务于政治合法性的建构和维持，二是服务于国家战略目标的实现，三是服务于政治日常运行和治理。原有政治传播秩序所导向的目标，侧重点在于第一条，亦即主要围绕政治合法性的建构和维持，通过政治传播制造认同、获得认可。从"权力"维度来看，原有政治传播秩序本质上致力于"权力的获得"。而在自媒体时代，政治传播秩序正在做出调整和补充，一方面从制度权威层面转变了原有的"权力获得"，也就是合法性论证的逻辑发生了转变；另一方面显示出对"权力的应用"的重视。后者主要体现在，中国政治传播秩序在话语和逻辑等层面，均呈现出服务于"国家治理现代化"的战略取向。

（一）国家治理现代化：中国政治传播秩序的新目标

"国家治理现代化"本质上是中国特色社会主义政治现代化的重要内容，是继工业、农业、国防和科学技术"四个现代化"之后的第五个现代化，其基本内容是国家制度体系和执政方式的现代化。对此，党的文件指出：一方面，国家治理活动要依照中国特色社会主义制度展开，另一方面，也要把"制度优势更好转化为国家治理效能"。[①] 国家治理与国家制度的关系意味着，服务于国家治理现代化的中国政治传播秩序，其需要促进国家治理与国家制度之间的良性互动，一方面服务于更好地把我国国家

[①] 参见人民网《中国共产党第十九届中央委员会第四次全体会议公报》，2019年10月31日，http://politics.people.com.cn/n1/2019/1031/c1024-31431617.html，2019年11月26日。

制度优势转化为国家治理效能，另一方面反过来更有效地服务于将国家治理效能用以印证制度优势。这一目标意味着，政治传播秩序需要改变从革命年代遗传的"宣传者"或"控制者"角色的强大惯性，从新的逻辑出发塑造自身的角色，通过促进其自身角色的现代化，使其转变为一种国家治理手段，[①]并促进国家治理与国家制度的良性互动。这对于作为保障机制的政治传播秩序不仅是一种更高的要求，同时也预示着中国政治传播秩序的未来趋势。

（二）政治传播秩序导向国家治理的三个维度

中国政治传播秩序确实在以下三个方面体现出服务于国家治理现代化的导向。

第一，通过政治传播的制度化、规范化和程序化促进国家治理的制度化、规范化和程序化。所谓"推进国家治理体系和治理能力现代化"，习近平总书记曾指出："要适应时代变化……实现党、国家、社会各项事务治理制度化、规范化、程序化。"[②] 从学理上来说，我国的政治制度经历了革命、建设、改革和治理的政治发展逐渐建立起来，目前仍处于从尚未完全巩固到逐渐巩固的过渡阶段，这一阶段的重要任务是不断巩固国家的根本制度体系。[③] 国家治理的制度化、规范化和程序化是国家制度建构和巩固的重要组成部分。这意味着，以国家治理现代化为服务对象和战略导向的政治传播本身也需要实现制度化、规范化和程序化。正如上文所说，政治传播已经镶嵌在中国的整个政治体制中，与中国的国家治理和治理体系也深深地融合在一起。政治传播秩序作为保障实现某种政治目标的机制，其制度化、规范化和程序化本身有利于政治的制度化和国家治理。从理念层面，中国政治传播的制度化、规范化和程序化，要求政治传播转变过去过多依靠人际传播、运动式治理的传播、行政强制式的传播、无规则非常态的传播等导向"人治"的旧的理念，转向更

[①] 参见苏颖《守土与调适：中国政治传播的制度结构及其变迁》，《甘肃行政学院学报》2018年第1期。

[②] 习近平：《切实把思想统一到党的十八届三中全会精神上来》，新华网，2013年12月31日，http://www.xinhuanet.com/politics/2013-12/31/c_118787463_1.htm，2019年11月26日。

[③] 参见林尚立《现代国家认同建构的政治逻辑》，《中国社会科学》2013年第8期。

多依赖大众媒体和新媒体传播、依法传播、有秩序的传播等导向"法治"的政治传播理念。在自媒体时代，中国通过颁布各种各样的行政法规、规章制度、规范性文件或者解释性文件等来规范政治传播行动者的行为，正是这方面的体现。

第二，通过提高多元行动者政治传播的自主性和能动性，增强国家制度和国家治理对外界环境的适应性。从制度理论来看，研究制度的学者也非常关注制度的适应性问题，强调置于制度之中的行动者的重要性，对此，学者让·布隆代尔（Jean Blondel）认为：制度并不能仅仅依赖自身而发挥某种功效，行动者如何运用制度则从根本上决定了制度效能的高低。[①] 这意味着，中国的制度优势和国家的治理能力产生良性互动，不仅需要其通过制度化、规范化和程序化以保障制度依法有序运行，以及治理的依法有序，还需要在制度和治理的适应性方面有所提高。这对政治传播来说，就是提高多元行动者政治传播的自主性和能动性。正如上文所说，在自媒体时代，政治传播秩序已经形成了多元的行动者，中国政治传播也处于更为复杂的内外部环境中。因而，在国家治理的过程中，中国政治传播秩序需要转变原有由单一主体主导的政治传播理念，积极发挥社会领域政治传播行动者的自主性和能动性，主动吸纳自媒体等新媒体带来的政治传播势能，特别是自下而上政治传播的正面功能，通过将政治参与深入融合进治理的全过程，更有效地应对新环境下多方面的风险，更好地服务于国家治理。

第三，通过政治传播促进政府与公民、国家与社会的沟通与合作，使治理走向"善治"。从词语的含义来看，"治理"有种种用法和种种意思，中西方的学者和官方语境中存在理解上的差异。对此，研究治理理论的权威人物格里·斯托克指出，尽管如此，就理论来说，治理有一基本的相同之处：治理所指的是统治方式的一种新发展。治理的本质在于，其是多种统治过程和互相影响的行为体的互动带来的结果。[②] 学者俞可平认为，治

[①] 参见［法］让·布隆代尔《政治制度概念的社会科学诠释路径》，马雪松、王慧编译，《学习与探索》2019年第8期。

[②] 参见［英］格里·斯托克《作为理论的治理：五个论点》，华夏风译，《国际社会科学杂志》（中文版）2019年第3期。

理的理想形态是"善治",其本质特征在于它是政府与公民对公共生活的合作管理。① 可见,不管是"治理"还是"善治",从规范意义上其都强调多元行动者的互动和合作。因而,对于中国政治传播秩序来说,服务于国家治理现代化的政治传播需要促进政府与公民、国家与社会的沟通与合作。这一方面需要积极建立二者对话、沟通的制度机制,另一方面还需要积极创造一种包容性的沟通协商环境。在自媒体时代,这意味着中国政治传播需要注重发挥自媒体所创造的公共空间的作用,使其补充原有公共空间的不足,同时进一步促进开放、平等、包容的社会公共环境的形成,使不同性质的政治信息经由大众传媒以及各种新媒介,能够在政党团体、国家社会以及社会成员内部等多元主体之间实现通畅流动、理性对话、平等协商、充分论证,② 最终在沟通共识、对话合作中推进国家治理。

二 推进政治传播制度化

中国原有的政治传播秩序在很大程度上源于和基于中国维持着一种组织型的政治秩序。而近些年来,伴随着中国政治的发展,原有的组织型政治秩序逐渐出现向制度化政治秩序转向的趋势,逐渐吸纳和混合制度化政治秩序的逻辑,这使政治传播秩序体现出制度化的趋势。政治传播的制度化过程既有对过去制度的路径依赖,也伴随着对新信息传播技术的积极吸纳和有效驾驭,以及对政治传播领导、管理、组织、机构、机制等的优化。这种制度化,使中国政治传播迅速嵌入了强势的政治逻辑,但同时,也对政治传播秩序的未来发展提出了新的要求。

2019年10月31日,中国共产党第十九届中央委员会第四次全体会议通过了《中共中央关于坚持和完善中国特色社会主义制度、推进国家治理体系和治理能力现代化若干重大问题的决定》(以下简称《决定》)。从标题来看,此次会议的主题词是"制度"。根据高频词统计,此次《决定》中,"制度"一词出现了77次。这体现了中国政治对于制度建设和

---

① 参见俞可平《增量民主与善治》,社会科学文献出版社2005年版,第146—147页。
② 参见赵立兵、申启武《从"宣传"到"对话":社会主义协商民主的政治传播进路》,《新闻与传播评论》2018年第3期。

中国政治制度的强调，本身的意涵十分丰富，除了上文指出的，这一现象意味着除了权威基础正在从意识形态、历史逻辑和政绩等向制度权威迈进，还体现在政治秩序上，意味着过去那种主要依靠组织来维护和保障政治秩序的逻辑也在发生改变，确切地说是显露出从组织化政治秩序向制度化政治秩序的转变趋势。亨廷顿曾将制度化宽泛地界定为"组织和程序获得价值观与稳定性的一种进程"①，并指出，制度具有适应性、复杂性、自主性、内部协调性四种特征。

中国政治秩序的制度化趋势对政治传播意味着，与组织型秩序主要依赖组织、有组织地、可控地构建政治秩序不同，基于制度化政治秩序的政治传播需要形成一套巩固的、完善的、自主的政治传播制度体系，在这套制度体系塑造的空间中，政治传播的多元行动者为了特定的政治目的而展开策略性行动，从而形成国家治理的有序状态。② 具体来看，政治传播的制度化体现在四个方面。

（一）政治传播职能的制度化

政治传播的职能主要分为"内容输出"和"信息管理"两部分，③政治传播运行机制现代化的关键在于这两项职能的法治化。实际上，近些年来，中国推出了一系列法律法规和规章制度等措施，尝试规范化政治传播的内容输出和信息管理，这促进了政治传播职能的制度化。

从内容输出来看，2019年中央出台印发了《中国共产党宣传工作条例》，这显示了中国政治传播中宣传工作的制度化趋势，标志着宣传工作科学化、规范化、制度化建设迈上新的台阶，④ 这从宣传层面规范着中国政治传播的内容输出职责。

对于信息管理，以互联网信息管理为例，近些年来，与之相关的一系

---

① ［美］塞缪尔·P.亨廷顿：《变化社会中的政治秩序》，王冠华等译，上海人民出版社2008年版，第10页。
② 参见汪仕凯《政治发展中的秩序类型：一个比较分析》，《比较政治学研究》2013年第5辑。
③ 参见苏颖《守土与调适：中国政治传播的制度结构及其变迁》，《甘肃行政学院学报》2018年第1期。
④ 参见人民网《中共中央印发中国共产党宣传工作条例》，2019年9月1日，http://politics.people.com.cn/n1/2019/0901/c1001-31329645.html，2019年12月9日。

列法律法规相继出台,如《网络安全法》《互联网信息服务管理办法》《网络信息内容生态治理规定》《最高人民法院最高人民检察院关于办理非法利用信息网络、帮助信息网络犯罪活动等刑事案件适用法律若干问题的解释》《微博客信息服务管理规定》《互联网新闻信息服务单位内容管理从业人员管理办法》《互联网用户公众账号信息服务管理规定》《互联网群组信息服务管理规定》《互联网跟帖评论服务管理规定》《互联网论坛社区服务管理规定》等,又如《关于推动资本市场服务网络强国建设的指导意见》《关于加强国家网络安全标准化工作的若干意见》《关于加强党政机关网站安全管理的通知》等相继颁发。

这些举措正在力图使互联网信息的管理工作有更为明确的法律法规依据,这也是中国政治传播职能制度化的重要体现。中国政治传播的制度化构成了政治传播秩序运行的依据,框范着政治传播各个具体的行动者的行为。

(二) 自媒体政治传播者的组织化

面对自媒体时代多元的政治传播者和多样的信源,中国政治传播通过制度化将新的传者及其政治传播活动吸纳到了原有的组织管理中,也就是说实现了组织化。如果说,早期新技术带来的传播空间是不受束缚的,并造成政治传播的去制度化(deinstitutionalization),[1] 那么,随着自媒体传播带来的负面影响和颠覆效应,政府与自媒体的技术提供平台开始联手对此做出回应。这使自媒体政治传播者从过去虚拟化的、离散的、不受控的无制度化状态转向组织化趋势。组织化主要通过实体化传者、明确媒体平台的直接管理责任、融合新媒体与传统媒体等三方面予以实现。

第一,实体化自媒体政治传播者。比如,实名制的实施,使自媒体不再是缺乏责任和义务规制的传播者;对转发者责任的行政规定在网络人际传播之间建立了一个过滤屏障;平台对账号注册的严格管理和限制,也使自媒体用户将线下的身份限制,或者来自所处组织对个人或机构发布信息的严格要求等延续到线上。这些措施的结合使得自媒体政治

---

[1] 参见 Paolo Mancini, "Comparing Media Systems and the Digital Age", *International Journal of Communication*, Vol. 14, 2020, pp. 5761-5774。

传播者在人内传播、人际传播等形式的传播中均受到组织纪律、组织文化等外部环境的软束缚，其表达功能和传播功能的随意性和离散性被大大减弱。将线下的规则、组织和文化对个人身体和思想的传播管理，延伸到虚拟世界的组织化措施，使得原有因摆脱身体规训及其身份限制而带来的"自"传播，不复存在。组织化使得身体规训和身份限制入脑入心，进而使自媒体传者进入一种通过自我审视，遵从组织要求，进而避免组织惩罚、得到组织奖励的逻辑之中。因而，早期的自媒体政治传播者的属性在组织化之后，发生改变，其不再是找不到实体责任人的"自"媒体，而成为被制度化的、被管理的、被监测的、需要自我审视的"组织"中的一员。

第二，平台化自媒体政治传播活动。自媒体时代的政治传播在经历了组织化之后，具有"自主性"的自媒体用户在政治传播主体群中被边缘化，互联网公司主导的平台开始崛起，凭借其资本优势、技术优势以及与政治的黏性关系，其在政治传播的末梢和国家治理的末梢中扮演越来越重要的角色，因而，有学者提出了"平台化时代"① 的概念。一方面，这些平台垄断着自媒体的传播渠道，作为治理的对象加之其自身的资本逻辑，其对自媒体的政治信息发布具有较大的筛选力和控制力，其不仅扮演着大众传播时代信息编辑的"把关人"角色，凭借算法等技术的强力控制进行议程设置，其角色的扮演还更加隐蔽、更加策略，不仅如此，平台的这些行为往往以官方的信息管理规则为依据，因而获得了一定的权威性。另一方面，政治传播的数据化转向也使得平台成为自媒体政治信息的收集者、汇聚者，平台通过各种复杂的技术将自媒体政治信息转化为统计数据、信息产品或被治理的舆情，这实现了对离散型政治信息的重新整合，进而将自媒体政治传播者的信息输入，纳入制度化的输入—输出式系统控制循环中。

第三，融合新媒体与传统媒体。媒体融合使官方政治传播在自媒体与传统媒体之间实现了组织衔接。从中央的举措来说，2014 年 8 月 18 日中央全面深化改革领导小组第四次会议上通过了《关于推动传统媒体和新兴媒体融合发展的指导意见》，提出要推动传统媒体和新型媒体在

---

① 姬德强、应志慧：《重思"舆情"：平台化时代的舆论》，《现代传播》2020 年第 2 期。

内容、渠道、平台、管理等方面的深度融合，着力打造一批形态多样、手段先进、具有竞争力的新型主流媒体的目标。此后，一系列相关的中央指导性文件陆续发布。①从实践来看，我国媒体融合从中央省级媒体到大型传媒集团，再到基层的县级融媒体中心，②正在进行大规模推广。可见，媒体融合在政策的支持下，已经延伸至政治传播媒体渠道的各个层级。这种延伸，不仅使以往的官媒党媒政治传播在形态上拥有了"自媒体"属性，得以与自媒体政治信息环境实现对接，促使其通过主动提供信息对原有的自媒体政治信息环境施加影响，提高了其自身的"四力"。在另一个维度上，媒体融合还意味着官方政治传播者在自媒体和传统媒体间实现了组织衔接，由此使原有的组织逻辑蔓延和浸染到了自媒体中。

（三）治理网络政治传播的法治化

伴随着技术在政治传播、治理和政治运作中的嵌入，很多学者表达了对"技术统治""技术驱动的韦伯式国家"③"技术控制"④等的担忧。因而，如何在技术嵌入政治传播并进一步被制度化后，进一步将之置于"法律"的制约和控制下，变得尤为重要。近些年来，政治传播不仅存在着从"宣传"转向"治理"的趋势，⑤政治传播本身也成为被治理的对象，特别是网络政治传播活动，同时，这一治理过程并不是毫无根据的。在制度化的趋势下，对网络政治传播的治理行为与公开的法律法规、规章制度等建立起了依存关系，这使前者呈现出法治化的特点。法治化在理

---

① 比如：2018年11月14日，中央全面深化改革委员会第五次会议审议通过了《关于加强县级融媒体中心建设的意见》。2019年1月25日，中央政治局就全媒体时代和媒体融合发展举行集体学习，习近平总书记提出建设"四全媒体"。2020年6月30日，中央全面深化改革委员会第十四次会议通过了《关于加快推进媒体融合发展的指导意见》。

② 参见谢新洲等《县级媒体融合的现状、路径与问题研究——基于全国问卷调查和四县融媒体中心实地调研》，《新闻记者》2019年第3期。

③ Xiang Gao, "State-Led Digital Governance in Contemporary China", in Hiroko Naito and Vida Macikenaite, eds., *State Capacity Building in Contemporary China*, Springer Singapore, 2020, p. 29.

④ 参见洪涛《作为"机器"的国家——论现代官僚/技术统治》，《政治思想史》2020年第11期。

⑤ 参见于淑婧《中国政治传播研究前沿与趋势——对2018年相关文献的考察》，《新闻与传播评论》2019年第4期。

念、战略和具体的制度规则层面予以展开。

第一，在顶层设计层面，推动治理理念从维稳逻辑转向法律逻辑。在过去，稳定理念在包括网络政治传播在内的管理活动中占有重要地位，但近些年来这一维稳理念却在发生转变，可以从党和国家机构的重新布局中窥见这一新的趋势。在2018年的《深化党和国家机构改革方案》中，原有的中央维护稳定工作领导小组及其办公室以及中央社会治安综合治理委员会及其办公室被取消设立，转而将二者的相关职责均交由中央政法委员会承担。与此同时，本次改革还组建了中央全面依法治国委员会，作为党中央决策议事协调机构，负责全面依法治国的顶层设计、总体布局、统筹协调、整体推进、督促落实。①

第二，上述法律逻辑延伸到对网络空间的治理中，后者不仅成为中国法治社会建设的重要方面，还通过其与网络安全、信息安全等与国家安全的战略紧密勾连在一起，并被纳入全面依法治国的基本方略中，具有毋庸置疑的必然性、必须性和合理性。2020年12月，中共中央又印发了《法治社会建设实施纲要（2020—2025年）》，明确提出要依法治理网络空间，完善网络法律制度，并强调通过立改废释并举等方式，推动现有法律法规延伸适用到网络空间。②

第三，具体到网络空间中的政治传播活动，中国发布了一系列政策法规以使相关机构对网络政治传播的管理工作有更为明确的法律法规依据。梳理中央网络安全和信息化委员会办公室以及国家互联网信息办公室的网站中相关的法律法规，可知，管理网络政治传播工作的法律法规条款散落在相关的政策法规中，并正在形成一个完整的法律规则体系，使网络政治传播成为被依法治理的对象。

由此可见，在自媒体时代，伴随着政治传播的制度化，执行中国政治传播的机构对自身角色有了一个更为明确的定位。其背后的政治权力不再仅仅是过去政治意志的代表，推展其意志和政策，是政治传播领域的内容

---

① 参见《中共中央印发〈深化党和国家机构改革方案〉》，《人民日报》2018年3月22日第1版。

② 人民网：《中共中央印发〈法治社会建设实施纲要（2020—2025年）〉》，2020年12月7日，http://politics.people.com.cn/n1/2020/1207/c1001-31958318.html，2020年12月8日。

输出者和信息管理者，而且也力图使自身被赋予更多的游戏规则的制定者或规则执行者的身份。二者身份的融合，显示出中国政治传播的主导行动者，在权力维度，不再仅仅处于国家权力的顶端，而且也构成了国家机器的一部分，是自我管理的政治共同体的一个部分。

（四）服务于制度建设和传播

中国政治的制度化与政治传播秩序的制度化具有密切关系，政治传播秩序的制度化本质意味着通过政治传播服务于制度建设和制度权威的传播。

第一，政治传播已经镶嵌在中国的整个政治体制中，与中国的国家治理和治理体系也深深地融合在一起。政治传播秩序作为保障实现某种政治目标的机制，其制度化本身有利于政治的制度化和国家治理。亨廷顿曾指出：当一个社会制度化程度太低，无法满足人们的参与需求时，人们就会寻求暴力、革命、极端行为等方式进行政治表达。[①] 而制度化的政治传播秩序无疑有利于在稳定和有序中推进中国的政治发展。

第二，政治传播的制度化背后是政治的制度化转向，以及政治权威向制度合法性转向的体现。政治传播的制度化是中国政治权威合法性和合理性的应有之义，这与中国的制度权威建构是由政党领导密切相关。一般来说，在政治制度已经成熟的政治共同体内，执政者也就是权威当局，其权威的塑造，除了源于执政者的执政绩效之外，主要源于遵从其所依赖的政治制度所赋予的权力、合法性和正当性。然而，处于现代化转型的中国，经历了革命、建设和改革，到现在的治理阶段，政治制度在稳定性、正式性和常规化等方面还存在很大的发展空间，尽管随着改革开放，与经济相关的制度得到了很大的发展，但是真正与意识形态、权力、统治、治理等政治问题相关的制度却存在较大的制度化不足的缺陷。

近些年来，在中国，中国共产党作为自主性较高的政治行动者，开始主动进行制度建设、制度完善以及制度权威的塑造。从本质来看，这一过程是中国共产党主导的，而不是像西方国家，政党存在于成熟的制度中，

[①] 参见［美］塞缪尔·P. 亨廷顿《变化社会中的政治秩序》，王冠华等译，上海人民出版社2008年版，第4页。

并从成熟的制度中获得权威。中国共产党作为执政党已经开始有意识地从意识形态合法性和绩效合法性转向制度合法性，而后者从本质来说又是由其自身主导的。这种双重逻辑就需要政治传播本身既需要与政治制度化的趋势相匹配，又需要通过自身的制度化，更有效地保障制度本身的建构、完善和权威的有序塑造，进而最终实现将制度权威延伸到执政党的权威和执政合法性上。因而，中国政治正在促使政治传播秩序所基于的政治秩序制度化。这对政治传播秩序提出了新的要求。一方面要求政治传播秩序本身的制度化，另一方面也要求制度化的政治传播秩序能够为制度的建设、完善、传播和权威塑造提供保障机制，以塑造制度的价值合理性和工具合理性。①

由此可见，着力服务于制度建设和传播未来将成为中国政治传播秩序的重要目标之一，这对中国原有那种以政治宣传为核心的政治传播秩序提出了挑战，也是未来中国政治传播秩序进一步优化必须面临的困境。

第三，中国政治秩序体现出的制度化目前还处于动态变迁中，其还未从原有的组织型秩序类型中完全转型。好的制度是硬性的，对现实有规约作用，但制度又不是僵化的，而是能给执行者在现实操作中以完善的机会。同时，制度也不是凭空而造的，而是具有制度的路径依赖。在这个层面上，中国的政治制度建设和政治秩序的制度化并不是对原有的政治秩序推倒重来，而是在大的架构保持稳定的前提下，增强修补和适应能力。中国政治秩序体现出的制度化目前还处于动态变迁中，因而，在总体上，政治秩序虽然有制度化的倾向和趋势，但总体上制度化的水平和程度②还有很大空间，因而，目前仍然十分仰赖原有的组织型秩序，呈现出较大比例组织型秩序和较小比例制度化秩序的混合状态。

而要实现组织型秩序向制度化秩序的转变，就需要借助政治传播秩序这一重要途径。同时，在现代化政治情境下，制度体系的建立和巩固必须

---

① 参见林尚立《现代国家认同建构的政治逻辑》，《中国社会科学》2013 年第 8 期。
② 亨廷顿认为复杂政治共同体依赖于该社会政治组织和政治程序的力量。而这种力量的强弱则又取决于这些组织和程序获得支持的广度及其制度化的程度。任何政治体系的制度化程度都可以根据它的组织和程序所具备的适应性、复杂性、自治性和内部协调性来衡量。参见〔美〕塞缪尔·P. 亨廷顿《变化社会中的政治秩序》，王冠华等译，上海人民出版社 2008 年版，第 10 页。

满足合法性和有效性。显然，上述条件预设了制度化的"主体"的存在，这一主体也是政治传播的主导行动者，对于中国来说，就是作为执政党的中国共产党，这意味着未来中国共产党的政治宣传仍然将在中国政治传播秩序中占据重要地位，但同时过去中国那种以政治宣传为核心的政治传播秩序也很难满足制度建设和传播的政治需要，特别是如何持续保障制度高效的同时兼顾制度合法性的问题。这对政治传播秩序意味着，服务于政治制度化的中国政治传播秩序，需要在从人治到法治、从随意性到常规化的过程之间打入"协商"这一楔子，因为，从协商中产生的制度，本身意味着制度得到了主要政治力量集团的支持，① 亦即在制度形成过程中赋予制度以权威，进而以辅助和保障政治秩序制度化过程在有序和稳定中开展。因而，未来的政治传播秩序的关键难点在于，如何通过广泛吸纳公民参与，促进多元主体之间的有序对话和协商，进而促进制度的形成、完善和认同。可见，这不仅仅需要实现政治传播秩序本身的制度化，关键问题还在于制度化怎样的政治传播秩序。

三　优化双向对流的政治传播机制

中国政治传播秩序的原有传播模式主要体现出单向的、自上而下的宣传占据主导和强势地位的秩序特点。在自媒体时代，这样的传播秩序不仅受到自媒体新的传播模式的冲击和重塑，也在受到来自执政党/政府这一主导行动者的主动变革。多种因素的复合作用，使自媒体时代中国政治传播秩序在传播秩序层面体现出导向"双向对流和互动"的趋势。但同时，这一传播秩序本身的结构性问题也暴露出中国政治传播秩序的一系列困境。

（一）双向对流的加强

自上而下和自下而上两个方向的传播在自媒体时代均得到加强和拓展，来自不同政治传播行动者的政治信息呈现对流态势，在此过程中，

---

① 参见汪仕凯《政治发展中的秩序类型：一个比较分析》，《比较政治学研究》2013年第5辑。

互动与交流也更加频繁。在自媒体时代，依赖于传播塑造的权势格局、新的传播渠道的拓展、输入过程的重构，自下而上的政治信息传播得到促进；同时，先进传播技术的应用、组织和管理手段的提高、制度化传播渠道的改造、输出方式的革新等也在强化原有的自上而下政治信息的传播。

二者在自媒体时代形成了对流的态势。在这个过程中，自下而上的政治传播得益于舆论的动力和势能可以输入政治系统，并增大了参与到政治政策的制定、政治目标的确立、政治资源的分配过程中的可能性。而自上而下的政治传播也在不断升级，越来越具有参与性、贯穿力和影响力。一来其越来越需要注重来自社会领域的政治信息，其传播内容需要对其进行吸纳，二来其对输入做出引导、回应，同时主动输出特定的政治信息的能力也在增强。有的学者将这一现象总结为"威权参与式说服2.0"，认为，原有的政治宣传正在向"数字宣传"升级，通过在线话语，在吸纳对方、影响对方同时又使对方成为合作者。① 这样的信息流动与未进入自媒体时代相比，显然国家与社会之间的互动在加速，也更为频繁，而这在过去是完全不可行的。②

（二）互动交流机制的优化

第一，信息的加速流动要求政治传播能够实现更为广泛的交流和对话，但目前中国政治传播秩序还存在一些结构性的困境，这使政治传播各行动者之间的对流和互动还缺乏制度化、常态化、规范化的互动和交流机制，这使得目前政治传播的对流和互动并不能保障总是导向国家与社会的对话与合作，也有很大的可能走向反面。

第二，在自媒体时代，国家和社会同时借助新的信息技术采取政治传播行动，互动、竞逐权力。"从国家（政府）的角度来说，罗素·哈丁区

---

① 参见 Bei Qin David Strömberg, and Yanhui Wu, "Why Does China Allow Freer Social Media? Protests Versus Surveillance and Propaganda", *Journal of Economic Perspectives*, Vol. 31, No. 1, 2017, pp. 117 – 140。

② 参见 Maria Repnikova and Kecheng Fang, "Authoritarian Participatory Persuasion 2.0: Netizens as Thought Work Collaborators in China", *Journal of Contemporary China*, Vol. 27, No. 113, 2018, pp. 763 – 779。

分了三种互动战略：冲突互动、协调互动和合作互动。相对应地，从社会的角度出发，阿尔伯特·赫希曼（Albert Otto Hirschman）则提出了社会团体采取的三个选项：'退出'选项、'呼吁'选项与'忠诚'选项。"[1]国家和社会互动的结果则取决于二者互动战略。

第三，在中国政治传播秩序实际运行中，这种双向的互动背后的决定力量并不是相等的。国家权力，特别是执政党中央具有更大的主导权。其不仅具有对来自社会的政治传播行为定性的绝对性权力，也决定采取何种互动策略对此予以回应。[2]中国政治传播双向信息之间的互动无疑具有很大的灵活性，但与灵活性并存的是不确定性。这就使自媒体时代双向互动的传播离沟通交流和对话协商还有很大的距离，无疑阻碍着政治传播向更为有序、民主的方向发展，也阻碍着通过政治传播形成政治运行和发展所必需的共识基础。因而，中国政治传播现代化趋势下，未来的政治传播新秩序需要更为科学的、民主的工作方法，优化自身的运行机制。

四　加强政党领导及组织管理

中国政治传播秩序体现出政党领导的显著色彩，这一特点决定了中国政治传播秩序的权力基础和组织基础，并框定了政治传播秩序运作机制中各行动者的关系、各结构的特点和整体的运行过程。然而，在自媒体时代，中国政治传播秩序因为政党领导所体现的这些特点面临着一些运行困境。对此，中国政治传播为维护原有的秩序，保障政党领导，做出了一系列的回应和变革，其中，政党领导的制度化以及政党领导的权威塑造和加强是最为突出的。

官方文件明确指出："中国共产党领导是中国特色社会主义最本质的

---

[1] 郑永年：《技术赋权：中国的互联网、国家与社会》，邱道隆译，东方出版社2014年版，译者序，第13页。

[2] 参见郑永年《技术赋权：中国的互联网、国家与社会》，邱道隆译，东方出版社2014年版，译者序，第15页。

特征"。① 坚持和加强中国共产党的全面领导成为当前中国政治改革的重中之重，也成为深化党和国家机构改革过程中必须遵循的首要政治原则。这进一步发展和完善了宣传在政治传播秩序中的核心地位，并推动这一秩序进入到了政党全面领导的新时代。对此，加强党对宣传思想工作进行全面领导，坚持党管宣传、党管意识形态②重新被确定为新时代政治传播的主流理念。同时，政党领导被更进一步确定为党的领导制度，并从"党的全面领导"和"党的集中领导"横纵两个维度明确了政党领导的内涵。这在政治传播秩序方面有非常明显的体现。③ 维护、强化并与新时代"党的全面领导"和"党的集中领导"④ 相匹配也成为中国政治传播秩序的首要任务。具体来看，中国政治传播秩序做出了以下几个方面的应变。

（一）"三位一体"的机构改革

中国共产党通过机构改革，进一步嵌入到政治传播秩序的纵横"三位一体"的组织机构中，加强了对政治传播整体运行的集中统一领导和全面领导。

有关中国政治传播制度结构的相关研究发现，中国宣传系统的官僚组织是巨大的，该系统被分为两个独立但相互关联的系统：内部宣传和外部

---

① 这在党的十九大报告以及 2018 年 3 月全国人民代表大会表决通过的《中华人民共和国宪法修正案》中均有说明。《中华人民共和国宪法修正案（草案）》指出：宪法第一条第二款"社会主义制度是中华人民共和国的根本制度"。后增写一句，内容为："中国共产党领导是中国特色社会主义最本质的特征。"参见新华网《党的十九大报告全文》，2017 年 10 月 23 日，http://www.xjtzb.gov.cn/2017-10/23/c_1121842181.htm，2019 年 10 月 18 日；新华网《中华人民共和国宪法修正案（草案）》（摘要），2018 年 3 月 6 日，http://www.xinhuanet.com/2018-03/06/c_1122496769.htm，2019 年 10 月 18 日。

② 参见中国文明网《习近平在全国宣传思想工作会议上强调 举旗帜聚民心育新人兴文化展形象 更好完成新形势下宣传思想工作使命任务》，2018 年 8 月 22 日，http://www.wenming.cn/ldhd/xjp/zyjh/201808/t20180822_4803950.shtml，2019 年 10 月 11 日。

③ 中国共产党第十九届中央委员会第四次全体会议公报，指出，"完善坚定维护党中央权威和集中统一领导的各项制度，健全党的全面领导制度"，这从横向的"全面领导"和纵向的"集中领导"解释了党的领导制度内涵的两个维度。参见人民网《中国共产党第十九届中央委员会第四次全体会议公报》，2019 年 10 月 31 日，http://politics.people.com.cn/n1/2019/1031/c1024-31431617.html，2019 年 11 月 26 日。

④ 参见人民网《中国共产党第十九届中央委员会第四次全体会议公报》，2019 年 10 月 31 日，http://politics.people.com.cn/n1/2019/1031/c1024-31431617.html，2019 年 11 月 26 日。

宣传。① 也有研究指出，中国政治传播的制度结构包括处于顶层的议事协调机构，比如各种各样的领导小组；包括由中央宣传部和地方党委和党委宣传部组成的专管宣传思想工作的制度结构；还包括一些协同—会同政治传播的机构，这些机构的职能主要可分为信息输出和信息管理两部分。中国政治传播在结构层面体现出以下特征：一是政党领导原则，二是合纵连横的大宣传系统，三是在职责功能上分为内容输出、信息管理两个部分。②

相关研究为理解中国政治传播秩序的组织机构奠定了基础，但是近些年来中国发生了一系列政治机构改革，这些改革与掌管政治传播职能的制度、组织和机构关系紧密，因而需要更新相关研究。从历史发展来看，改革开放以来（截至 2022 年），中国分别在 1982 年、1988 年、1993 年、1998 年、2003 年、2008 年、2013 年和 2018 年进行了八次规模较大的政府机构改革。伴随着政府机构的改革，中国政治传播的制度结构发生了较大重组和调整。2018 年的改革可以说是近些年来涉及新闻传播、信息传播方面的改革力度最大的一次，伴随于此的还有 2019 年中央出台印发的《中国共产党宣传工作条例》。因而，结合 2018 年《深化党和国家机构改革方案》和 2019 年的《中国共产党宣传工作条例》可以描绘最新的中国政治传播秩序的组织机构布局（如图 8-1 所示）。

通过分析近些年的改革可以窥见，中国共产党通过机构改革，进一步嵌入与政治传播相关的组织机构中，并加强了对政治传播整体运行的集中统一领导和全面领导：在近些年的党和政府机构改革中，顶层议事协调机构呈现出升级和扩建的趋势，这巩固和强化了中国"小组政治"的特点；中央宣传部的职能也体现出扩张趋势，地方宣传机构职责则被进一步制度化，政党更加深入地嵌入纵横"三位一体"的宣传系统中，宣传责任主体和职责进一步规范化。

---

① 参见 David Shambaugh, "China's Propaganda System: Institutions, Processes and Efficacy", *China Journal*, Vol. 92, No. 57, 2007, pp. 25 – 28。

② 相关内容主要借鉴苏颖的相关研究，由于该研究完成于 2018 年《党和国家机构改革方案》之前，因而这里除借鉴其研究，根据最新的官方文件已做出更新和补充。参见苏颖《守土与调适：中国政治传播的制度结构及其变迁》，《甘肃行政学院学报》2018 年第 1 期。

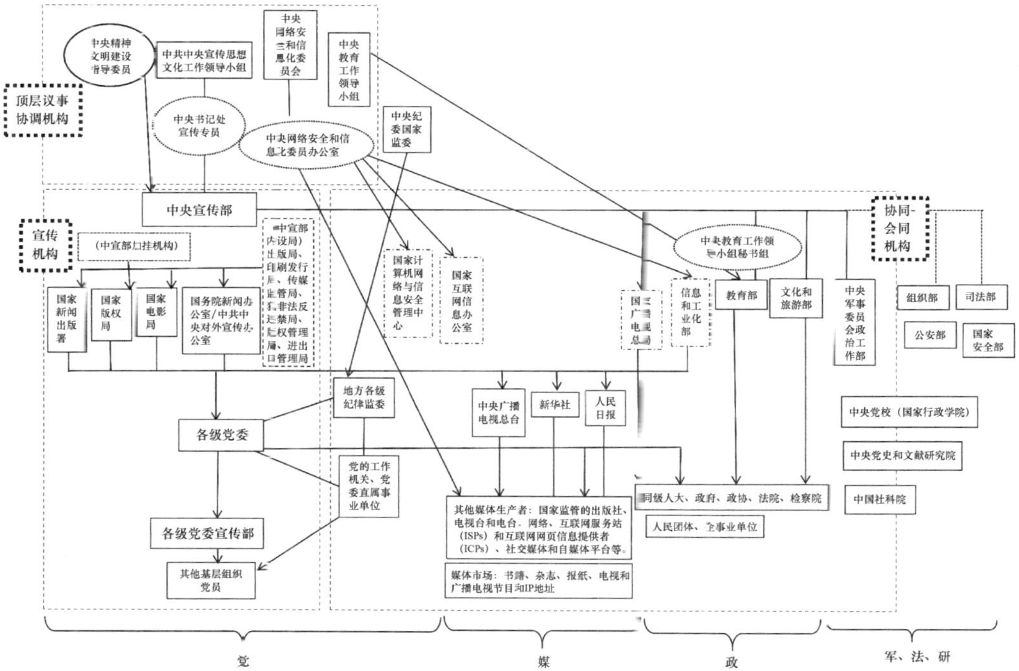

图 8-1　中国政治传播秩序纵横"三位一体"的组织机构布局①

---

① 本图根据唐文方关于中国媒体组织价值、苏颖对中国政治传播制度结构的研究，手结合 2018 年 3 月 21 日中共中央印发的《深化党和国家机构改革方案》，2019 年中央印发的《中国共产党宣传工作条例》进行绘制。参见［美］唐（Taag W. F.）《中国民意与公民社会》，胡赣栋、张东锋译，中山大学出版社 2008 年版，第 68 页；苏颖《守土与涵适：中国政治传播的制度结构及其变迁》，《甘肃行政学院学报》2018 年第 1 期；《中共中央印发〈深化党和国家机构改革方案〉》，《人民日报》2018 年 3 月 22 日第 1 版。

第一，顶层议事协调机构出现升级扩建的趋势、"小组政治"得到巩固和强化。在中国，占据权力顶端的是各种"领导小组"，[1] 经过2018年的机构改革之后，当前的中国政治传播制度结构中，主要包括三家顶层议事协调机构：中央宣传思想文化工作领导小组、中央网络安全和信息化委员会以及中央教育工作领导小组。2018年以来对党和国家机构改革的深化，进一步强化了这种"小组政治"。不仅将中央网络安全和信息化领导小组升级为"委员会"，还组建了新的中央教育工作领导小组。这种顶层议事协调机构的升级和扩建的政治布局不仅巩固和强化了中国"小组政治"的特点，也进一步加强了中央政党对政治传播整体运行的领导。

首先，中央宣传思想文化工作领导小组是中央常设性领导小组之一。其工作职能主要包括："（1）分析意识形态领域的动态，研究和掌握宣传工作的方针、政策及其他带有全局性的问题；（2）协调宣传、理论、文化、新闻、出版等部门有关意识形态方面的工作；（3）对宣传、理论的队伍建设提出意见和建议。"[2] 与该领导小组重叠的一个机构是中央精神文明建设指导委员会。该委员会是"党中央指导全国精神文明建设工作的议事机构"，其职责是负责监督教育工作（主要是通过学校和媒体进行的工作），以建立一种道德和正直的文化。[3]

值得注意的是，2018年的机构改革并未涉及中央宣传思想文化工作领导小组，该小组的名称在2023年以前是"中央宣传思想工作领导小组"，然而，在2023年9月24日，党中央、国务院批准的《党中央、国务院议事协调机构优化调整方案》中，增加了"文化"二字，这种名称上的改变，意味着该小组扩展和强化了其文化职能，加强了对文化领域的决策、协调和议事的范围与能力。

其次，中央网络安全和信息化委员会的前身是中央网络安全和信息化

---

[1] 参见苏颖《守土与调适：中国政治传播的制度结构及其变迁》，《甘肃行政学院学报》2018年第1期。

[2] 中央宣传部办公厅编：《党的宣传工作文件选编（1988—1992）》，中共中央党校出版社1994年版，第1703页。

[3] 参见苏颖《守土与调适：中国政治传播的制度结构及其变迁》，《甘肃行政学院学报》2018年第1期。

领导小组,后者于2014年2月成立,是近些年来新设立的议事协调机构,并由中共中央总书记习近平担任组长,规格十分高。① 该领导小组的前身历经多次变革,可以追溯到在21世纪初设立的国家信息化领导小组,相关职能又可以追溯到20世纪80年代初,我国信息化管理体制机制的初建。② 在2018年的改革中,原有的中央网络安全和信息化领导小组改为中央网络安全和信息化委员会。领导小组改为委员会,"实现了由任务型组织向常规型组织转型,决策职能和综合协调职能得到了进一步强化。相比于领导小组,委员会的职能范围更广、机构设置更规范、参与成员更多元、统筹协调更有力、决策议事权威性更高"③。这次调整不仅是在名称上有所变化,还体现在具有管辖职责上。为维护国家网络空间安全和利益,本次改革优化了中央网络安全和信息化委员会办公室职责,将原来由工业和信息化部管理的国家计算机网络与信息安全管理中心调整为由中央网络安全和信息化委员会办公室管理。④ 这体现出党中央对地方和部门工作指导的加强和规范。

还值得注意的是,原有的国家互联网信息办公室加挂在国务院新闻办公室之下⑤,在2018年的机构改革中,在信息管理结构的协同会同机构方面,国家互联网信息办公室不再加挂在国务院新闻办公室下,而成为中央网络安全和信息化委员会的办事机构。⑥ 中央网络安全和信息化领导小组的成立以及升级,也标志着国家互联网信息办公室的职能升级。国家互

---

① 参见《强调总体布局统筹各方创新发展努力把我国建设成为网络强国》,《人民日报》2014年2月28日第1版。

② 参见汪玉凯《中央网络安全和信息化领导小组的由来及其影响》,《信息安全与通信保密》2014年第3期。

③ 王臻荣、郎明远:《从"领导小组"到"委员会":制度逻辑与政治价值》,《山西大学学报》(哲学社会科学版)2018年第7期。

④ 参见苏颖《守土与调适:中国政治传播的制度结构及其变迁》,《甘肃行政学院学报》2018年第1期;《中共中央印发〈深化党和国家机构改革方案〉》,《人民日报》2018年3月22日第1版。

⑤ 参见中华人民共和国中央人民政府《国办通知设立国家互联网信息办公室 王晨任主任》,2011年5月4日,http://www.gov.cn/rsrm/2011-05/04/content_1857301.htm,2019年10月11日。

⑥ 参见《中共中央印发〈深化党和国家机构改革方案〉》,《人民日报》2018年3月22日第1版。

联网信息办公室成立于2011年5月4日,并在管理在线内容方面承担了明确的责任。75个专家和技术机构,例如国家信息化咨询委员会和CNNIC(中国互联网络信息中心)直接向其负责。[①]

最后,中央教育工作领导小组是在2018年党和国家机构改革中新组建的,按照《深化党和国家机构改革方案》的描述,中央教育工作领导小组是党中央决策议事协调机构,其办事机构是中央教育工作领导小组秘书组,该秘书组设在教育部,直接领导和指导教育部的相关的工作。这一领导小组的设立无疑对"党中央对教育工作的集中统一领导""贯彻党的教育方针""教育领域的党建工作""领导学校的思想政治工作"起到进一步的加强作用。[②]对于这些决策议事协调机构,2019年,党的十九届四中全会明确指出,要"强化党中央决策议事协调机构职能作用,完善推动党中央重大决策落实机制"[③]。

第二,中央宣传部的职能扩张和地方宣传机构职责进一步制度化。自1949年以来,各层级的宣传机构是专门从事政治传播的对应职能部门。它们是专门的、制度化的宣传机构,因而在由各个机构、组织组成的"合纵连横的大宣传系统"中,其是政治宣传活动的主要行动者。向上连接轴心顶端的顶层议事协调机构,向四周与各种各样的协同—会同机构共同发挥宣传作用,向下"带动"(领导、指导)同级人大、政府、政协、法院、检察院、人民团体、企事业单位做好宣传工作。作为组织机构,发挥宣传执行职能的是,以科层形式出现的中国共产党中央委员会宣传部及各级党委和党委宣传部。

其中,中国共产党中央委员会宣传部(简称"中央宣传部")在整个

[①] 参见 Rogier Creemers, "Cyber China: Upgrading Propaganda, Public Opinion Work and Social Management for the Twenty-First Century", *Journal of Contemporary China*, Vol. 26, No. 103, 2017, pp. 85 – 100;中华人民共和国中央人民政府《国务院关于授权国家互联网信息办公室负责互联网信息内容管理工作的通知 国发〔2014〕33号》,2019年8月26日,http://www.gov.cn/zhengce/content/2014 – 08/28/content_9056.htm,2019年10月13日。

[②] 参见《中共中央印发〈深化党和国家机构改革方案〉》,《人民日报》2018年3月22日第1版。

[③] 新华网:《中共中央关于坚持和完善中国特色社会主义制度推进国家治理体系和治理能力现代化若干重大问题的决定》,2019年11月5日,http://www.xinhuanet.com/politics/2019 – 11/05/c_1125195786.htm,2019年11月5日。

中国社会中发挥着核心的指导作用。[1] 中央宣传部的职能主要有八项，分别涉及理论研究与学习、新闻媒体管理、文艺/出版、宣传教育、政策法规研究、舆情信息工作、文化体制改革与发展、宣传口干部管理等。在最新一轮的党和国家机构的改革中，中宣部更为深入地介入政治宣传管理工作中，开始接管部分原属于政府的行政职能，其职能大幅扩张。[2] 值得注意的是，原国家新闻出版广电总局的新闻出版管理职责和电影管理职责划入中宣部，统一管理新闻出版和电影工作。其中，新闻出版管理职责划入中宣部是为了加强党对新闻舆论工作的集中统一领导。[3]

近些年来另一个值得注意的机构调整是，国务院新闻办公室/中央对外宣传办公室的牌子加挂在中央宣传部下，列入中共中央直属机构序列。[4] 国务院新闻办公室组建于1991年1月，在1993年的党政机构改革中，中共中央决定中央对外宣传办公室与国务院新闻办公室"一个机构、两块牌子"[5]。目前，其与政治传播相关的主要职责是"推动中国媒体向世界说明中国"，拥有着对全国新闻内容进行全面审查的权限[6]，能够管理在中国的外国社会科学研究[7]，并曾作为专项内容管理部门，负责互联

---

[1] 参见David Shambaugh, "China's Propaganda System: Institutions, Processes and Efficacy", *China Journal*, Vol. 92, No. 57, 2007, pp. 25–28; Anne-Marie Brady, "Guiding Hand: The Role of the CCP Central Propaganda Department in the Current Era", *Westminster Papers in Communication & Culture*, Vol. 9, No. 9, 2006, pp. 100–110。

[2] 最新资料中缺少对中宣部职能的具体介绍。由于地方宣传部门在各自权力范围内大致履行与中央宣传部类似的工作职责。因此该职能描述参考了《中国共产党宣传工作条例》中对地方各级宣传部门的职能描述。

[3] 参见《中共中央印发〈深化党和国家机构改革方案〉》,《人民日报》2018年3月22日第1版。

[4] 参见中国机构编制网《党中央机构》, 2019年1月18日, http://www.scopsr.gov.cn/zlzx/jggk/201901/t20190118_359604.html, 2019年10月15日。

[5] 苏颖：《守土与调适：中国政治传播的制度结构及其变迁》,《甘肃行政学院学报》2018年第1期。

[6] 参见David Shambaugh, "China's Propaganda System: Institutions, Processes and Efficacy", *China Journal*, Vol. 92, No. 57, 2007, pp. 25–28。

[7] 参见Anne-Marie Brady, "Guiding Hand: The Role of the CCP Central Propaganda Department in the Current Era", *Westminster Papers in Communication & Culture*, Vol. 9, No. 9, 2006, pp. 100–110。

网上意识形态工作。①

地方宣传部门在各自权力范围内大致履行与中央宣传部类似的工作职责。作为党组织机构中的构成部门，在宣传工作中地方宣传部门"既向同级党委请示报告，也向上级宣传部门请示报告，实行双重请示报告制度。同级党委和上级宣传部门对其宣传工作负有指导责任"②。2019年党中央审议通过的《中国共产党宣传工作条例》（以下简称《条例》）标志着地方宣传部门职责的规范化和制度化趋势。③

此外，除党委对宣传工作负主体责任，党委宣传部成为党中央和地方各级党委主管意识形态方面工作的职能部门、社会主义精神文明建设的牵头协调部门。《条例》规定了党委宣传部的16项工作职责，这些职能涉及面非常广。首先，党委宣传部作为一个科层组织机构，其首要职责是贯彻执行上级的政策，并与同级部门合作，指导下级部门工作。其次，党委宣传部的职责还涉及中国政治传播内容的四个主要方面：意识形态、社会主义核心价值观、精神文明和文化。再次，中宣部对新闻出版和电影工作的纳入，也相应使党委宣传部除统筹指导广播电视工作，在这两个方面也具有管理和指导的职责。最后，中国政治传播对互联网的重视也体现在党委宣传部的职责中。④

除了宣传机构，中国的宣传系统还主要依托于党的基层组织，截至2019年12月31日，中国共产党现有基层组织468.1万个。其中基层党委24.9万个，总支部30.5万个，支部412.7万个。除了党组织，党员也是党的宣传深入非正式社会结构中的重要中介。截至2019年12月31日，中国共产党党员总数9191.4万名，⑤约占中国总人口的6.6%。通过组织

---

① 参见苏颖《守土与调适：中国政治传播的制度结构及其变迁》，《甘肃行政学院学报》2018年第1期。

② 参见苏颖《守土与调适：中国政治传播的制度结构及其变迁》，《甘肃行政学院学报》2018年第1期。

③ 参见人民网《中共中央印发中国共产党宣传工作条例》，2019年9月1日，http://politics.people.com.cn/n1/2019/0901/c1001-31329645.html，2019年10月9日。

④ 参见人民网《中共中央印发中国共产党宣传工作条例》，2019年9月1日，http://politics.people.com.cn/n1/2019/0901/c1001-31329645.html，2019年10月9日。

⑤ 参见人民网《图解2018年中国共产党党内统计公报》，2019年7月2日，http://qh.people.com.cn/n2/2019/0702/c182757-33100912.html，2019年10月11日。

通道，地方层级的全体党员都被纳入党的宣传对象中来。总体上，从专门的宣传机构到党的基层组织，再到以个体存在的党员个人，这三个层面构成一个囊括组织传播和人际传播的传播网络，由此，使其产生最有效的宣传轴心带动作用。

第三，中国以政治宣传为轴心的政治传播活动，使得宣传系统本身并不仅仅依赖于专门的、制度化的、科层形式的宣传部门，其还借助于一些政党、政府部门的辅助和协助，即协同—会同机构。[①] 在自媒体时代，中国政治传播秩序近些年的改革，也使中国共产党对协同—会同机构的领导更加规范化。具体改革主要包括以下几方面。

其一是文化和旅游部。2018 年的机构改革将原有的文化部和国家旅游局职能整合组建为文化和旅游部，作为国务院组成部门。其与政治传播相关的职责主要涉及文化政策、文化工作、文化事业、文化产业的落实和统筹规划，加强对外文化交流，推动中华文化走出去，等等。[②]

其二是教育部。在 1998 年的政府机构改革中，国家教育委员会更名为教育部。彼时其与宣传相关的职责主要体现在负责学生思想政治工作上，重大事项则请示中央宣传部。[③] 在 2018 年的这次改革中，重新设立了属于党的议事协调机构层级的中央教育工作领导小组来直接领导和管理教育部。[④] 此次改革使教育部原有与宣传工作相关的职责被划归到了中央教育工作领导小组，前者的宣传工作也需要受到后者的领导和指导，不仅前者原有的要"负责规划高等学校马克思主义理论课建设工作及思想政治工作"[⑤] 的职责被划归至后者，后者还承担着"研究部署教育领域思想政治、意识形态工作"，掌握着"提出并组织实施在教育领域坚持党的领

---

① 参见苏颖《守土与调适：中国政治传播的制度结构及其变迁》，《甘肃行政学院学报》2018 年第 1 期。

② 参见《中共中央印发〈深化党和国家机构改革方案〉》，《人民日报》2018 年 3 月 22 日第 1 版。

③ 参见国务院办公厅秘书局、中央机构编制委员会办公室综合司编《中央政府组织机构：1998》，改革出版社 1998 年版，第 20、175 页。

④ 参见《中共中央印发〈深化党和国家机构改革方案〉》，《人民日报》2018 年 3 月 22 日第 1 版。

⑤ 国务院办公厅秘书局、中央机构编制委员会办公室综合司编：《中央政府组织机构：1998》，改革出版社 1998 年版，第 175、178 页。

导、加强党的建设方针政策"①的权限。通过这些职责的重新划分，教育部与宣传相关的工作直接受到来自党的议事协调机构的领导和指导。

其三是中央广播电视总台。随着新媒体的发展、传统媒体的式微，建设和创新传播手段，维持"正确的"舆论导向，提高新闻舆论传播力、引导力、影响力、公信力，增强广播电视媒体整体实力和竞争力，加快国际传播能力建设，推动广播电视媒体、新兴媒体融合发展，被认为是牢牢掌握意识形态工作领导权的重要抓手。在此背景和目的下，中国的政治传播更加重视党对原有的重要舆论阵地的集中建设和管理。中央广播电视总台正是这一目的的结果，其是2018年的改革在整合中央电视台（中国国际电视台）、中央人民广播电台、中国国际广播电台的基础上组建的。其与政治传播相关的职责主要涉及：宣传党的理论和路线方针政策、引导社会热点、加强和改进舆论监督、加强国际传播、讲好中国故事，等等。②

其四是中央军事委员会政治工作部。其是在2016年军事改革中由解放军总政治部改编的新机构。主要负责并监督军队内部的所有宣传工作，但其职能需要与中宣部保持联系③，并常常与其他机构协同或会同面向军队和军人进行宣传教育或者面向普通民众进行军事宣传。其中，第三通信部和第四电子对抗部是负责干扰卫星、短波和其他电子广播进入中国的主要机构。④ 除以上有明确宣传职能的单位，宣传部也经常协同或会同宣传文化系统之外的单位执行专项宣传任务。⑤

其五是其他辅助输出的机构。这类机构不属于党和政府机构，也不属于新闻机构，这里指一些党中央的直属事业单位，它们虽然不直接参与政

---

① 参见《中共中央印发〈深化党和国家机构改革方案〉》，《人民日报》2018年3月22日第1版。
② 参见《中共中央印发〈深化党和国家机构改革方案〉》，《人民日报》2018年3月22日第1版。
③ 参见中共中央组织部《中国共产党组织工作辞典》（修订版），党建读物出版社2009年版，第51页。
④ 参见 David Shambaugh, "China's Propaganda System: Institutions, Processes and Efficacy", *China Journal*, Vol. 92, No. 57, 2007, pp. 25-28。
⑤ 参见苏颖《守土与调适：中国政治传播的制度结构及其变迁》，《甘肃行政学院学报》2018年第1期。

治传播的工作，但对中国的宣传工作却起着重要的辅助作用，为其提供重要的理论支撑。这些机构除了中国社科院、中央编译局，2018 年的改革主要涉及中央党校（国家行政学院）和中央党史和文献研究院两个机构。对于前者，中共中央于 2019 年 11 月 3 日印发了《中国共产党党校（行政学院）工作条例》，该条例详细地规定了党校工作的基本原则、任务、领导体制、班次和教学工作、科研工作和决策咨询、办学和学院管理、人才队伍建设、校风和学风建设、机关党的建设、办学保障、执行与监督等方面。① 对于后者，中央党史和文献研究院则是将原有中央党史研究室、中央文献研究室、中央编译局的职责整合而组建的新的机构。其与政治宣传相关的主要职责涉及对包括马克思主义、党和国家重要文献以及主要党和国家领导人思想的编辑编译、征集整理等。②

其六是国家广播电视总局。2018 年党和政府的机构改革将其原有的新闻出版管理的职责和电影管理职责划入了中宣部。相较于原有的国家新闻出版广电总局，现在的国家广播电视总局的职能更加聚焦于广播电视等传统的大众传播媒体。③

其七是工业和信息化部。工业和信息化部在 2008 年 3 月设立。其前身是在 1998 年政府机构改革中组建的信息产业部。在 2018 年的机构改革中，由工业和信息化部管理的国家计算机网络与信息安全管理中心调整为由中央网络安全和信息化委员会办公室管理。与 1998 年的改革将国务院信息化领导小组及其办公室的行政职能并入信息产业部的趋势相反④，工业和信息化部现在直接受到中央网络安全和信息化委员会及其办事机构中央网络安全和信息化委员办公室的直接指导和领导。⑤ 与此同时，也将信

---

① 参见新华网《中共中央印发〈中国共产党党校（行政学院）工作条例〉》，2019 年 11 月 4 日，http：//www.xinhuanet.com/politics/2019-11/03/c_1125187336.htm，2019 年 10 月 3 日。
② 参见《中共中央印发〈深化党和国家机构改革方案〉》，《人民日报》2018 年 3 月 22 日第 1 版。
③ 参见《中共中央印发〈深化党和国家机构改革方案〉》，《人民日报》2018 年 3 月 22 日第 1 版。
④ 参见国务院办公厅秘书局、中央机构编制委员会办公室综合司编《中央政府组织机构：1998》，改革出版社 1998 年版，第 277 页。
⑤ 参见《中共中央印发〈深化党和国家机构改革方案〉》，《人民日报》2018 年 3 月 22 日第 1 版。

息和工业化部的信息化推进、网络信息安全协调等职责划给中央网络安全和信息化领导小组办公室（国家互联网信息办公室）。而工业和信息化部与政治传播相关的职责主要是负责网络强国建设相关工作；负责互联网行业管理（含移动互联网）；负责网络安全、应急管理和处置；等等。

除以上机构，公安部、国家安全部等机构也承担了重要的信息管理与监督的职能。[①] 当然，中央宣传部、国务院新闻办公室、文化部、教育部、解放军总政治部不仅承担着内容输出的功能，还需要对内容进行监管。[②]

从整体来看，经过近些年的改革，中国政治传播秩序所依赖的组织机构已经形成了横纵"三位一体"的格局，中国共产党通过对组织机构的重组、关系的调整、职能的优化进一步强化了对这些组织机构的领导和嵌入。这一方面体现出在自媒体时代，中国政治传播秩序的主导行动者通过组织机构的新布局，加强了对政治传播执行者的领导，提高了政治传播的效力，规范了政治传播的流程。另一方面，从深层次也体现出中国政治传播的政党领导特色在自媒体时代的延续。

在中国政治传播体系中，中国共产党居于组织的顶层和核心，其领导、管理嵌入到与政治传播秩序相关的组织机构之中，形成了强大的向心控制力和向上服从力。从横向上，中国的宣传部门与上文介绍的众多协同—会同机构一起协调和合作开展宣传工作，这些机构遍及"党""政""媒"三个领域，并延伸到"军、法、研"之中；在纵向上，形成了从中央到地方再到基层的三层次组织布局，通过党的基层组织延伸到党员，并进一步通过人际传播、组织传播深入社会的基层群众。这种组织布局使政治宣传工作向下能够抵达权力的末梢，向上则导向权力的中央和顶层。

当具有政治宣传的必要时，纵横"三位一体"的政治传播秩序格局将围绕政治宣传这一核心运转，或者可以说，政治宣传这一核心将带动整体政治传播系统的运行：横向上，"党""政""媒"三个领域的相关机

---

① 参见 David Shambaugh, "China's Propaganda System: Institutions, Processes and Efficacy", *China Journal*, Vol. 92, No. 57, 2007, pp. 25–28。

② 参见苏颖《守土与调适：中国政治传播的制度结构及其变迁》，《甘肃行政学院学报》2018 年第 1 期。

构都要配合发挥宣传作用;纵向上,从中央到地方再到基层的机构也需要紧密协调配合政治宣传工作。在与政治传播秩序相关的组织机构中,顶层议事协调机构属于"党"这一领域,占据领导地位,领导和指导着"党""政""媒"三个领域以及中央、地方和基层三层次的全局宣传工作;而属于"党"领域的中央宣传部和地方各级党委和党委宣传部则发挥着轴心的功效,促动并引导整个宣传系统的有效运行;各个协同—会同机构则通过信息的输出和信息管理这两方面为宣传提供辅助功能。这从组织机构上也显示出中国政治传播秩序鲜明的政党领导特色。中国政治传播秩序所基于的组织机构最主要的特征就是"紧密的核心与松散的外围"并存,一个主导系统与多个辅助系统采用合作、协同的方式,甚至你中有我,我中有你。[1]

如果将这一过程想象成立体的、动态的,那么,以政治宣传为核心的政治传播秩序就像是一个由中轴带动辐条旋转着的圆锥。上文的图 8-1 只是这个圆锥的一个平面展开图。圆锥的顶端是顶层议事协调机构,圆锥的中轴是中央宣传部与各级党委和党委宣传部,辐条是协同—会同部门,圆锥的表面则是以组织、群体或个体形式展现的政治宣传的对象。这一现象说明了两点:一是以政党/政府和官媒为主导者的政治传播活动,其组织机构运行所内在的权力关系和权力流动,仍然遵循着传统媒体时代的同心圆轴心驱动的权力结构模式;二是在自媒体时代,以政党/政府和官媒为主导者的政治传播活动在整个中国政治传播秩序中仍然占据核心地位。

综合中国政治传播秩序的制度机构和权力基础来看,"党"领域的机构所处于的"领导地位",既是"同心圆轴心驱动的权力结构"的结果,也形成了后者得以有效运行、长久维持甚至不断强化的动因。而宣传部门协同—会同各个辅助机构,既致力于保障领导机关的政治宣传得以向下贯彻执行,也旨在保障执行的效率和专业化。这些机构横向遍及"党""政""媒"三个领域,纵贯中央、地方和基层,织就了中国政治传播的密集网络,在这样的制度结构和权力结构中,强力维持政治宣传原有的核心角色和功能发挥。中国政治传播秩序将宣传与组织系统结合起来,形成一个类似金字塔的网络体系。这一网络系统的有效运作依赖于组织上的推

---

[1] 参见朱光磊《当代中国政府过程》,天津人民出版社1997年版,第238页。

动,所以采用任务下达、工作指令、组织动员等方式,而主导和推动者往往依赖于行政的力量。①

总之,中国共产党近些年来对组织机构的重组、关系的调整、职能的优化并未跳出对原有权力结构的遵循,而是进一步从权力、行政力量、资源、人员、关系等方面强化了对政治传播组织机构的领导和嵌入。

(二) 领导制度的规范化

中央政党对政治传播组织机构的领导和嵌入并不是一味地、无止境地加强,实际上,与加强趋势并行的还有制度化和规范化这一趋势。伴随着党和政府机构改革的,还有一些与这些机构运作相关的规章制度逐渐建立起来,这不仅正在加强中央政党对政治传播整体运行的集中统一领导和全面领导,也在规范化政治传播的管理和运行。具体来看,有以下四个方面的变化。

第一,政党领导的规范化。从近些年来中国政党政治的发展和布局来看,中国正在有意识地将中国共产党的领导进一步规范化。如《中国共产党第十九届中央委员会第四次全体会议公报》指出:"完善坚定维护党中央权威和集中统一领导的各项制度,健全党的全面领导制度",这从横向的"全面领导"和纵向的"集中领导"规范了党的领导制度。② 政党领导制度化的本质意义在于,使政党通过制度化的机制与程序展开对国家与社会的领导,而不再像原有的那种过度依赖组织和人际的政治运作,这利于使政党的政治传播活动成为受监督、有边界的政治运作过程。③

第二,政党嵌入政治传播的规范化。近些年的改革,特别是 2018 年《深化党和国家机构改革方案》和 2019 年《中国共产党宣传工作条例》的印发,使政党更加深入、有组织、规范化地嵌入原有"三位一体"的宣传系统中。

---

① 参见涂凌波《从"一体化"宣传到"混合型传播"——以中国共青团网络政治传播活动变迁为中心的讨论》,《新闻大学》2019 年第 11 期。

② 参见人民网《中国共产党第十九届中央委员会第四次全体会议公报》,2019 年 10 月 31 日, http://politics.people.com.cn/n1/2019/1031/c1024-31431617.html, 2019 年 11 月 26 日。

③ 参见林尚立《协商政治:对中国民主政治发展的一种思考》,《学术月刊》2003 年第 4 期。

第三，政治宣传机构的规范化。值得注意的是，在以往的研究中，中宣部以及各级宣传部门往往被认为是一个神秘组织，几乎没有在官方公开的图表中出现过，[①] 而近些年的改革却非常正式地将中宣部的相关职能及内设局予以公开，并将各级党委及党委宣传的职责通过《中国共产党宣传工作条例》予以规范化，这从反面说明了宣传部门的规范化趋势以及不断提高的公开性和透明性。

第四，党内政治传播的规范化。自 2018 年《深化党和国家机构改革方案》发布之后，执政党对内部政治传播的运行和管理也趋向制度化。出台了一系列与政治传播相关的制度化规章，除了上述提到的 2019 年发布的《中国共产党宣传工作条例》，还有《关于规范党员干部网络行为的意见》《中国共产党党校（行政学院）工作条例》《中国共产党党组工作条例》《中国共产党纪律处分条例》《关于加强军队党的政治建设的意见》《新时代爱国主义教育实施纲要》《2019—2023 年全国党员教育培训工作规划》《中国共产党党员教育管理工作条例》《中国共产党党和国家机关基层组织工作条例》，等等。

（三）部门职能的精细化

机构的重组和增设便于政党机构协同政府部门和媒体机构进行更为精细和专门的信息输出和信息管理。比如，升级版的中央网络安全和信息化委员会整合国务院下属的国家信息化领导小组的信息化建设职能、工业和信息化部下设的国家计算机网络与信息安全管理中心的网络与信息安全管理职能、国家互联网信息办公室的互联网意识形态工作职能。这不仅代表了网络安全和意识形态安全在中国越来越重要，以及党对这些领域领导力的加强，还表露出将原有分散在不同部门的相关的职能统一整合，并由专门的机构进行领导和管理的特点。除此之外，整合的机构还包括文化和旅游部、中央广播电视总台、国家广播电视总局、中央党史和文献研究院、中央党校（国家行政学院）等。职能的重新划分和机构设置使每一个特

---

① 参见 Anne-Marie Brady, "Guiding Hand: The Role of the CCP Central Propaganda Department in the Current Era", *Westminster Papers in Communication & Culture*, Vol. 9, No. 9, 2006, pp. 100 - 110。

定的重要领域将由单独的、专门的机构统一领导和指挥，而不是像原来那样分散在不同的机构之中，这无疑将使中国政治传播的领导和管理通过职能集中和整合更加精细化、规范化。

（四）关键领域的拓展

这些关键领域或者是过去政治传播不够重视的盲点，或者是新兴的问题领域。这些关键领域除了意识形态领域，值得关注的还有互联网安全、电影和教育三个领域。近些年来，中国政治传播显示出对这些关键领域的重视，对这些领域的管理也呈现出强化和规范化的趋势。

第一，在自媒体时代，网络安全被纳入国家安全和意识形态安全的重要组成部分。网络安全与国家安全休戚相关，习近平总书记在2016年的讲话中就曾指出二者的利害关系。[①] 这意味着，未来中国将更加全力以赴保障国家安全，而作为其中重要组成部分的网络安全也成为重中之重。目前来看，与全面深化改革和国家安全并列，网络安全与信息化工作被提高到战略地位，成为新时期事关国家战略全局的三大工作之一。

第二，党的宣传还进一步介入教育这一重要的政治社会化途径中，中央教育工作领导小组的组建及对其"研究部署教育领域思想政治、意识形态工作"等方面的职责界定表明，中国政治传播的政党领导特点更加明晰、更加制度化地介入教育领域。在中国宣传文化中，宣传一直都与教育有着密切的联系。[②] 中国共产党的宣传也继承并发扬了这种文化传统。然而，近些年来的改革明确表明教育领域的意识形态宣传的重要性，并在2018年《深化党和国家机构改革方案》中，以"领导小组"这样的级别领导和指导这一工作，可见，中国的政治传播对教育这一政治社会化途径的重新重视，并体现出将教育领域的宣传工作这一权力重新收归中央的权力紧缩态势，究其根本，这与上文指出的"宣传"在中国的内涵往往与"教育"紧密相关有极大关联。

---

① 参见习近平《在网络安全和信息化工作座谈会上的讲话》，《人民日报》2016年4月26日第2版。

② 参见 Chunfeng Lin, "From 'Poison' to 'Seeder': The Gap between Propaganda and Xuanchuan is Cultural", *Asian Journal of Communication*, Vol. 27, No. 5, 2017, pp. 451 – 463。

第三，党的宣传机构更为深入地介入出版、电影等的管理工作中。比如，中宣部将原国家新闻出版广电总局的新闻出版管理职责和电影管理职责划归过来，直接并统一管理新闻出版和电影领域的工作。中宣部对电影这一领域的关注和重视无疑与中国近些年来电影市场的激增有着密切关系。据《传媒蓝皮书：中国传媒产业发展报告（2019）》，中国的电影总票房已经位居世界第二，中国内地的观影人数位居全球第一。[①] 近些年来，刷新中国票房电影排行并引起舆论关注的电影中，不乏彰显爱国主义、大国形象等与宣传有关的题材，比如《厉害了，我的国》《战狼》《红海行动》《我和我的祖国》等。而中央宣传部统一管理电影工作，将加强党对电影的管理，加强电影的宣传职能。[②] 对出版、电影等领域的宣传管理，加之在互联网普及的新媒体时代，拓展了原有的中央宣传思想工作领导小组的文化职能，将该"领导小组"改名为"中央宣传思想文化工作领导小组"，通过组建中央教育工作领导小组来强调教育的宣传功能，以及中央网络安全和信息化委员会的升级。这些方面显示了政党领导的"双管齐下"的加强趋势，既注重传统的依赖思想教育、大众传媒的宣传工作，也注重新媒体环境下出现的新兴传播领域。

综上来看，在自媒体时代，中国共产党领导和嵌入政治传播秩序的"纵横三位一体"组织机构体系中。当然，这些组织机构是不断变化的，这些变化深层次暗含了中国共产党领导和管理政治传播的转变。根据上文对2018年以来有关中国政治传播的党和政府的组织机构的改革的梳理，可以看出，中国政治传播对组织机构进行了重新配置。在政党领导和嵌入中国政治传播的组织和机构方面，近些年来的改革呈现出强化趋势，但同时中国政治传播的政党领导和嵌入又不是随意的、无章法的，也不是将领导权力无限地集中和扩张，而是在中国政治制度化趋势及党的领导制度建构和制度性权威建构的政治背景下，总体上体现出一方面进一步精细化，另一方面进一步制度化和规范化的特点。中国不仅正在有意识地将政治传

[①] 参见崔保国等主编《传媒蓝皮书：中国传媒产业发展报告（2019）》，社会科学文献出版社2019年版。

[②] 参见《中共中央印发〈深化党和国家机构改革方案〉》，《人民日报》2018年3月22日第1版。

播领域划分为不同的子领域,并将不同的政治传播领域由不同的更为专业的机构来领导和管理,也使这种机制通过规章制度的制定予以规范化和常态化。也就是说,实际上,政党领导的规范化不仅仅体现在制度性权威塑造上,还体现在与之匹配的组织机构改革上,具体到政治传播,则体现在有关中国政治传播的组织和管理向规范化和精细化迈进。这种改变一方面有利于应对自媒体时代政治传播秩序所面临的困境,另一方面也暗含在中国政治发展的逻辑脉络中。

此外,中国政治传播对一些关键领域进一步地深入,特别是中央对于互联网领域、新闻出版、电影和教育领域宣传工作展现出史无前例的强调与重视。这无疑与上文所提到的全球政治与传播环境的复杂性及其全球政治传播的变革不无关系。面临越来越复杂、充满不确定性的背景,中国政治传播既重视对新型传播领域的领导和掌控,又加强对传统的宣传渠道的指导和掌握;既主动提供与意识形态相关的宣传内容强化意识形态的合法性,又通过"不传播"维护意识形态的安全,不仅仅关注在互联网这一新兴领域和电影、出版、教育这些传统领域上进行主流内容的生产和传播,还进一步开始有意识地从信息供给与政治需求两个方面塑造有利于主流内容宣传的政治信息"环境"。[①] 这一点,自媒体时代中国政治传播秩序在政治传播内容上的回应和变革方面体现得更为明显。

五 增强政治传播内容的资源复合

在传统媒体时代,意识形态主导着中国政治传播秩序中输出的内容。从中国共产党的政治传统来看,意识形态宣传是中国政治系统权威模式的内在需求,也是"中国共产党的领导"这一首要政治原则在政治传播秩序上的贯彻与表现。然而,在新媒体环境下,高选择性的、激烈竞争的政治信息环境正在对原有意识形态主导政治信息内容的秩序机制提出新要求。对此,以执政党为主导行动者的中国政治传播一方面强

[①] 参见 Peter Van Aelst, et al., "Political Communication in a High-Choice Media Environment: A Challenge for Democracy?", *Annals of the International Communication Association*, Vol. 41, No. 1, 2017, pp. 5 – 6。

调意识形态的重要地位，并维持甚至强化原有意识形态的宣传；另一方面为了与新形势下媒介技术、社会舆论、信息环境、世界政治等各方面的变化相适应，当前的宣传思想文化工作也强调要以改革创新的精神开创新的局面。① 具体来看：政治传播的内容体现出对制度权威的塑造和传播，传播内容的资料来源更加多样化，不再仅仅从意识形态中汲取资源，而是复合了多重资源，形成了围绕意识形态的多方面、多层次、逻辑严谨的话语体系。

（一）意识形态重新语境化

原有主导政治传播内容的意识形态在新的传播和政治环境下得到重新语境化。进入新时代以来，意识形态工作被强调为"党的一项极端重要的工作"，对于意识形态工作，宣传思想部门承担着"守土"的职责。② 近些年来，中国一直十分强调马克思主义的意识形态的地位，不仅将维护意识形态安全列为与国家政治安全、文化安全并列的三大安全之一，③ 从制度层面将"坚持马克思主义在意识形态领域指导地位"列为中国特色社会制度中的"根本制度"，还从机制层面主张落实意识形态工作责任制，强调将马克思主义的指导全面落实到思想理论建设、哲学社会科学研究、教育教学等各方面。④ 2016年2月，习近平总书记在参观三个党媒——新华网、《人民日报》和央视后表示，党的媒体工作应"坚持在工作的各个方面和阶段指导公众舆论走上正确的道路"。这一系列举措标志着中国政治传播的"意识形态回归"。⑤

但同时，中国的意识形态又体现出一种重新语境化的开放性。也就是

---

① 参见《习近平谈治国理政》，外文出版社2014年版，第156页。
② 参见《习近平谈治国理政》，外文出版社2014年版，第156页。
③ 参见中华人民共和国中央人民政府《习近平主持中共中央政治局第十二次集体学习并发表重要讲话》，2019年1月25日，http://www.gov.cn/xinwen/2019-01/25/content_5361197.htm，2019年10月11日。
④ 参见新华网《中共中央关于坚持和完善中国特色社会主义制度 推进国家治理体系和治理能力现代化若干重大问题的决定》，2019年11月5日，http://www.xinhuanet.com/politics/2019-11/05/c_1125195786.htm，2019年11月5日。
⑤ 参见 Lianrui Jia, "What Public and Whose Opinion? A Study of Chinese Online Public Opinion Analysis", *Communication and the Public*, Vol. 4, No. 1, 2019, pp. 21-34。

说，意识形态不再仅仅是某种"盛大"或遥远的信仰体系，而是在特定的社会政治语境中，将过去的象征主义重新语境化，从而有利于当前政治权力的有效行使。通过在特定的社会制度语境中适应和重新调整过去不同的象征意义的思想、概念和实践，从而产生新的意义体系，并且在这种意义上重新组织和表达意识形态的话语。① 从话语来看，目前塑造制度权威的内容以及围绕此问题的政治传播输出的内容已经不再是过去那种意识形态的一元化内容，而是形成了一个逻辑严谨的话语体系，主要综合原有的意识形态、历史实践（执政有效性）、比较优势、高适应性、制度以及有值得民众期盼的未来希望等多方面和多层次的维度来构建一个新的话语体系，以此主导政治传播的内容输出，塑造政党领导的权威，可以说，权威与合法性正在得到广泛而多面的共建。②

（二）塑造制度权威

中国政治传播正在加强从制度层面巩固中国政治的政党领导特点，亦即塑造制度权威。中国政治现代化逐渐进入政治制度化的阶段，这使得政党领导的权威基础发生着转变，进而也改变了政治传播内容的导向。

第一，从现实实践来看，一方面，党的文件曾明确将"坚持马克思主义在意识形态领域指导地位"列为"根本制度"；另一方面，也指出"党的集中统一领导制度和全面领导制度是我们党和国家的根本领导制度"，并强调了"维护制度权威"的重要性。③ 所谓"根本制度"，不同于"基本制度"和"重要制度"，其是指在中国特色社会主义制度中起顶层决定性、全域覆盖性、全局指导性作用的制度。政党领导制度将中国共

---

① 参见 Angelos Kissas, "Ideology in the Age of Mediatized Politics: From 'Belief Systems' to the Re-contextualizing Principle of Discourse", *Journal of Political Ideologies*, Vol. 22, No. 2, 2017, pp. 197–215。

② 参见 Maria Repnikova and Kecheng Fang, "Authoritarian Participatory Persuasion 2.0: Netizens as Thought Work Collaborators in China", *Journal of Contemporary China*, Vol. 27, No. 113, 2018, pp. 763–779。

③ 新华网：《中共中央关于坚持和完善中国特色社会主义制度推进国家治理体系和治理能力现代化若干重大问题的决定》，2019 年 11 月 5 日，http://www.xinhuanet.com/politics/2019-11/05/c_1125195786.htm，2019 年 11 月 5 日。

产党的领导确定为中国特色社会主义的根本制度，并辅之以党的领导的基本制度、重要制度，可以说是对党的领导制度体系的系统性规划。这既是中国制度建设的重要组成部分，也在使党的集中统一和全面领导向规范化、常规化迈进，展现了中国政治传播秩序的政党领导特色的进一步突出强化和进一步制度化的趋势。党的领导制度与其他的人民当家作主制度、法制体系、行政体系、基本经济制度、先进文化制度等并列并居于首位，一方面体现了中国政治制度规划和未来建设的全面性和系统性，另一方面也强调了党的领导制度在其中的重要位置。

第二，作为实现某种政治目标的保障机制，中国政治传播秩序，特别是以执政党为主体的政治宣传活动来看，无疑受到中国政治整体制度化趋势的影响。亨廷顿曾将制度化宽泛地界定为"组织和程序获取价值观与稳定性的一种进程"[1]，制度化只有经由"建造环节"[2]才可实现，显然，这一过程或环节离不开政治传播。近些年来，中国政治传播的内容确实越来越注重制度权威的塑造。就以执政党为主体的政治宣传来看，其内容一方面继续坚持意识形态的重要地位，对之予以调整；另一方面则从话语、内容等方面聚焦于对政党领导制度权威的塑造。

（三）新型政党制度的话语建构

2002年党的十六大正式确认了中国共产党作为"执政党"的新术语。这个词最初是由一组党的理论家于1991年提出的，经历了十多年的时间才在政治秩序中被接受，中国共产党将其自身定位为"执政党"，这种变化意味着中国共产党对"需要为其合法性建立新基础"的默示和承认。作为长期执政党，中国共产党已经难以仅仅依靠革命历史的惯性这一单一因素作为执政权威的资源，而需要适时更新其执政权威的基础。[3] 在中国当前的政治发展中，建设制度和塑造制度权威已然成为中国政治现代化的

---

[1] ［美］塞缪尔·P. 亨廷顿：《变化社会中的政治秩序》，王冠华等译，上海人民出版社2008年版，第10页。

[2] ［法］让·布隆代尔：《政治制度概念的社会科学诠释路径》，马雪松、王慧编译，《学习与探索》2019年第8期。

[3] 参见 Anne-Marie Brady and Wang Juntao, "China's Strengthened New Order and the Role of Propaganda", *Journal of Contemporary China*, Vol. 18, No. 62, 2009, pp. 767–788。

基本共识和大趋势。而其中政党制度在中国制度体系中至关重要。

第一，政党领导本身如何在政党制度中得以体现并逻辑自洽，是政党领导获得权威的重要制度性资源。所谓"新型政党制度"，是区别于以往与当前出现过的中外政党制度而提出的，习近平总书记曾指出：其"新就新在其能够有效避免旧式政党制度代表少数人、少数利益集团的弊端，真实、广泛、持久代表和实现最广大人民根本利益和全国各族各界的根本利益"①，在这样的趋势下，一种新型政党制度的话语逐渐建构起来。这些话语不仅正在尝试厘清政党与政权、政党与政党、政党与社会三重关系，②还在厘清党和国家的关系，党与政府之间的关系，执政党与参政党之间的关系，执政党与社会各界、各阶层之间的关系等多重关系。可见，这种政党制度权威的塑造不再仅仅依靠意识形态，而是转为更具现代化的话语系统，此外，还从政党本身的权威塑造开始转而通过塑造政党制度权威来反哺政党权威，论证政党领导的合法性和合理性。

第二，中国加强政党领导的逻辑背后隐含着中国政治现代化的价值追求。中国政治发展对于政治稳定和秩序的追求，使中国共产党强有力的领导具有满足这一价值需要的工具合理性——只有在中国共产党的帮助下，国家才能生存，政治和经济稳定才将得以维持。③ 这一话语逻辑与政治学家亨廷顿的理论相呼应。亨廷顿认为：在处于现代化过程的国家中，政治稳定和政治安宁与政党的力量休戚相关，发展中国家或者是处于现代化的国家，想要在政治稳定下实现社会和经济的发展，就需要一个强大的政党。④ 因而，上述话语逻辑构成了中国政治传播自上而下输出内容的主导框架和话语逻辑。官方主流内容的宣传往往将中国共产党的执政经验提升

---

① 新华网：《习近平在看望参加政协会议的民盟致公党无党派人士侨联界委员时强调：坚持多党合作发展社会主义民主政治，为决胜全面建成小康社会而团结奋斗》，2018 年 3 月 4 日，http://www.xinhuanet.com/politics/2018lh/2018 - 03/04/c_1122485786.htm，2019 年 11 月 25 日。

② 参见周淑真《论我国新型政党制度的独特优势——基于内涵要义、演进逻辑与结构关系的分析》，《人民论坛·学术前沿》2018 年第 7 期。

③ 参见 Anne-Marie Brady and Wang Juntao, "China's Strengthened New Order and the Role of Propaganda", Journal of Contemporary China, Vol. 18, No. 62, 2009, pp. 767 – 788。

④ 参见杨光斌《制度变迁中的政党中心主义》，《西华大学学报》（哲学社会科学版）2010 年第 2 期。

到制度层次，归功于中国特色社会主义制度及其中的党的领导制度体系，反过来又通过后者论证前者。这主要体现在，官方话语从比较优势层面分析党的领导制度的优势，认为我国国家制度和国家治理体系具有多方面的显著优势，主要是坚持党的集中统一领导。① 实际上，"政党主导"确实在中国特色社会主义国家建设过程中，以及中国现代化发展中构成了中国政治运行的基本逻辑。② 而中国政治传播秩序的重要任务被确定为塑造和论证这种政治逻辑。

第三，尽管在自媒体时代中国政治传播秩序的变与常中，政党领导依然在本质上是不变的"常"，但政党领导的权威来源的赋新及其制度化，已在政治逻辑、政治传播主导内容、政治传播的价值追求等层面改变着原有的中国政治传播秩序，"现在，中国的政治权威建构方式已经不再是通过暴力、强制的传统手段，而是经过精心建构的政治公共关系、民意测验以及大众说服等其他现代形式的政治传播方式"③。中国政治上的制度安排和制度化趋势，正在驱动中国政治传播秩序成为塑造制度权威的保障机制，特别是以执政党为主体的政治宣传活动。在新的传播环境下，政治传播输出的内容一方面继续坚持意识形态的重要地位，另一方面则聚焦于对政党领导制度权威的塑造。传播内容总体上，不再仅仅从意识形态中汲取资源，而是复合多重资源，形成了导向塑造制度权威，围绕意识形态的多方面和多层次的、逻辑严谨的传播内容。

六　政治信息收集专业化

对于中国政治传播来说，其从来不拒绝能够更好地服务于政治宣传的有效方式和有效的新技术手段，这正是前文所说的在中国宣传文化中，宣

---

① 参见新华网《中共中央关于坚持和完善中国特色社会主义制度 推进国家治理体系和治理能力现代化若干重大问题的决定》，2019 年 11 月 5 日，http://www.xinhuanet.com/politics/2019-11/05/c_1125195786.htm，2019 年 11 月 5 日。

② 参见林尚立《当代中国政治：基础与发展》，中国大百科全书出版社 2017 年版，第 110 页。

③ Maria Repnikova and Kecheng Fang, "Authoritarian Participatory Persuasion 2.0: Netizens as Thought Work Collaborators in China", *Journal of Contemporary China*, Vol. 27, No. 113, 2018, pp. 763-779.

传的传播方式是开放的，宣传是变化着的。这种改变不仅是中国政治传播对自媒体时代不断增加的自上而下的输入的应对，也体现出中国政治传播的现代化趋势。白鲁恂曾指出，发展中国家的"传播现代化"一般表现在传播技术的现代化上，[①] 中国政治传播亦是如此。新技术、专业技术人员和技术机构是中国政治传播吸纳的重要对象。这种技术吸纳主要重构了中国政治传播秩序中的政治信息收集环节，该环节介于输入和转换过程之间。技术吸纳使政治信息的收集体现出技术化和专业化的趋势。

（一）信息收集的技术化

对政治信息进行技术化收集主要体现在对大数据和算法等新技术的应用上，中国政治传播对政治信息的收集主要聚焦于舆情治理，新技术的应用使中国政治传播中舆情监测工作呈现出数据化、智能化与自动化的趋势。

第一，互联网的出现，特别是自媒体的普及，大大促进了政治的中介化，更大比重上的政治信息是以线上的"信息流"形式出现的，而不是线下以"实体"为载体的行为形式。因而，在自媒体时代，政府、政党等政治传播主体尤为关注网络政治信息，以及网络政治信息集合所体现出来的数据及其意义，因为这是他们采取政治回应、政治决策等行为的"晴雨表"。这意味着，政府、政党必须采用新的技术捕捉、收集和综合网络空间中的政治信息。

然而，过去的信息和数据收集方式主要是选民登记、民意调查、邮件或者组织等制度化的形式，这些方式的信息存储量很小，数据运算也十分有限。而在自媒体时代，基于互联网的大数据、人工智能、算法等新技术的出现，使政治信息的综合者对网络空间喷涌而出的多样政治信息输入进行数据化、自动化和智能化处理、收集和分析成为可能。[②]

第二，中国政治传播对新技术的应用包括两个方面。其一是服务于政

[①] 参见 Lucian W. Pye, *Communications and Political Development* (SPD-1), Princeton University Press, 2015, p.234。

[②] 参见荆学民、于淑婧《互联网时代政治传播输入的变革与挑战》，《现代传播》2019年第1期。

府治理的网络舆情监测，新技术的应用使网络舆情工作体现出数据化和智能化。各种各样的舆情监测系统被广泛应用于对网络空间政治信息的收集、分析和研判中。新技术的应用实现了中国政治传播主导行动者对网络政治信息监测的全网、跨境、及时与自动，舆情监测成为包括舆情采集、分析、预警、统计、引导和管理的一个综合体。[1] 其二是政务服务。2017年以来，我国政务服务线上化速度明显加快，政务服务向智能化、精细化发展并向县域下沉。大数据、人工智能技术与政务服务不断融合，服务持续走向智能化、精准化和科学化，重构着政务服务体验。[2]

（二）政治传播的专业化

舆情工作的技术化本身带来的是政治传播的专业化，这是政治传播对技术的一种回应。

第一，技术的操作依赖于专业的人员和机构的运用，这种趋势甚至带来舆情监测、收集、分析等业务的产业化。在自媒体时代，一方面，新技术的发展及政治信息表达模式的变化，促使政府或政党允许运用第三方专业技术或数据机构介入数据化、智能化的政治信息收集和综合过程中。另一方面，这种趋势本身也源于中国行政官僚系统的特殊性。在中国，对于上层政府来说，许多政治、经济和社会问题的真实程度存在很多不确定性，因为官员是由行政层级中的较高级别任命的，而较低级别因此缺乏动力向上报告可能影响当地问题的统计数据和信息。在这样一个信息稀缺的环境中，与其他环境相比，上级政府掌握网络组织信息和在线讨论的能力变得更为重要。[3] 这些因素，都促进了在自媒体时代，中央政府和执政党积极推进政治信息收集更进一步的技术化和专业化，同时，地方政府为了政绩和地方治理等原因也能产生动力，主动积极地推动政治传播的技术化

---

[1] 参见荆学民、于淑婧《互联网时代政治传播输入的变革与挑战》，《现代传播》2019年第1期。

[2] 参见郝丽阳《六成网民使用线上政务办事，政务新媒体助力政务服务智能化》，2018年1月31日，http://www.cnnic.cn/hlwfzyj/fxszl/fxswz/201801/t20180131_70195.htm，2019年11月28日。

[3] 参见 Daniela Stockmann and Ting Luo, "Authoritarianism 2.0: Social Media and Political Discussion in China", Available at SSRN2650341, 2015。

和专业化。

第二，对网络上的政治信息进行收集、分析的过程也呈现出某种程度上对专业技术系统、专业人员和专业机构的依赖，这主要体现在对舆情的关注上。在官方文件中，"舆情"一词最早在1946年出现于《人民日报》上，到1992年中央宣传部在一次全国会议上指出，每个"党委一级的宣传部都应意识到并重视收集信息和研究舆情"。2004年，舆情开始被纳入正式的政府文件中，文件明确要采取措施加强政党治理，并要求建立"收集和分析'公众舆情'的系统"，建设"表达普通民众情绪的渠道"。① 相对于西方的"舆论"，中国式"舆情"则是一个本土概念，其内含着中国社会治理本质随着互联网的发展并没有得到改变的基本思维。②

过去对舆情的收集和分析主要依靠媒体、内参等渠道。而随着互联网的发展，特别是进入人人可以发声的自媒体时代，过去那种机械地、小面积地处理舆情的方式已经难以有效处理以级数增长的政治信息。对此，除了开始积极主动使用新的技术，中国的舆情工作也开始吸纳专业的机构。有研究指出，目前介入公众舆情事务的机构主要包括四个类别：软件公司、党组织、政府部门和高校。③

以成立于2008年的人民网舆情监测室为例，其提供的舆情类产品主要包括：平台类（定制化舆情大数据监测平台、众云舆情大数据监测平台、舆情监测平台手机端、大屏展示系统）；人工预警类；危机应对建议；舆情研究分析报告（常规舆情分析报告、专项舆情分析报告）；舆情课题研究；出版刊物、舆情应对参考著作七个方面。④

总体来看，这些机构不管是什么类型，它们的基本特点是提供在线舆情分析服务，通过自动化软件和经过培训的个人，对在线公共传播进行监测、评估和综合，并提供给客户一种易于理解的简报。这个行业出现于2007年左

---

① 参见 Tao Wu and Bixiao He, "Intelligence for Sale: The 'Party-Public Sentiment, Inc.' and Stability Maintenance in China", *Problems of Post-Communism*, Vol. 67, No. 2, 2020, pp. 129 – 140。

② 参见胡泳、陈秋心《舆情本土概念与本土实践》，《传播与社会学刊》（香港）2017年总第40期。

③ 参见 Tao Wu and Bixiao He, "Intelligence for Sale: The 'Party-Public Sentiment, Inc.' and Stability Maintenance in China", *Problems of Post-Communism*, Vol. 67, No. 2, 2020, pp. 129 – 140。

④ 参见人民网《人民在线舆情类产品介绍》，2019年8月21日，http://yuqing.people.com.cn/n1/2019/0821/c209043 – 31309354.html，2019年11月28日。

右，逐渐步入专业化，甚至产业化。其主要依赖于许多训练有素的在线舆情分析师。他们往往是一个拥有包括统计、媒体研究、新闻和政治学等多个学科专业知识的专业人员。网络舆情专家提供的服务范围一般从软硬件技术支持、声誉维护与管理、风险管理到危机管理。有研究指出，自 2012 年以来，在中国互联网上接受过培训的在线舆情分析师数量在不断增加。[1]

第三，在线舆情监测与分析的技术化与专业化，是中国政治传播在自媒体时代的积极应变，这一举措一方面改变着政治传播秩序运行的某些过程，另一方面也在一定层面有助于原有政治传播秩序的稳定和延续。在政治传播的输入和输出的过程中，各级政府越来越多地将舆情分析纳入政策和决策过程之中。在线舆情分析能够帮助政府得到科学的信息和信号，做出科学决策，并使决策过程民主化。在线舆情分析不仅为决策提供了信息，而且还旨在避免一些争执、冲突和社会动荡。因而，数据挖掘和在线语篇分析等新技术和舆情工作的专业化正在成为中国国家治理和政治稳定的重要基础。[2] 在中国语境中，舆情在狭义上是指在一定的社会空间内，围绕中介性社会事项的发生、发展和变化，作为舆情主体的民众对国家管理者产生和持有的社会政治态度。[3] 而通过先进的技术对这些态度的把握，无疑有利于执政者采取更有效的措施予以应对，使舆情保持在一定的秩序范围内。技术已经成为社会、经济和政治改革中几乎所有考虑因素的中心。对于国家治理而言，舆情分析意味着通过无处不在的数据生成、集成和分析，填补传统方法无法触及的民众的社会政治态度。技术也使舆情工作、社会治理甚至宣传过程日益融合。[4]

第四，不论是何种技术的应用，其结局更多是被中国特色的政治传播秩序的特征所吸纳并得到改造，而很难改变原有秩序的基本特点和路径依

---

[1] 参见 Lianrui Jia, "What Public and Whose Opinion? A Study of Chinese Online Public Opinion Analysis", *Communication and the Public*, Vol. 4, No. 1, 2019, pp. 21 – 34。

[2] 参见 Lianrui Jia, "What Public and Whose Opinion? A Study of Chinese Online Public Opinion Analysis", *Communication and the Public*, Vol. 4, No. 1, 2019, pp. 21 – 34。

[3] 参见王来华、林竹、毕宏音《对舆情、民意和舆论三概念异同的初步辨析》，《新视野》2004 年第 5 期。

[4] 参见 Rogier Creemers, "Cyber China: Upgrading Propaganda, Public Opinion Work and Social Management for the Twenty-First Century", *Journal of Contemporary China*, Vol. 26, No. 103, 2017, pp. 85 – 100。

赖，中国政治传播秩序对自媒体时代带来的冲击的应对方案，在很大程度上仍然受到原有路径的影响。因而，有学者认为中国的政治宣传在新技术的自动化、算法等技术的应用下，正在向"计算宣传"迈进。[①] 无疑，与世界上大多数国家一样，中国政治传播面临着外来压力的冲击、新技术的刺激。伴随着数据的增多、智能技术的升级，中国政治传播对专业数据机构、专业技术人员和先进的专业技术的依赖将更进一步，未来对信息环境的塑造也将更加智能、更具策略，数据驱动、品牌策略等政治传播新技术将得到更广泛的应用。而在内容输出方面，政治传播的专业化程度也将加强。反过来，这也将促进中国政治传播内容的进一步精细化、技术的进一步先进化。这种精细化和先进化将从机构领导和管理进一步延伸至政治信息的输出和供给方面，以更为强势、隐蔽、策略性的动力参与到对政治信息环境的塑造中。

七 政治传播渠道现代化

前文有关党的集中全面领导、制度性的权威建构以及组织和管理的精细化等举措，主要应对的是自媒体时代政治传播主客体的重构以及政治信息竞争等问题。本部分所涉及的渠道现代化，主要应对的是多维渠道带来的问题以及输入自主性带来的挑战。具体包括：制度性渠道在自媒体时代得到了数字化改造，媒介融合和全媒体的建设，促进了多维渠道之间的融合，填补了多维渠道之间的交流沟壑等。

（一）制度性渠道的数字化

对于中国政治传播秩序中政治信息的自下而上传播来说，草根渠道和公共空间的形成无疑是对原有一元化的内输入渠道的打破，但实际上，在自媒体时代，中国原有的、制度性的内输入渠道和输出渠道也发生了变化。这集中体现在二者在自媒体时代，被新媒体和新技术进行了数字化改

[①] 参见 Gillian Bolsover and Philip Howard, "Chinese Computational Propaganda: Automation, Algorithms and the Manipulation of Information about Chinese Politics an Twitter and Weibo", *Information, Communication & Society*, Vol. 22, No. 14, 2019, pp. 2063–2080。

造，实现了从线下制度性的渠道向线上的拓展。

第一，中国政府通过拓展自媒体账户以开拓网络空间的政治信息传播渠道。目前中国已经推出政务微博微信、政府网站、网络问政平台、电子政务等适应互联网时代的新的政治信息渠道。这些账户由政府和党的各个部门创办，例如公安机关、法院、地方党委和宣传办公室、中国地震局、共青团委员会、交通局、国家气象中心等。其中一些官方账户在微博上拥有超过500万的关注者。[1] 政务新媒体的主要功能在于政务公开、政府服务和政府回应等。[2]

除此之外，各级政府还开放了公民可以向其提交要求的在线请愿系统或在线邮箱、留言板等。2013年，国家投诉系统开始接受在线请愿，随后该做法于2015年在全国范围内采用。2013年至2015年，在线请愿占中国提交的所有请愿书的43.6%。除了在线请愿系统，公民还可以向政府领导人的电子邮件账户或在线邮箱发送消息，或在政府网站上发布消息。[3] 从媒介技术来看，这些渠道的形式也十分多样，抖音号、微信小程序、微博话题等都出现了制度性渠道数字化的新尝试。[4]

第二，除了政府的制度性渠道的线上化，官方媒体对新媒体的应用及其在互联网上的扩展也是制度性渠道数字化改造的重要体现。首先，中国的传统党媒得到了数字化的改造。中国现有的传统党媒，包括中央"三大台"、《人民日报》、新华社以及省市级的媒体纷纷推出了微博、微信和客户端，亦即"两微一端"。根据中国领先的社交媒体分析公司 newrank.cn 的报道，以关注者、观看次数、分享和点赞的数量来衡量，自2013年以来，中央电视台、《人民日报》和新华社等媒体在微博和微信上

---

[1] 参见 Maria Repnikova and Kecheng Fang, "Authoritarian Participatory Persuasion 2.0: Netizens as Thought Work Collaborators in China", *Journal of Contemporary China*, Vol. 27, No. 113, 2018, pp. 763-779。

[2] 参见中国互联网络信息中心《中国互联网络发展状况统计报告》（第44次），2019年8月30日，http://www.cnnic.net.cn/hlwfzyj/hlwxzbg/hlwtjbg/201908/P020190830356787490958.pdf，2019年10月9日。

[3] 参见 Yongshun Cai and Titi Zhou, "Online Political Participation in China: Local Government and Differentiated Response", *The China Quarterly*, Vol. 23, 2019, pp. 1-22。

[4] 参见人民网《中国为什么有这么多政务新媒体？》，2019年11月20日，http://media.people.com.cn/n1/2019/1009/c40606-31390139.html，2019年10月9日。

的影响力排名几乎都是最高的。它们构成了最具影响力的账户平台。①

其次,一些官方媒体还会推出一些附属的新媒体账户。以《人民日报》为例,其附属的媒体账户包括提供政治内容的"侠客岛",分析以及专注于习近平总书记重要讲话和思想的"学习小组"和"学习大国"。它们是基于追随者数量和公众参与度最有影响力的利基账户,并且与中央党支部关系密切。这些利基账户具有较窄的关注内容和目标受众,是官方媒体推出的另一种社交媒体账户。② 此外,官媒也推出了一些有助于政府与公民沟通的版块。以人民网为例,其在 2006 年创办了"领导留言板",民众可以在此留言,各地的书记省长等"一把手"会对网民留言进行回复。2019 年 9 月,"地方领导留言板"升级更名为"领导留言板",正式开放部委领导留言板功能。③

第三,原有的制度性渠道在网络空间的扩展是政府/政党主动提供的自下而上的制度化输入渠道,同时也是这些主体所开辟的一种新的自上而下对政治信息进行收集、综合甚至是产生影响的窗口,亦即这些渠道本身既是自下而上的输入渠道又是自上而下的重要输出渠道。这显示了中国政治传播秩序正在政府和公民之间建立更短、更直接的渠道。④

(二)媒介融合和全媒体建设

中国政治传播正在积极推动媒体的融合和全媒体建设,并从理念、内容、模式、机制等多个层面予以推进,⑤ 同时,也将媒体的融合和全媒体

---

① 参见 Maria Repnikova and Kecheng Fang, "Authoritarian Participatory Persuasion 2.0: Netizens as Thought Work Collaborators in China", *Journal of Contemporary China*, Vol. 27, No. 113, 2018, pp. 763 – 779。

② 参见 Maria Repnikova and Kecheng Fang, "Authoritarian Participatory Persuasion 2.0: Netizens as Thought Work Collaborators in China", *Journal of Contemporary China*, Vol. 27, No. 113, 2018, pp. 763 – 779。

③ 参见人民网—领导留言板《关于我们》,2019 年 11 月 20 日,http://leaders.people.com.cn/n1/2019/0903/c178291 – 31334400.html,2019 年 9 月 30 日。

④ 参见 Rogier Creemers, "Cyber China: Upgrading Propaganda, Public Opinion Work and Social Management for the Twenty-First Century", *Journal of Contemporary China*, Vol. 26, No. 103, 2017, pp. 85 – 100。

⑤ 参见新华网《加快推动媒体融合发展 构建全媒体传播格局》,2019 年 3 月 16 日,http://www.xinhuanet.com/mrdx/2019 – 03/16/c_137899388.htm,2019 年 11 月 14 日。

的建设与主流内容宣传联系在一起。①

第一,在实践层面,2019年的《传媒经济蓝皮书:中国传媒经济发展报告》指出:在过去一年中,全国各地都在稳步推进从中央到地方的融媒体布局,特别是县级融媒体的经营与管理得到全社会的关注。② 统计数据也显示,在县级融媒体发展方面,各级政府正在走向移动化、智能化和服务化的务实,在开展县级融媒体中心建设方面,已初见成效。③

第二,"融媒体"和"全媒体"等概念的提出及其实践转化,正在促进多维渠道在媒介层面走向渠道的融合。媒介融合和全媒体建设是中国政治传播面临日益复杂的内外部传播环境而采取的重要举措,旨在更新传统媒体的传播模式,使其适应自媒体时代的传播环境。以中国的官媒为例,《人民日报》和新华社均设立了与融媒体或媒体融合相关的国家重点实验室。《人民日报》在融媒体领域的重点实验室名称为"传播内容认知国家重点实验室",根据介绍,实验室的定位"以人工智能研究为核心"开展"传播内容认知的应用基础研究工作",主要涵盖三个方面:主流价值观精准传播理论科学与计算、内容智能审核和风控评级、基于内容传播领域的国家网络空间治理。④ 新华社媒体融合国家重点实验室的重点则是围绕人工智能在新闻生产流程中的应用,其主要涉及"面向跨媒体信息分析与推理","人机协同复杂问题分析、响应及评估"两个方向。⑤

---

① 参见中华人民共和国中央人民政府《习近平主持中共中央政治局第十二次集体学习并发表重要讲话》,2019年1月25日,http://www.gov.cn/xinwen/2019-01/25/content_5361197.htm,2019年10月11日。

② 参见《传媒经济蓝皮书:中国传媒经济发展报告(2019)》,社会科学文献出版社2019年版,第22—23页。

③ 参见中国互联网络信息中心《中国互联网络发展状况统计报告》(第44次),2019年8月30日,http://www.cnnic.net.cn/hlwfzyj/hlwxzbg/hlwtjbg/201908/P020190830356787490958.pdf,2019年10月11日。

④ 参见人民网《借助人工智能技术 推进媒体深度融合 人民日报社成立传播内容认知国家重点实验室》,2019年11月22日,http://media.people.com.cn/n1/2019/1122/c14677-31468251.html,2019年12月10日。

⑤ 参见新华网《新华社媒体融合国家重点实验室揭牌运行》,2019年12月12日,http://www.xinhuanet.com/politics/2019-12/11/c_1125335850.htm,2019年12月11日。

（三）多维扩散渠道协同联动

不管是制度化渠道的数字化改造，还是媒体渠道通过媒体融合实现传播渠道的升级，这些举措对应对自媒体时代的政治信息的竞争性、输入的自主性、多维渠道带来的沟通困境等问题具有积极意义，这些转变使得原有的一元化传播渠道变得丰富，逐渐形成了多维扩散渠道协同联动的渠道格局。然而，值得注意的是，尽管制度化的渠道和传统媒体正在不断更新，但二者在整个政治传播中的角色并没有本质上的改变，在很大程度上只是对原有角色的不断升级。

在国家与社会关系视角中，上文在考察自媒体时代对中国政治传播秩序的冲击时，主要立足于技术对社会的赋权，并考察这一赋权的影响。实际上，技术的赋权并不是单向的，而是双向的，也就是说，技术不仅赋权社会，也同时对国家予以赋权。互联网技术除了促进了自下而上的输入，加剧了政府自下而上的输出压力，也为自上而下的政治传播提供了创新信息收集、管理和舆论引导的新机会和新手段，从而为政治传播秩序建立自上而下的在线传播系统提供了技术支持。这无疑有利于回应自媒体时代输入的自主和无效等问题。

八　革新输出提高回应性

自媒体时代的中国政治传播秩序必须在输出层面予以革新，以应对新的信息环境带来的挑战。实际上，上述的论述已经从领导、管理、技术、渠道等方面或多或少地分析了中国政治传播秩序中输出的变革。而本部分主要从输出的形式和特点上来考察自媒体时代中国政治传播秩序是如何在输出这一过程中应对运行困境的。

（一）输出方式和形式的创新

第一，借助于新媒体技术的应用，输出方式和形式得到了一定的创新。首先，信息管制向策略性信息管理转向。随着政治的制度化趋势、政治传播组织和管理的精细化和规范化以及新技术的应用，过去那种粗糙的、强制的、无所不包的、意识形态驱动的信息管制正在转向更加微妙的、有序的，以法律法规、规章制度或某种声明为依据的策略性信息管理方式。①

其次，信息引导型输出的增加，原有的意识形态宣传向内容更为丰富的宣传和新闻发布混合转向。对于改变公众的态度和行为，过去那种通过政治权威诱导或操纵，通过意识形态垄断政治传播内容，实现对公众行为和态度予以改变的方式，已经很难奏效。现在政府尝试通过主动发布自己的内容进行信息引导，来影响媒体上的辩论和情绪，② 这一方面体现在定期新闻发布制度的建立和完善，另一方面则体现在不定期的、有针对性的信息发布和舆论引导。

第二，输出形式出现了很多创新。其一是"新的视觉转向"。除了继续延续传统媒体时代对语言的重视，中国政治传播在一些层面上开始十分重视对视觉修辞的使用，这方面的成功案例很多，如对短视频、漫画的运用等，在2013年由"复兴路上工作室"制作的《领导人是怎样炼成的》漫画式视频是典型案例。视觉媒介可以"呈现图像、叙述事件、展现场景、建构意义秩序"，在自媒体时代，视觉媒介在塑造中国主流政治文化方面比以往任何时候都强大。③

其二是政治话语的大众化。在传统媒体时代的政治传播中，官方话语往往是严肃的。但在自媒体时代，为迎合网络文化，部分官方媒体的话语也出现了一些创新，更加注重年轻人的表达方式，以在语言上体现出官方话语的轻松、幽默与亲切。共青团中央微信公众号的做法是这方面的典型案例，例如其运用年轻化的语言对北京冬奥会冰墩墩的报道，在青年群体中实现了较好的议程设置。

---

① 参见 Maria Repnikova and Kecheng Fang, "Authoritarian Participatory Persuasion 2.0: Netizens as Thought Work Collaborators in China", *Journal of Contemporary China*, Vol. 27, No. 113, 2018, pp. 763 – 779。

② 参见 Bei Qin David Strömberg, and Yanhui Wu, "Why Does China Allow Freer Social Media? Protests Versus Surveillance and Propaganda", *Journal of Economic Perspectives*, Vol. 31, No. 1, 2017, 117 – 140。

③ 参见陈红玉《视觉修辞与新媒体时代的政治传播》，《西南民族大学学报》（人文社会科学版）2017年第1期；Jiang Chang and Hailong Ren, "The Powerful Image and the Imagination of Power: The 'New Visual Turn' of The CPC's Propaganda Strategy since Its 18th National Congress in 2012", *Asian Journal of Communication*, Vol. 28, No. 1, 2018, pp. 1 – 19。

其三是公共关系化。① 政府的公共关系化的一个重要举措体现在，中国重要的宣传机构"中宣部"的对外翻译由 propaganda 转变为 publicity；另一措施则是新闻发言人和新闻发布会制度的建立。尽管早在1983年我国的新闻发布制度就开始建立，但学界普遍认为，自2004年中国政府开始建立三级新闻发布制度之后，新闻发布进入制度化的快速发展期。一方面，与新闻发布相关的文件不断出台，为新闻发布的制度化提供了规范和保障。比如，《中华人民共和国政府信息公开条例》（2007年）、《中共中央关于加强和改进新形势下党的建设若干重大问题的决定》（2009年）、《关于进一步加强政府信息公开回应社会关切提升政府公信力的意见》（2013年）、《关于全面推进政务公开工作的意见》（2016年），等等。另一方面，新闻发布在发布形态和类型、工作程序、功能定位、发言人制度、发言人的专业培训、发布频率与内容、发布理念和导向等方面的规范化、专业化和常规化的水平也得到了显著提高。伴随着新闻发布制度的逐渐完善，新闻发布已经成为中国政治传播的一种常见手段。② 基于这两方面的变化，中国政治传播中的政策传播被认为开始"超越宣传"向"新闻发布模式"转向。

其四是权力的策略性灵活应用。在实际的政治传播运作中，国家与媒体的互动会根据议题在冲突的指向和冲突的主体，策略性地选择使用不同的权力类型。当冲突指向个体的政治性冲突时，国家会动用强制性权力；当指向个体的非政治性冲突时，国家动用建制性权力或价值霸权；当指向体制并建议体制改进政治性冲突时，国家将结合使用价值霸权与强制性权力；当指向体制建议体制改进非政治性冲突，国家将会把价值霸权与建制性权力结合起来；当议题指向体制并号召社会运动或集体行动时，不管议题内容涉及政治性冲突还是非政治性冲突，国家都将动用强制性权力。③

---

① 参见 Ni Chen, "From Propaganda to Public Relations: Evolutionary Change in the Chinese Government", *Asian Journal of Communication*, Vol. 13, No. 2, 2003, pp. 96–121。

② 参见周庆安、吴珅《从传播导向走向制度导向——2016 年中国政治传播与新闻发布观察》，《新闻与写作》2016 年第 12 期。

③ 关于强制性权力、建制性权力和价值性权力，参见林芬《权力与信息悖论：研究中国媒体的国家视角》，《传播与社会学刊》（香港）2018 年第 45 期。

（二）党政回应性的提高

不管是输出方式或形式的创新，还是制度化渠道的改造和建设，抑或是信息收集的技术与专业化，这些都在各个层面促进政治系统能够更为迅速、有效地管理和回应自下而上政治信息的输入，各种经验事实也表明，自媒体时代的中国政治传播在党政回应方面有所增强。这里党政回应主要指"政府回应"，但其主体又不限于政府。所谓政府回应，一个经典的定义认为，政府回应是指政府对公众的政策接纳意向和诉求表达行为做出的及时反应，同时采取积极措施解决问题。[①] 而党政回应则是在中国"党政体制"[②] 下思考政治回应的问题。

从上述论述可知，在中国，在线参与、表达和输入已成为民众表达不满的重要渠道。中国的各级党政机构为公民的政治参与创建了专门的在线渠道。这对包括党政机构在内的政治系统有效、快速地将民众的在线诉求予以转换和输出造成了很大的压力和挑战。面对这些困境，对于维护和保持政治合法性的执政党来说，对媒体暴露的问题，敦促各职能部门和地方政府予以回应至关重要。而对于地方党政机构的官员来说，在政治稳定和绩效压力下，也必须对媒体暴露的问题予以负责，并应对民众的在线诉求。[③] 对于这样的挑战，中国政治传播在行政这个层面采取了积极主动的措施。

第一，在党的第十六届中央委员执政时期，中央从提高党的执政能力的立场出发，明确提出要"建立社会舆情汇集和分析机制，畅通社情民意反映渠道"[④]。中国政治传播在制度安排方面也强化了舆情信息机制，推进党政机构对民意的回应性。国务院于 2016 年 8 月发布的《关于在政务公开工作中进一步做好政务舆情回应的通知》指出，做好政务舆情回应日益成为政府提升治理能力的内在要求，强调了提高对危害社会秩序和国家利益的造谣传谣行为的警惕的重要性，并呼吁努力增强和改善政府对

[①] 参见 Grover Starling, *Managing the Public Sector*, Boston: Cengage Learning, 2010, p. 162。
[②] 景跃进等编：《当代中国政府与政治》，中国人民大学出版社 2016 年版，第 4—8 页。
[③] 参见 Yonghun Cai and Titi Zhou, "Online Political Participation in China: Local Government and Differentiated Response", *The China Quarterly*, Vol. 23, 2019, pp. 1–22。
[④] 胡锦涛：《中共中央关于加强党的执政能力建设的决定》（2004 年 9 月 19 日中国共产党第十八届中央委员会第四次全体会议通过），《人民日报》2004 年 9 月 27 日。

政务舆情的回应制度和回应机制。① 同年11月，国务院办公厅又印发《〈关于全面推进政务公开工作的意见〉实施细则》，对回应时效问题做出了详细部署。② 在制度安排方面，包括中央宣传部在内，很多政府机构都拓展了舆情职能，成立了专门的信息部门，出现了"宣传工作向舆情工作的转向"③。

这一系列的措施反映了中国政治传播从制度上尝试提高对民意的回应性。从实际经验来看，中国不同级别的政府确实正在变得更加积极主动，对无论来自正式制度还是非正式网络渠道反映的民意，大多数地方政府官员都会接纳公民意见，关注民众所关注的，以便迅速响应、有效决策。这说明，总体上中国政治传播已经朝着提高响应能力迈进了一步。

第二，就政府回应的动力来看，中国地方政府回应的动力主要来源于自上而下的监督机制以及自下而上的社会压力。④ 也就是说，政府回应动力主要来源于两个方面：一是压力，二是激励。⑤ 尽管有着各个方面的回应动力，但政府并非对所有议题具有同等程度的回应，而是呈现出差异性，亦即会对不同的议题选择性地做出回应。这使中国政治传播中的政治回应呈现出选择性的特征。选择所依据的标准来源于各个方面：就成本而言，中国地方政府根据某个问题的宣传和解决该问题的成本来做出不同的反应，与低调案件相比，高调案件更有可能得到解决。如果涉及重大人员伤亡或有强有力的证据，例如音频或视频记录，低调案件仍可解决。就议题而言，经济类议题、低成本且单一性的议题更容易得到政府的回应。就话语类型来说，政府更倾向于回应具有话语表达倾向的文本，相对于民主话语以及单纯反映个体诉求的个人主义话语，政府更为重视贤能、社会主

---

① 参见中国政府网《国务院办公厅印发〈关于在政务公开工作中进一步做好政务舆情回应的通知〉》，2016年8月12日，http：//www.gov.cn/xinwen/2016-08/12/content_5099154.htm，2019年12月2日。

② 参见人民网《中国为什么有这么多政务新媒体?》，2019年11月20日，http：//media.people.com.cn/n1/2019/1009/c40606-31390139.html，2019年10月9日。

③ 中共中央宣传部舆情信息局：《舆情信息工作概论》，学习出版社2006年版，第44页。

④ 参见 Jidong Chen and Jennifer Pan, "Sources of Authoritarian Responsiveness: A Field Experiment in China", *American Journal of Political Science*, Vol. 60, No. 2, 2016, pp. 383–400。

⑤ 参见虞鑫《话语制度主义：地方政府回应公众意见的理论解释——基于"意见—政策"连接理论的多案例比较分析》，《新闻与传播研究》2019年第5期。

义、集体主义的话语；就回应对象而言，地方政府对本地居民而非流动人口表达的诉求有更好的回应。

第三，尽管在自媒体时代，中国政治传播通过提高政治回应性来应用输入的增加和自主性，但这种政治回应还存在一系列的问题：首先是被动回应。政府的回应往往来源于在线舆论压力，亦即只有事件出现之后，政府才会针对议题做出回应，这使政府通常会沦为被动响应。

其次是维稳逻辑与回应悖论。中国的地方政府在回应公众意见时往往采用的是"维稳管控"式的逻辑。① 这反过来又使政府陷入上文所提到的，输出和不输出、回应和不回应的两难境地。

最后是缺乏正式的制度框架。地方政府回应仍然缺乏一个正式的制度框架。② 从本质来看，政府回应性的效率很大程度上取决于政府官员回应民意的主观意愿。而非制度化则使政府的这种意愿和自主性具有很大的不确定性和非常规性。这进一步增大了政治系统本身的风险及其所处环境的风险。

第四，在自媒体时代的中国政治传播秩序中，政治回应性的提高在一定层面反映了中国的政治民主化。民主理论大师罗伯特·达尔（Robert Dahl）曾指出："民主最关键的特征是政府对其公民偏好持续的回应性。"③ 对于民主来说，尽管民主意义纷繁复杂，对民主的认知和确定也存在诸多分歧，但民主本质上是指"人民统治"，这是民主的元价值。所谓元价值是指那种能够为次一级的其他延伸价值和附加价值赖以为基础的、具有准则性质和核心地位的观念。④ 在元价值这个层面上，中国的学界乃至全世界对此都是没有异议的。从这一价值来看，中国的政治合法性在原则上同样建立在"人民当家作主"的民主根基之上。中国政治传播

---

① 参见虞鑫《话语制度主义：地方政府回应公众意见的理论解释——基于"意见－政策"连接理论的多案例比较分析》，《新闻与传播研究》2019 年第 5 期。
② 参见 Wanxin Li, Jieyan Liu and Duoduo Li, "Getting Their Voices Heard: Three Cases of Public Participation in Environmental Protection in China", *Journal of Environmental Management*, Vol. 98, 2012, pp. 65–72。
③ Robert A. Dahl, *Polyarchy: Participation and Opposition*, Yale University Press, 1973, p. 1.
④ 参见张小劲、李春峰《"民主"话语的意义变迁：以中国共产党代表大会政治报告为文本的分析》，载余逊达、徐斯勤主编《民主、民主化与治理绩效》，浙江大学出版社 2011 年版，第 127 页。

秩序在政治回应性方面的提高体现了对民主价值的实践尝试和推进努力。

但这种实践和推进也颇有争议。其一，诸多学者认为高度的民意回应性，实际上是威权政体的重要特征，反应迅速的威权主义有助于执政党维持政治统治，但也会给政权的生存带来风险。因而中国政治传播必须在开放社会参与空间和保护政治秩序免受其可能的负面影响之间保持微妙的平衡。而关键点在于执政党平衡这些问题的能力。[①] 其二，这种党政回应性仍然遵循着行政逻辑和维稳逻辑，这意味着回应本身的增加，并不必然导致舆论向公共政策的转换。其三，在中国，权力下放的政治体制有助于中央政府应对回应性问题。解决日常生活中的不满通常是地方当局的责任。通过将这种责任转移给地方政府并突出其响应能力。[②] 这并不有利于在恰当的央地关系中建立有序的政治传播秩序。其四，中国政治传播中的党政回应往往主要建立在对舆情和民情的了解和重视，而不是舆论和民意的基础之上。二者有很大的差别，因而，回应往往针对的是态度，而不是意见。所以，回应性的提高为真正的参与式政治并没有留下更多的空间。其五，就回应的内容本质来看，目前政府回应的对象是众意（will of all），也就是仅仅着眼于"总和的个体意志"进行回应，而不是着眼于公共利益，亦即公意（general will）。

综上来看，在自媒体时代，为应对中国原有的政治传播秩序所面对的困境，中国政治传播秩序的主导行动者正在积极调整行动者之间的关系、促进各结构的功能协调、提高运行过程的完整性和连续性，并从总体上推动政治秩序和传播秩序的优化，进而一方面使政治传播秩序得到维持和稳定，同时使政治传播秩序能够通过传播保障新的战略目标的实现。

九 形成"同心圆复合"的交流模式

在自媒体时代，中国政治传播秩序处于一个复杂的环境中，既受到自

---

① 参见 Daniela Stockmann, *Media Commercialization and Authoritarian Rule in China*, New York: Cambridge University Press, 2013.

② 参见 Yongshun Cai and Titi Zhou, "Online Political Participation in China: Local Government and Differentiated Response", *The China Quarterly*, Vol. 23, 2019, pp. 1–22.

下而上的来自传播方式变迁带来的冲击，也受到自上而下的来自政党/政府这一行动者的主动变革，多个方向的力量的综合作用正在推动原有的结构、过程等运行机制正在发生重构，原有的中国政治传播秩序在总体上也产生了变化。如图8-2所示，在自媒体时代，传播技术的驱动及其对国家与社会的双向赋能，使自媒体时代的中国政治传播呈现出"双向对流"的传播趋势，一种"同心圆复合"的交流模式逐渐浮出水面。

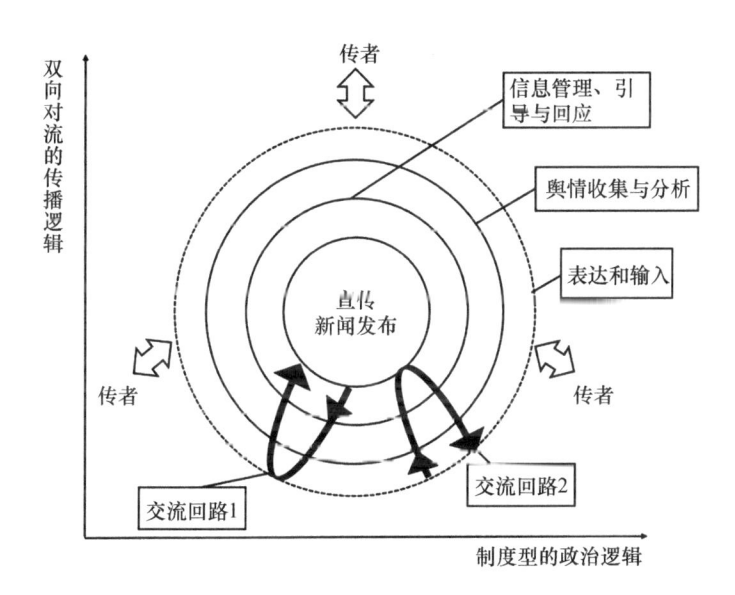

图8-2 自媒体时代中国政治传播秩序的"同心圆复合"交流模式

第一，中国政治传播正在形成一个集合"舆情收集与分析""信息管理、引导与回应""主流内容宣传和新闻发布"三合一的多维运作机制，这种机制对应于"政治信息收集""主动改变政治信息环境""主动发布政治信息"三种政治信息处理方式，同时也在外围允许并吸纳一定的表达和输入。这四者的关系是"同心圆复合"的，而不是随意"混合"的。[①] 一来尽管在自媒体时代，中国政治传播在运行过程方面有所创新，在运行形态方面也呈现出新的样貌，但从权力关系、资源关系和制度层面

---

① 参见涂凌波《从"一体化"宣传到"混合型传播"——以中国共青团网络政治传播活动变迁为中心的讨论》，《新闻大学》2019年第11期。

来看，政治传播的运行过程以及边缘的政治传播活动的运作逻辑依然受到政治宣传轴心①的影响，也受制于原有的组织逻辑、行政思维、管制逻辑和人治逻辑的束缚，因而呈现同心圆的向心特点。二来，四者构成的传播环节又是环环相扣、紧密相连的，四者的共同作用以及环节的完整复合，是交流实现的必备条件。

第二，双方向力量的综合作用，使中国政治传播在"同心圆复合"的交流模式中形成了两条交流回路：第一条是宣传/发布—监测—反馈——新宣传发布；第二条是表达/输入—监测（收集/分析）—回应/吸纳—反馈—新表达/输入。前者的交流起点是政党或政府机构，通过新闻发布以及依赖官媒、党媒和政府组织进行的宣传动员，政治信息自上而下、自中心到边缘扩展开来，并通过信息的监测、收集和分析的反馈环路实现对下次宣传发布的调整，由此，政党/政府实现了与社会和民众的交流与互动。后者的交流起点是民众，特别是自媒体的政治信息得以进入输入渠道，进而被政党/政府的舆情工作机构监测到，并得到收集和分析，据此政党/政府采取相应的措施对输入的政治信息做出管理、引导或回应等的反馈行为，对于政党/政府的反馈和反应，社会和民众又会形成新的表达和输入，社会和民众在这样的回路中实现和政党/政府的交流与互动。

第三，中国政治传播秩序在自媒体时代仍然受到政治宣传占据核心的路径依赖，亦即中国政治传播秩序的主导行动者正在努力保障政治宣传核心地位的稳固与强化。从现实来看，政治宣传并未被舆论或舆情工作所替代，也未完全被信息的管理、引导和回应所掩盖，而是在原有的政治传播秩序基础上，在边缘处和传播技术方面积极主动地吸纳和整合新的政治传播方式。中国政治传播秩序所做出的回应和调整往往被纳入如何服务于政治宣传、如何稳固政治宣传核心上，以使政治传播秩序更为有效地应对各方面带来的冲击和挑战。这带来的结果是政治宣传核心不是得到改变，而是得到了加强。

因而，在自媒体时代，原有的政治传播秩序在各结构和运行过程方面已经有所创新，但同时，这些结构、运行过程以及边缘的政治传播活动的

---

① 有关"政治宣传轴心"的论述请参见荆学民、段锐《政治传播的基本形态及运行模式》，《现代传播（中国传媒大学学报）》2016年第11期。

运作逻辑依然因受到政治宣传核心的影响，而受制于原有的组织逻辑、行政思维、管制逻辑和人治逻辑的束缚。这决定了中国政治传播的导向"政治宣传"的基本思维尽管正在发生一些层面上的变化，但并未从根本上得到突破。

从类型学层面来说，需要肯定中国政治传播秩序在自媒体时代发生的转变，但也需要承认的是，其所产生的变化很难说形成了"跳出类型的变革"。因而，自媒体时代，中国政治传播所做出上述回应，仍然处于向新秩序转型的初级阶段，未来更为高级的新秩序需要在此基础上，进一步合理谋划。

第九章

自媒体时代中国政治传播秩序的未来愿景

政治传播秩序的变迁是导向现代化的，中国政治传播秩序亦是如此。这一变迁趋势一方面是传播技术进步的体现，另一方面也是中国政治现代化的体现。自媒体时代的中国政治传播秩序的上述调适体现出向更为制度化、更具互动性、更好服务于国家治理的趋势迈进。这种变化趋向从深层次反映了中国政治传播秩序具有中国特色的现代化趋势。从政治传播秩序的变迁来看，尽管中国政治传播秩序与西方"美国化"的政治传播现代化特点不同，仍然不能否认中国政治传播秩序处于现代化的进程中。中国在积极调整政治传播秩序中行动者之间的关系、结构的功能以及运行过程，使其一方面适应新的传播和信息环境，另一方面也在推进其与现代价值的契合。当然，这种转变和更新仍然处于变动的状态，因而分析和描绘未来中国政治传播秩序在自媒体时代的现代化新图景，既需要从实然层面考虑中国政治传播秩序正在发生的变化的趋势和逻辑，也离不开从应然层面予以规划和规范。

一 国家能力、法治与民主价值平衡

中国政治传播秩序的现代化起始于大众传媒传播环境、秩序文化取向和以宣传为核心的政治传播秩序。这一基本特点有其文化内涵和历史因素，同时得益于政治宣传的高效、快速、可控的优势，这样的秩序在一些阶段和某个层面上有利于中国通过传播实现特定的政治目标和国家战略。

但在自媒体时代新的信息和传播环境下，原有中国政治传播秩序在行动者关系、结构的协调和运行的连续等方面存在一定困境，同时，中国的政治发展也在推动中国更新其政治目标和国家战略，这使政治传播秩序原有的保障政治目标得以实现的运行机制的效果大大降低，甚至产生了反作用。这在工具层面上意味着中国政治传播秩序需要升级换代，以成为保障新的政治目标和国家战略实现的有效传播机制。

第一，在价值层面，在对于现代政治秩序至关重要的三种价值——"国家能力""法治"和"民主"方面，相较而言，中国政治传播秩序在民主方面的话语能力非常微弱。特别是进入自媒体时代，信息的流动加速更是使中国政治传播秩序所基于的价值在全球比较中受到更大的竞争和对比压力。这与中国民主实践本身的争议性密切相关。尽管在自媒体时代，中国政治传播秩序的主导行动者进行了一系列应变，但中国政治传播秩序并没有发生"跳出类型的变革"，由政治宣传所带来的组织逻辑、行政思维、管制逻辑和人治逻辑依然十分强势。因而，在继续推动中国政治传播秩序现代化的过程中，需要继续推动中国政治传播秩序的变革，使其运行机制与新的信息和传播环境、与新的国家战略目标、与民主这一政治基石更为契合。在这样的原则下，中国政治传播新秩序需要与中国的协商民主实践相衔接，并促进二者的协同发展。

第二，就现代化价值来说，上文指出，民主是政治传播秩序的现代政治基石。但现代政治并不是单一价值取向的，其还包括"国家能力"和"法治"。从这三方面来看，中国政治传播秩序在自媒体时代的上述变革确确实实体现出其对"国家能力""法治"和"民主"等现代价值的推进。但同时，中国政治传播的现代化仍然面临着如何在"国家能力""法治"和"民主"三者之间实现价值平衡的问题，其自身对这些价值的认知特色也深深影响着中国政治传播秩序对这些价值的践行和操作。

第三，从秩序的角度来看，在价值层面，现代政治秩序要求"国家能力""法治"和"民主"三者之间实现平衡和协调。福山曾指出，现代政治秩序的关键在于将三大组件——国家（the state）、法治（the rule of law）、负责制政府（accountable government）结合在稳定的平衡中。除了上文已经详细介绍过的民主，一方面，现代政治还建立在法治之上。不管是经验现实还是理论逻辑,民主与法治都是紧密相关的。"为维护卓有成效的政府,法治和负责制是必不可少的。"① 另一方面,现代政治还要求权力的运用从"专断性权力"转变为"基础性权力"。对于国家来说,"专断性权力"是一种"国家权力","基础性权力"则是一种"国家能力",其代表的是国家事实上渗透市民社会,在其统治的领域内有效贯彻其政治决策的能力(capacity)。②

然而,现代化不会自动带来三者之间的平衡,也不会自动带来秩序。③ 正如亨廷顿所指出的:"贫穷的传统社会和已经现代化的社会都是稳定的,不稳定的恰是那些正在进行现代化的社会,因为现代化的不同组件未能以协调的方式向前推进。"④ 这意味着,与政治秩序密切相关的政治传播秩序,其现代化也面临着如何平衡"国家能力""法治"和"民主"三者的问题。中国政治传播秩序的现代化亦是如此。

第四,对于中国政治秩序和政治现代化,针对"国家能力""法治"和"民主"三者之间的平衡,福山认为,历史上的中国只拥有强大的国家,而没有法治和负责制(也就是民主),尽管中国拥有责任,但是这种责任主要来源于道德,也就是儒家的"道统"对"政统"的制约,这种责任不是正式的、不是程序上的。因而,福山认为:"不管是过去还是现在,中国政治的中心问题不是如何集中和部署国家权力,而是如何以法律和民主负责制来予以限制。"⑤ 还有研究指出,拥有强大的国家权力和强政权,国家能力并不会自然得到提高,强大的政权反过来可能导致国家本身能力的弱化。中国历史上的国家强弱观是"强政权—弱国家"⑥,这种

---

① [美]弗朗西斯·福山:《政治秩序的起源:从前人类时代到法国大革命》,毛俊杰译,广西师范大学出版社2012年版,第16、310、315页。
② 参见李强《国家能力与国家权力的悖论——兼评王绍光、胡鞍钢〈中国国家能力报告〉》,2011年11月29日,http://www.aisixiang.com/data/47341.html,2019年12月30日。
③ 参见[美]弗朗西斯·福山《政治秩序与政治衰败:从工业革命到民主全球化》,毛俊杰译,广西师范大学出版社2015年版,第42页。
④ 转引自[美]弗朗西斯·福山《政治秩序与政治衰败:从工业革命到民主全球化》,毛俊杰译,广西师范大学出版社2015年版,第42页。
⑤ [美]弗朗西斯·福山:《政治秩序的起源:从前人类时代到法国大革命》,毛俊杰译,广西师范大学出版社2012年版,第145、472、325页。
⑥ 曹正汉:《"强政权、弱国家":中国历史上一种国家强弱观》,《开放时代》2019年第2期。

观念目前来看仍然具有惯性和实践指引性。而政治现代化需要提高的是"国家能力"而不是"国家权力"。

中国政治秩序和政治现代化所面临的以上问题在政治传播秩序层面均有反映，这些问题使得中国政治传播秩序的现代化，不仅面临着如何在政治传播中推进各个价值的实现，还面临着平衡和协调三者的困境。

首先，在自媒体时代，中国政治传播秩序正在从横向和纵向双向维度加强执政党对政治传播的领导和管理，也在使用新的技术和传播方式增强应对自媒体传播带来的冲击和挑战的能力，还将推进国家治理体系和治理能力现代化作为战略目标。这些举措无疑都导向增大和增强"国家"这一维度的能力或权力。但同时，如何在实际过程中使政治传播秩序的调整最终导向的是提高"国家能力"和"基础性权力"而不是增大国家的"专断性权力"，进而从政治传播方向推进中国政治现代化，仍然是政治传播秩序现代化面临的困境。

其次，在自媒体时代，中国已经颁布了各种各样的行政法规、规章制度、规范性文件或者解释性文件等来规范政治传播行动者的行为，这体现了中国政治传播秩序的法治化。同时，中国政治传播秩序的组织与管理的规范化也是法治精神的一种体现。然而，法制和规范化显然与"法治"这一现代价值有很大区别。中国政治传播秩序的现代化在"法治"的这一价值的实现上仍然有待继续。

最后，从"国家能力""法治"和"民主"三者之间的协调来看，中国政治在三者之间的高低关系对中国政治传播秩序实现二者之间的平衡有着较大的影响和制约。如果将三者置于天平上，目前来看，国家一直处于势能高位，"法治"那端随着政治制度化和政治发展正在慢慢升起，而"民主"则处于相对低位，还存在很大的发展空间。三者相较而言，如何更好地促进民主价值的实现仍然是政治传播秩序的最短板。

自媒体传播激发了民众的"平等激情"[①]，从表达和参与层面冲击着政治系统的运行，也挑战着原有的中国政治传播秩序。如何有效、有序地疏导、引导和吸纳自下而上喷涌的民意，不再仅仅是传播技术的问题，而

---

① [法]托克维尔：《托克维尔文集·第1卷：论美国的民主》（上），董果良译，商务印书馆2013年版，第117页。

是需要从民主机制和传播机制的相互嵌入和协同层面,促进原有政治秩序的优化。对于中国政治传播秩序来说,则需从政治传播层面加入这一过程中。

对于中国政治传播秩序来说,尽管在自媒体时代,中国政治传播秩序的一些转变,比如传播技术对政治表达的促进、对输入的自主性提高、对公共空间的拓展,执政者对制度化渠道的改造以及党政回应性的提高等,均体现了广义层面的民主价值。但是,按照西方关于自由民主的定义,学者们认为包括自媒体在内的互联网以及中国的政治改革,其本质是一种自由化,而不是民主化。郑永年曾指出:互联网仅仅给中国社会带来了"政治自由化",其"推动了政治开放性、增加了政治透明度和产生了政治责任制"。[1] 在亨廷顿看来,自由化没有通过自由的竞争性选举来选择政府领导人,其只是一种局部开放。而自由化可导致也可不导致全面的民主化。[2] 研究中国政治传播变迁的学者李金铨也曾指出,中国政治传播尽管有自由化的倾向,但中国似乎距离将自由化转变为民主化还有数十年的时间,这一过程的标志是公民社会的成熟/有活力的新闻界和稳定的政治机构,在这些机构中,有能力的下属阶级可以组织社会运动/争取包容。[3]

第五,从中国情境来看,中国是一个文明古国,同时又是一个年轻的现代国家;中国是一个正全面融入全球体系的国家,同时又是一个力图创造自己独特制度与价值的国家。[4] 一方面,尽管西方学者的研究无法十分客观地认知和解释中国,但是,"民主"无疑仍然是中国力图创造自己独特制度与价值时不可忽视的重要层面。特别是在自媒体时代,中国政治、政治传播及其内涵的价值也被置于全球比较之中,民主作为政治传播秩序的现代政治基石,显然相较于国家能力和法治在很多层面上更

---

[1] 郑永年:《技术赋权:中国的互联网、国家与社会》,邱道隆译,东方出版社2014年版,译者序,第11页。
[2] 参见[美]塞缪尔·P·亨廷顿《第三波:二十世纪后期的民主化浪潮》,欧阳景根译,中国人民大学出版社2013年版,第123页。
[3] Chin-Chuan Lee, "Ambiguities and Contradiction: Issues in China's Changing Political Communication", *Gazette* (Leiden, Netherlands), Vol. 53, No. 1-2, 1994, pp. 16-17.
[4] 参见林尚立《现代国家认同建构的政治逻辑》,《中国社会科学》2013年第8期。

具争议、更难达成共识，处于更加需要解释和推进的阶段。因而，民主是中国政治传播秩序现代化不容忽视、未来需要有意识地予以加强的方面。另一方面，民主概念的复杂性及中国政治文化的特殊性，也使得中国政治传播秩序的未来取向所基于的民主价值，不能够完全脱离中国的历史和文化背景。

因而，中国政治传播秩序未来的发展、优化和转型，将是一个异常艰巨的任务，这不仅仅是技术、方式和方法更新的问题，在更深层面，它涉及的是中国政治传播所基于的价值规范与现代价值体系是否能相互契合和协同的问题。具体到政治传播秩序与民主上，就是中国政治传播秩序如何根据并结合中国特色的民主文化，适应自媒体时代的传播环境，进一步建构新秩序，政治传播新秩序在自媒体时代又如何进一步实现民主价值、适应政治不断民主化的问题。

二　协商民主的战略地位巩固

对于中国民主政治的发展这一问题来说，这样的底线共识已经基本达成：不应再问中国要不要发展和推进民主，而是应更多地考虑如何有效地推进民主，进而"形成更广泛、更有效的民主"[1]。另外，思考中国的民主问题还不得不在这样的经验现实情境中，即相对于竞选性民主，中国的民主理念在主流价值偏好中更倾向于协商民主。[2] 协商民主是中国民主的重要理念，尽管中国情境下的协商民主经验与西方的协商民主理论有很多方面的区别，但中国政治则将融合中国各层次协商实践及民主理念而成的"协商民主"作为其推进和完善中国民主的广泛性、多层次和制度化发展的重要战略途径，[3] 中国正处于这种创造性民主的发展阶段。[4] 这种话语

---

[1] 《习近平同志〈论坚持党对一切工作的领导〉主要篇目介绍》，《人民日报》2019 年 10 月 28 日第 2 版。
[2] 参见马奔《协商民主：民主理论的变迁与实践》，山东大学出版社 2014 年版，序言，第 4 页。
[3] 参见林尚立、赵宇峰《中国协商民主的逻辑》，上海人民出版社 2015 年版，第 13 页。
[4] 参见［美］詹姆斯·博曼《公共协商：多元主义、复杂性与民主》，黄相怀译，中央编译出版社 2006 年版，中文版序，第 4 页。

上的一致性，为中国协商民主的未来发展和一般性的、不分中西方的协商民主理论实现接轨，这有利于促进一般性理论和中国特殊情境下相关实践的互动，也有利于在应然层面确定中国实然的协商民主发展的规范性方向。

对于中国与协商民主相关的实践是不是一种民主形式，目前仍然存在争议。特别是对于西方学者，他们否认中国的协商民主是真正的民主，认为其不是西方的协商民主，而是一种咨询民主。但是，中国的学者认为，这种评价有失公允，中国的协商民主尽管在实践层面确实存在某些咨询民主的性质，但是其与咨询民主有着本质的不同。[1] 本研究同意这样的观点。尽管中国情境下的协商民主经验与西方的协商民主理论有很多方面的区别，但这并不意味着，中国的协商民主不具有协商性和民主性，其与西方民主也有很多的共同点，其不同点并不能抹杀其协商民主的实践意义，而反倒从反面说明协商民主理念本身需要更多基于非西方协商政治实践的经验材料上的理论补充。从中国的经验现实来看，中国政治正在将融合中国各层次协商实践及民主理念而成的"协商民主"作为其推进和完善中国民主的广泛性、多层次和制度化发展的重要战略途径，[2] 中国正处于这种创造性民主的发展阶段。[3] 因而，协商民主是中国民主的重要理念。正是在这个意义上，本研究认为，自媒体时代中国政治传播新秩序的未来建构，应以协商民主作为战略方位。

第一，中国政治正在将融合中国各层次协商实践及民主理念而成的"协商民主"作为推进和完善中国民主的广泛性、多层次和制度化发展的重要战略途径。在中国语境下，协商民主被认为与中国的人民民主国体以及民主集中制相契合。一方面，人民民主是中国的国体，协商民主则是人民民主的重要实现形式。[4] 另一方面，民主集中制在中国是整个社会的组

---

[1] 参见俞可平《中国特色协商民主的几个问题》，载陈家刚选编《协商与协商民主》，中央文献出版社2015年版，第90—91页。
[2] 参见林尚立、赵宇峰《中国协商民主的逻辑》，上海人民出版社2015年版，第13页。
[3] 参见［美］詹姆斯·博曼《公共协商：多元主义、复杂性与民主》，黄相怀译，中央编译出版社2006年版，中文版序，第4页。
[4] 参见林尚立《协商民主是符合中国国情的民主实现形式》，《人民日报》2016年8月31日第007版。

织形态、国家政权的组织形态以及政党运作的组织形态，而协商民主则是民主集中制中对"民主"的体现，也是"集中"的基础。① 因而，协商民主被认为是与中国的政治实践相契合的。

中国与协商民主相关的实践可以追溯到1949年中华人民共和国成立时召开的第一届全国政治协商会议及《中国人民政治协商会议共同纲领》的颁布。也有学者将协商在中国政治中制度化的起源定位于1987年中国共产党第十三次全国代表大会。通过梳理与"协商"相关的话语在中国官方文件中的变迁可知，协商民主在中国是一个在话语层面不断得到系统化完善的过程，也是一个不断将协商民主制度化的过程。在制度安排层面，中国存在多种形式的协商制度，包括咨询会、公众听证会、政治对话、民主恳谈会、民情直通车、居民论坛和一些形式的公众质询等。② 协商民主在中国是多维度、多主体、多层次、多内容的。从主体来看，主要包括政党协商、人大协商、政府协商、政协协商、人民团体协商、基层协商以及社会组织协商等方面；③ 从内容层面则可以分为"立法协商、行政协商、民主协商、参政协商、社会协商"④。协商在中国民主政治建设中的这种普遍存在性，意味着中国所要建立的协商民主，不是政治协商制度或社会协商制度的丰富和发展，而是要使协商成为中国民主政治运行的基本价值偏好和行为方式。

当然，中国的协商民主还处于发展阶段。协商民主虽然已经开启，但后面还有很长的路要走，很多的理念需要进一步实践化，亦即协商民主需要进入程序化、规范化、有效化的发展中，这进一步需要更多的实践、更多的制度建构、更多的程序设计和更广泛的民众参与。

第二，中国的协商民主在理念和实践上与西方的协商民主既具有相同点也有很大的不同。中国的协商民主和西方的协商民主有很多相同点，在形式上有一部分是一样的，比如都重视对话、讨论、磋商等。同时，二者

---

① 参见林尚立《基础与动力——协商民主何以在中国成长》，《世纪行》2016年第5期。
② 参见张凤阳等《政治哲学关键词》，江苏人民出版社2014年版，第241页。
③ 参见人民网《中国共产党第十九届中央委员会第四次全体会议公报》，2019年10月31日，http://politics.people.com.cn/n1/2019/1031/c1024-31431617.html，2019年11月26日。
④ 《中共中央关于全面深化改革若干重大问题的决定》，《人民日报》2013年11月16日第1版。

也存在很大的差异。① 很多协商实践在中国是自己孕育、生成和发展起来的，因而形成的协商民主理念与西方的逻辑、西方的协商民主在根本上有所不同。中国的协商制度综合了物质方面的考虑和规范方面的考虑，是官方意识形态和民主的一种混合产物。②

其一，中国的协商民主是由中国共产党领导的协商民主。协商民主制度是与中国共产党所领导的民主实践共同成长的。③ 这构成中国协商民主最大的宏观政治环境，与西方建立在多党竞争政治框架下的协商民主有很大的不同。早在1993年，王沪宁就明确提出了中国是一党领导的民主政治，这不同于西方民主，其涉及社会民主、党内民主、政治民主、党政关系、党与社会关系等一系列课题。④

其二，协商民主嵌入国家治理体系之中，在中国被赋予民主价值之外更多的任务，这主要体现为两个方面：一是需要有利于国家的凝聚统一，二是需要服务于治理。中国的协商民主强调人民内部各方面在重大决策之前和决策执行过程中进行充分协商，它以公共利益为诉求，以寻求立法和决策合法性为目标，强调公民参与、利益表达、对话、协商和偏好转换，强调合作与共识。⑤ 其重点包括两个方面，一是党与非党之间，二是在基层政治中政府与民众之间。⑥ 这两者有利于中国共产党整合协调与国家内部其他政治力量的关系，通过协商民主形成以沟通、协商、凝聚为导向的政治传播秩序，为国家治理体系和治理能力现代化提供利益整合功能、力量凝聚、政策优化、政治参与、增进共识和政治稳定的保障机制。因而可以说，中国协商民主发展的本身除了具有民主本身，还需要满足更多的需

---

① 参见俞可平《中国特色协商民主的几个问题》，载陈家刚选编《协商与协商民主》，中央文献出版社2015年版，第91页。
② 参见何包钢《中国协商民主制度》，《浙江大学学报》（社会科学版）2005年第1期。
③ 参见林尚立《协商民主制度：中国民主发展的新境界》，《人民政协报》2012年12月26日第C04版。
④ 参见王沪宁《构筑中国特有的政治体系模式》，载高民政主编《中国政府与政治》，黄河出版社1993年版，序言，第9页。
⑤ 参见莫岳云《当代中国政治制度构架中的协商民主》，《学术研究》2014年第3期。
⑥ 参见俞可平《中国特色协商民主的几个问题》，载陈家刚选编《协商与协商民主》，中央文献出版社2015年版，第91页。

求，① 也正是这种动力和需求使得中国的协商民主不同于西方的协商民主。

第三，尽管中西方在"协商民主"的理论和实践层面存在很大的不同，但正如上文所说，"协商民主"在中西民主理念话语上的一致性，使中国协商民主的未来发展和一般性的、不分中西方的协商民主理论实现接轨，这有利于促进一般性理论和中国特殊情境下的相关实践的互动，也有利于在应然层面确定中国实然的协商民主发展的规范性方向，即运用协商民主理论中所体现的一般性价值和理念，在中国政治实践的基础上对中国的协商民主加以创造性转化。也正是在这个意义上，中国的学者抱着开放性的态度，主张将协商民主嵌入中国的社会现实中去，② 实行一种"嵌入式发展"（embedded development），③ 亦即将西方有关协商民主的一些理念与中国本土的协商民主实践互动，进而拓宽中国协商民主的发展空间、创新中国协商民主的发展可能。

综上而言，对于政治传播来说，未来中国政治传播新秩序需要基于协商民主，这既源于全球民主价值向协商倾斜的国际趋势，也源于中国民主政治的理念和实践发展。而如何理解基于协商民主的政治传播新秩序呢？这不仅需要厘清中国协商民主的独特特点，也需要把握其与西方协商民主理念的关联。在整合不同和相同的相互联系的张力中，把握政治传播新秩序和协商民主二者需要衔接的关键点。

三 政治传播秩序与协商民主的衔接协同

上述论述可以说，为自媒体时代中国政治传播新秩序具有基于协商民主进一步优化提供了必要性和可能性。在自媒体时代，中国政治传播秩序进一步的优化方向，应该既符合自媒体时代的传播逻辑，又符合政治现代化和政治发展的逻辑，也需要与中国政治文明的发展逻辑相匹配。协商民

---

① 参见林尚立《基础与动力——协商民主何以在中国成长》，《世纪行》2016年第5期。
② 参见何包钢、王春光《中国乡村协商民主：个案研究》，《社会学研究》2007年第3期。
③ 对于何为"嵌入式发展"，请参见谈火生《协商民主：西方学界的争论及其对中国的影响》，载陈家刚选编《协商与协商民主》，中央文献出版社2015年版，第30页。

主可以说是三者价值和逻辑相融、协同的方向。因而，如何在中国政治传播秩序的发展趋势之中，适时打入协商民主的楔子，使中国政治传播秩序实现跳出类型的变革，在新的传播环境下协同政治的发展，形成一种新的、更具适应性的、更为民主的政治传播新秩序，是中国政治传播秩序在巩固定量变化以产生质变，进而从政治传播方面推动中国政治螺旋式走向政治现代化、凸显政治文明，推动中国政治传播沿着"增量改革"路径发展的关键。①

我们的研究，重点是通过协商民主与政治传播秩序的融合思考，促进一般性协商民主理念及其价值与中国政治传播经验现实的勾连，促进二者的衔接和协同，进而促进前者对后者的辐射、影响和规范，以及后者对前者的进一步落地践行。通过思考二者衔接和协同的机制，探索自媒体时代中国政治传播新秩序的未来可能方向。

这种新秩序的建构不是要否定原有的中国政治传播秩序，而是渐进的、建设性的；不是要构造另一种替代性的理想，而只是为了说明在现行的制度框架下，"只要某些温和的改良有效，也会导致理想的实现"②；是为了应对自媒体时代原有的政治传播秩序所面临的冲击，在增强中国政治传播在自媒体时代的适应性、韧性、自主性的同时，使中国政治传播能够超越经验和规范的鸿沟。也就是说，基于协商民主建构中国政治传播新秩序，旨在使中国政治传播实践与协商民主的中国经验和协商民主的一般规范性进行衔接和协同发展。一方面，用协商民主进一步优化政治传播，使中国政治传播秩序在"应然"的推力和"实然"的阻力相互作用中不断走向完善，进一步规范化中国政治传播秩序的现代化进程；另一方面，通过将中国的协商民主与政治传播的衔接，既促进协商民主得以实践，又推动其向规范性的协商民主理念靠近。当然，处于自媒体时代的传播环境中，中国政治传播与协商民主的衔接与协同还需要使二者的传播逻辑与自媒体的传播逻辑相适应。最终，通过构建中国政治传播新秩序，在各行动者之间、各结构之间以及各运行过程之间形成新的功能匹配、稳定关系和

---

① 参见俞可平《国家治理的中国特色和普遍趋势》，《公共管理评论》2019年第1期。
② 转引自［美］乔万尼·萨托利《民主新论》，冯克利、阎克文译，上海人民出版社2015年版，第118页。

运行的连续，使中国政治传播秩序适应自媒体的传播环境，同时平衡"国家能力""法治""民主"三种现代价值，进而保障国家治理现代化战略目标的实现。

（一）"多中心网络状沟通"新秩序

在自媒体时代，协商民主与中国政治传播的衔接和协同需要注意平衡协商民主对政治传播秩序一般性的规范，以及中国政治传播秩序的特质、变化和新趋势的关系，在此基础上对原有的政治传播秩序运行机制进行重构。

从总体形态上，基于协商民主的中国政治传播新秩序，意味着从过去那种以政治宣传为核心的政治传播秩序实现"跳出类型的变革"。从上文分析可知，中国政治传播秩序尽管在自媒体时代发生了一系列的应变，在形态上初步生成同心圆复合的交流模式，但其仍受到政治宣传的巨大影响。而自媒体时代基于协商民主的政治传播新秩序，则意味着，不仅通过政治传播与协商民主的衔接和协同，使政治传播实现新的稳定和有序，还在于促进中国政治传播秩序从过去的政治传播秩序实现"跳出类型的变革"，在形成同心圆复合交流秩序的初级阶段基础上，进一步向更加民主、更加有效的新秩序转型。这一转型的实现需要"三步走"（如图9-1所示），在这三步之后，将逐渐浮现出"多中心网络状沟通"新秩序。

第一步，政治宣传与其他政治传播活动分离开来，各部分政治传播活动形成了既相互独立又相互联系的部分。自媒体时代基于协商民主的中国政治传播新秩序，并不是要否定原有中国政治传播秩序中宣传的重要性，而是对政治宣传的功能和边界予以调整。一方面，将原本不属于政治宣传的部分与政治宣传分离开来，成为政治传播秩序中独立的部分，促进各部分政治传播活动摆脱政治宣传的轴心的束缚。也就是说，将以政党/政府为行动者的政治传播活动分为三个既较为独立又相互依赖的三个方面，分别为：主流内容宣传和新闻发布，公共舆情收集与分析以及民意调查，信息管理、引导和回应。这种分离的本质目的在于，使非宣传的政治传播活动摆脱由政治宣传带来的行政逻辑、管制逻辑、人治逻辑和维稳逻辑，重新规划各自的政治传播目的，使其按照各自的功能不同而更多地遵循传播逻辑、表达逻辑、对话逻辑、沟通逻辑和协商逻辑等予以运行。

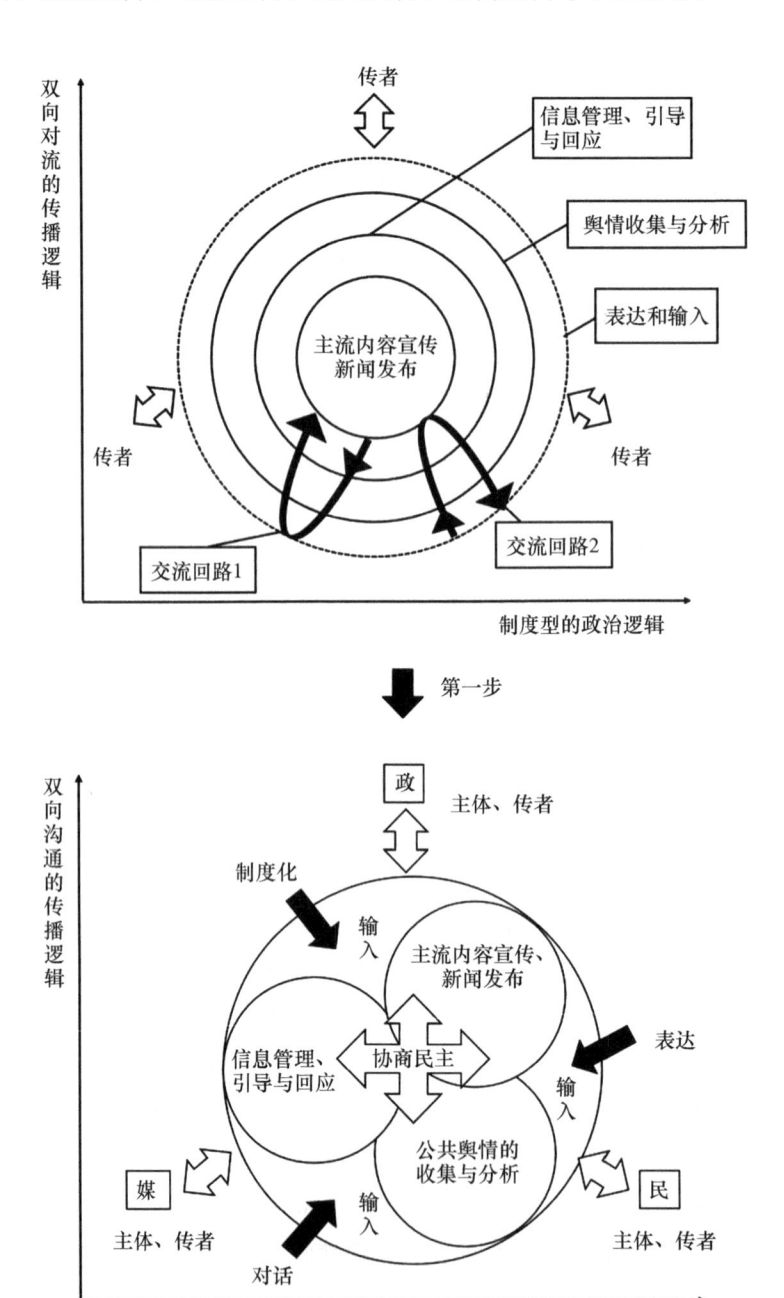

第九章 自媒体时代中国政治传播秩序的未来愿景 ◆ 283

第二步

双向沟通的传播逻辑 ↑

主体、传者 　　　　　　　　　　　　主体、传者
　[政]　　　　　　　　　　　　　　　[政]
　　　　↙　宣传/营销　↘
　　信息法治　　　　　　信息发布
　　　　　　↕协商民主↔
　　　↙　　　　　　　　↘
　[媒]　线上线下　自主输入　[媒]
　　　　民意调查
主体、传者　　　　　　　　　　　　　主体、传者
　　　　　　　↕
　　　　　　[民]
　　　　　主体、传者

嵌入协商的制度型政治逻辑 →

第三步

双向沟通的传播逻辑 ↑

主体、传者 　　　　　　　　　　　　主体、传者
　[政]　　　　　　　　　　　　　　　[政]
　　　制度化　　　对话
　　　　　宣传/营销
　　信息法治　　　　　　信息法治
　　　　　↕协商民主↔
　[媒]　对话　　　制度化　[媒、民]
　　　线上线下　自主输入
　　　民意调查
主体、传者　　　　　　　　　　　　　主体、传者
　　　　　　表达
　　　　　　[民]
　　　　　主体、传者

嵌入协商的制度型政治逻辑 →

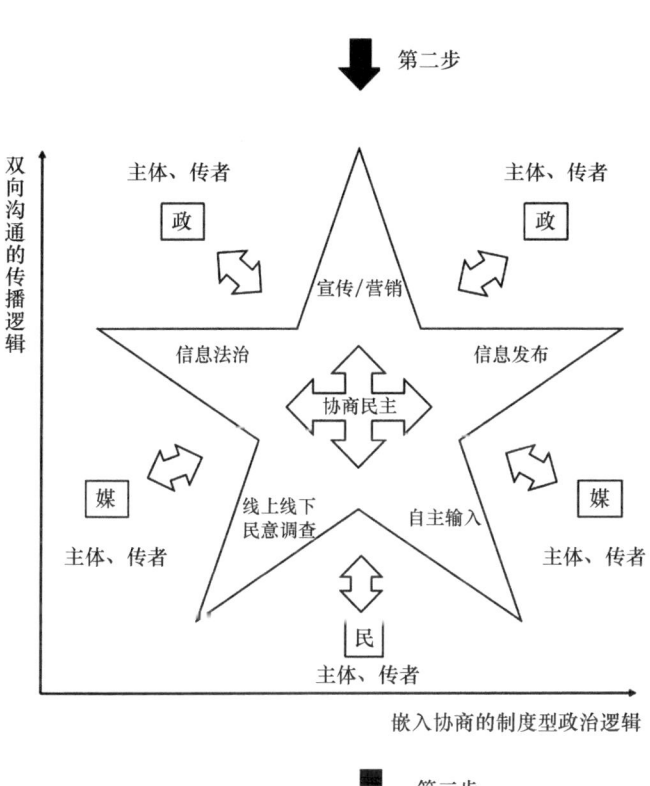

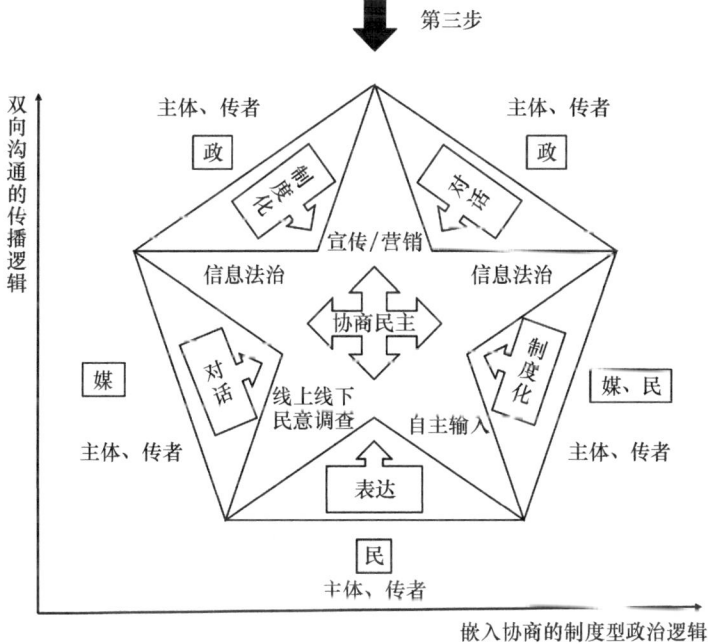

图 9-1　迈向新秩序的"三步走"示意图

另一方面，从根本上改变原有政治传播秩序中，自上而下传播和自下而上传播之间不平等的传播关系和权力关系。使输入从边缘和受制中释放出来，成为弥散在政治传播中的组成部分，并加大输入对其他政治传播活动的影响，如促进舆论监督、民意政治等。

第二步，促进各部分政治传播活动升级换代，使政治传播秩序形态从"同心圆"向"多中心"转型。具体来看分为以下步骤。首先，原有的政治宣传被分为两个部分，一是"宣传/营销"部分。政治宣传通过吸纳政治广告、公共关系等先进的政治传播方式，升级为更为科学化、专业化、策略性以及基于民意基础的营销。二是信息发布部分。这里将信息发布与政治宣传分离开来，是为了进一步使信息发布从形式和内容方面去意识形态化、去宣传化，进而保障信息发布的专业性和客观性，这是建设透明政府、政务公开的重要举措。

其次，对于舆情工作，其升级的路径在于：使原有仅仅侧重于舆情收集与分析的舆情管理工作升级为偏向于"意见"而不是"情绪"的公共舆情工作，并吸纳民意调查等较为科学的民意收集和分析方法，运用大数据等更为先进的技术手段，实现公共舆情与政策制定的衔接，促进二者的制度化和常规化。

再次，原有的信息管理、引导与回应的升级关键，除了进一步使其与原有的宣传分离开来，成为较为独立的传播运作外，还需要消除其对原有的组织传播和人际传播等传统传播方式的过分依赖，摆脱政治宣传中的行政逻辑、维稳逻辑、管制逻辑和动员逻辑的束缚，转而汲取更多大众媒体和新媒体的传播优势，向制度化、法治化和规范化等与"法治"这一现代价值相契合的方式转型，进而实现信息法治；信息治理旨在使对政治传播的治理有法可依、有规可循，这意味着政治传播的运行逻辑从非正式规则走向正式规则，减少权力本位的人治、不讲规则的道德审判的影响，进而使政治传播向以法律为基础、以治理为导向转变。

最后，输入自主性强调的不是上文中提到的输入主体对输出的索取，而是指输入主体某种程度上的自治能力及其独立地与政治系统沟通的能力（具体请参见下文有关"输入独立性"的论述）。

综合来看，转型第二步的目的，旨在使各部分在职能和功能方面能够基于独立向更为专业化、规范化迈进，也就是由专业的人员和机构执行，并按照更为规范的流程和正式的规则制度予以运作。这意味着，政治宣传仅仅是整个政治传播秩序运转的一个部分，其仍然存在，但对其他部分的影响将大大减弱。

第三步，促进政治传播各部分实现再连接与协同整合，使原有的复合式交流向多中心网络式沟通运行模式转型。这需要进一步促进协商民主对政治传播秩序的三大规范，即表达、对话和制度化，向中国政治传播的嵌入。将三者嵌入政治传播秩序运作机制中，使上述提到的输入和三方面独立的政治传播活动在允许表达、促进对话、实现制度化中良性互动，进而使四者的合力导向政治沟通。这意味着要面向新秩序全面革新中国政治传播秩序的运行机制，促进中国政治传播从"提供一个为向社会交流而设计的交流网络"[1]转变为"保障社会与政治实现常态化沟通的政治传播网络"。

（二）运行稳健的协同机制

正如上文所说，政治传播秩序的问题不是来自某个单一的人、群体或机构的缺陷，在自媒体时代，中国政治传播秩序的运行困境和运行失灵，本质上也不是来源于某个行动者，或者某一个环节的问题，而是来源于原有政治逻辑与传播逻辑的解耦，来源于各个结构的功能失调，各个运行过程之间的契合度下降，等等。因而，中国政治传播新秩序的形成需要同时兼顾各结构和各运行过程，促进自媒体时代中国政治传播新秩序建构的系统性和集成性。可见，基于协商民主的政治传播新秩序，需要从结构—过程—行动者的关系出发，使中国政治传播秩序的整个运行机制按照协商民主的逻辑重新实现行动者关系的稳定、结构的功能匹配和运行过程的连续，达到新的稳定和平衡，进而使中国政治传播新秩序在能够适应自媒体传播环境的同时，成为保障国家治理现代化的有效机制。

第一，在促进政治传播秩序的每一种结构优化的同时，促进各结构实现新的功能匹配和关系的稳定。上文已经指出，在传统媒体时代，原有的政治传播秩序在一定程度上与原有所处的传播环境和政治逻辑是相适应的，而在自媒体时代新的传播环境下，原有秩序的适应性受到冲击，各个

---

[1] ［意］萨托利：《政党与政党体制》，工明进译，商务印书馆2006年版，第85—86页。

结构之间稳定关系和功能匹配，以及各运行过程之间的连续性和稳定性受到挑战。而基于协商民主建立新秩序，就是要按照新的逻辑促进各个结构和各子过程的重构，促进各个结构和各子过程实现新的功能匹配和运行连续。具体要点包括以下几方面。

首先，对于行动者来说，自媒体时代中国政治传播的行动者正在逐渐形成多元行动者，尽管执政党依然依赖其权力基础、组织结构和强大的动员能力成为主导行动者，但民众、媒体的行动者伴随着自媒体的赋权，其自主性、行动力也在不断得到提高。协商民主与中国政治传播相互衔接意味着应在这种多元行动者之间建立更为平等的权力关系。在"同心圆轴心驱动的"权力结构中嵌入更多的权力"分享"和权力"吸纳"的制度化机制。

其次，对于政治传播的内容来说，在自媒体时代，政治传播的内容是多元、多样、海量的，对于政治传播主导行动者来说，既无法忽视来自"内输入"之外的自下而上传播的政治信息，亦需要继续自上而下地输出政治信息。而基于协商民主的政治传播新秩序在这两个方面都需要予以重视。对于前者，协商民主与政治传播的衔接意味着，这些政治信息在未进入政治系统之前，需要促进其在网络所形成的公共空间内的整合、筛选甚至是抵消。目的在于，一方面促进社会层面的民主协商，另一方面，通过社会领域的公共协商，对输入进行提前整合、筛选，既有助于缓解政治传播转换和输出的压力，也利于输出更符合公共利益的政治信息。对于后者，协商民主与政治传播的衔接强调了输出的政治传播内容需要优化的三个方面：一来，输出的政治信息需要一定程度上吸纳和代表自下而上输入的政治信息，也即形成以民意为导向的输出；二来，政治信息在输出之前需要在执政党、参政党、人大会议等政治系统中经历协商；三来，政治信息输出的方式和话语应采纳分众传播、精准传播、个性化服务和多渠道传播的理念。

最后，在自媒体时代，得益于互联网的发展及渠道的制度化、媒介融合等措施的采取，中国政治传播形成了多维的传播渠道，并在着力塑造多维扩散渠道协同联动的渠道格局。但正如上文所说，多维渠道仍然存在着媒体渠道不够制度化、多维渠道造成沟通割裂等难题。协商民主对于对话、协商和沟通的要求意味着，在自媒体时代，中国政治传播新秩序需要打通多维渠道之间的沟通隔阂。在网络普及的自媒体时代，这一问题的关键一方面在于促进媒体渠道的制度化，使媒体上的政治传播能够实现与制度化政治传播相同的效能，促进媒体传播对政策制定形成常规化和规范化影响。另一方面，则在于制度化渠道的网络化。通过媒介融合消除沟通在技术层面的结构性障碍，通过线上线下的连接，实现渠道在结构层面的联通。

第二，根据新媒体的传播逻辑和中国政治传播秩序各运行子过程的特点，升级各个子过程，并保障整个运行过程的完整性，促进整个运行过程实现新的连续运行。正如上文所说，自媒体时代，政治传播秩序的运行过程正在从传播方面实现"流程再造"。新的传播技术为政治信息的输入和输出提供了极其宽敞的通道，一方面，为公民政治参与提供了快速便捷的信息通道，使其实现了从"受众"到"传者"的转变。另一方面，依托高科技的政治信息收集和分析技术，国家政策的制定和输出的科学性、合法性也在得到加强。此外，信息传递和反馈速度的提高，也使政府决策建立在更为可靠的客观信息系统上。[①] 但同时，在自媒体时代，这些被塑造的流程，虽然各自都在改变，但通过上文的分析可知，中国政治传播秩序中，输入和输出之间还未实现运行的平衡和匹配。因而，中国政治传播新秩序在运行过程中需要通过与协商民主的衔接和协同实现新的连续运行，具体应着重从以下几个方面发力。

首先，促进输入的独立性。前文已经指出，在自媒体时代，输入体现出自主性，这种自主性给政治系统带来了冲击和挑战，尽管中国政治传播的主导行动者已经采取很多措施，对相关问题予以应对，但仍有很多问题需要解决。未来基于协商民主的中国政治传播新秩序，还需要加强"输入"的独立性，亦即提高输入主体某种程度上的自治能力及其独立地与政治系统沟通的能力。详细地说，输入的独立性有两个层面的意涵。一是政治信息在进入政治系统之前，已在社会系统中实现着较低程度的讨论、整合，趋向于一定程度或者某一层面上的"自回应"。这意味着，政治信息的输入可以不再完全依赖政治系统予以消化，而是具有了将一部分原有属于政治系统的职能转而由社会系统担纲的趋势。当然，目前来看，自媒体时代，这种"自回应"显然还是十分虚弱的，充满着不确定性，也具

---

① 参见朱勤军《中国政治文明建设中的协商民主探析》，《政治学研究》2004 年第 3 期。

有很大的不可持续性风险。因为这种"自回应"背后,除了依赖传播技术所提供的空间与渠道,另一个必要的实质性条件是一个由理性公民组成的合作关系及在此基础上形成的强社会,这恐怕是传播技术发展与进步所难以单独实现的。因而,关键在于从政治层面予以发力,建构和夯实中国的协商民主,从政治理念和政治运行层面,正面接纳基于自媒体而形成的新传播秩序,承认和包容基于自媒体形成的政治传播活动,从有利于自媒体传播积极发展,而不是扼制其生长的角度,对自媒体政治传播活动的有序运行予以规范化,合理吸纳自媒体形成的政治传播活动带来的动能和优势。二是自媒体时代的政治传播不单单意味着与输入相对应的输出的强大及输入对权威性价值分配的影响,同时也意味着输入本身的强大——自媒体时代,输入正在承担并应继续承担价值选择、价值分配、权威塑造的独立功能。在协商民主与政治传播的衔接和协同中,促进这种国家—社会的双强模式可能是未来中国政治传播新秩序良性发展的规范趋势和方向。[①]

其次,提高转换的透明度和开放性。上文已经指出,在以政治宣传为轴心的政治传播秩序中,转换这一环节的透明度和开放度较低,很难被外人所了解,学者们也缺乏一手资料对其进行研究。而在自媒体时代,这种情况无疑正在发生改变。上文中,中国政治传播组织机构的制度化、规范化,实际上正在推动转换在透明度和开放性层面的提高。未来中国政治传播与协商民主的衔接,需要融合新媒体传播技术和现有的新闻和信息发布机制,继续增加转换这一环节的开放性和透明度。在输入和输出之间通过增加转换的开放性和透明度,一方面增加输出的人民代表性,也就是民主性,提高输出的科学性;另一方面提高输出的合法性,使输出得到更多的同意和认可,提高政治传播运作的效率和效能,以便使政治传播更好地服务于国家治理。

再次,输出的民意导向和公共性,从"输出主导型"模式向"输出与输入互动"转向。基于民主的政治传播在自上而下的输出方面是民意导向的,输出的动机和效果也应含括公共性。这意味着,中国政治传播新秩序中的输出既需要继续延续目前输出方式的革新和回应性提高等方面的

[①] 参见于淑婧《自主性:互联网时代政治传播输入的重塑》,载荆学民、白文刚编《中国政治传播研究》(第2辑),中国传媒大学出版社2020年版,第158—159页。

优势，更需要在机制和效果层面保障输出是以民意为导向的，并具有公共性。因为，中国政治传播新秩序的根本不仅仅在于运用最为先进的传播技术手段，还在于重新塑造输出的理念、输出内容的资源、输出的传播机制、输出的话语方式以及输出的环境。这就需要重新塑造原有政治传播秩序中输出占据主导地位的问题。自媒体时代，输入自主性的增强，以及输入独立性的塑造，需要输出从原有单向地、垄断地传播特定内容，转变为依据输入来制定输出的内容，并进一步采取合适的输出方式，亦即进一步促进输入和输出的互动，在二者的互动中，实现国家与社会的对话、沟通和协商。

最后，反馈的常态化和有机化。在自媒体时代，由于输入的浪潮化，政治传播中的反馈也往往随着不同议题的事件，以及议题或事件的危机和严重程度而采取应急的措施，因而，反馈往往是应急型的。然而，这种反馈是非制度化的。正如上文所说，这并不有利于政治传播的输出。基于协商民主的政治传播秩序，意味着反馈是常态的，反馈与输出、输入、转换有机地融合在一起，在政治传播中实现了一种国家与社会、官民之间沟通的常态化和制度化。不仅如此，反馈还需要是有机型的反馈。哈贝马斯曾指出：公共领域的一部分由各种对话、谈判构成，在其中，作为人体的人们来到一起，形成了公众，并形成公共意见。① 反馈的政治信息，无论是政策、象征性输出还是导向行为的输出，当进入公共领域时都将被来自各个方面的政治传播行动者所讨论、对话和协商，这将使反馈环节的政治信息在重新进入政治系统时呈现一种融合各种意见的有机状态。而当反馈过程没有经历公共领域的讨论和协商时，反馈的政治信息往往是无机的，其仅仅是各种意见的机械相加。而输出的内容需要导向民意意味着，政治传播新秩序中的反馈需要是有机的，以便整合多元的意见，形成符合公共利益、内涵公共价值、具有公共性的输出。

第三，促进原有的组织型政治秩序进一步制度化的过程中，嵌入更多的协商性。另一方面，在单向下行瀑布型的传播秩序向双向对流型传播秩序的转变之后，在积极吸纳自媒体政治传播的正向功能的同时，进一步促

---

① 参见［德］哈贝马斯《公共领域的结构转型》，曹卫东等译，学林出版社1999年版，第116页。

进后者向双向沟通"汇流型"传播秩序的转型;此外,使政治秩序与传播秩序的转型升级实现协同共进,同频共振。

首先,政治秩序与传播秩序协同共进。正如上文所说,政治传播秩序是政治秩序与传播秩序耦合的结果,二者的关系协调也是政治传播秩序稳定和持续的关键。因而,政治传播新秩序的建构,强调二者的协同共进。这要求政治秩序和传播秩序及其二者的关系需要同时按照协商民主予以重构。这一问题在于补齐政治传播新秩序的关键短板——从政治维度促进协商民主与政治传播的衔接。这意味着,对于中国的政治传播新秩序来说,应该建构和夯实基于中国特色社会主义协商民主的政治新秩序,正面接纳基于自媒体而形成的新传播秩序,吸纳基于自媒体形成的自下而上的政治能量,使自媒体时代新的政治传播活动实现对国家治理体系和治理能力现代化的建构、矫正和完善。并借助传播技术迅猛发展的动力,通过发挥协商型政治秩序的特有优势,促进政治传播秩序向对话沟通的秩序类型转变。

其次,促进原有的组织型政治秩序进一步向制度型政治秩序转型的过程中,嵌入协商型政治秩序。协商型秩序是指由协商过程以及协商结果所形成的政治秩序。从政治发展来看,协商型秩序是对组织型秩序的替代,同时又是制度型秩序的前提。[1] 如上文所说,中国政治传播秩序所基于的原有组织型秩序正在发生制度化转变,而这种转变的过程需要嵌入更多的协商因素。因为,在民主政治中,特别是基于协商民主的机制规范下,一方面,协商是形成具有权威和合理性、合法性的制度型秩序的基础,另一方面,制度型秩序本身不仅仅要求秩序运行的过程的规范性、常规性,还要求这一秩序类型是符合民主的、具有民主性的,更具体地说,是体现协商民主的价值要求的。

最后,在单向下行"瀑布型"的传播秩序向双向"对流型"传播秩序的转变之后,进一步推动传播秩序向双向沟通"汇流型"秩序类型转型。面临自媒体时代双向对流的政治传播现状,需要推动一种能够促进多元舆论之间的包容和理解,并通过促进对话实现共识和合作的传播秩序的

---

[1] 参见汪仕凯《政治发展中的秩序类型:一个比较分析》,《比较政治学研究》2013年第5辑。

形成。这一传播秩序的目的在于一方面接纳自媒体时代形成的双向互动的传播秩序，另一方面通过促进沟通，使自媒体时代对流的政治信息能够导向合作和对话。这一目标的实现需要从两个方面予以着重发力。一是完善公众表达、参与的常规化机制，开辟对话空间和场域。对于中国政治传播新秩序来说，这既需要注重发挥自媒体所创造的公共空间的作用，使其补充原有公共空间的不足，还需要进一步促进这一公共空间对国家治理的积极作用，使其中的公共舆论有利于政策制定的科学化、民主化。二是建立一种包容性的制度，所谓"包容性制度是建立在对权力运作限制以及政治权力在社会中多元分配的基础上"①。正如有学者指出的：协商民主的关键在于协商过程的平衡、包容，这离不开一种开放、高效的政治传播体系和平等、包容的社会公共环境。②

四 未来愿景的主要着力点

自媒体时代中国政治传播新秩序除了形成新的秩序类型、革新运行机制外，转向基于协商民主的新秩序，还需要从以下几方面着力。

（一）高度自觉的理性判断

未来中国政治传播新秩序的建构，要高度自觉和理性判断现有以政治宣传为轴心的政治传播总体模式的被动性和局限性，确立政治传播秩序由"一元主体"主导到"多元主体"共享的总体理念。

在现有中国政治传播秩序中，宣传仍然占据核心地位。从学理上讲，现代政治中的政治宣传有其一定的正当性与合法性，这种正当性与合法性，来源于人类政治"理想性"与"现实性"的双重属性及其张力关系。人类政治的理想性及其不断实现这种理想的永不间断的渴望和努力，决定了人类政治首先自觉或不自觉地选择政治宣传来推展自己的政治理想。政

---

① [美]德隆·阿西莫格鲁、詹姆斯·A. 罗宾逊：《国家为什么会失败》，李增刚译，湖南科学技术出版社2015年版，第230页。
② 参见赵立兵、申启武《从"宣传"到"对话"：社会主义协商民主的政治传播进路》，《新闻与传播评论》2018年第3期。

治宣传正是用政治的未确定的理想性来引领和感召受众，通过行动使政治的理想性不断地转化为现实。① 在中国，政治宣传担负着中国共产党人民革命、建设、改革、治理等合法性构建的重大使命。进入改革开放后的新时期以来，全球政治风起云涌，中国特色社会主义政治文明在全世界绽放异彩，中国的政治宣传也焕发出一定的新的活力，对全党全国人民的意志鼓舞和中国政治文明的国际影响力作出了不可磨灭的贡献。

但是，毋庸讳言，宣传占据核心地位的政治传播秩序，总体上已然无法适应自媒体时代政治传播秩序变革的要求。第一，自媒体时代政治传播秩序中，政治宣传的"一元主导"的"一"对"多"的传播模式其效果已经式微，已经难以承担自媒体时代的现代政治对政治传播的基本要求，也与主宰当代社会实践主体的政治交往的主体间性及主体命运共同体的先进理念格格不入。第二，进入新时代的现代政治，在其理想性与现实性的张力关系中，"理想性"不断地缩小，现实性不断地增大，鲜活而具体的政治现实处于多变的不确定状态。在这种新的政治生态中，政治理想更加立足于现实、贴近于现实、产生于民众、贴近于民众，从"既定"的政治理想出发的单向政治意志推展的政治宣传模式，已经难以取得预期的实际效果，因而无法担当应现代政治传播的主角。因此，确立政治传播秩序由"一元主体"主导到"多元主体"共享的总体理念，是自媒体时代中国政治传播应对挑战实现调适的基础和出发点。

就中国的政治传播秩序而言，这种调适的难点在于，要从理论上正确认识政治传播秩序中的"一元主导"与"多元共享"的辩证关系。毫无疑问，任何政治传播秩序，都首先需要一元主导，如果没有一元主导，政治信息的生产和传播将陷入"无序"，也就谈不上什么政治传播秩序了；但是，一元主导并不意味着多元消亡，更不意味着一元独享。前面关于主体间性和主体命运共同体理念的论证中已经指出，关键在于：处于主导地位的一元主体的先在意识就应该是"多元"的，一元的主导，从"多元"出发又回归于"多元"，最终实现真正的多元共享。这一点，诚如拉兹洛（E. Laszlo）针对经历了四次浪潮冲击而处于"大转变"时代的人类社会

---

① 关于政治宣传的更为仔细的学理性论证，参见荆学民、段锐《政治传播的基本形态及运行模式》，《现代传播（中国传媒大学学报）》2016 年第 11 期。

状况所认为的那样:"真正的创造性并不导致一致性。人们对过时的信念提出质疑,而科学、艺术和宗教则提供更深刻、更确当的价值观念,这并不意味着全世界的观念、价值观念和世界观都必须是相同的。大转变及其多种分叉有许多方面,不同文化的人所信奉的许多不同的观点和观念只要互不对抗,就能使当代世界增添丰富性和活力。"[1]

(二) 重心放在政治秩序

建构基于协商民主的中国政治传播新秩序,调适的重心是政治秩序与传播秩序耦合中的政治秩序,因而要坚定不移地把新时代中国特色社会主义协商民主的秩序要求,贯穿在新政治传播秩序的建构之中。

自媒体时代政治传播秩序的变革,其实质是各种民主诉求通过传播甬道在政治领域中的共振。据此而言,自媒体时代政治传播新秩序的重心在于:在自媒体时代如何进一步实现民主、适应政治不断民主化的问题。就民主化来说,中国没有采取西方那样的所谓民主体制形式,而是探索一条适合中国国情的人民当家作主的社会主义民主体制。协商民主是从较为抽象的"人民民主"下沉到现实民主运行的制度性安排。党的十九大报告中更加明确地指出:"协商民主是实现党的领导的重要方式,是我国社会主义民主政治的特有形式和独特优势"。

这种具有人类政治文明创新意义的政治体制,其本身就首先意味着一种崭新的政治秩序的诉求。自媒体时代政治传播新秩序,其"源头"在传播技术发展所带来的传播秩序的改变,但是,最终要形成新的政治传播秩序,则必须得到政治秩序的积极响应、有效吸纳和内在驱动。

在当下的中国政治传播秩序中,媒介或媒体相对缺乏独立性,因而,媒介作为传播秩序的主变量进而作为政治传播秩序的"活跃性"变量所带来的"动荡"效应,可能会集中在敏感的政治领域表现出来。就此而言,中国政治传播新秩序的建构,首先应该夯实基于中国特色社会主义协商民主的政治新秩序,正面接纳基于自媒体的迅猛而来的新传播秩序的诉求,搭乘传播技术迅猛发展的时代快车,通过发挥新的政治秩序的特有优

---

[1] [美]拉兹洛:《决定命运的选择:21世纪的生存抉择》,李吟波等译,生活·读书·新知三联书店1997年版,第121页。

势，建构一种政治传播新秩序。

（三）扩充"政治信息"的包容量

建构基于协商民主的中国政治传播新秩序，需要更新对政治传播"内容"的理解，扩充"政治信息"的内涵和包容量，使政治传播具有更为广阔的普适性。

中国的政治宣传，更着力于国家政治系统的信息传播，更着力于党和国家政治意志和政治理想的推展，在传播内容的设置、设计和选择上更适合社会的政治精英。进入自媒体时代，传播技术的最大"赋权"，是架起了一座过去从未出现过的国家与社会政治沟通的桥梁，普通民众通过自媒体越来越能直接地感受其置身于其中的"政治"。所以，政治宣传的调适，应矫正长期以来的"国家偏向"，向适应于国家政治与民众社会共通共享的更为广阔的领域调整。

要完成从"国家偏向"到国家政治与民众社会共通共享的调适，需要进一步在政治传播的内容上做相应的调整。理论上讲，政治传播的内容是政治信息，但政治信息却有"议题"与"话题"之别。政治宣传中很讲究"议题"设置，一般来说，议题设置追求宏大高远的政治目标，并通过政治神圣化转化为一种政治象征和政治符号。政治宣传中的"议题"来源于特定的意识形态，通过政治宣传，特定的意识形态既成为政治控制的常态手段，又成为整个社会的"叙事框架"。诚如欧根·哈达莫夫斯所言："事实上，从一开始就没有纯粹的宣传可言。宣传的目的就是要取得权力，宣传只有被当成意识形态的工具才算取得胜利。若意识形态的工具被剥夺，将导致权力结构的瓦解。意识形态、宣传和权力三者不可分。"① 但是，在传统媒体时代，传播高远宏大议题的政治宣传越来越使意识形态陷入"空心化"运转。

与"议题"不同，"话题"来源于现实的政治生活，更接近社会，更贴近普通受众。它不一定是宏大高远的政治理想，因而没有必要将其神圣化为政治象征。但是，政治宣传中的"话题"并不是完全失去政治属性

---

① 转引自［美］罗伯特·福特纳《国际传播：全球都市的历史、冲突及控制》，刘利群译，华夏出版社2000年版，第97页。

的街谈巷议甚至新闻八卦,"话题"仍然是政治的,这种"政治"更多来自老百姓的日常生活,是"民生政治"。

进入自媒体时代,博客、微博、微信等"微传播"形式的广泛使用,使政治传播开始从高大宏远形态走向弥散性的微观形态。那种来自宏大政治理想的政治信息,常常被现实中的种种政治诉求揉成了"碎末",同时,来自现实政治生活的种种新生的政治诉求,又形成强大的"政治信息流"稀释甚至"反冲"着那种高大宏远的政治理想。被自媒体赋权的"社会"越来越强具有强大的"政治构建"功能。茶余饭后,休闲养生,甚至娱乐八卦,都可能承载着政治信息,成为无所不在、无处不有的宏大政治的"神经末梢",人们的日常生活领域已然成为"参政议政"的新场域、新形态、新途径。

(四)激活媒体的政治能量

在自媒体时代,建构基于协商民主的中国政治传播新秩序,需要进一步解放思想,释放政治信息的生产权和传播权,激活政治传播秩序中媒体的独有能量。

从传播学理论上讲,人际、媒介和组织三种传播渠道中,任何一个渠道都无法单独完成基于协商和沟通的政治传播。人际只能满足于个人微观层面的信息传播需要,媒介只能满足社会宏观层面的信息传播需要,组织介于两者之间只能满足中观层面的信息传播需求。只有从微观到宏观相互联动才能满足整个社会的信息传播需求。三种传播渠道的耦合程度,决定着信息生产和传播的合理化程度,决定着整个社会对信息的接受和认同程度。

如前所论,自媒体时代政治传播的格局正在由一元主体主导向多元主体共享转变,与此相应,政治信息的生产与传播权也正在由"垄断"向"共生"转变。中国特色社会主义协商民主制度的全面实施,新时代广大人民群众越来越卓有成效的政治参与热情,尤其渴望中国政治传播中政治信息生产权和传播权的调适。在这种调适中,传播技术迅猛发展中媒体的使命担当则显得格外突出。因为,在自媒体时代,"媒介不仅仅只是其他消息来源的传输渠道,媒介的生产过程也是其建构讯息的过程",当"媒介取代政党成为政治传播过程的中心,人们对媒介表现的期望值越来越高。同时,社会的变革趋向和多样化趋向、政治的不稳定性以及权力的分散化,都促使媒介在更困难的环境下达成事半功倍的效果"①。

相对来说,我们现有的政治宣传,仍然偏倚于过去的组织传播和人际传播。虽然媒介也扮演着十分重要的角色,但是媒介始终没有成为政治信息流动的主要渠道,更不是独立的政治权力主体。媒介既无法阻断政治宣传主体与对象的直接关联而形成像西方政治传播理论中所谓的"媒介政治",也没有资格以权力主体的身份对政治民主产生影响。

因此,在新的形势下,尚需要进一步解放思想,从顶层设计上把基于互联网的自媒体传播纳入政治传播的制度化渠道中来。在这一点上,"责任政治学中"对"媒体角色"与政治体制"匹配性"的研究也许对我们有启发意义。他们针对西方政治体制中的"共和主义""多元主义"和"精英主义"三种模式,提炼出了不同模式下政府—公民—媒体的不同"匹配"和互动模式,认为在"共和主义"体制中,媒体在政治传播中扮演的是"策展人",即媒体运用专业素养整合多元化信息和观点并提供权威解读;在"多元主义"体制中,媒体在政治传播中扮演的是"代言人",即媒体秉持不同政治立场构成"彩虹光谱",代表不同社群和民众发声;而在"精英主义"体制中,媒体扮演的是"秩序维护者"和"舆论调停人"。②

我们的政治体制虽然不能归结为所谓的"共和主义""多元主义"或"精英主义",但在政治宣传中媒体更多扮演着"秩序维护者"的角色却是事实。因此,在自媒体时代的中国特色社会主义协商政治的体制中,媒体应当向"策展人""代言人"及"秩序维护者"多角色融合转变。要做到这一点,从符合中国国情的角度看,突破点在于:将更多的政治信息投放于媒介渠道,并且赋予和开放媒介的政治解释和政治评论权力,以更好地实现政治信息在政治传播中的"蝶化"效应③。

---

① [美]道格拉斯·M. 麦克劳德等:《政治传播效果范畴的再审视》,载[美]简宁斯·布莱恩特,[美]道尔夫·兹尔曼主编《媒介效果:理论与研究前沿》,石义彬、彭彪译,华夏出版社2009年版,第160页。

② Scott L. Althaus, "What's Good and Bad in Political Communication Research? Normative Standards for Evaluating Media and Citizen Performance", in Margaret Scammell and Holli A. Semetko, *The SAGE Handbook of Political Communication*, Sage Publications Ltd., 2012, pp. 97–112.

③ 参见荆学民《探索中国政治传播的新境界》,《中国人民大学学报》2016年第4期。

结　　语

　　自媒体时代的中国政治传播新秩序是在立足全球民主发展取向、汲取自身民主发展理念和实践经验，结合自媒体的传播逻辑下，实现政治传播与中国协商民主的衔接和互动，并促进二者的协同发展。协商民主与中国政治传播的衔接和协同，不仅仅是为中国的协商民主和人民民主找到了一种重要的实现形式，更为重要的是，在自媒体时代形成的新的传播环境下，结合新技术和民主实践，为中国政治传播现代化注入了新的政治理念。基于协商民主，并融合自媒体因素建构政治传播新秩序，就是要促进中国政治传播秩序发生"跳出类型的变革"。基于协商民主构建政治传播新秩序，对于中国的民主发展和国家治理现代化至关重要。通过二者的衔接和协同，有利于从协商民主和政治传播方向助力促进中国政治文明新形态跳板的形成。政治学者俞可平曾指出：政治沟通与民主治理息息相关，推进政治沟通的现代化，从某种意义上说，也就是推动民主政治的进步，推进国家治理的现代化。[①] 依据协商民主理念得以优化的中国政治传播新秩序，有利于推动中国协商民主的实践化，也有助于多元政治传播行动者促进国家治理体系和治理能力现代化，这无疑将影响整个中国政治生态链，从而持久地影响中国的政治建设与发展方向。

　　此外，放眼世界，依托中国特色社会主义政治传播秩序的优势，建构政治传播新秩序，也为全球政治传播新秩序贡献了中国经验。当今世界的政治秩序一直在动变，由此关联的政治传播新秩序也在不断的形成之中。

---

① 参见俞可平《政治传播、政治沟通与民主治理》，《现代传播（中国传媒大学学报）》2015年第9期。

对于国际政治传播秩序来说，国际传播秩序的动变，都是以国际政治秩序的变革为基础、为动力的。中国恰恰在这一方面具有独特的优势。党的十九大报告中指出："中国特色社会主义道路、理论、制度、文化不断发展，拓展了发展中国家走向现代化的途径，给世界上那些既希望加快发展又希望保持自身独立性的国家和民族提供了全新选择，为解决人类问题贡献了中国智慧和中国方案。"但是，众所周知，多年以来中国的"国际传播能力"不尽如人意。所暴露出来的问题恰恰是：中国的国际传播机制在世界传播新秩序中的地位，与中国政治在世界政治新秩序中的地位不相匹配。其原因在于，中国的国际传播机制没有把融入中国政治文明的优势和进步机制融入自身之中，因而也就无法充分地向世界展示中国特色的政治文明。另一方面，在过去，中国的政治宣传相对比较重视"内宣"，受许多旧有理念的阻隔和条件的限制，国际政治传播与国内政治宣传脱节或者错位，导致了中国的国际政治传播势能弱化，覆盖面缩减。进入新时代，世界政治越来越显示出"不确定性"，经济全球化的浪潮冲低了政治的"国界"，自媒体的传播技术冲破了政治信息流动的"内"与"外"门槛。对于中国的政治传播来说，所谓"内宣"与"外宣"的界限在模糊、内容在融合。面对这种情况，党的十九大报告中强调："要尊重世界文明多样性，以文明交流超越文明隔阂、文明互鉴超越文明冲突、文明共存超越文明优越。"在中国"日益走近世界舞台中央"的新时代，中国的政治传播，应充分利用中国特色社会主义政治文明对全球政治新秩序的影响力，首先为新时代的全球传播新秩序注入中国元素、中国智慧、中国力量，进而使自媒体时代正在建构的世界政治传播新秩序展现出中国品质。

参考文献

一 中文文献

（一）中文专著

《传媒经济蓝皮书：中国传媒经济发展报告（2019）》，社会科学文献出版社2019年版。

《辞海》（修订稿）（词语分册·下），上海人民出版社1977年版。

《习近平谈治国理政》，外文出版社2014年版。

《中国大百科全书·政治学》，中国大百科全书出版社1992年版。

白文刚：《中国古代政治传播研究》，中国社会科学出版社2014年版。

陈家刚选编：《协商与协商民主》，中央文献出版社2015年版。

崔保国等主编：《传媒蓝皮书：中国传媒产业发展报告（2019）》，社会科学文献出版社2019年版。

翟峥：《现代美国白宫政治传播体系：1897—2009》，世界知识出版社2012年版。

高民政主编：《中国政府与政治》，黄河出版社1993年版。

国务院办公厅秘书局、中央机构编制委员会办公室综合司编：《中央政府组织机构：1998》，改革出版社1998年版。

胡伟：《政府过程》，浙江人民出版社1998年版。

胡泳：《众声喧哗：网络时代的个人表达与公共讨论》，广西师范大学出版社2008年版。

荆学民：《政治传播活动论》，中国社会科学出版社2014年版。

荆学民主编：《当代中国政治传播研究巡检》，中国社会科学出版社2014年版。

景跃进等编：《当代中国政府与政治》，中国人民大学出版社2016年版。

匡文波：《新媒体舆论：模型、实证、热点及展望》，中国人民大学出版社2014年版。

李彬：《传播学引论》（增补版），新华出版社2003年版。

李良荣编著：《新传播革命》，复旦大学出版社2015年版。

李晓晔编：《新媒体时代》，中国发展出版社2015年版。

林尚立：《制度创新与国家成长》，天津人民出版社2005年版。

林尚立、赵宇峰：《中国协商民主的逻辑》，上海人民出版社2015年版。

林尚立：《当代中国政治：基础与发展》，中国大百科全书出版社2017年版。

刘海龙：《宣传：观念、话语及其正当化》，中国大百科全书出版社2013年版。

陆地、高菲：《新媒体的强制性传播研究》，人民出版社2010年版。

陆学艺：《当代中国社会阶层研究报告》，社会科学文献出版社2002年版。

栾轶玫：《新媒体新论》，人民出版社2012年版。

马奔：《协商民主：民主理论的变迁与实践》，山东大学出版社2014年版。

潘瑞芳等：《新媒体新说》，中国广播电视出版社2013年版。

彭兰：《社会化媒体：理论与实践解析》，中国人民大学出版社2015年版。

裘正义编：《世界宣传简史》，福建人民出版社1993年版。

申金霞：《自媒体时代的公民新闻》，中国广播电视出版社2013年版。

吴葆朴等编：《博古文选·年谱》，当代中国出版社1997年版。

谢岳：《当代中国政治沟通》，上海人民出版社2006年版。

醒客（陈世鸿）：《重新理解媒介》，中信出版社2014年版。

熊澄宇：《信息社会4.0：中国社会建构新对策》，湖南人民出版社2002年版。

许纪霖、宋宏编：《史华慈论中国》，新星出版社2006年版。

于建嵘：《抗争性政治：中国政治社会学基本问题》，人民出版社2010年版。

余逊达、徐斯勤主编：《民主、民主化与治理绩效》，浙江大学出版社

2011年版。

俞可平：《权利政治与公意政治：当代西方政治哲学评析》，社会科学文献出版社2000年版。

俞可平：《增量民主与善治》，社会科学文献出版社2005年版。

俞可平：《民主是个好东西——俞可平访谈录》，社会科学文献出版社2006年版。

喻国明、李彪主编：《中国社会舆情年度报告（2015）》，人民日报出版社2015年版。

张凤阳等：《政治哲学关键词》，江苏人民出版社2014年版。

张国良主编：《新媒体与社会变革》，上海人民出版社2009年版。

赵可金、孙鸿：《政治营销学导论》，复旦大学出版社2008年版。

赵云泽：《作为政治的传播：中国新闻传播解释史》，中国人民大学出版社2017年版。

中共中央宣传部舆情信息局：《舆情信息工作概论》，学习出版社2006年版。

中共中央组织部：《中国共产党组织工作辞典》（修订版），党建读物出版社2009年版。

中央宣传部办公厅编：《党的宣传工作文件选编（1988—1992）》，中共中央党校出版社1994年版。

周濂：《现代政治的正当性基础》，生活·读书·新知三联书店2008年版。

朱光磊：《当代中国政府过程》，天津人民出版社1997年版。

朱海松：《网络的破碎化传播：传播的不确定性与复杂适应性》，中国市场出版社2010年版。

邹锡明：《中共中央机构沿革实录》，中国档案出版社1998年版。

（二）中文译著

［澳］约翰·S. 德雷泽克：《协商民主及其超越：自由与批判的视角》，丁开杰等译，中央编译出版社2006年版。

［丹麦］克劳斯·布鲁恩·延森：《媒介融合：网络传播、大众传播和人际传播的三重维度》，刘君译，复旦大学出版社2012年版。

［德］哈贝马斯：《公共领域的结构转型》，曹卫东等译，学林出版社

1999年版。

［德］哈贝马斯：《哈贝马斯精粹》，曹卫东译，南京大学出版社2004年版。

［德］哈贝马斯：《在事实与规范之间：关于法律和民主法治国的商谈理论》，童世骏译，生活·读书·新知三联书店2014年版。

［德］哈贝马斯：《交往行动理论·第一卷——行动的合理性和社会合理化》，洪佩郁、蔺青译，重庆出版社1994年版。

［德］马克斯·韦伯：《经济与社会》（上卷），林荣远译，商务印书馆1997年版。

［德］马克斯·韦伯：《社会学的基本概念》，胡景北译，上海人民出版社2005年版。

［德］托马斯·梅耶：《传媒殖民政治》，刘宁译，中国传媒大学出版社2009年版。

［德］于尔根·哈贝马斯：《后形而上学思想》，曹卫东、付德根译，译林出版社2012年版。

［法］埃里克·麦格雷：《传播理论史——一种社会学的视角》，刘芳译，中国传媒大学出版社2009年版。

［法］雷吉斯·德布雷：《普通媒介学教程》，陈卫星、王杨译，清华大学出版社2014年版。

［法］莫里斯·迪韦尔热：《政党概论：现代民主国家中的政党及其活动》，香港青文文化事业有限公司1991年版。

［法］托克维尔：《托克维尔文集·第1卷：论美国的民主》（上），董果良译，商务印书馆2013年版。

［荷］丹尼斯·麦奎尔：《麦奎尔大众传播理论：第五版》，崔保国、李琨译，清华大学出版社2010年版。

［荷］简·梵·迪克：《网络社会：新媒体的社会层面：第2版》，蔡静译，清华大学出版社2014年版。

［加］戴维·克劳利、［加］保罗·海尔编：《传播的历史：技术、文化和社会》（第五版），董璐等译，北京大学出版社2011年版。

［加］哈罗德·伊尼斯：《传播的偏向》，何道宽译，中国传媒大学出版社2012年版。

［加］马歇尔·麦克卢汉：《理解媒介：论人的延伸》，何道宽译，商务印书馆 2000 年版。

［加］威尔·金里卡：《当代政治哲学》（上），刘莘译，上海三联书店 2004 年版。

［美］阿尔温·托夫勒：《第三次浪潮》，朱志焱等译，生活·读书·新知三联书店 1984 年版。

［美］埃里克·麦格雷：《传播理论史——一种社会学的视角》，刘芳译，中国传媒大学出版社 2009 年版。

［美］爱德华·L. 伯内斯：《宣传》，胡百精、董晨宇译，中国传媒大学出版社 2013 年版。

［美］爱德华·S. 赫尔曼、诺姆·乔姆斯基：《制造共识：大众传媒的政治经济学》，邵红松译，北京大学出版社 2011 年版。

［美］安东尼·奥罗姆：《政治社会学导论》，张华青等译，上海人民出版社 2006 年版。

［美］安东尼·唐斯：《民主的经济理论》，姚洋等译，上海人民出版社 2010 年版。

［美］保罗·莱文森：《人类历程回放：媒介进化论》，邬建中译，西南师范大学出版社 2017 年版。

［美］保罗·莱文森：《数字麦克卢汉：信息化新纪元指南》，何道宽译，社会科学文献出版社 2001 年版。

［美］保罗·利文森：《软边缘：信息革命的历史与未来》，熊澄宇等译，清华大学出版社 2002 年版。

［美］布赖恩·麦克奈尔：《政治传播学引论》，殷琪译，新华出版社 2005 年版。

［美］布鲁斯·埃·纽曼：《营销总统：选战中的政治营销》，张哲馨译，上海人民出版社 2007 年版。

［美］查尔斯·J. 福克斯、休·T. 米勒：《后现代公共行政：话语指向》，楚艳红等译，中国人民大学出版社 2012 年版。

［美］戴维·E. 阿普特：《现代化政治》，陈尧译，上海人民出版社 2011 年版。

［美］戴维·伊斯顿：《政治生活的系统分析》，王浦劬译，人民出版社

2012年版。

［美］丹·吉摩尔：《草根媒体》，陈建勋译，南京大学出版社2010年版。

［美］德隆·阿西莫格鲁、詹姆斯．A．罗宾逊：《国家为什么会失败》，李增刚译，湖南科学技术出版社2015年版。

［美］E. 博登海默：《法理学—法哲学及其方法》，邓正来译，华夏出版社1987年版。

［美］E. M. 罗杰斯：《传播学史：一种传记式的方法》，殷晓蓉译，上海译文出版社2002年版。

［美］弗朗西斯·福山：《政治秩序的起源：从前人类时代到法国大革命》，毛俊杰译，广西师范大学出版社2012年版。

［美］弗朗西斯·福山：《政治秩序与政治衰败：从工业革命到民主全球化》，毛俊杰译，广西师范大学出版社2015年版。

［美］哈罗德·D. 拉斯韦尔：《政治学：谁得到什么？何时和如何得到？》，杨昌裕译，商务印书馆2009年版。

［美］加布里埃尔·A. 阿尔蒙德等：《当代比较政治学：世界视野》（第8版），杨红伟等译，上海人民出版社2009年版。

［美］加布里埃尔·A. 阿尔蒙德、［美］西德尼·维巴：《公民文化：五个国家的政治态度和民主制度》，张明澍译，商务印书馆2014年版。

［美］加布里埃尔·A 阿尔蒙德、小G·宾厄姆·鲍威尔：《比较政治学：体系、过程和政策》，曹沛霖等译，上海译文出版社1987年版。

［美］简宁斯·布莱恩特、道尔夫·兹尔曼主编：《媒介效果：理论与研究前沿》，石义彬、彭彪译，华夏出版社2009年版。

［美］杰伊·布莱克等：《大众传播通论》，张咏华译，复旦大学出版社2009年版。

［美］克莱·舍基：《认知盈余：自由时间的力量》，胡泳、哈丽丝译，中国人民大学出版社2011年版。

［美］克莱·舍基：《未来是湿的：无组织的组织力量》，胡泳、沈满琳译，中国人民大学出版社2009年版。

［美］拉斯韦尔：《社会传播的结构与功能》，何道宽译，中国传媒大学出版社2013年版。

［美］拉兹洛：《决定命运的选择：21世纪的生存抉择》，李吟波、张武

军、王志康译，生活·读书·新知三联书店 1997 年版。

［美］林文刚：《媒介环境学：思想沿革与多维视野》，何道宽译，北京大学出版社 2007 年版。

［美］鲁恂·W. 派伊：《政治发展面面观》，任晓、王元译，天津人民出版社 2009 年版。

［美］罗伯特·A·达尔、布鲁斯·斯泰恩布里克纳：《现代政治分析》，吴勇译，中国人民大学出版社 2012 年版。

［美］罗伯特·A·达尔：《论民主》，李风华译，中国人民大学出版社 2012 年版。

［美］罗伯特·福特纳：《国际传播：全球都市的历史、冲突及控制》，刘利群译，华夏出版社 2000 年版。

［美］罗伯特·K. 默顿：《社会理论与社会结构》，唐少杰、齐心译，译林出版社 2008 年版。

［美］罗杰·菲德勒：《媒介形态变化：认识新媒介》，明安香译，华夏出版社 2000 年版。

［美］马克·波斯特：《信息方式：后结构主义与社会语境》，范静晔译，商务印书馆 2000 年版。

［美］曼纽尔·卡斯特：《网络社会的崛起》，夏铸九等译，社会科学文献出版社 2001 年版。

［美］尼葛洛庞帝：《数字化生存》，胡泳等译，海南出版社 1997 年版。

［美］裴鲁恂：《中国人的政治文化：政治发展权威危机之心理文化研究》，胡祖庆译，台北：风云论坛出版社 1992 年版。

［美］乔·萨托利：《民主新论》，冯克利、阎克文译，东方出版社 1993 年版。

［美］塞缪尔·P. 亨廷顿：《变化社会中的政治秩序》，王冠华等译，上海人民出版社 2008 年版。

［美］塞缪尔·P. 亨廷顿：《第三波：20 世纪后期民主化浪潮》，欧阳景根译，中国人民大学出版社 2013 年版。

［美］沈大伟：《中国共产党：收缩与调适》，吕增奎、王新颖译，中央编译出版社 2011 年版。

［美］斯坦利·巴兰、丹尼斯·戴维斯：《大众传播理论：基础、争鸣与

未来》，曹书乐译，清华大学出版社 2014 年版。

［美］汤姆·斯丹迪奇：《从莎草纸到互联网：社交媒体 2000 年》，林华译，中信出版社 2015 年版。

［美］唐：《中国民意与公民社会》，胡赣栋、张东锋译，中山大学出版社 2008 年版。

［美］W. 兰斯·本奈特，［美］罗伯特·M. 恩特曼主编：《媒介化政治：政治传播新论》，董关鹏译，清华大学出版社 2011 年版。

［美］威尔伯·施拉姆、威廉·波特：《传播学概论》，陈亮等译，新华出版社 1984 年版。

［美］威廉·费尔丁·奥格本：《社会变迁——关于文化和先天的本质》，王晓毅、陈育国译，浙江人民出版社 1989 年版。

［美］西摩·马丁·李普塞特：《共识与冲突》，张华青等译，上海人民出版社 2011 年版。

［美］西摩·马丁·李普塞特：《政治人：政治的社会基础》，郭为桂、林娜译，江苏人民出版社 2013 年版。

［美］熊彼得：《资本主义、社会主义和民主主义》，绛枫译，商务印书馆 1979 年版。

［美］约·埃尔斯特主编：《协商民主：挑战与反思》，周艳辉译，中央编译出版社 2009 年版。

［美］约翰·杜威：《民主主义与教育》，王承绪译，人民教育出版社 1990 年版。

［美］约翰·罗尔斯：《正义论》，何怀宏等译，中国社会科学出版社 2001 年版。

［美］约书亚·梅罗维茨：《消失的地域：电子媒介对社会行为的影响》，肖志军译，清华大学出版社 2002 年版。

［美］詹姆斯·博曼：《公共协商：多元主义、复杂性与民主》，黄相怀译，中央编译出版社 2006 年版。

［美］詹姆斯·博曼：《公共协商和文化多元主义》，载陈家刚选编《协商民主》，上海三联书店 2004 年版。

［美］詹姆斯·S. 费什金：《倾听民意：协商民主与公共咨询》，孙涛、何建宇译，中国社会科学出版社 2015 年版。

［美］詹姆斯·N·罗西瑙主编：《没有政府的治理》，张胜军等译，江西人民出版社2001年版。

［美］詹姆斯·R.汤森、［美］布莱特利·沃马克：《中国政治》，顾速、董方译，江苏人民出版社1994年版。

［南非］毛里西奥·帕瑟林·登特里维斯主编：《作为公共协商的民主：新视角》，王英津等译，中央编译出版社2006年版。

［瑞士］皮亚杰：《结构主义》，倪连生、王琳译，商务印书馆2006年版。

［意］诺伯特·波比奥：《民主与独裁：国家权力的性质和限度》，梁晓君译，吉林人民出版社2010年版。

［意］萨托利：《政党与政党体制》，王明进译，商务印书馆2006年版。

［英］安德鲁·查德威克：《互联网政治学：国家、公民与新传播技术》，任孟山译，华夏出版社2010年版。

［英］安德鲁·海伍德：《政治的常识》，李智译，中国人民大学出版社2014年版。

［英］安德鲁·海伍德：《政治学的思维方式》，张立鹏译，中国人民大学出版社2014年版。

［英］安德鲁·海伍德：《政治学核心概念》，吴勇译，中国人民大学出版社2014年版。

［英］布莱恩·麦克奈尔：《政治传播学引论（第2版）》，殷祺译，新华出版社2005年版。

［英］戴维·米勒，［英］韦农·波格丹诺主编：《布莱克维尔政治学百科全书》，邓正来主译，中国政法大学出版社2002年版。

［英］弗里德利希·冯·哈耶克：《自由秩序原理》（上），邓正来译，生活·读书·新知三联书店1997年版。

［英］霍布斯：《利维坦》，刘胜军、胡婷婷译，江西教育出版社2014年版。

［英］迈克尔·曼：《社会权力的来源：从开端到1760年的权力史》（第一卷），刘北成、李少军译，上海人民出版社2015年版。

［英］尼古拉斯·盖恩、戴维·比尔：《新媒介：关键概念》，刘君、周竞男译，复旦大学出版社2015年版。

［英］齐格蒙·鲍曼：《寻找政治》，洪涛等译，上海人民出版社2006

年版。

［英］特德·C. 卢埃林：《政治人类学导论》，朱伦译，中央民族大学出版社 2009 年版，第 101 页。

［英］约翰·基恩：《媒体与民主》，邰继红、刘士军译，社会科学文献出版社 2003 年版。

［英］约翰·斯特罗克编：《结构主义以来：从列维·斯特劳斯到德里达》，渠东等译，辽宁教育出版社 1998 年版。

［英］詹姆斯·戈登·芬利森：《哈贝马斯》，邵志军译，译林出版社 2010 年版。

［英］詹姆斯·卡伦：《媒体与权力》，史安斌、董关鹏译，清华大学出版社 2006 年版。

［英］詹姆斯·柯兰等：《互联网的误读》，何道宽译，中国人民大学出版社 2014 年版。

郑永年：《技术赋权：中国的互联网、国家与社会》，邱道隆译，东方出版社 2014 年版。

（三）报刊

胡锦涛：《中共中央关于加强党的执政能力建设的决定（2004 年 9 月 19 日中国共产党第十六届中央委员会第四次全体会议通过）》，《人民日报》2004 年 9 月 27 日。

《中共中央关于全面深化改革若干重大问题的决定》，《人民日报》2013 年 11 月 18 日。

《习近平同志〈论坚持党对一切工作的领导〉主要篇目介绍》，《人民日报》2019 年 10 月 28 日。

［德］玛利亚·邦德、桑德拉·希普：《意识形态变迁与中共的合法性：以官方话语框架为视角》，周思成、张广译，《国外理论动态》2013 年第 8 期。

［法］让·布隆代尔：《政治制度概念的社会科学诠释路径》，马雪松、王慧编译，《学习与探索》2019 年第 8 期。

［芬兰］卡拉·诺顿斯登：《世界信息与传播新秩序的教训》，徐培喜译，《现代传播》2013 年第 6 期。

［美］James S. Fishkin：《实现协商民主：虚拟和面对面的可能性》，劳洁

摘译,《浙江大学学报》(人文社会科学版) 2005 年第 3 期。

[英] 格里·斯托克:《作为理论的治理:五个论点》,华夏风译,《国际社会科学杂志》(中文版) 2019 年第 3 期。

[英] 希瑟·萨维尼:《公众舆论、政治传播与互联网》,张文镝摘译,《国外理论动态》2004 年第 9 期。

边巍、刘宏:《中国当代政治传播的变迁》,《现代传播(中国传媒大学学报)》2011 年第 2 期。

参见《中共中央印发〈深化党和国家机构改革方案〉》,《人民日报》2018 年 3 月 22 日第 1 版。

曹正汉:《"强政权、弱国家":中国历史上一种国家强弱观》,《开放时代》2019 年第 2 期。

陈红玉:《视觉修辞与新媒体时代的政治传播》,《西南民族大学学报》(人文社会科学版) 2017 年第 1 期。

陈云松:《互联网使用是否扩大非制度化政治参与 基于 CGSS2006 的工具变量分析》,《社会》2013 年第 5 期。

崔立伟:《自媒体视域下媒介话语权的变迁与秩序重建》,《新闻知识》2016 年第 11 期。

代玉梅:《自媒体的传播学解读》,《传播与新闻研究》2011 年第 5 期。

邓绍根:《"党媒姓党"的理论根基、历史渊源和现实逻辑》,《新闻与传播研究》2016 年第 8 期。

董石桃、蒋鸽:《微信协商:中国协商民主建设的新途径和新策略》,《理论与改革》2016 年第 2 期。

冯仕政:《中国国家运动的形成与变异:基于政体的整体型解释》,《开放时代》2011 年第 1 期。

葛荃:《教化之道:传统中国的政治社会化路径析论》,《政治学研究》2008 年第 5 期。

管志利:《网络协商民主及其运行机制研究———以场域理论为视角》,《甘肃行政学院学报》2014 年第 3 期。

郭定平:《政党中心的国家治理——中国的经验》,《政治学研究》2019 年第 3 期。

郭小安:《以中国民主理念深化政治传播研究》,《中国社会科学报》2015

年4月10日第A06版。

韩平、董珏:《网民政治参与和政府回应性研究》,《理论界》2010年第2期。

韩志明:《问题解决的信息机制及其效率——以群众闹大与领导批示为中心的分析》,《社会科学文摘》2019年第8期。

何包钢、王春光:《中国乡村协商民主:个案研究》,《社会学研究》2007年第3期。

何包钢:《中国协商民主制度》,《浙江大学学报》(社会科学版)2005年第1期。

何仁平:《自媒体对公民政治参与的影响》,《党政论坛》2015年第11期。

何镇飚、王润:《新媒体时空观与社会变化:时空思想史的视角》,《国际新闻界》2014年第5期。

洪涛:《作为"机器"的国家——论现代官僚/技术统治》,《政治思想史》2020年第11期。

胡泳、陈秋心:《舆情本土概念与本土实践》,《传播与社会学刊》(香港)2017年总第40期。

黄旦:《媒介变革视野中的近代中国知识转型》,《中国社会科学》2019年第1期。

黄荣贵等:《多渠道强干预、框架与抗争结果——对40个拆迁抗争案例的模糊集定性比较分析》,《社会学研究》2015年第5期。

黄月琴:《"弱者"与新媒介赋权研究——基于关系维度的述评》,《新闻记者》2015年第7期。

姬德强、应志慧:《重思"舆情":平台化时代的舆论》,《现代传播》2020年第2期。

纪澍琴等:《自媒体时代的媒介权力结构变迁:以Papi酱事件为例》,《新闻研究导刊》2016年第6期。

季卫东:《法律程序的意义——对中国法制建设的另一种思考》,《中国社会科学》1993年第1期。

姜飞、黄廓:《新媒体对中国"权势"文化的颠覆与重构》,载荆学民主编《当代中国政治传播研究巡检》,中国社会科学出版社2014年版。

金安平、姚传明：《"协商民主"：在中国的误读、偶合以及创造性转换的可能》，《新视野》2007年第5期。

荆学民、段锐：《政治传播的基本形态及运行模式》，《现代传播（中国传媒大学学报）》2016年第11期。

荆学民：《国际政治传播中政治文明的共振机制及中国战略》，《国际新闻界》2015年第8期。

荆学民、施惠玲：《政治与传播的视界融合：政治传播研究五个基本理论问题辨析》，《现代传播》2009年第4期。

荆学民：《事实判断与价值引导：后疫情时代何种政治"主义"将统摄传播——一种政治传播理论视角的思考》，《武汉科技大学学报》（社会科学版）2021年第3期。

荆学民、苏颖：《论政治传播的公共性》，《天津社会科学》2014年第4期。

荆学民、苏颖：《中国政治传播研究的学术路径与现实维度》，《中国社会科学》2014年第2期。

荆学民、苏颖：《中国政治传播研究的学术路径与现实维度》，《中国社会科学》2014年第2期。

荆学民：《探索中国政治传播的新境界》，《中国人民大学学报》2016年第4期。

荆学民：《微观政治传播论纲》，《现代传播（中国传媒大学学报）》2021年第7期。

荆学民、于淑婧：《多元社会的治理体系优化如何实现——互联网时代政治传播的价值与意义》，《人民论坛·学术前沿》2016年第5期。

荆学民、于淑婧：《关于民主传播的理论探索》，《政治学研究》2016年第3期。

荆学民、于淑婧：《互联网时代政治传播输入的变革与挑战》，《现代传播（中国传媒大学学报）》2019年第1期。

荆学民、于淑婧：《自媒体时代的政治传播秩序及中国调适》，《政治学研究》2020年第2期。

荆学民：《中国特色政治传播理论的基础、轴心与边界》，《中国社会科学报》2015年4月10日第A04版。

景跃进：《将政党带进来——国家与社会关系范畴的反思与重构》，《探索与争鸣》2019 年第 8 期。

景跃进：《民主化理论的中国阐释——关于一种新的可能性之探索》，载余逊达、徐斯勤主编《民主、民主化与治理绩效》，浙江大学出版社 2011 年版。

景跃进：《"群众路线"与当代中国政治发展：内涵、结构与实践》，《湖南科技大学学报》（社会科学版）2004 年第 6 期。

景跃进：《执政党与民众的联系：特征与机制——一个比较分析的简纲》，《浙江社会科学》2005 年第 2 期。

卡罗琳·亨德里克斯：《公民社会与协商民主》，载陈家刚选编《协商民主》，上海三联书店 2004 年版。

李锋、孟天广：《策略性政治互动：网民政治话语运用与政府回应模式》，《武汉大学学报》（人文科学版）2016 年第 5 期。

林芬：《权力与信息悖论：研究中国媒体的国家视角》，《传播与社会学刊》（香港）2018 年第 45 期。

林尚立：《基础与动力——协商民主何以在中国成长》，《世纪行》2016 年第 5 期。

林尚立：《现代国家认同建构的政治逻辑》，《中国社会科学》2013 年第 8 期。

林尚立：《协商民主是符合中国国情的民主实现形式》，《人民日报》2016 年 8 月 31 日第 007 版。

林尚立：《协商民主制度：中国民主发展的新境界》，《人民政协报》2012 年 12 月 26 日第 C04 版。

林尚立：《协商政治：对中国民主政治发展的一种思考》，《学术月刊》2003 年第 4 期。

刘畅：《"网人合一"：从 Web1.0 到 Web3.0 之路》，《河南社会科学》2008 年第 2 期。

刘玲斐、张长东：《协商民主理论及其局限——对话马克·沃伦教授》，《国外理论动态》2016 年第 1 期。

刘涛：《身体抗争：表演式抗争的剧场政治与身体叙事》，《现代传播》2017 年第 1 期。

卢家银：《互联网在横向传播发展中的作用》，《浙江传媒学院学报》2011年第4期。

马衍明：《自主性：一个概念的哲学考察》，《长沙理工大学学报》（社会科学版）2009年第2期。

孟天广、郭凤林：《大数据政治学：新信息时代的政治现象及其探析路径》，《国外理论动态》2015年第1期。

孟天广、李锋：《网络空间的政治互动：公民诉求与政府回应性——基于全国性网络问政平台的大数据分析》，《清华大学学报》（哲学社会科学版）2015年第3期。

莫岳云：《当代中国政治制度构架中的协商民主》，《学术研究》2014年第3期。

潘祥辉：《对自媒体革命的媒介社会学解读》，《新闻与传播研究》2011年第6期。

潘祥辉：《"自媒体"革命的政治社会学意义》，《领导科学》2012年第1期。

庞金友、汤彬：《多元化时代如何构建政治秩序——基于当代西方政治哲学的比较分析》，《教学与研究》2018年第7期。

彭兰：《新媒体传播：新图景与新机理》，《新闻与写作》2018年第7期。

彭兰：《再论新媒体基因》，《新闻与写作》2014年第2期。

《强调总体布局统筹各方创新发展努力把我国建设成为网络强国》，《人民日报》2014年2月28日第1版。

史安斌、王沛楠：《"新十亿"阶层的崛起与全球新闻传播的新趋势》，《新疆师大学报》（哲学社会科学版）2017年第3期。

苏颖：《守土与调适：中国政治传播的制度结构及其变迁》，《甘肃行政学院学报》2018年第1期。

苏颖：《舆论领袖的失灵：中国政治传播中介链条的断裂》，《国际新闻界》2016年第4期。

谈火生：《协商民主：西方学界的争论及其对中国的影响》，载陈家刚选编《协商与协商民主》，中央文献出版社2015年版。

谭笑：《新媒体的话语特征呈现及创新机制》，《现代传播（中国传媒大学学报）》2017年第10期。

佟德志、程香丽：《基于协商场所的西方协商系统要素研究》，《浙江学刊》2019 年第 3 期。

佟德志：《治理吸纳民主——当代世界民主治理的困境、逻辑与趋势》，《政治学研究》2019 年第 2 期。

涂凌波：《从"一体化"宣传到"混合型传播"——以中国共青团网络政治传播活动变迁为中心的讨论》，《新闻大学》2019 年第 11 期。

汪波：《大数据、民意形态变迁与数字协商民主》，《浙江社会科学》2015 年第 11 期。

汪仕凯：《政治发展中的秩序类型：一个比较分析》，《比较政治学研究》2013 年第 5 辑。

汪玮：《哈贝马斯与双轨协商民主模式》，《中国社会科学报》2014 年 7 月 25 日第 4 版。

汪玉凯：《中央网络安全和信息化领导小组的由来及其影响》，《信息安全与通信保密》2014 年第 3 期。

王琛元：《欧洲传播研究的"媒介化"转向：概念、路径与启示》，《新闻与传播研究》2018 年第 5 期。

王沪宁：《构筑中国特有的政治体系模式》，载高民政主编《中国政府与政治》，黄河出版社 1993 年版，序言，第 9 页。

王来华、林竹、毕宏音：《对舆情、民意和舆论三概念异同的初步辨析》，《新视野》2004 年第 5 期。

王绍光：《中国公共政策议程设置的模式》，《中国社会科学》2006 年第 5 期。

王维佳：《"党管媒体"理念的历史生成与现实挑战》，《经济导刊》2016 年第 4 期。

王永香、王心渝、陆卫明：《规制、规范与认知：网络协商民主制度化建构的三重维度》，《西安交通大学学报》（社会科学版）2021 年第 1 期。

王臻荣、郎明远：《从"领导小组"到"委员会"：制度逻辑与政治价值》，《山西大学学报》（哲学社会科学版）2018 年第 7 期。

温健琳：《从党报党刊的党性原则的提出到"党媒姓党"》，《新闻研究导刊》2018 年第 9 期。

吴飞：《共情传播的理论基础与实践路径探索》，《新闻与传播研究》2019

年第 5 期。

伍俊斌：《论网络协商民主的实践路径》，《中州学刊》2015 年第 2 期。

伍俊斌：《网络协商民主的契合、限度与路径分析》，《马克思主义研究》2015 年第 3 期。

伍俊斌、于雅茹：《网络协商民主的信息技术维度分析》，《学习论坛》2021 年第 1 期。

习近平：《在网络安全和信息化工作座谈会上的讲话》，《人民日报》2016 年 4 月 26 日第 2 版。

夏倩芳：《党管媒体与改善新闻管理体制——种政策和官方话语分析》，《新闻与传播评论》2004 年第 00 期。

谢新洲等：《县级媒体融合的现状、路径与问题研究——基于全国问卷调查和四县融媒体中心实地调研》，《新闻记者》2019 年第 3 期。

谢志平：《公共政策营销的体制性约束及其调适》，《政治学研究》2015 年第 3 期。

熊澄宇、吕宇翔、张铮：《中国新媒体与传媒改革：1978—2008》，《清华大学学报》（哲学社会科学版）2010 年第 10 期。

熊光清：《中国网络公共领域的兴起、特征与前景》，《教学与研究》2011 年第 1 期。

杨光斌：《制度变迁中的政党中心主义》，《西华大学学报》（哲学社会科学版）2010 年第 2 期。

殷冬水、赵德昊：《基础性权力：现代国家的标识———国家基础性权力的政治理论透视与解释》，《学习与探索》2019 年第 9 期。

尤根·哈贝马斯：《公共领域（1964）》，汪辉译，《天涯》1997 年第 3 期。

于淑婧、荆学民：《自媒体时代的中国政治传播及其治理》，《社会科学》2020 年第 5 期。

于淑婧：《中国政治传播研究前沿与趋势——对 2018 年相关文献的考察》，《新闻与传播评论》2019 年第 4 期。

于淑婧：《自主性：互联网时代政治传播输入的研究》，载荆学民主编《中国政治传播研究·第二辑》，中国传媒大学出版社 2020 年版。

於红梅：《从"We Media"到"自媒体"：对一个概念的知识考古》，《新闻记者》2017年第12期。

俞可平：《国家治理的中国特色和普遍趋势》，《公共管理评论》2019年第1期。

俞可平：《论当代中国政治沟通的基本特征及其存在的主要问题》，《政治学研究》1988年第3期。

俞可平：《政治传播、政治沟通与民主治理》，《现代传播（中国传媒大学学报）》2015年第9期。

俞可平：《政治沟通与民主政治建设》，《社会主义研究》1988年第2期。

俞可平：《中国特色协商民主的几个问题》，载陈家刚选编《协商与协商民主》，中央文献出版社2015年版。

俞吾金：《马克思主义时空观新论》，《哲学研究》1996年第3期。

虞鑫：《话语制度主义：地方政府回应公众意见的理论解释——基于"意见—政策"连接理论的多案例比较分析》，《新闻与传播研究》2019年第5期。

喻国明：《全民DIY：第三代网络盈利模式》，《新闻与传播》2006年第2期。

袁光锋：《协商民主语境的阶层关系及媒体建构》，《重庆社会科学》2012年第1期。

臧雷振、劳昕、孟天广：《互联网使用与政治行为、研究观点、分析路径及中国实证》，《政治学研究》2013年第2期。

张爱军、张媛：《网络协商民主的实践优势、困境及其化解》，《江淮论坛》2019年第4期。

张彬：《对"自媒体"的概念界定及思考》，《今传媒》2008年第8期。

张传香：《新媒体下的社群组织类型"社会动员"引导——以山东于欢刺死辱母者案为例》，《现代传播（中国传媒大学学报）》2017年第8期。

张曙光：《论秩序与社会历史秩序》，《人民论坛·学术前沿》2015年4月上。

张涛甫：《新媒体语境下大众政治勃兴与协商民主建设》，《南京社会科学》2014年第7期。

张小劲、李春峰：《"民主"话语的意义变迁：以中国共产党代表大会政治报告为文本的分析》，载余逊达、徐斯勤主编《民主、民主化与治理绩效》，浙江大学出版社 2011 年版。

张燚：《宣传：政党领导的合法性建构——以中国共产党为研究对象》，博士学位论文，复旦大学，2010 年。

赵鼎新：《当前中国最大的潜在危险》，《二十一世纪评论》2019 年 6 月。

赵立兵、申启武：《从"宣传"到"对话"：社会主义协商民主的政治传播进路》，《新闻与传播评论》2018 年第 31 期。

赵子忠、张坤：《新媒体多元化的基本模型及其特征》，《现代传播》2019 年第 1 期。

周庆安、吴珅：《从传播导向走向制度导向——2016 年中国政治传播与新闻发布观察》，《新闻与写作》2016 年第 12 期。

周淑真：《论我国新型政党制度的独特优势——基于内涵要义、演进逻辑与结构关系的分析》，《人民论坛·学术前沿》2018 年第 7 期。

周晓虹：《自媒体时代：从传播到互播的转变》，《新闻界》2011 年第 4 期。

周雪光：《运动型治理：中国国家治理的制度逻辑再思考》，《开放时代》2019 年第 9 期。

朱勤军：《中国政治文明建设中的协商民主探析》，《政治学研究》2004 年第 3 期。

祝灵君：《党群关系：当代中国政治研究的视角》，《政治学研究》2018 年第 2 期。

邹谠：《中国二十世纪政治与西方政治学》，《政治研究》1986 年第 3 期。

二 外文文献

（一）外文著作

Andrew Chadwick, *The Hybrid Media System: Politics and Power*, Oxford University Press, 2017.

Bellamy Christine and Taylor John, *Governing in the Information Age*, Berkshire: Open University Press, 1998.

Bill Kovach and Tom Rosenstiel, *The Elements of Journalism: What Newspeople Should Know and the Public Should Expect*, Three Rivers Press (CA), 2014.

Bruce J. Dickson, *Democratization in China and Taiwan: The Adaptability of Leninist Parties*, Oxford: Clarendon Press, 1997.

Chin-Chuan Lee, ed., *China's Media, Media's China*, Routledge, 2019.

Christopher Arterton, *Media Politics: The News Strategies of Presidential Campaigns*, MA: Lexington Books, 1984.

Dan D. Nimmo and Keith R. Sanders, eds., *Handbook of Political Communication*, Sage Publications, Incorporated, 1981.

Daniela Stockmann, *Media Commercialization and Authoritarian Rule in China*, New York: Cambridge University Press, 2013.

Daniel C. Lynch, *After the Propaganda State: Media, Politics, and "Thought work" in Reformed China*, Stanford: Stanford University Press, 1999.

Frank Esser and Barbara Pfetsch, eds., *Comparing Political Communication: Theories, Cases, and Challenges*, Cambridge University Press, 2004.

Frank Esser and Jesper Strömbäck, eds., *Mediatization of Politics: Understanding the Transformation of Western Democracies*, Springer, 2014.

Grover Starling, *Managing the Public Sector*, Boston: Cengage Learning, 2010.

Jacques Ellul, *Propaganda: The Formation of Men's Attitudes*, New York: Vintage books, 1973.

James Curran, ed., *Mass Communication and Society*, London: Edward Arnold, 1977.

Jay G. Blumler and Michael Gurevitch, *The Crisis of Public Communication*, New York: Psychology Press, 1995.

J. Gastil, *Political Communication and Deliberation*, Sage, 2008.

John B. Thompson, *The Media and Modernity: A Social Theory of the Media*, Stanford University Press, 1995.

Karl W. Deutsch, *The Nerves of Government: Models of Political Communication and Control*, Free Press of Glencoe, 1963.

Lucian W. Pye, *Communications and Political Development* (SPD-1), Princeton University Press, 2015.

Lynda Lee Kaid, ed., *Handbook of Political Communication Research*, London: Lawrence Erlbaum Associates, Inc., 2004.

Margaret Scammell and Holli A. Semetko, *The SAGE Handbook of Political Communication*, Sage Publications Ltd., 2012.

Newman, Janet, ed., *Remaking Governance: Peoples, Politics and the Public Sphere Bristol*, UK: Policy Press, 2005.

Richard M. Perloff, *The Dynamics of Political Communication: Media and Politics in a Digital Age*, Routledge, 2013.

Robert A. Dahl, *Polyarchy: Participation and Opposition*, Yale University Press, 1973.

W. Lance Bennett and Robert M. Entman, eds., *Mediated Politics: Communication in the Future of Democracy*, New York: Cambridge University Press, 2000.

(二) 外文论文

Aaron Franklin Brantly, "From Cyberspace to Independence Square: Understanding the Impact of Social Media on Physical Protest Mobilization during Ukraines Euromaidan Revolution", *Journal of Information Technology & Politics*, Vol. 16, No. 4, 2019.

Andreas Hepp, Stig Hjarvard and Knut Lundby, "Mediatization-Empirical Perspectives: An Introduction to a Special Issue", *Communications*, Vol. 35, No. 3, 2010.

Angelos Kissas, "Ideology in the Age of Mediatized Politics: From 'Belief Systems' to the Re-contextualizing Principle of Discourse", *Journal of Political Ideologies*, Vol. 22, No. 2, 2017.

Anne-Marie Brady and Wang Juntao, "China's Strengthened New Order and the Role of Propaganda", *Journal of Contemporary China*, Vol. 18, No. 62, 2009.

Anne-Marie Brady, "Guiding Hand: The Role of the CCP Central Propaganda Department in the Current Era", *Westminster Papers in Communication & Culture*, Vol. 9, No. 9, 2006, pp. 100 – 110.

Barbara Pfetsch, "Dissonant and Disconnected Public Spheres as Challenge for Political Communication Research", *Javnost-The Public*, Vol. 25, No. 1 –

2, 2018.

Barbara Pfetsch, "From Political Culture to Political Communication Culture: A Theoretical Approach to Comparative Analysis", in Frank Esser and Barbara Pfetsch, eds. *Comparing Political Communication: Theories, Cases, and Challenges*, Cambridge University Press, 2004.

Bei Qin, David Strömberg, and Yanhui Wu, "Why Does China Allow Freer Social Media? Protests Versus Surveillance and Propaganda", *Journal of Economic Perspectives*, Vol. 31, No. 1, 2017.

Chengfu Zhang and Mengzhong Zhang, "Public Administration and Administrative Reform in China for the 21st Century", *Annual Conference and On-Line Virtual Conference of the American Society for Public Administration*, 2001.

Chin-Chuan Lee, "Ambiguities and Contradiction: Issues in China's Changing Political Communication", *Gazette* (Leiden, Netherlands), Vol. 53, No. 1 - 2, 1994.

Chunfeng Lin and John Nerone. "The 'Great Uncle of Dissemination': Wilbur Schramm and Communication Study in China", in Peter Simonson and David W. Park, eds., *The International History of Communication Study* (1st ed.), New York: Routledge, 2015.

Chunfeng Lin, "From 'Poison' To 'Seeder': The Gap between Propaganda and Xuanchuan is Cultural", *Asian Journal of Communication*, Vol. 27, No. 5, 2017.

Dan Gillmor, "Here Comes 'We Media'", *Columbia Journalism Review*, Vol. 41, No. 5, 2003.

Daniela Stockmann and Ting Luo, "Authoritarianism 2.0: Social Media and Political Discussion in China", Available at *SSRN2650341*, 2015.

Daniela Stockmann and Ting Luo, "Which Social Media Facilitate Online Public Opinion in China?", *Problems of Post-communism*, Vol. 64, No. 3 - 4, 2017.

Dan Nimmo and Keith R. Sanders, "Introduction: The Emergence of Political Communication as a Field", in Dan Nimmo and Keith R. Sanders, eds, *Handbook of Political Communication*, Sage Publications, Incorporated,

1981.

Dan Nimmo, "Political Communication Theory And Research: An Overview", *Annals of the International Communication Association*, Vol. 1, No. 1, 1977.

David L. Swanson, "Political Communication Research and the Mutations of Democracy", *Annals of the International Communication Association*, Vol. 24, No. 1, 2001.

David L. Swanson, "The Political-Media Complex", *Communications Monographs*, Vol. 59, No. 4, 1992.

David L. Swanson, "Transnational Trends in Political Communication: Conventional Views and New Realities", in Frank Esser & Barbara Pfetsch, *Comparing Political Communication: Theories, Cases, and Challenges*, Cambridge University Press, 2004.

David Shambaugh, "Chinas Propaganda System: Institutions, Processes and Efficacy", *China Journal*, Vol. 92, No. 57, 2007.

Edward Friedman, "The Oppositional Decoding of China's Leninist Media", in Chin-Chuan Lee, ed., *China's Media, Media's China*, Routledge, 2019.

Fengming Lu and Xiao Ma, "Is Any Publicity Good Publicity? Media Coverage, Party Institutions, and Authoritarian Power-Sharing", *Political Communication*, Vol. 36, No. 1, 2019.

Frank Esser, "Mediatization as a Challenge: Media Logic Versus Political Logic", in Hanspeter Kriesi, et al., *Democracy in the Age of Globalization and Mediatization*, London: Palgrave Macmillan, 2013.

Gadi Wolfsfeld, "Political Waves and Democratic Discourse: Terrorism Waves During the Oslo Peace Process", in Bennett, W. Lance, and Robert M. Entman, eds., *Mediated Politics: Communication in the Future of Democracy*, Cambridge: Cambridge University Press, 2000.

Gianpietro Mazzoleni and Winfried Schulz, " 'Mediatization' of Politics: A Challenge for Democracy?", *Political communication*, Vol. 16, No. 3, 1999.

Gillian Bolsover and Philip Howard, "Chinese Computational Propaganda: Automation, Algorithms and the Manipulation of Information about Chinese Politics an Twitter and Weibo", *Information, Communication & Society*,

Vol. 22, No. 14, 2019.

Gunn Enli, "New Media and Politics", *Annals of the International Communication Association*, Vol. 41, No. 3 – 4, 2017.

Harold D. Lasswell, "The Theory of Political Propaganda", *American Political Science Review*, Vol. 21, No. 3, 1927.

Henrik Bang, "Among Everyday Makers and Expert Citizens", in Newman, Janet, ed., *Remaking Governance: Peoples, Politics and the Public Sphere Bristol*, UK: Policy Press, 2005.

Herbert Blumer, "What is Wrong with Social Theory?", *American Sociological Review*, Vol. 19, No. 1, 1954.

Jack M. Mcleod, "When Democracy Failed: Can Political Communication Research Contribute to Civil Recovery?", *Political Communication*, Vol. 35, No. 4, 2018.

Jay G. Blumler, "The Crisis of Public Communication, 1995 – 2017", *Javnost-The Public*, Vol. 25, No. 1 – 2, 2018.

Jay G. Blumler, "The Fourth Age of Political Communication", *Politiques de Communication*, Vol. 1, 2016.

Jay G. Blumler, "To be Independent or not to be Independent, That is the Question", *Publizistik*, Vol. 61, No. 3, 2016.

Jesper Strömbäck, "Four Phases of Mediatization: An Analysis of the Mediatization of Politics", *The International Journal of Press/Politics*, Vol. 13, No. 3, 2008.

Jiang Chang and Hailong Ren, "The Powerful Image and the Imagination of Power: The 'New Visual Turn' of The CPCs Propaganda Strategy since Its 18th National Congress in 2012", *Asian Journal of Communication*, Vol. 28, No. 1, 2018.

Jidong Chen and Jennifer Pan, "Sources of Authoritarian Responsiveness: A Field Experiment in China", *American Journal of Political Science*, Vol. 60, No. 2, 2016.

Jonathan Hassid and Jennifer N. Brass, "Scandals, Media, and Government Responsiveness in China and Kenya", *APSA 2011 Annual Meeting Paper*, sponsored by the University of South Australia, City East Campus, 1 Aug 2011.

Jürgen Habermas, "Political Communication in Media Society: Does Democracy Still Enjoy an Epistemic Dimension? The Impact of Normative Theory on Empirical Research", *Communication Theory*, Vol. 16, No. 4, 2006.

Juyan Zhang and Glen T. Cameron, "The Structural Transformation of China's Propaganda: An Ellulian Perspective", *Journal of Communication Management*, Vol. 8, No. 3, 2004.

Krotz Friedrich, "Mediatization: A Concept with Which to Grasp Media and Societal Change", in Knut Lundby ed., *Mediatization: Concept, Changes, Consequences*, Peter Lang, 2009.

Larry Elin, "The Radicalization of Zeke Spier: How the Internet Contributes to Civic Engagement and New Forms of Social Capital", *Cyberactivism*, Routledge, 2013.

Lianrui Jia, "What Public and Whose Opinion? A Study of Chinese Online Public Opinion Analysis", *Communication and the Public*, Vol. 4, No. 1, 2019.

Luwei Rose Luqiu, "The Cost of Humor: Political Satire on Social Media and Censorship in China", *Global Media and Communication*, Vol. 13, No. 2, 2017.

Magdalena Wojcieszak, "Carrying Online Participation Offline—Mobilization by Radical Online Groups and Politically Dissimilar Offline Ties", *Journal of Communication*, Vol. 59, No. 3, 2009.

Maria Repnikova and Kecheng Fang, "Authoritarian Participatory Persuasion 2.0: Netizens as Thought Work Collaborators in China", *Journal of Contemporary China*, Vol. 27, No. 113, 2018.

Mathew Humphrey, Maiken Umbach and Zeynep Clulow, "The Political is Personal: An Analysis of Crowd-Sourced Political Ideas and Images from a Massive Open Online Course", *Journal of Political Ideologies*, Vol. 24, No. 2, 2019.

Michael Gurevitch and Jay G. Blumler, "Linkages between the Mass Media and Politics: A Model for the Analysis of Political Communications Systems", in James Curran, ed., *Mass Communication and Society*, London: Edward Arnold, 1977.

Michael Mann, "The Autonomous Power of the State: Its Origins, Mechanisms and Results", *European Journal of Sociology/Archives européennes de sociologie*, Vol. 25, No. 2, 1984.

M. R. Nicole, "Digitizing Deliberation: Normative Concerns for the Use of Social Media in Deliberative Democracy", *Administrative Theory & Praxis*, Vol. 33, No. 3, 2011.

Ni Chen, "From Propaganda to Public Relations: Evolutionary Change in the Chinese Government", *Asian Journal of Communication*, Vol. 13, No. 2, 2003.

Nicholas D. Kristof, "Via Satellite, Information Revolution Stirs China", *New York Times*, November 1993.

Nick Couldry, "The Hidden Injuries of Media Power", *Journal of Consumer Culture*, Vol. 1, No. 2, 2001.

Paolo Mancini, "Comparing Media Systems and the Digital Age", *International Journal of Communication*, Vol. 14, 2020.

Peter Dahlgren, "Media, Knowledge and Trust: The Deepening Epistemic Crisis of Democracy", *Javnost-The Public*, Vol. 25, No. 1–2, 2018.

Peter Van Aelst, et al., "Political Communication in a High-Choice Media Environment: A Challenge for Democracy?", *Annals of the International Communication Association*, Vol. 41, No. 1, 2017.

Petros Iosifidis and Mark Wheeler, "Modern Political Communication and Web 2.0 in Representative Democracies", *Javnost-The public*, Vol. 25, No. 1–2, 2018.

Rogier Creemers, "Cyber China: Upgrading Propaganda, Public Opinion Work and Social Management for the Twenty-First Century", *Journal of Contemporary China*, Vol. 26, No. 103, 2017.

Scott L. Althaus, "What's Good and Bad in Political Communication Research? Normative Standards for Evaluating Media and Citizen Performance", in-

Scammell, Margaret, and Holli A. Semetko, *The SAGE Handbook of Political Communication*, Sage Publications Ltd., 2012.

Seungahn Nah, Aaron S. Veenstra and Dhavan V. Shah, "The Internet and Anti-war Activism: A Case Study of Information, Expression, and Action", *Journal of Computer-Mediated Communication*, Vol. 12, No. 1, 2006.

Shayne Bowman and Chris Willis, "We Media: How Audiences are Shaping the Future of News and Information", *The Media Center at the American Press Institute*, 2003.

Stefan R. Landsberger, "Learning By What Example? Educational Propaganda in Twenty-first-century China", *Critical Asian Studies*, Vol. 33, No. 4, 2001.

Stuart Hall, "The Rediscovery of 'Ideology': Return of the Repressed in Media Studies", *Culture, Society and the Media*, Routledge, 2005.

Tao Wu and Bixiao He, "Intelligence for Sale: The 'Party-Public Sentiment, Inc.' and Stability Maintenance in China", *Problems of Post-Communism*, Vol. 67, No. 2, 2020.

Tianguang Meng, Jennifer Pan and Ping Yang, "Conditional Receptivity to Citizen Participation: Evidence from a Survey Experiment in China", *Comparative Political Studies*, Vol. 50, No. 4, 2017.

Tobias R. Keller and Katharina Kleinen-von Königslöw, "Pseudo-discursive, Mobilizing, Emotional, and Entertaining: Identifying Four Successful Communication Styles of Political Actors on Social Media during the 2015 Swiss National Elections", *Journal of Information Technology & Politics*, Vol. 15, No. 4, 2018.

Wanxin Li, Jieyan Liu and Duoduo Li, "Getting Their Voices Heard: Three Cases of Public Participation in Environmental Protection in China", *Journal of Environmental Management*, Vol. 98, 2012.

Will Jennings and Clare Saunders, "Street Demonstrations and the Media Agenda: An Analysis of the Dynamics of Protest Agenda Setting", *Comparative Political Studies*, Vol. 52, No. 13-14, 2019.

Winfried Schulz, "Reconstructing Mediatization as an Analytical Concept",

European Journal of Communication, Vol. 19, No. 1, 2004.

W. Lance Bennett and Alexandra Segerberg, "The Logic of Connective Action: Digital Media and the Personalization of Contentious Politics", *Information, Communication & Society*, Vol. 15, No. 5, 2012.

W. Lance Bennett and Barbara Pfetsch, "Rethinking Political Communication in a Time of Disrupted Public Spheres", *Journal of Communication*, Vol. 68, No. 2, 2018.

Xiang Gao, "State-Led Digital Governance in Contemporary China", in Hiroko Naito and Vida Macikenaite, eds., *State Capacity Building in Contemporary China*, Springer Singapore, 2020.

Xiguang Li, "ICT and the Demise of Propaganda in China", *Global Media Journal*, Vol. 2, No. 3, 2003.

Yongnian Zheng and Guoguang Wu, "Information Technology, Public Space, and Collective Action in China", *Comparative Political Studies*, Vol. 38, No. 5, 2005.

Yongshun Cai and Titi Zhou, "Online Political Participation in China: Local Government and Differentiated Response", *The China Quarterly*, Vol. 23, 2019.

Zheng Su and Tianguang Meng, "Selective Responsiveness: Online Public Demands and Government Responsiveness in Authoritarian China", *Social Science Research*, Vol. 59, 2016.